汉语辞书理论史热点研究

王东海 王丽英 著

商务印书馆
创于1897 The Commercial Press
2013年·北京

图书在版编目(CIP)数据

汉语辞书理论史热点研究/王东海,王丽英著. —北京:商务印书馆,2013
ISBN 978-7-100-10500-2

Ⅰ.①汉… Ⅱ.①王…②王… Ⅲ.①汉语—辞书—理论研究 Ⅳ.①H16

中国版本图书馆 CIP 数据核字(2013)第 289473 号

汉语辞书理论史热点研究
王东海 王丽英 著

商 务 印 书 馆 出 版
(北京王府井大街36号 邮政编码 100710)
商 务 印 书 馆 发 行
北 京 瑞 古 冠 中 印 刷 厂 印 刷
ISBN 978-7-100-10500-2

2013 年 12 月第 1 版　　开本 787×960 1/16
2013 年 12 月北京第 1 次印刷　　印张 30
定价: 63.00 元

本研究得到以下项目的资助：

国家社会科学基金项目“汉语辞书理论史研究”(08BYY046)

国家语委项目“我国辞书研究队伍网络资源库与信息挖掘系统的开发与应用”(YB115－39)

鲁东大学山东省重点学科“语言学与应用语言学”

视学术为生命

张 志 毅

小龙·癸巳年，中秋前二日，东海问能否给他的新著写几句话。虽然文债日增，还是硬撑着答应了，主要想借由子再学点新东西，以便满足终生学习的愿望。

2007年前后，教育部在"211"、"985"高校设立了十个智库基地。唯独把"汉语辞书研究中心"建在鲁东大学。这个中心，设立三个研究室：汉语语文辞书室、汉外语文辞书室、词汇学与词典学室。东海是后一个研究室的顶梁柱。其新著是他六年来的扛鼎之作，是以国家课题为中轴，镶嵌上多个省部级课题的结晶。全书兼顾古今，以史为主。兼顾史论，以论为主。聚焦一点，精选出了辞书理论热点的热点。例如：教学功能与学习型辞书编纂理论，辅助表达功能与表达型辞书编纂理论，规范功能与规范型辞书编纂理论，中西方意义理论的发展与辞书意义观的理论基础，词义、语境义理论的发展与辞书义项（类型义）的生成，义项类型理论的发展与辞书多义词义项处理，等等。

几百年现代辞书理论史证明，辞书本身或许没有多少独立的自成体系的理论，而是较多地依靠周边学科的发展和推动。例如训诂学、文字学、词汇学、语义学、语用学、语料库语言学、计算机技术，等等。东海就是得力于这些学科的支撑，才写出了超过普通的、颇具新意的著作。例如：第十一章之"一（三）"，用了6000多字，用训诂学思维考证了"猴急、喉急、喉极"，主张用"猴急"做主条，把"喉急、喉极"作为异体。第四章之"五（一）"引进基本词汇新理论——Ronald Carter（1987）的界定核心词的十个标准，Jean-Guy Savard（1971）的四个词价及其在中国的推进。第七章之"一"探讨了西方符号学词义观，从一元指称到多分多元，奥格登等的语义三角源流，特别是引入了J.S.Petofi（佩多菲）立体金字塔模型——语义三角的立体化(引自 Van Dijk,1985)。诸如此类的外文论著引用了三十多项(含正文注解),例如:《语言整合性描写与体系性词典学》(阿普列相,2011)、《八十年代国外语言学新天地》(汪榕培等,1992)、《俄罗斯当代语义学》(张家骅等,2003)、《俄语多义词转义过程的认知语义分析》(杜桂枝,2002)等。一个汉语出身的汉语研究者,能有如此的外向眼光,实在难能可贵。

眼界取决于高度。孟老夫子说"孔子登东山而小鲁,登泰山而小天下"。孔子提升了两个高度,开阔了两个视野。多年来,东海登上了华中师大(吴振国导师,李宇明、李向农、汪国胜、周光庆等授课业师)、北师大(王宁导师)、教育部(语信司李宇明司长)累积起来的东山、泰山、珠峰,视野极大地扩展了。由今而古,由中而外,由虚而实,由实而虚。其成果主线是:《计算机公文写作》,《汉语同义语素编码参数和规则》(《中国语文》),《古代法律词汇语义系统研究》(博士论文,中国社会科学出版社),"词汇语义学、词典学、术语学研究"(60 多篇论文),《汉语辞书理论史热点研究》(近 40 万字,商务印书馆即出)。

这些成果表明,东海受过良好教育。这不能只看他是否读过"211"、"985"及峰校,更重要的必须看他是否遇到过经师、是否读过一系列经典。这正是"人高师为峰,师高书为峰"。他读本、硕、博,都吸收过上好的营养,储备了足够的爆发力,因而讲师、副教授、教授都实现了三级跳。

以东海为代表的汉语辞书研究中心的几位骨干,已经出版十多本较有分量的著作,发表 200 多篇较有影响的论文。虽然交了一份尚可的答卷,但是离国家的要求还有一段距离。为建设辞书强国,东海诸君还需要做出百倍努力,创建新理论,尤其是能输出的理论。

我们喜欢以东海为代表的勤奋好学、奋斗不已的学者,更希望东海诸君把学术视为生命。这样的学者越多,我们的民族、国家越兴旺、发达、强盛。

敢于答应写几句话,潜在的胆量是:越老越不知足,不可一日不学。凑了上面几句话,权作学习心得耳。愿与学友、东海共勉。

2013 年中秋于遗野宅

学术是一种信仰

李宇明

我与王东海的师生情谊，已逾十六载。

那是1997年，烟台师范学院（现更名鲁东大学）的张绍麒先生到华中师范大学，希望两校在烟台合办语言学硕士班，以提升烟台师院年轻教师的学术水平，也为师院申办硕士点积淀学术基础。绍麒先生志存高远但言语谦和，把这种合作称为“把烟师的车皮挂在华师的车头上”。天下师范是一家，学术上又志趣相投，在华师语言学带头人邢福义先生的支持下，研究生班顺利举办。我作为华师文学院院长，有幸参与此事，并到研究生班讲授过“现代汉语语法研究”，跟同学们结下了学缘，也与烟台师院的刘大文院长、张志毅先生、张绍麒先生等建立了常系在心的友谊。王东海在班学习，他出人的个头和出人的学术悟性，当时就让我印象深刻。这班上的许多同学，而今都成了学界骨干，鲁东大学也早就有了语言学硕士学位点，还有国家级特色专业。这件“车皮车头”之事我常引以为豪，也深深感受到何谓“授人玫瑰，手留余香”！

我在教育部语言文字信息管理司工作期间，深切感到共和国的语言文字事业需要学术支撑。然而我国的语言学，兴趣基本上都在本体研究中，较少涉及语言生活和语言规划；甚至在一些学者的观念中，研究这些还未必算学问。于是国家语委便着手建设“智库型”的研究基地，如在北京语言大学建立平面媒体语言研究基地，在中国传媒大学建立有声媒体语言研究基地，在华中师范大学建立网络媒体语言研究基地，在北京师范大学建立文字规范与整理研究基地，在北京大学（北大方正集团）建立计算机字库研发基地，在厦门大学建立教材语言研究基地，在暨南大学建立华文研究基地，在中央民族大学建立少数民族语言研究基地，在南京大学建立中国语言发展战略研究基地，在上海外国语大学建立中国外语战略研究基地等。

辞书是社会的无声教师，是语言文字规范的重要领域，偌大的中国，需要建立一个辞书研究基地。筹建之中，鲁东大学进入了视野，那里有著名语言学家张志毅先生带出来的词汇学、辞书学队伍，而且李清山校长等领导愿举全校之力支持。2007 年——在"车皮车头"故事发生整整十年之后，我又与这所大学重结新缘，国家语委的"汉语辞书研究中心"在鲁东大学揭牌。揭牌仪式上，我做了《努力发展我国的辞书事业》学术报告。近日打开鲁东大学的网页，发现揭牌仪式的照片还贴在学校的主页上，着实令人感动。

东海是辞书研究中心的重要成员。那时我才知道，他 2003 年入北京师范大学读博，师从王宁先生学习了训诂学，而 2007 年正在北师大跟随王宁先生做高级访问学者。记得当时《规范汉字表》的研制正在关键期，语信司就把他借调到司里帮助工作。于是我们一起愉快工作了一年，并有机会讨论辞书发展的有关问题。

东海求学不辍，从现代汉语到古代汉语，在司里又深入接触到国家语言规划，形成了较为完整的知识结构，并从讲师到副教授到教授，都是一路破格晋升。他主持了多个不同等级的辞书研究项目，对辞书问题有了许多深邃的思考。《汉语辞书理论史热点研究》便是他和他的团队这些年思考的结晶。

能够成为《汉语辞书理论史热点研究》出版前的读者之一，十分高兴，读后也确有不少心得，例如：

辞书编纂蕴含着许多理论问题。这些隐性理论需要揭示，需要升华，需要梳理，也需要再向实践转化以指导辞书编纂。辞书编纂有理论，所以才有辞书学；这些理论通过研究而显现而系统，所以才成辞书学。《汉语辞书理论史热点研究》所做的就是让辞书学理论显现出来并试图梳理成体系的工作，多有创建。

将辞书理论的历史发展划分为五期：萌芽奠定期（下限为两汉）、发展完善期（下限为《马氏文通》的出版）、转型期（下限为 1975 年全国第一次辞书规划）、成熟期（主要时间段为改革开放30年）、二次转型期（当前期及未来发展期），并阐述了各个时期的标志性创新，脉络清晰。

抓住“工具”这一词典的根本属性，设定了“查考、规范、教学、（辅助）表达、资源（搜集）”等词典的五大元功能，据此将词典分为“被动（理解）型、主动（生成）型、规范型”三类，并依此三类专题探讨汉语辞书编纂理论的演变发展，颇具特点。

释义是辞书的核心。吸收中国古代语言哲学、训诂学及现代词汇学、词汇语义学等理论，借鉴西方语言哲学、认知语义学、功能语言学等学科的意义观，建构起词义、语境义与义项生成、义项类型与义项设立、单义项的结构、义项微观分析、义项描写等问题为核心的汉语辞书意义观模型，视野广阔。

此外，还就辞书编纂技术、出版、语言文字工作与辞书规划、表达词典辅助语言能力提升、辞书队伍建设等现代辞书领域的热点问题，深入分析，有现状调查，有对策建议，很有现实意义。

人们常用“桃李满天下”来表彰教师之功德，其实教师的最大快慰，是满天下的桃李皆硕果累累。就我来说，东海便是这桃李园中结满果实的一株。孟老夫子把“得天下英才而教育之”作为君子三乐之一，今仍可验。

东海求学不倦，在《汉语辞书理论史热点研究》杀青之时，希望进一步探讨“中国古代辞书与语言规划的关系”，并打算来北京语言大学做博士后，与我再结学缘。他面试成绩很好，但因年龄稍大一点而未获“全国博士后管委会”（在它的网页上，没查到这一机构的全称，但总比用“博管会”尊敬些）的批准。由此，我突然真切感悟到，年龄会使人某些事情想为而不能为，这是自然规律，岁月弄人；也会使人某些事情想为能为而不许为，这是社会规定，岁月负人！自然规律不可违反，只好任岁月捉弄；社会规定无权违犯，也只能任年龄歧视，随岁月欺负了。

不过，学术追求可以自己做主。也许有人借学术来谋稻粱谋功名，一旦稻粱足而功名得，或一旦学术不能谋得稻粱功名，便会将学术弃若破履烂衫。而其实，我和东海大约都不需要再以学术谋稻粱，甚至包括谋功名,学术只是希望探讨世界之谜者的一种特殊嗜好,或者是一种生活方式。当我听到东海因年龄而不能进北语做博士后时,立即抄起电话,告诉他:只要你追求的是学术,我愿意将你作为“站外博士后”。

学术不仅是追求,更是一种信仰。希望东海和我的学生们,能逐渐进入这种学术境界。

2013 年中秋节

序于北京惧闲聊斋

目　录

前　言

一、研究内容与研究目标

本研究侧重继承传统、借鉴西方、关注现实三个维度，择定汉语辞书理论史研究中的分期、类型学、意义观、释义、当前热点五大核心问题进行研究，力求厘清这些核心理论问题的发展脉络，服务于本土汉语辞书理论整理、重构与创新，服务于国家辞书规划以及辞书政策的施行。

二、研究背景

1.在辞书学科从其他学科中独立出来的过程中，在我国由辞书大国向辞书强国转变的过程中，有必要将本土特色的汉语辞书理论作为研究重点。

仅从辞书出版的品种、辞书发行数量等方面来说，中国可以称得上是“辞书大国”，但从辞书编写质量、辞书理论创新度、辞书市场成熟度等指标来看，中国还算不上“辞书强国”。

多年来，辞书学的学科地位一直没有得到明确的确立。汉语辞书在古代时期依附于小学，早期辞书(如字书、韵书、雅书等)往往是文字、训诂、音韵研究成果的载体。1898 年《马氏文通》出版，标志着现代汉语语言学的开始，现代词汇学、词汇语义学的发展带动古代辞书转型到现代辞书阶段，辞书学科体现出一定的独立性，但并未完全从词汇学中独立出来，很多学者仍将其视为应用词汇学分支。

当前，辞书编纂与辞书研究的发展日新月异，在操作理论、编纂实践等方面都已经呈现出明显的学科独立性。但要成为一门独立学科，需要有系统的理论研究。如果缺少足够高度、深度和广度的理论研究，只有大量的辞书编纂实践经验的汇集，很难说是一门独立的学科。学界越来越关注汉语辞书理论的研究。张志毅先生认为：我国要从辞书大国走向辞书强国，不但要有创新理论，还要能输出理论。[①]

因此，具有学科独立性质、符合汉语汉字本土特色的汉语辞书理论热点研究具有重要的探索价值和实践指导价值。

2. 目前还缺少从继承传统、借鉴西方、关注现实三维度出发，对汉语语文辞书理论热点进行深度、综合的研究。

汉语辞书理论的研究主要集中在国内出版的一些辞书学、词典学专著中，如［捷］拉迪斯拉夫·兹古斯塔（Ladislav Zgusta）的《词典学概论》，黄建华的《词典论》，胡明扬（1982）、林玉山（1995）、李开（1990）、陈炳迢（1991）、李尔钢（2006）、章宜华（2007）等的辞书学、词典学概论类研究。另外，还有一些子域研究，如杨祖希等的《专科词典学》、章宜华的《计算词典学》等，这些研究多属通论性质，侧重探讨辞书的特点、学科体系、编纂过程、编纂各环节的具体技法等内容。也有专题式辞书理论研究，如苏宝荣（2000）、陶原珂（2004）、章宜华（2002）等的词典释义研究等。

辞书史的研究主要有邹酆（2006）、钱剑夫（1986）、刘叶秋（2003）、雍和明（2006）等的成果，由于研究目的不同，这些研究大多侧重编纂史、出版史、文献史的梳理，尚无专门的、有针对性的汉语辞书理论史梳理。

近些年以《辞书研究》为主要阵地，涌现了一些辞书理论热点的研究文章，但限于论文的篇幅，它们大多只是研究辞书理论中的一个学术点，缺少线和面的梳理与描写。

以上的研究表现出两种主流的研究方法：一是对汉语辞书编纂实践经验的总结与提炼，体现的是归纳的思路；二是译介西方语言学理论，寻找与汉语辞书编纂相结合的契合点，体现的是演绎的思路。

这两种研究思路各有优缺点：前者符合辞书理论的经验性、实践性

---

① 张志毅.“辞书强国”究竟有多远［N］.人民日报，2010年10月12日.

特点，但有时表现出理论提炼不够的弱点，导致汉语辞书理论与国外辞书理论有着一定差距。后者具有理论上的新颖性和前瞻性，但也有实验性和不确定性的弱点。因为辞书理论是操作理论，一套成熟的编纂理论的形成需要较长时间的积累，要求有一定的稳定性，因此单维度地从西方杂多的语言学理论中形成汉语辞书理论有一定的局限性，很难在短时间内被接受或应用到编纂实践中。另外，由于汉语汉字的独特特点，汉语辞书具有不同于西方词典的特性，光靠引进西方先进的辞书编纂理论往往难以切中肯綮。

因此，要在继承的基础上，借鉴国外经验，结合现当代辞书编纂需求和实践，从三个维度来展开汉语辞书理论热点的综合研究。目前，汉语辞书理论界缺少一部这样的三维度综合研究成果。

三、研究思路与方法

本研究探讨的核心问题是在辞书学科独立以及我国向辞书强国迈进的过程中，汉语辞书理论的历史、发展演变、现实及发展趋势。

在继承层面，我们力求厘清汉语辞书核心理论要素的发展史。我们选择汉语语文辞书为主要研究对象，并厘定其中的理论史分期、类型学、意义观、释义四大理论热点，对其中相关的理论细节和关键问题进行历时梳理及理性探讨，在探讨中特别注重各学科理论之间的交叉影响。这一部分内容可以称为辞书类型史、辞书意义理论史、辞书释义理论史。

在借鉴层面，坚持向古、向外两个方向的借鉴，尝试结合汉语传统的训诂学和词汇学理论、西方的词典学与现代语言学理论进行研究。这些理论是汉语辞书编纂最重要的亲缘理论，在对这些理论消化吸收的基础上，希望能探索出汉语辞书理论的基本架构。

在现实思考与发展趋势层面，选择辞书编纂现代化理论（选择五个技术热点）、辞书产品的核心竞争力理论、辞书资源功能理论与语言文字工作的转型、辞书表达功能理论与公民语言能力提升、辞书队伍建设五个理论热点，展开个案性的深入探讨。

在写作体例方面，不采用常规的按历史朝代编排的架构，而采用点线面结合的方式，将历史的线性梳理、现实的面上描写与个案的焦点剖析相结合展开研究。这一方式易于细致、集中、深入地观察汉语辞书核心理论要素的发展演变。[①]

四、注意事项

1. 本书研究对象所用的术语及其层级：

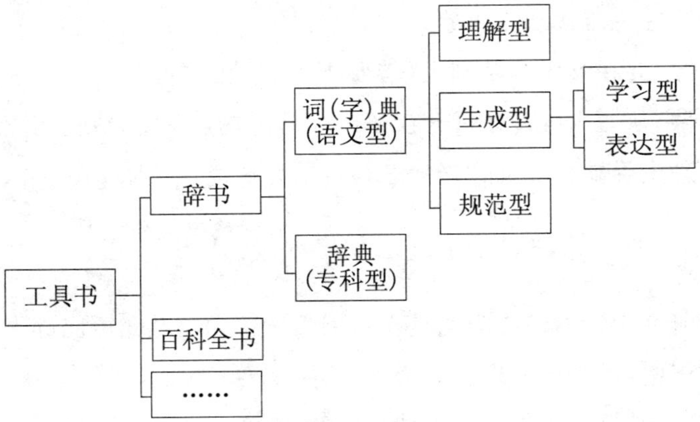

2. 本书经常提到的带有生成性特点的规范词典《现代汉语词典》的版本为 2005 年第 5 版，在梳理历史时，有时用到其他历史版本。此词典的类型界定为规范型词典，或偏重规范功能的语文词典。

---

① 本研究的学术顾问为张志毅先生。课题组成员——王东海的硕士生袁世旭（现河北师范大学在读博士）、王晓（现南开大学在读博士）、姜丽、郑丽分别承担了四个子课题，他们的成果体现为四篇硕士论文，分别探讨辞书体例、辞书评论、辞书的选词立目、辞书修订的发展演变史，限于篇幅，这四方面内容本专著不收录，可于“鲁东大学图书馆”网站“鲁东大学硕士学位论文库”检索到。

第一章 基于五大元功能的汉语语文词典分类

不同词典有不同读者定位、编纂宗旨、内容特点及市场。词典理论研究首先要确定词典的类型。辞书学界对词典的分类研究非常多。在操作层面，比较受到认可的是[捷]兹古斯塔[1]的分类体系，它分类颗粒比较适中，兼顾学术性和操作性。在学术层面，黄建华《词典论》[2]中介绍的西方词典分类流派比较全面，章宜华等的《当代词典学》[3]也从功能语言学的视角对词典的类型提出了比较全面的分类介绍，特别是介绍了西方对词典进行消极型词典（理解型词典）与积极型词典（生成型词典）二分的理念，但尚未谈及汉语词典中这两类词典的特点。

在汉语词典类型研究方面，汪耀楠的《论词典分类》[4]、郭文瑞的《辞书源流初探》[5]、徐时仪的《汉语古今辞书的类型》[6]、詹德优的《略论辞书的外延和类型》[7]等文章都是讨论汉语词典类型的重要文献。但这些文章发表时，学习型等生成型词典的编纂和研究还未成气候，一些新类型的词典还未引起足够的关注。

辞书分类是一个难题，各类之间很难区隔得绝对清晰。下面谈一下我们对汉语语文辞书分类的新思考。

---

① [捷]拉迪斯拉夫·兹古斯塔.词典学概论[M].北京：商务印书馆，1983：272－303.

② 黄建华.词典论（修订版）[M].上海：上海辞书出版社，2001：22－42.

③ 章宜华，雍和明.当代词典学[M].北京：商务印书馆，2007：85.

④ 汪耀楠.论词典分类[J].辞书研究，1985(4).

⑤ 郭文瑞.辞书源流初探[J].河北大学学报.1980(1、2).

⑥ 徐时仪.汉语古今辞书的类型[J].淮阴师专学报（哲学社会科学版），1989(3).

⑦ 詹德优.略论辞书的外延和类型[J].辞书研究，1990(6).

一、一级分类——字典与词典的二分

在汉语辞书中，专门性的字、词典的区分度是比较高的，都有自己独特的体例。如辨形字典、笔顺字典、同音字典等都是专门针对汉字的某一属性进行编纂的，是典型的字典；以收录词语并进行主题分类为中心的类义词典是典型的词典；以反义词、同义词、方言词等词汇系统的词的不同类聚而编纂的专门性词典也是典型的词典。

但古代由于字、词的一体性，只有字书、字典，而无普通性语文词典。真正的词典当为雅书，是从语言层面来关注词汇的。《佩文韵府》等类书字头下列复音词已经体现出现代词典的体例雏形，但这一体例直到《马氏文通》区分字与词的界面，有《辞源》等词典确立了以字头立目、下收正序编码的复音词的编纂实践，才真正确立起来。

现当代，在词典体例得以奠定的同时，字典的体例也有所改进，为体现汉字转化为语素后的构词能力，字典下也多仿词典选收少数复音词立目，如《新华字典》也收录常用的复音词，普通语文词典也都以字头带词目，所以二者的总体体例差别不大，只是各有侧重。如字典更侧重于汉字的形、音、义以及字际关系等文字性属性的说明与揭示，复音词只是汉字所代表的语素的一个子属性。词典中字头多作为语素对待，但为保证查考率，也以音节化的汉字（如联绵词、叠音词等复音单纯词中的汉字）立目，但词典立目字头的核心目的是要起到索引的功能，另外，字头的释义是释其语素义或单音词义，它更注重立目的复音词的意义和用法，在例证上更关注词例、语例、句例的设置，体现出语素的构词性、词的搭配及句法特征，全面揭示其语言属性。

在大型的普通语文辞书中，这种体例上的差异会被放大。大型字典（如《汉语大字典》）穷尽性搜索所有字形（包括甲、金、篆等古文字）、历史读音、历史字义，不列复音词，不突出其语素构词功能；而大型词典（如《汉语大词典》）虽以汉字立目，但只出汉字属性中基本的反切或汉语拼音，字用上只在进行语素注音释义时标注“通同”关系，语素义不求过全，但穷尽性搜索其构成的复音词，然后以释复音词为主。这一传统从民国时的《中华大字典》以及后来的《辞源》、《辞海》的对比中也有所体现。

在当前的二次转型期，以用法为中心的生成型学习词典进一步拉大了字、词典在体例上的差异。学习型字典（如《新华多功能字典》）提供了汉字近十个方面的属性信息，几乎囊括了汉字所有本体和用法属性；学习型词典（如《商务馆学汉语词典》）改进了普通语文词典将复音词正序列于字头下的体例，将复音词根据构词语素义置于多义字头语素的相关义项下，进一步体现词义和语素义的关联性以及复音词的构词理据，而且还以词群的方式列出该字头语素义所构成的逆序复音词群。

现当代中小型的查考型或规范型字、词典的体例差异很小。小型字、词典的体例几乎是一致的，只是命名不同。因此，我们建议：由于信息和容量的激增，小型词典的查考功能受到极大的挑战，所以在面向中等文化程度读者的辞书中，应以中型为主，建议以“词典”方式命名，既可涵盖汉字的信息，也可涵盖词的信息，更加实用；小型普通语文辞书建议以“字典”来命名，涵盖基本字和部分常用词信息。小字典的规模、容量、查考性以及定价等更符合初级用户的特点，也符合小学阶段以“识字”为中心的语文教学理念。例如：现在小学范围内占有优势地位的商务版《新华字典》、人教版《小学生汉字字典》等，都是这方面的代表。

二、二级分类——基于五大元功能的汉语语文词典类型三分

在我们看来，词典的分类要关注以下三个原则：一要契合词典收录内容的特点，即符合汉字、汉语的特点；二是不宜过细，要照顾词典编纂的操作特点；三是词典的本质是工具，功能是工具最根本的属性特征，词典的分类全面体现功能标准。在这三项原则指导下的词典编纂会产

生不同的编纂宗旨和编纂思路，最终引起词典本体的各要素重组为不同的词典类型。

我们认为，汉语语文词典有查考、资源（资源积贮功能，以下简称"资源功能"）、教学、表达（辅助表达功能，以下简称"表达功能"）、规范五大元功能。五大元功能都能不同程度地体现在不同类型的词典中，但有不同的侧重取向，这成为决定词典类型的核心标准。

据此，我们结合汉语词典的实际，参考西方一些适用于汉语词典特点的分类理念，将侧重查考与资源功能的词典称为理解型词典；把侧重教学与辅助表达功能的词典称为生成型词典；把侧重规范功能的词典称为规范型词典。这种分类更能体现词典的工具性和应用性特点。

理解型词典与生成型词典相对。读者使用汉语词典的目的主要有两个：一是解决阅读障碍，二是运用词汇进行口语和书面表达。以完成前一功能为主要目的的是理解型词典，以完成后一功能为主要目的的是生成型词典。前者以提供全面、权威的知识信息为主；后者以提供辅助语言生成的表达信息、用法信息为主。前者满足词典对词语的静态存储目的；后者则满足用词语进行语言交际的目的。规范型词典则是从规范社会语言文字应用或推广语言文字规范出发而出现的类型。

三、查考功能、资源功能与理解型词典

人们使用词典的主要目的是满足查找汉语字、词的形、音、义、用法等属性的需要，因此查考功能是词典最基本的功能。凡以查考性功能为核心编纂目的的词典往往一定程度上能记录某一特定范围内最全面的语言文字信息，因此同时具备储存字词资源的元功能。这类侧重查考与资源功能的词典可称为理解型词典。

理解型词典主要有四个特点：

1. 被动性

理解型词典是"为了查"而编的词典，是在文献中心主义主导下编

纂的词典。其被动性根据读者使用词典的行为来界定，是先有了疑问而后有查阅行为。读者查检词典的最大目的是辅助自己的阅读，用查到的信息扫除阅读中的语言文字语理上的障碍，辅助理解语句和语篇。这类词典如果能提供相关的信息，解答读者的疑问，满足读者索解需要，即可完满体现其功能，至于如何使用这些字、词资源信息进行交际，并不是这类词典首要关注的目标。

2. 追求查全率

一部理解型词典要被认可，首先要满足读者绝大部分的查考需求，这就要保证字、词信息的完整性、全面性。多数理解型词典是古今兼收的，提供的字、词读音，包括断代读音、异读、多音等；字、词形包括异体（异形）、简繁、或体等；字、词义包括本义、引申义、比喻义等；例句多出书证，体现文献主义原则。这些属性信息往往构成一个大型的民族语言所共有的信息资源库。

“失收”一直是这类词典最关注的问题。这些年学术界对《汉语大词典》等大型词典的评论主要体现在评价其失收字词、失收断代义项等问题上，而词典的修订也主要围绕“增收”做文章。

但“查全率”是一个相对的概念，不同文化层次的读者所接触的僻字、僻词、僻义等范围有所不同，所谓“查全率”是针对读者可能的知识范围做最大化扩充处理，这样理解型词典针对专业人士、大学生、中学生、儿童以及社会中等文化程度读者等不同的读者定位，就有了大、中、小、袖珍型之分，也有了足本、节本之分。

3. 追求查准率

语言资源的丰富性需要科学合理的排检体例。古代字书以形序为主，雅书以义序为主，韵书以音韵音序为主，到现当代《汉语拼音方案》的发布，出现了最方便、也最能与国际接轨的现代音序排检体例。当前词典（除古代汉语词典或少数专门词典）绝大多数走向了以《汉语拼音方案》为基础的音节检字、辅以部首形序检字的整合模式；类义词典除了传统的义序外，也多附以音序索引。这些整合性特点，最大限度地保证了读者的查准率。到了电子词典时代，词典的排检体例更加智能化，已经发展成为字头关联检索（输入一个语素可检索出所有由这个语素构成的词，包括正序和逆序），还可实现释文的全文检索，进一步提高了查准率。

4. 体例稳定性高

理解型词典的体例基本稳定：以形、音、义序为宏观体例界定了词典的大框架；以字头立目，复音词正序排于字头之下；义项多按历史顺序排列，注重义项的资源性和曾用性；例证多出书证，以证明义项的来源和使用性，文献价值比较大；语用信息多隐含，多用如“形容”等用语揭示词的形象色彩，用“比喻”来揭示词的比喻义，用“多指”“泛指”等用语来揭示词的义域范畴。总之，理解型词典项目内容固定，项目信息描写简洁，例证多有文献性特点。

四、教学功能、辅助表达功能与生成型词典

教学功能和辅助表达功能是根据词典作为一种文史工具书的使用领域来界定的。词典主要有三个使用领域：教学领域、社会个人使用、专业研究使用。这三个领域中，教学领域的使用量是最大的。我国《新华字典》和《现代汉语词典》的大多数使用者是在教学领域。所以词典的教学功能是查考功能之外的另一项重要的元功能。

从编纂行为上看，侧重教学功能、辅助表达功能的词典以解释字词用法、辅助表达生成为核心目标，用于辅助口语及书面语交际。从使用行为看，这类词典往往体现为读者主动查找一个词的用法，对词的用法进行全面的掌握与习得，然后用于构建自己的语言表达，是典型的主动行为，甚至有人把这类词典作为特殊的语言手册进行阅读习得（如吕叔湘先生的《现代汉语八百词》，商务印书馆），因此，这类词典是“为了交际”而编纂的词典，是生成型词典。

不同于理解型词典的文献主义中心，生成型词典以基于描写用法、描写词库为核心的描写主义和基于语言习得的认知主义为中心。生成型词典分为学习型词典和表达型词典。教学是知识的双向流动：传授知识，主要在课堂解决；自学知识，主要依靠的是学习型词典。表达型词典（主要是类义词典等语词词典）主要编纂目的是服务于各种书面表达。学习型词典收录对象多为基本词和普通词，用于辅助普通交际应用中的语言生成，而表达型词典既可以提供有着详细分类的表达词库，也可以集中提供各种不同表达色彩的词的不同类聚，辅助不同的表达需求。

（一）学习型词典的特点

1. 以用法描写为中心

一部词典是以提供字词基本属性信息为中心，还是以提供字词用法信息为中心，这是区分理解型与生成型词典的基本标准。

以《现代汉语八百词》为例，几乎每个语法功能比较突出或个性化的虚词的用法都会有丰富的介绍，其义项也都是用法项。而理解型词典多只出其最主要的语法功能和最主流的用法。例如《现代汉语八百词》释“只是”：

> [副]1.限定范围；仅仅是。前后常有说明情况或进一步解释的词语。句末可以用“罢了、而已”等配合，表示语气更为缓和。
>
> 2.强调在任何条件下情况不变；就是。用于否定句。
>
> [连]表示轻微的转折，意思重在前一小句，后一小句补充修正上文的意思。语气委婉，跟“不过”相近。
>
> 注意　下面的例子里是副词“只”修饰动词“是”，不是副词“只是”。
>
> 比较　只是：不过　……

每条用法义项下，罗列正误两方面的大量例句加以说明，体现语言生成的模仿性和纠误性。

《现代汉语词典》(第5版,商务印书馆)是一部规范型词典,其基本编纂风格介于理解型与生成型词典之间,释“只是”:

①[副]仅仅是;不过是。②[副]表示强调限于某个情况或范围。③[连]但是(口气较轻)。

《现代汉语词典》对用法描写的细度和颗粒度明显要简于《现代汉语八百词》,只提供了基本的意义和用法信息。

理解型的《汉语大词典》(罗竹风等,汉语大词典出版社),释“只是”:

①仅仅是;不过是。②就是。③一直;一味。④表示轻微的转折。不过;但是。⑤只因为。

这五个义项中,③和⑤属于历史项和僻用义项,这与该词典的资源存储元功能相关,而且只出书证,体现资源中心、文献中心的特点。

通过三部词典对“只是”释义的对比,能看出学习型词典的用法中心的特点。学习型词典的用法中心主要体现在以下几个方面:

注重语法单位的标注。标注词性是学习型词典共同的要求,不同的词性代表着不同的语法意义及语法搭配功能,体现词义的搭配潜势和组合潜势。《商务馆学汉语词典》(鲁健骥等,商务印书馆)对立目的各个义项标注“素”“词”“短语词:动—宾(离合词)”等语言单位标记。标“素”可以使读者避免把不成词语素当词用的问题(如“风吹涛又起”);标“短语词”的义项,则明示是可以离合使用的,然后用例句加以具体化。

注重句法搭配信息。词的最终价值体现在交际中:一是独立成句,二是与别的语言单位组合递归生成复杂的句子。学习型词典将这种搭配规则体现在每个义项的例句群中,还表现出模仿造句的功能。例句基本都采用自编例的方式。

注重搭配偏误的纠正。传统词典的例证是单向的,多起证明义项的作用,但在语言教学及学生自学中,语言使用偏误的纠正是最有效的习得思路。在这个过程中,可使读者习得词语用法中的例外或禁止规则。有的学习型词典(如《现代汉语八百词》)的例证提供偏误例句,表明一些易被错误搭配的例句的非法性。偏误用例往往前加 * 号表示。有些词典还提示修改思路。

采用语言学最新的、成熟的研究方法和成果来释义。近些年的汉语研究中，语义特征分析法能较好地揭示词语的组合搭配潜势，所以被尝试引进学习型词典的释义，提升其对词语用法的阐释能力。如：

规范词典《现代汉语词典》："【揉】^{1}：用手来回擦或搓。"这一释义比较直接到位，在描写出的语义信息中，指出动作的类属信息是"擦或搓"，工具语义格是"手"，动作的特征是"来回反复"。

但"【揉】^{2}：团弄。"这一释义本身比较难解。《现代汉语词典》中对"团弄"的解释是"用手掌搓东西使成球形"，这个释义虽然比较具体，揭示动作类型是"搓"，工具语义格是"手掌"，结果格是"球形"，但其语义信息的作用范围与"揉"并不对等，如"揉"的工具格不一定是"手掌"，也可以是其他工具或间接物作用于物体，结果也不一定是"球形"，而且"团弄"的这一义项标注为方言义项，用方言义项的"团弄"来释通语义项的"揉^2"，释义的语义风格不对应。这还不是最本质的问题，最重要的值得讨论的问题是：虽然释义中列出"～面｜把泥～成小球"的例证，但并没有揭示被支配的对象需要具备什么样的共同的语义特征。也就是说，《现代汉语词典》中的例证只着眼于个别举例，是用法规则的不完全揭示，只能告诉读者有这种合法"句子"，但不能规律性地揭示"揉"支配对象所应同时具备[＋软][＋固体]的语义特征，读者（特别是留学生）在没有明示搭配规则的情况下，反而会错误地类推搭配别的词语，如"*揉水""*揉石头"等。

学习型词典《商务馆学汉语词典》："【揉】^{2}：把东西放在手里弄皱或弄成像球样的形状。"所配例证揭示的语境类型化用法相对全面："你把纸都揉破了""把衣服揉得这么皱，怎么穿啊？""把面揉成团儿"。这一释义把《现代汉语词典》"揉^1"中的动作类属信息"搓"合并到第二个义项中，这是一种进步，但处所格[手里]又显得定义过窄了，因为这个动作可以发生在任何有条件的地方，而且也没有揭示动作作用的对象"东西"的属性特征，在揭示搭配规则方面没有起到应有的作用，而留学生使用此词时偏误往往就是由此产生的。此处释义建议采用《现代汉语八百词》或此词典体例中已经设置的“用法说明”，来对用法规则加以明确揭示：“后接搭配对象需要同时具备‘软的’‘固体’的特征。”

提供大量辨析等用法信息。如展示搭配条件信息——词在句中的常规位置、使用条件。《商务馆学汉语词典》：“【如同】好像。多用于比喻。”类似这样的用法信息在这部词典中列了700条左右。此外，词典中提供的最重要用法信息就是辨析信息，辨析对象不一定是严格的同义词，包括单语素与双语素，词与成语、词与表达语块等，都是学习型词典释义关注的重点。可以说，学习型词典大都整合了传统的专门词典——“同义词词典”的内容，而后者其实也是学习型词典的一种。

高度关注交际因素。学习型词典多注重通过例句体现普通交际语境的创设。《商务馆学汉语词典》的做法是把例句加长，提供相对完整的交际情景，特别是针对一些口语词的用法描写。如“碍事”的例证：“对不起，我把你的书碰到地下了，我给你捡起来吧——不碍事，我自己来吧。”然后用“注意”栏表明交际意义——“不碍事一般用在对方道歉或关心时，表示‘不要紧，没有关系。’”但这些交际信息在汉语学习型词典中揭示得还显太少，需要进一步增加相关信息。

另外，学习型词典在释义中还多重视描写词义的褒贬色彩、感情色彩、语体色彩以及文化意义四大与语言交际或跨文化交际相关的信息。褒贬色彩表明交际者的评价态度；感情色彩表明独特的交际心理和态度；语体色彩（如书信敬语）表明了语言交际中根据不同语境进行得体表达的风格选择；文化意义体现的汉外对比差异信息，是跨文化交际中最容易出问题的地方。对于这些信息，《商务馆学汉语词典》多用“注意”点明不同语境类型下的不同用法，如释文中的“多贬义”“用于面称”等，但总体来讲，汉语学习型词典所要提供的交际信息尚未形成完整、系统的描写方式。

2. 体例多变

学习型词典不以词目和词义资源的全面搜集为目的，多只针对常用词、通用词的语义、语法、语用三个平面的典型信息进行整合描写，编排体例上多灵活多样，富有创新性。例如：收词时不但收录基本词汇和通用词汇，还收录很多词汇串和语块，如“不×不×”“非×非×”等，这些语块在语言交际中具有特定的表达优势。

例如《商务馆学汉语词典》突破字头下类聚复音词的普通词典体例，而将复音词及其义项分列于字头语素不同的语素义下，从语素义的解释上升到词义的解释，是一种隐性的辅助释义的方式，还可从语素义的角度，推演词的构词理据。另外，该词典还在语素义下列出该语素义项参与构造的逆序词群。

再如，学习型词典义项的描写体例也灵活多样，如整句释义、释义元语言控制、义项索引（义项菜单）、用法插页等。整句释义提供了语境类型，还可以揭示动词支配的论元、语义格等信息，比较适用于动词的释义；释义元语言使用是用有限的核心词汇解释字词的基本的语义细节，特别有助于对外汉语教学。

3. 与教材、教学内容及语言文字规范紧密相关

词典（特别是学习型词典）与教材具有共通性，它们都是具有引导性的语言文字准规范，是软性规范，与国家相关部门推出的刚性语言文字规范相配合，构成完整的语言文字规范体系。这三者之间也互为贯彻，互相支持，这一点在学习型词典中体现得特别明显。

学习型词典要体现出鲜明的教学功能，必然和教材内容保持基本一致。当前，在母语教学中，虽然教材可以由各出版社自行组织编写，但教材中涵盖的语言文字范围和难易度基本一致，国家相关部门有专门的课程标准进行限定。因此，面向母语学生的学习型词典的收字、收词、收义范畴要以教材为基础，再适当扩充；释义主要是以教材中的词语意义和用法为中心；例句尽可能从教材课文中选择，或使用在课本书证基础上改造的自编例。可以把学习型词典看作是教材内容的扩展性参考资料。这方面做得比较好的就是《古代汉语常用字字典》（王力等，商务印书馆）。

在对外汉语教学中，学习型词典的选词立目就要以《汉字汉语水平考试等级大纲》里面的字词范围及等级为依据，释义中的语法信息也要以对外汉语教学语法方面的推荐性规范为参考。

（二）表达型词典的特点

西方的词典类型学理论学说中，有人认为积极型词典就是学习词典（learner's dictionary），对于汉语语文词典来讲，这个界定有些狭窄。我们认为：汉语主动型、积极型词典的核心都是服务于语言生成，其功能可具体分解为：一是针对汉语教学，为满足外族人学汉语或本族人学习母语的需要，把常用词或通用词的意义特别是用法进行详解，以便读者快速提升普通语言交际能力，这一功能主要由学习型词典承担；二是针对语言的口头和书面交际需求，提供词汇库，并按类义的方式将词汇库系统化，为读者在表达时的词汇选择提供资源和选择上的引导性，这一功能则主要是由以类义词典为核心的表达型词典承担。

有人称表达词典为"语汇词典"，并界定为"语汇词典是为了作诗押韵、查找辞藻典故和对偶词而编纂的专项词典"①，这个界定有些窄，而且侧重古代辞书。也有人称表达词典为"写作词典"，这个界定也比较窄，因为写作主要侧重书面语，没有涵盖口语。我们称其为"辅助表达型词典"，简称"表达型词典"，它是词典辅助口语或书面表达功能的最集中体现。

表达型词典以词汇能力为基础来全面展示辅助表达的元功能，具体分解为词汇积累、词汇选择、词汇应用，围绕这些能力展开编纂，是表达型词典的根本编纂宗旨。

表达型词典的辅助表达功能与学习型词典的教学功能有一定的联系。首先，按表达要求，采取词汇选择机制，从词汇集里选择词汇，组合生成短语、句子乃至语段、语篇，本身也是学习型词典的重要功能；其次，表达型词典提供的各种不同规模、不同层级的词汇集也可以对学生

---

① 雍和明等.中国辞典史论[M].北京：中华书局，2006：376.

系统掌握词汇起到积极作用，也是教学性、学习性的一种体现。但二者也有不同：学习型词典主要服务于普通交际，表达型词典服务于特殊交际（主要由语境和交际目的决定）；表达型词典提供的词集多有专门的表达特色，与主题、语体风格、文体类型密切相关，而学习型词典只针对日常交际中的基本词和通用词；表达型词典多用义序，方便在主题词引导下进行词汇选择，而学习型词典多用音序，方便检索单个目标词。

具体来讲，表达型词典的特点如下：

1. 提供用于词汇选择的词汇库

各种表达都需要相应的词汇积累。词汇分为两类，一是普通语文词，包括生活常用词及一些生成语句需要的虚词等语法功能词，这些词主要是学习型词典关注的对象，多用于普通生活中的语言交际。另外一类词是各有特色的表达功能词。这些词对于不同语体的表达具有重要的作用。当一个人本身的心理词库不能满足需要时，就需要一部工具书提供相应的词库以辅助词汇选择。

表达型词典可分为三种：

一是综合性主题分类的类义词典，古代的《尔雅》与现当代的《同义词词林》（梅家驹，上海辞书出版社）、《现代汉语分类词典》（董大年，汉语大词典出版社）等都属于这种类型。

二是分别汇集不同表达色彩词以及词用方式的专门性的表达型词典，如成语、典故、比喻词、借代词、形象色彩词、婉词、书面语词等。古代的文学辞藻类类书《佩文韵府》等，现当代如类聚书面语词语的《常见文言书面语》（王吉亭等，重庆出版社）、类聚词汇借代义的《汉语借代义词典》（韩陈其，广东教育出版社）、类聚成语的《分类成语词典》（《分类成语词典》编纂组，吉林大学出版社）、体现口语与书面语体风格区别的《汉语成语俗语对照词典》（杨本祥，南京大学出版社）、体现语汇表达方法的《成语连用词典》（史德良，四川辞书出版社）等都属于此类。

三是同义词辨析、反义词系联类词典。

2. 细致的逻辑分类，类聚同一主题词群，服务于词汇选择[①]

语言表达的方法丰富多彩，词汇的恰当选择与使用是最基本的要求。例如“春风又绿江南岸”的表达效果是由“绿”作为性质形容词动词化、过程化后而产生的；“枯藤老树昏鸦”意境的表达效果则是一组名词意象连用而勾勒出来的，多个同类、同主题、同意义内涵、同附加色彩的词的连用就产生了这样的类化效果。

理论上讲，所有词典都提供一个词汇集，都能在表达时提供词汇选择的功能，但普通词典这一功能的体现是间接的，而表达型词典专门服务于词汇选择，都会对所收词汇进行详细的多层次语义分类，大小类甚至有几百上千种。词库的主题分类是与表达内容、表达思路直接相关的，与思路的拓展关系很大，同时也会提高表意的准确性和丰富性，这种分类为选择词汇提供了方向性和目的性。这一传统是《尔雅》等雅书开创的，一直延续到今天，成为表达类词典的根本特征。

分类的方式一般有两种：

一是主题逻辑分类。最典型的是《同义词词林》等类义词典。这类词典往往收词众多，基本可以涵盖一种语言所有的核心、基本、通用词汇，还包括除术语以外的外围的一般词汇，构成一门语言的尽量穷尽性的大词库。这种词库可为表达主题提供全方位的相关词汇集、词语群，例如：《同义词词林》的“屏障”集就有“屏障、屏蔽、屏藩、遮挡、掩蔽、隐身草、遮羞布、烟幕弹”等词语，既包括口语、通用词汇、书面语，又有常规词与隐喻词，为不同的语体风格表达需要提供材料。

二是语用分类。这些类型包括成语俗语对应词典、同义词典、反义词典、成语连用词典、连用对仗词典、成语分类词典等，这类词典多直接针对语用中的一些核心问题进行编纂，辅助表达功能更直接、更集中。

成语的书面语色彩比较突出，而惯用语多无典源出处，主要源自百姓的口语，浅显易懂，形式简单，有明显的口语色彩。《汉语成语俗语对

---

① 关于表达词典提供的词汇集在辅助拓展表达思路等方面的应用，详见第十五章。

照词典》就是一部专门提供意义相近的成语和惯用语对举的词典，收成语3000多条，俗语近5000条，分为2300多个对照组，其语体色彩的区别非常明显。这样在写作庄重的书面讲话稿和发表面向群众的通俗、形象、幽默的口头即兴讲话时，就可以对比选择不同风格的语词。例如：

阿谀奉迎——拍马屁

充耳不闻——耳边风

徒有虚名——花架子

夜以继日——开夜车

一丘之貉——一路货

偃旗息鼓——退堂鼓

以下则是文言色彩的成语跟表达相同意思的口语色彩的谚语的对比：

孤掌难鸣——一个巴掌拍不响

谨言慎行——小心没大错；舌上有龙泉，杀人不见血；舌为利害本，口是祸福门

攀高结贵——拣高枝儿飞；拉住状元喊姐夫

时来运转——运气来到，拿门板也挡不住；运来黄金失色，时来铁也生光

养痈遗患——养病如养虎，虎大就伤人

养尊处优——衣来伸手，饭来张口

直截了当——开口见喉咙；打开天窗说亮话

围绕以上表达上的具体问题而形成的表达型词典目前呈现越来越细化、越来越丰富的良好发展态势，对于公文写作、各类工作中的文案写作有很大的帮助。

五、规范功能与规范型词典

规范型词典又称规定性词典，一般是以国家语言文字规范、共识性

专家观点、约定俗成观点为编纂依据，以规定主义为主要描写方式，提供的语言文字信息具有权威性和典型性。对一些有争议的语言文字现象在理据充足的情况下，吸收学界研究成果，敢于下断言、下结论，体现出示范性、规定性。

以规范语言文字为根本目的的词典编纂，有代表性的是古代的民众“奉为典常”的《康熙字典》、民国时配合国语运动的《国音字典》《国语辞典》等。新中国成立后的典型代表是《新华字典》和《现代汉语词典》等，前者主要贯彻国家简化字、异体字等方面的规范，后者在此基础上，还要服务于“推广普通话”，提供普通话词汇的词种、词形、词义、词用等信息。

规范型词典主要有以下四个特点：

1. 对现有语言文字规范的坚决贯彻性

规范型词典是现有语言文字规范的主要体现者，因此要不折不扣地贯彻国家相关语言文字规范。

2. 对规范未覆盖的内容进行谨慎处理

规范型词典的编纂目的是服务于语言文字规范化。理论上讲所有的词典内容都应提供正确而权威的信息，但相关刚性语言文字规范覆盖面只是一部分，对于未覆盖的内容，由专家根据知识和经验，为字词的形、音、义、用等属性提供权威意见，成为民众参考以及习得的对象。但如何确定词典所提供的信息是真正权威的专家意见，还一直是一个难题。

3. 释文中规定性、引导性与推荐性相结合

汉字汉语的形、音、义、用等属性中最易规定的是客观性强的形和音属性；带有主观经验性的释义则由专家释义整合传承的历史释义形成引导性，这种专家意见要保证明显高出普通读者对词义的理解水平，由高水平引导低水平或刚入门读者；语用方面的信息则只具推荐性，为用户用词提供参考。

4. 体例上的简洁性和保守性

规范型词典的规定性，要求对民众社会语言文字使用中最重要、最基本的信息进行规定性解释，所以体例比较传统和保守。规范型词典多为中小型词典，在选词立目范围方面与学习型词典相类，主要是针对基础字词和通用字词；在义项的设置、分合和描写方面，比较简洁和保守；在体例方面则与理解型词典相类，只不过理解型词典提供的语言文字信息多为资源性信息，而规范型词典提供的则是规定性信息，非规范或不确定的信息不提供。

六、小结——兼谈三类汉语词典的关系

我们把语文词典根据五大元功能分为理解型语文词典（如《汉语大词典》）、生成型语文词典（如《商务馆学汉语词典》）和规范型语文词典（如《现代汉语词典》）三大类型并立的局面，它们分别是以文献主义、描写主义与认知主义、规定主义为主要指导理论编纂完成的。但汉字、汉语的形、音、义、用等语言文字属性是三类词典所共有的，所以三者只有编纂侧重点的区别。例如它们都具有知识索引与查考检索性质，只是理解型偏重于语言文字属性知识的资源存储与检索，求多务全，侧重查全率；而规范型偏重于语言文字属性的规定性，求少求精，排除杂芜，偏重于准确性和统一性；学习型词典偏重字词用法属性的全面描写性，高度关注语言交际属性，不收僻难属性。

现在只有大型语文词典的类型属性区别度高，中小型共时的语文词典中的类型区别性越来越小，体现了语言文字信息的最佳整合。

例如《现代汉语词典》经过试印本、试用本以及正式出版的六版修订，已经成为一个集查考性、学习性、规定性三大功能于一体的中型共时词典，由早期的规定主义释义风格转向了规定与描写并重的风格。再如《现代汉语词典》中的词标注词性，还有“口、书、方、古”等语体、语

用标签标注，用括注标注义域范围，这些内容都是学习型词典重点关注的。

再如，“语块”(chunks)一直被认为是富有语言生成价值的准固定组合，它不同于固定语，固定语大多数是一种稳定的固定组合，不具模因性，也不同于自由短语。自由短语体现的是一种按语法规则自由搭配的模式，而语块是由一批语素搭建成的嵌入框架，然后将其他成分嵌入其中，既具有一定的定型性，又具有类推、替换的模因性，是语用搭配中比较典型的一种现象。语块一直是学习型词典收录的重点，在《现代汉语词典》中也有收录，例如：

七…八…　四…八…　一…不…　不…不…　大…大…　连…带…　说…道…　一…而…　一…二…　非…非…　前…后…　一…就…　且…且…　大…特…　千…万…　有…无…　东…西…　有…有…　左…右…　半…半…　半…不…　不…而…　非…不可　非…即…　没…没…　三…五…　无…无…　现…现…　一…半…　一…一…　越…越…　自相……

因此，我们认为：单纯的规范型词典将被《现代汉语词典》这类规定与描写相结合的词典所取代，汉语语言文字丰富的属性信息通过描写方式在词典中得以全面展示，为读者提供权威使用参考，体现词典在语言文字规范中的引导性特点。

上编　新类型学视野的汉语辞书理论的发展演变

本编我们将探讨不同于辞书编纂史、出版史的汉语辞书理论史的分期，梳理汉语辞书本体要素和辞书工作在各分期的发展概况。然后按照我们基于辞书五大元功能而产生的新类型理论，梳理各类型辞书编纂理论在各分期的发展。

第二章　汉语辞书理论史的分期

汉语辞书发展史的分期研究一般是按编纂史、出版史分期，多与时代分期相结合，然后总结每一时期辞书编纂与出版的标志性成果。辞书编纂史的分期与辞书理论发展史的分期有一致之处，因为一定的编纂操作理论的操作结果必然体现在相应时代的代表性辞书中，而相应的经典辞书也必然反映着一定时期编纂理论的创新。但也有不一致的地方：辞书理论分为指导与交叉理论、本体理论和工作理论——指导与交叉理论包括古代的小学理论、现当代的词汇学理论、当代的认知语言学理论等；本体理论包括编纂宗旨、凡例、体例、选词立目、释义、设例等；辞书工作理论包括辞书组织、辞书出版、辞书评论、辞书修订、辞书使用等。而辞书编纂史的范围要小得多，而且更多的是将辞书作为文献来进行介绍。

从这个角度看，要了解我国辞书发展状况，必须结合辞书编纂史和辞书理论史两个角度进行观察。我们以汉语辞书的核心类型——语文性辞书为封闭域，依辞书理论发展的特点进行分期。

一、汉语辞书理论史的分期结果

在谈到汉语史分期标准时，吕叔湘先生认为："一种语言在某一个比较短的时间内发生比较大的变化，就可以把这以前和以后分为两个时期。"①蒋绍愚先生认为，要仔细观察汉语在某一时期出现原来没有

① 吕叔湘著，江蓝生补. 近代汉语指代词(序)[M]. 上海：学林出版社，1985：1.

的新质，往往就是分期的标志。[①] 这一分期原则有利于观察汉语辞书理论史的分期。

汉语辞书近几十年才有从语言学中独立出来的趋势，在以往几千年的发展中，它一直隶属于其他学科。隶属的指导理论的变化，带来本体理论的跟进，同时影响到编纂操作理论，最后反映在辞书中。汉语辞书理论史的分期当以语文辞书为核心，以指导理论的根本转变为标志，兼顾同期语言文字应用需求，细察本体及操作理论是否联动出现新的创造性变革，从而界定分期。

这样看来，汉语辞书理论史的时间分期比较清晰，大体可分为古代期、现代期、当代期。如果从本体理论发展看，可分为五期：萌芽奠定期（下限为两汉）、发展完善期（下限为《马氏文通》的出版）、转型期（下限为 1975 年全国第一次辞书规划、1978 年《现代汉语词典》出版）、成熟期（主要时间段为改革开放 30 年）、二次转型期（当前期及未来发展期）。每两期之间都有一段过渡时间。萌芽奠定期、发展完善期为古代辞书理论期，体现为传统辞书理论框架的完善；转型期、成熟期为现代辞书理论期，体现为基于继承传统辞书理论的转型与大发展；二次转型期为当代辞书期，辞书理论带有一定的探索性和实验性，体现为意义中心侧重点向用法中心侧重点的转变。

二、指导理论、应用需求的发展与辞书理论在各分期中的关系

1. 萌芽奠定期（四类主流辞书体例的奠定）

萌芽奠定期大约可以先秦的《史籀篇》字表为萌芽标志，以战国末

---

① 原文：什么时候汉语中出现了较多古代汉语所无、现代汉语所有的语法、语音、词汇的新要素，这就是近代汉语的上限。什么时候汉语的语法、语音、词汇系统开始变得和现代汉语基本一致了，这就是近代汉语的下限。蒋绍愚.关于汉语史研究的几个问题[A].汉语史学报，2005(5).

年编定的第一部类义词典、百科词典《尔雅》,[①]再到两汉时第一部方言词典《方言》、第一部释本义的字书《说文解字》、第一部语源学辞书《释名》为标志性成果。这一时期奠定了汉语辞书本体的基本原理、宗旨、核心类型、基本体例以及核心释义原则和方法,其勾勒的汉语辞书理论模型至今仍然保持着惊人的稳定性。当然,这种情况也有着一定的消极性,当代辞书理论要实现带有创新性的二次转型,要突破几千年前奠定的辞书编纂和使用的传统以及思维定式,难度很大。

从理论上看,奠定期的指导理论是先秦诸子的名实之学。这时期出现了荀子的"约定俗成"说、"循旧作新"说,墨子关于名的"达、类、私"分类说等。这些理论都被引进辞书的编纂,先秦两汉的辞书如《释名》要论述"日称"常用词的"指归",就是以先秦的"名实论"为宗的;《尔雅》以类分篇,《说文解字》"始一终亥"的540部暗含义类分部,也与先秦名实论的义类观相关,荀子的"雅方沟通"观[②]也对《方言》的编纂有重要指导作用。这是语言学理论与研究成果在辞书中的落实和体现。

荀子极力反对"析辞擅作名"(《荀子·正名》),这是一种语言哲学中的语言文字规范理论,"擅作名"的后果是"使民疑惑,人多辩讼",引起社会混乱。秦统一天下文字,用字表的方式推广小篆就已经表现出这一理论在辞书中的应用萌芽。而《说文解字·叙》中表明,编纂该字典的目的就是要针砭今文经学派乱解字形的现象,撰书欲"达神恉"(即造字的神恉),还原汉字的造意与本义。这一点与荀子的语言规范观也是一脉相承的,作为古文经大家的许慎是不可能不受先贤荀子思想的影响的。

在辞书理论的萌芽奠定期,另一种重要的指导理论是小学,辞书奠基理论与小学奠基理论具有共变性、一体性。语言学史中一般认为:《尔雅》代表着训诂学、《说文解字》代表着文字学、《释名》代表着词源学、《方言》代表着方言学学科理论的开创,而这四部书本身也是汉语四

---

① 何九盈.中国古代语言学史(新增订本)[M].北京:北京大学出版社,2006:34.

② 《荀子·正名》:散名之加于万物者,则从诸夏之成俗。曲期,远方异俗之乡则因之而为通。

大核心辞书类型的开创。我们找不到专门的辞书理论的论述，只在这几部书的序中看到只言片语，但这四部书对字、词、语的搜集、编排、释义等工作集中体现了辞书本体的理论素养及材料特点。所以在奠基期，从某种角度可以说，辞书只是被作为小学材料研究成果的载体，这些成果以一种整理后的有序面貌呈现。

总之，萌芽奠定期中，辞书本体理论虽然已经形成了义类体例、部首体例、释义原则等基本模式，但独立意识不强，只是训诂学的一种成果形式。

2. 发展完善期（辞书类型的两次突破）

发展完善期从中古开始，汉语辞书沿着雅书系、说文系、字书系、韵书系四个方向发展，并各自出现一系列标志性辞书，如《广雅》、《六书故》、《玉篇》、《广韵》等，至《康熙字典》达到了完善期的高峰。

这一时期的指导理论仍然是小学理论，并体现出与文献学、考证学、文学等学科的交叉性，对辞书理论发展影响最大的就是理解型字书的出现及字书类型的多样化。

训诂学一直重视经籍文献词语的考释，但最早出现的、具有现代普通语文辞书体例特点的是以析形体、解本义为目的的《说文解字》。"《说文》是我国第一部字典，和后来的字典有所不同的是：它不是一般备查检用的字典，而是以研究字的形体结构和字的本义为目的的字典"①，虽然谁都不能否认《说文解字》的540部奠定了辞书查考功能的基础，但何九盈的观点告诉我们，《说文解字》不是以查考为宗旨的字典，而是一部"用来读"的"专著"型字典。因为训诂学界材料考证结果的编排一直是以辞书索引的方式存在，所以《说文解字》本质还是一部整理好的训诂材料集。

真正"用来查"的字典当推《玉篇》。它是从"说文系"字书中脱颖而出，从注重查考功能的角度萌蘖出来的。"大广益会玉篇"收字22000

---

① 何九盈．中国古代语言学史（新增订本）[M]．北京：北京大学出版社，2006：67．

余，两倍于《说文》，部首542部，与《说文》相类，但有一个根本的转变，那就是一改《说文》的以六书析形解本义的原则，而以大量经籍书证语例为基础，说明古今词义，标注反切，体现了理解型字书的核心特点。《玉篇》为代表的古今意义兼收的理解型字书系的出现，使传统字典产生了分野："说文"系辞书，后来逐渐发展到"六书类"辞书（如后期的《六书故》等），成为专门性的释形义的字典。而"玉篇"系辞书沿《字汇》、《正字通》、《康熙字典》的路子发展，成为今天普通语文辞书的原型。

语言文字规范理论也在不断发展。在中古及近代的发展完善期，语言文字的规范理论越来越得到重视，直接产生了唐朝的"字样"类字书以及《佩觿》等专门的辨析型字书，而达到高峰的则是《康熙字典》。康熙帝认为这部书"善美兼备"，可奉为"典常"，因此命名为"字典"。

以上这些情况说明：字书类型的多样化是辞书理论突破、完善的一个标志。

理解型字典独立的原因与相关学科（如文献学、考证学）的影响是分不开的，这从"玉篇"系字书到"康熙字典"系字书中罗列的大量书证就可以看出。另外，小学中音韵学的产生与发展，与文学创作中作诗、作词押韵相关，于是产生了按韵编排字头的音序体例，自此，形、音、义"三序"基本体例已经完成。指导理论和交叉理论的这些发展完善，使辞书本体理论也产生了以上两个大的突破。

古代期的辞书在《康熙字典》达到最高峰，为古代辞书编纂理论的集中、成熟的体现者，但由于并没有引进革新性的指导理论，所以本质上属于古代辞书理论的发展完善的高峰。对比《康熙字典》与《说文解字》，虽然前者加注反切标音、字头字体变楷、增加各种词汇意义、广列书证，但在宏观形序体例、微观释义体例等方面没有本质的突破，与《玉篇》相比，也没有根本的区别。

总之，古代期的辞书理论体现了四大传统：共时、历时字词属性混收的泛时编纂观；多义词内部历时引申义序；文献考证型释义思路；以《康熙字典》为代表的刚性规范主义思路。

3. 转型期(含低谷期)(四大现代辞书理论传统的建立)

转型期是从1898年《马氏文通》的出版，一直延续到20世纪70年代末，以《现代汉语词典》的正式出版为下限。从辞书的代表性成果来看，可分为两期，一是转型期，二是转型后的萧条期。

在民国辞书本体理论转型的前期，辞书编纂的指导理论首先实现转型。在这方面有两个标志：一是传承改造方面，章太炎在1906年把"小学"重新命名为"中国语言文字之学"，实现了传统语文学向现代语言学转向；二是引进方面，1898年《马氏文通》出版。这是一部语法书，与辞书无关，且对词仍然用"字"的概念，如把实字分为名字、代字、动字、静字、状字五类，把虚字分为介字、连字、助字、叹字四类，但其字、词内涵外延二分的理念已经完成，直接导致了字典与词典在民国时成功实现了二分。这两方面理论的转型标志着辞书指导理论已经由小学理论转变到了现代语言学理论，而汉语辞书的本体理论也由古代向现代转变。

自《马氏文通》始，大量西方的语言学理论特别是词汇学理论被引进国内，在赵元任、黎锦熙、王力、吕叔湘等大家的消化改造下，形成了鲜明的词义观和词类观。这些理论直接反映在辞书编纂的释义上，民国时的辞书释义已经自觉照顾到每个词的词性以及语法功能和搭配特点。

另外，切音字运动、国语运动、白话文运动三大语文现代化运动，对现代辞书编纂理论的转型起到了重要的推动作用。例如切音字运动后，经过大量理论和实践准备，最终产生了注音字母，为辞书音序体例由古代的韵部体例向现代标音转型奠定了基础。白话文运动倡导的"我手写我口"的"言文一致"追求，国音审音运动、简化字运动不但实现了注音标准的转型，也辅助国语字汇、常用词汇研究理论的推进，出现了以《辞源》为代表的古今兼收的泛时性词典与以《标准语大辞典》《国语辞典》为代表的侧重描写性、规定性词典的明确分野，实现辞书类型的最重要的转型。以《国语辞典》为例，虽然其从例证到释义未完全摆脱文白夹杂的羁绊，但学术界都将其视为现当代共时描写、规范词典的滥觞之作。陈庆武、林玉山认为："《国语辞典》……注意注音和定词，重视现代口语，是我国第一部现代语言描写性规范性辞书。"①王宁认为："《国语辞典》……以现代汉语正在使用的动态词为主要描写对象，开启了现代汉语描写性语文辞书编纂的先河。"②

在辞书的微观结构上，现代词汇学、语义学理论中关于理性义与附加义、基本字汇词汇与一般字汇词汇、词汇使用语境等理论的探讨，使辞书编纂者对辞书义项的类型、成分、结构以及意义之间的关系有了更深入的认识。索绪尔《普通语言学》中的共时与历时、语言与言语、能指与所指等语言学范畴的引入，为现代辞书释义时较好处理历时义与共时义、多音字的设置、同形词分立（同能指、多所指）等问题提供了更科学的指导。

另外，语言的语用交际理论越来越受到重视，义项的概括由广泛从古籍用例中归纳的方式，转变到根据实际交际用途设立义项、描写义项，例证也由书证转向带有语言生成模仿功能的自编例。这些转变特点在民国时商务印书馆出版的《新字典》及黎锦熙、汪怡等编纂的《国语辞典》中都有体现。

因此，民国时期是汉语辞书理论发展的重要转型期，导致古代四大辞书编纂传统最终转向了以共时描写为主、注重共时词义和用法、重视自编例、引导性规范主义为核心的四大现代辞书编纂传统上来。

从新中国成立后到20世纪70年代后期的第一次辞书规划（1975年），辞书的编纂实践以及理论探讨进入到一个特殊时期。1949年到"文化大革命"开始前，可称为小调整期。"文化大革命"十年可称为萧条期。

在小调整期，辞书编纂的导向发生了变化，其主要目的是满足民众扫盲及初级文化程度的人提高文化水平的需求。这一由政治理论主导

---

① 陈庆武，林玉山.20世纪的中国辞书[J].辞书研究，2001(1).

② 王宁.论辞书的原创性及其认定原则[J].辞书研究，2008(1).

的辞书编纂出版行为虽有其先进性和迫切性，但政治理论毕竟不是辞书编纂的专业指导理论。理论和导向的错位，导致这一时期的辞书产品简单化、单一化、无序化，数量上也大大萎缩，面临着“大国小字典”（全国性辞书只有一部《新华字典》，外交上常有以本国经典词典作为礼物赠送外宾的做法，但20世纪五六十年代外国元首来访，我们回赠的只能是《新华字典》）的尴尬局面。

但在这一小调整期，政府和专家层面却在为一部革命性的词典——《现代汉语词典》的产生做着理论和实践上的酝酿和准备。1956年2月6日，国务院发布了《关于推广普通话的指示》，责成中国科学院语言研究所（即现在的中国社会科学院语言研究所）编写一部以规范普通话词汇为目的的现代汉语词典，为推广普通话服务。同年，《中国语文》第7、8、9连载郑奠、孙德宣、傅婧、邵荣芬、麦梅翘等学者的《中型现代汉语词典编纂法》，对新型现代汉语词典编纂方法做了理论探讨。在这一时期，《现代汉语词典》在吕叔湘、丁声树等先生的带领下，也完成了初稿。初稿完成以后没有急于出版，而是在1960年印“试印本”，广泛征求意见，1965年印“试用本”送审稿，1973年以试用本方式内部发行，直到1978年才正式发行第一版，期间反复修改，力求完善。《现代汉语词典》的编纂宗旨、指导理论、编纂理念、编纂技术都体现着当时我国词典学的最高水平，在收词、注音、释义、用例等方面，都取得突出的、开创性的成就，成为中型规范型、描写型词典的样板。

从辞书编纂的操作理论上看，《中型现代汉语词典编纂法》、吕叔湘先生亲自起草的《现代汉语词典》的《编写细则》，奠定了新时期汉语词典编纂的基本范式与框架。

“文化大革命”十年间甚至出现了“辞书荒漠化”现象，辞书出版主阵地——商务印书馆的“百年大事记”[①]中，“文革”十年一片空白，《现代汉语词典》也是由于“文化大革命”的原因，一直拖到1978年才正式

---

① 商务印书馆.商务印书馆百年大事记(1897－1997)[Z].北京：商务印书馆，1997.又见于http://www.cp.com.cn/ht/ht.cfm? icntno＝381，2012年9月10日查询。

推出第一版走向社会。另外，辞书的编者是有立场的，因此辞书释义的政治性是不可回避的，但学术问题以政治理论挂帅，政治观念扭曲了辞书内容，影响辞书释义的客观性追求，导致这一时期的辞书内容“左倾”化色彩明显。

“辞书荒漠化”的另外一个后果是出现了以刚性语言文字规范代替辞书的问题。新中国成立后我们进行文字改革，推出了《简化字总表》《第一批异形词整理表》等重要的划时代的语言文字规范，但这些规范是刚性的，完全采用强制性手段推广，有损于语文生活的多样化特点。而辞书是引导性的准规范，在贯彻这些刚性规范方面具有重要的推行工具价值，可以很好地调和语言文字的科学性与社会性的矛盾。但这一时期对这个问题的认识不到位，很多领域是以刚性的规范取代了辞书的编纂。

这一时期指导理论错位，本体理论也无进展可言，可视为汉语辞书理论转型发展过程中的一个特殊时期，是民国辞书转型后遇到的挫折。

4. 成熟期(三个标志性事件)

成熟期的开始有三个标志性的事件：

第一个标志是两次成功的辞书规划，这是辞书规划理论的成功应用。

新中国成立后相当一段时间内辞书事业的萧条，使相关政府部门看到：必须以政府行为整合出版社、编者等力量，重振辞书事业。1975年，中外语文词典编写出版规划座谈会在广州召开，会议讨论拟定了1975～1985年编写出版160种中外语文词典的规划(草案)，获批准后马上进入具体实施。这次辞书规划非常成功，在短短十年时间内，集中出版了《汉语大字典》、《汉语大词典》等语文辞书中的扛鼎之作，正式出版了影响面最大的《现代汉语词典》和一大批填补类型空白的语文辞书，同时成功实现了经典辞书的更新换代，满足了广大群众利用辞书学习文化知识的需要，一改我国“辞书荒漠”的局面。1988年，相关部门又组织了第二次辞书规划，以专科(社会学专科辞典、科技辞典)和少数民族词典为主，兼顾中外语文辞书、百科全书，编纂了大量新类型的辞书。自此，辞书类型空前繁荣。

第二个标志是《现代汉语词典》的出版，这是成熟的现代语言学理论在辞书编纂中成熟应用的一个里程碑。

1978 年，在成熟的词汇学、语义学、词法等理论指导下编纂的中型规范性语文词典《现代汉语词典》出版了，这是一部带有共时、描写、规定、教学色彩的，服务于普通话词汇的创新之作，是新时期汉语辞书最典型的代表。

此时的编纂指导理论已经完全转到现代语言学理论，以语义场的关系分析、义素分析为代表的结构语言学理论和描写语言学理论、规定语言学理论都在《现代汉语词典》的编纂中得到了很好的贯彻，有很多创新之处，成为汉语规范词典到目前都难以超越的高峰。在它的带动下，此类辞书得到大力发展，如《新华词典》编纂出版也是以描写性、规定性为特色，全面服务于普通话词汇规范化。另外同类型的《新华字典》也不断修订再版，与《现代汉语词典》一起成为 20 世纪 80 年代以来字典、词典领域的两大高峰。

继而，以这两部规范辞书为中心，全面掀起了编纂和出版语文辞书的热潮，但在这一时期辞书编纂全面繁荣的局面中也存在粗制滥造、抄袭拼凑等问题，这主要是因为：虽然这一时期语言学理论引进和创新颇多，但被辞书学界重视的甚少，导致指导理论与辞书编纂实践“两层皮”。缺乏创新理论指导的辞书编纂，本体理论的进展必然受到阻遏，辞书创新性也相应受到削弱。因此，出现因循抄袭的问题在所难免。

第三个标志是以《辞书研究》等期刊为中心的辞书理论发表及研讨阵地的形成。

20 世纪 80 年代以来，汉语辞书理论发表及研讨主要有三个阵地：一是《词典研究丛刊》阵地，出版 12 期后停刊；二是以《中国语文》为代表的支持辞书理论成果刊发的语言文字学核心期刊；三是《辞书研究》期刊，该刊自 1979 年创刊后，已经被打造成中国辞书学科最重要、最集中的理论研究专业平台。

在这些平台上发表的丰富的辞书本体理论、交叉理论研究成果直接促成了"辞书学"学科的相对独立,可以说近几十年辞书编纂的飞速发展得益于这些平台上辞书理论研究的强大推动力,以《辞书研究》为代表的期刊平台就是当代汉语辞书理论发展史的描摹本。

5. 二次转型期(四大转向)

至20世纪末,国内语言学理论的引进与改造应用已经逐渐由过去的描写语言学、结构语言学两大范式发展到形式语言学与功能语言学两大范式。而功能语言学相对于传统的两大范式体现着一种更高层面的转型,更注重认知、社会、文化等语境因素对语言的影响,更关注言语层面的交际功能的实现。20世纪80年代后,以系统功能语言学、认知语言学等为代表的先进语言学理论及交叉学科理论引进国内,这是继清末《马氏文通》肇始至民国时达到顶峰的第一次理论大引进之后的第二次大引进,很多专家学者结合汉语的特点对这些新理论进行了消化和吸收。这一语言学研究思路的转型对辞书编纂本体理论的发展也提供了二次转型的可能。

从辞书应用的角度看,20世纪末,国外六大英语词典家族(牛津、剑桥、朗文、柯林斯、韦伯斯特、麦克米伦等出版社)基于ESL(English as a second language 英语作为第二语言的教学)学习词典也逐渐引进国内,先进的生成型词典的编纂理念吸引着国内编者重新思考汉语辞书的发展走向。同时,随着对外汉语教学(汉语作为第二语言的教学)在全世界的兴盛,学习词典成为推广汉语最有效也是最直接的工具。这成为汉语辞书编纂由意义重心向用法重心二次转向的最直接的推动力。

其实,在民国辞书理论的第一次转型期,教学型辞书——学生词典就得到重视,但它与传统词典以及同期的普通语文词典的区别并不大,主要是在收词范畴和义项、例证设置方面体现出围绕着教学内容选材的特点。而现代学习型词典则是基于系统功能语言学、认知语言学理论,择取最新的、最适用于教学和习得的语言学指导理论,应用于辞书编纂，创造出如词汇控制、义项索引、释义元语言、词类标注、用法说明、文化标注等以用法为中心的当代辞书编纂理论。

当代辞书理论二次转型具有五大新转向：

首先，辞书类型上由被动理解型向主动生成型转向，编纂上由释义中心向释用中心转向；其次，指导理论由描写主义、结构主义向认知功能、用法描写、语言知识并重转向；再次，由文献义项及书证为标志的文献主义向以符合习得心理的用法描写、自编例的语用主义转向；再次，从编纂技术上看，由传统的卡片载体向语料库、数据库、大数据集、语义知识工程转向，在资料的利用技术上，由勾乙式向全文检索、频率统计、信息挖掘、语义网络系联等以电子化为代表的新兴技术转向；最后，辞书编纂由主观内省思路逐渐向经验与客观化、量化并重的思路转向，特别是植根于大规模的真实文本语料的检索与统计技术，使辞书编纂的收词范畴设定、词语使用语境类型提取、义项归纳、例证设置，都能体现出最大程度的客观性和全面化特点。

目前，我国的辞书理论正处于二次转型期，但这次转型能否成功，能否缩小和国外的差距，还有待观察。我们认为，主要突破口有两个：

一是对外汉语教学的学习型词典理论的创新。汉语有着不同于英语的独特特点，必然会有不同于英语的汉语教学理论，也定会产生有创新性的本体编纂理论。

二是电子词典、网络词典的编纂与体例创新。在这方面，我们与国外在同一起跑线上，但由于知识产权和经济效益问题，国内发展一直很缓慢，这一现状亟待改变。

当然，这两个重点的有效突破依赖于国家相关部门的再次规划与引导。未来的辞书规划如果重视上面所述的五大转向、两大突破口，必将促进汉语辞书编纂与辞书理论发展二次转型的顺利完成。

三、小结

综合以上情况，在萌芽奠定期、发展完善期的古代辞书理论中，主要是以小学理论以及解经、科举等为中心的应用需求为引导的；第一次转型期的现代期是以西方语言学中的词汇学、语义学理论为指导，以三大运动为核心的语文现代化以及语言文字规范推广为应用推动力；成熟期的核心主导理论是政府部门的语言规划理论，以改变“辞书荒漠化”现象为应用推动力；二次转型的当代期则是以功能语言学为指导，以母语和对外汉语教学市场需求为推动力来促进转型。

第三章　辞书本体理论要素、辞书工作发展概览

本章探讨辞书本体理论要素和辞书工作的古今演变发展概况。

一、辞书本体理论要素的发展

一些辞书本体要素对辞书的类型和辞书理论发展起决定性作用，主要包括收词、立目、注音、释义、参见、多义词义项设置、例证等，我们称其为决定性要素。辞书本体要素还有其他要素，如词性、语体、义域、陪义等附加信息标注，这些要素的完备与否，只起到丰富、完善、校订、提高释文信息的作用，并不影响辞书的类型划分与分期界定。另外，辞书本体之外还有辞书评论与辞书修订，这些在辞书编纂中也是边缘要素。我们称这些要素为非决定性本体要素。

在此我们以语文辞书为例，讨论辞书本体决定性要素的发展演变。

1. 汉语语文辞书的收录内容、辞书类型

汉语辞书所收录的语言单位可以包括字、单音词、复音词、固定语等。在辞书理论史中，一直贯穿收字与收词的区分问题，这个问题的解决表现为字典与词典的类型上的二分。

辞书理论的萌芽状态是字表阶段，关注的对象主要是字。在《马氏文通》之前，“词”的概念一般专指虚词，现代“词”的观念尚未形成。根据裘锡圭[①]的观点，汉字是“语素—音节”文字，其中义符部分与语素义

① 裘锡圭.文字学概要[M].北京：商务印书馆，1988：16—19.

必然产生或多或少、或深或浅的联系。这一文字上的特点使汉字字义与语素义一直难以区分，使普通语文性字典和词典在古代辞书中一直无法分立。

其实汉语单音词居多的说法主要体现在上古时期。两汉时，汉语就已经基本抛弃了以造字方式造词的形式，而采用合成方式造词，复音词的数量极大膨胀。理论上讲，两汉辞书理论奠定期就已经具备了编写普通语文词典的基础，可能由于语言学理论上没有提供字与词区分的理念，所以，古代的汉语词典采取了雅书的类义词典体例，按义类收录"词"这一级单位。专门性词典《方言》、《释名》等无疑是收录"词语"的，但体例也多用雅书的义类体例，都没有走到普通语文词典的路上。因此，古代的字书一直是字典与词典的合一，体现着辞书理论初级阶段的混沌特点。

雅书从《尔雅》开始，到《广雅》完善成形，字书从《说文解字》开始，历《玉篇》，再到《康熙字典》达到完善，同时字书中还分出同音字典性的韵书。在整个古代辞书理论史中，都体现着类义词典与普通字典的二分，却没有普通词典与普通字典之分。

在发展完善期，《佩文韵府》等辞藻类类书出现，大量收录复音词。但其收录的词主要是语和典故，并非普通语文词典所关注的基于普通交际的语文性复音词。但这种以单字立目、下列复音词的体例，体现出对复音词及复音结构的集中性关注，启发了后来的辞书编纂者，而且基本奠定了普通语文词典的编纂体例。

在转型期的民国版《辞源》、《辞海》中专门收录词语，这使词典与偏重解释汉字的形、音、义、用等属性的字典截然分开。但这些词典对词语的收录多古今兼收，还没有历时与共时的时间层次。后期黎锦熙、汪怡的《国语辞典》(1947 年，商务印书馆)主要是以共时层面仍在使用的词汇和词义为收录宗旨，收词原则体现出词典对共时词汇与历时词汇的分别。

《国语辞典》虽然重视共时性，但由于处于文言向白话过渡的时期，文白分立并不彻底，所以其收词释义仍有一定的历时性因素。在新中国成立后的汉语辞书理论繁荣期,《现代汉语词典》在现代词汇学理论的指导下,全面关注词汇的共时性和规范性。这部词典直接针对的是普通话词汇,对普通话词汇的构成进行了全面摸查,详细研究了方言词、书面语词、口语词、科技名词、新词语等收词策略,力求收录的词在现代汉语中都有使用,从而保证了《现代汉语词典》比较纯正的共时性特点。随着辞书规划工作的展开,除了《现代汉语词典》类的共时语文词典,各种收录现代汉语词汇系统中不同小类的词典呈现多样化局面,如各种反义词典、同义词典、书面语词典、借代义词典、成语词典、典故词典、俗语词典等。

二次转型期的辞书收词有一个分化:大型理解型辞书的收词以资源存储检索功能为主,收词全面,各级词汇单位、各种不同角度的词汇类聚都有关照;生成型的学习辞书以基本词和通用词为主,特别考虑到收词范围与教学词汇、水平考试等级词汇保持基本一致。

2. 宏观体例、排检体例

"分别部居"的分类编排体例是由先秦时的字表确定的。字表的分类是义类体例。对义序体例的完善起最大作用的除了雅书系外,主要是类书。类书不是严格的词典,但其大多是按主题义类来进行编排的。后期辞藻类类书逐渐向普通语文词典的体例靠拢。现当代的类义词典(如《同义词词林》)等,收词更多,分类更细,体现出词汇更严密的系统性,但按主题分类的总体思路几千年未变。

奠定期晚期的《说文解字》开创了部首体例。但这一部首体例是形义学的,而非检字体例。在发展完善期,从《字汇》、《正字通》一直到《康熙字典》,已经从《说文解字》的540部部首演化到214部部首,完成了形义部首向检字部首的初步转化,形成完善、全面的检索体系。部首体例在现当代期无根本改变,虽然《现代汉语词典》、《新华字典》等辞书将其调整到202部、189部等,而且采用对多部首的字分见于不同部的方法,但都只有小的调整,没有根本性变化。至于古代《字汇》中出现的笔画检字法、民国时流行的纯形序的四角号码检字法等,只能是形序检字法的一个附类和变体，对辞书体例的发展并不起革命性的作用。

在辞书理论奠定期并没有形成音序体例，这一体例是在中古随着音韵学兴盛而发展起来的，典型的代表就是《广韵》，它奠定了依韵编排汉字的音序体例。这种体例虽有查找之便，但韵部较为难记，后来经过精减合并，由《切韵》的193韵、《广韵》的206韵减少到106平水韵，但仍需要一定的专业知识，才能依韵检字。

民国转型期的国语罗马字和注音字母、新中国成立后的《汉语拼音方案》都用于辞书，形成了新型的音序体例，由于其字母量少，先依字母分大部，再依此字母为首字母构成的音节分小部，小部下依四声再细分子类。这一新兴的音序体例与国外辞书体现出一致性，以其作为音序体例编排辞书，检索方便，学习成本低，不但全面取代了传统韵书的音序原则，而且目前已经取代形序，成为辞书最核心、最通用的宏观体例、排检体例。在这方面，《国语辞典》"所采用的编排方式开创了现代汉语辞书真正意义上的音序排列法"[①]。而《汉语拼音方案》推行后，《新华字典》、《现代汉语词典》真正奠定了现当代音序法在辞书体例中的基础和核心地位。

在现代辞书理论繁荣期，宏观体例的发展主要体现为对形、音、义序体例的整合。形、音、义三序中，形序和音序越来越多地综合在一部辞书的检索体系中。如《现代汉语词典》等共时词典，由于主要收录的是普通话词汇，语音知晓度高，就以音序为主索引，以部首形序为副索引，以方便由音查字头或由形查字头。而现当代编纂的古代汉语类词典或古今兼收的大型辞书，由于生僻字多，语音的通晓度弱一些，所以多是以部首、笔画等形序为主索引，音序为次索引。一些僻字字典，由于有时难以准确确定其部首，所以多以笔画序为主。义序使用面比较窄，多用于类义词典中，偶与音序排检体例相结合。

在当代二次转型期，辞书编纂已经进入电子词典和网络词典时代，在这些词典中，增加了更为先进的全文检索功能，可在字头、词头以及

① 王宁．论辞书的原创性及其认定原则[J]．辞书研究，2008(1)．

释文中进行全文检索，更好地提高了词典的查准率。另外，还可以实现自动关联，如可以迅速检索出一个语素分别充当复音词第一语素、中间语素、尾语素时构成的词群，将正序、逆序合为一体，体现了强大的综合检索功能。这是辞书宏观排检体例的一次大变革。

3. 立目

汉语辞书的立目分为两类：一是类义词典以主题类立目，二是普通字词典以字头立目。

字表的"分别部居"原则其实就是同义或同类字聚为一组，构成一条韵语。类义词典中主要采用萌芽于《尸子》等文献成熟于《尔雅》的"集类成条"体例，也就是选取有共同训释词的被释词，集为一个条目。当然，《尔雅》中也有很多被释词只包含一个词，特别是《释言》中的重言词。但从整体体例上看，这些条目只是找不到更多的同训词，并非有意识、有目的地单立一个词目为一条，这一点从我们对比《尔雅》、《广雅》、《叠雅》中重言词的情况就可以看出。《尔雅》中的单词条重言词，多在后两部辞书中完善为多词同条。现当代的类义词典多是依小语义场进行小类类聚，如果不加释义，那么小类标题词或上位词、同词群中的第一个通用词往往就暗含释义的信息。

普通型辞书以字头立目的体例奠定于《说文解字》。《说文解字》主要是以形索义之书，以小篆单字立字头。这一体例发展到后来，就是现当代普通字词典普遍采用的字头立目、下列正序或逆序复音词的立目体例。

以字头来立目还存在字形上的正体、异体问题。在奠定期，《说文解字》已经在 9353 个正体小篆字形下列出古文、籀文、篆文、或体、秦石刻、今文奇字、俗字等重文 1163 个，这些重文当为异体字。在辞书理论发展期的唐朝，正字用的字样类辞书，还有《佩觿》、《龙龛手鉴》等辨析类字书，都在主字形字头下，大量搜集或体、俗体等异体字，以正字头之形；到《字汇》、《正字通》、《康熙字典》等辞书，这种字形的胪列体例已经发展得非常成熟。现当代的辞书基本确定了正体字立目、括注异体字的模式，只是异体字标注数量的多少会随辞书的编纂宗旨或辞书规模的不同而有所不同。另外，不同时代，正字体的字形标准有所不同，例如新中国成立后，大陆的共时辞书都以简化字为正体立目，括注繁体，而港澳台地区的辞书仍以繁体汉字为正体立目。

另外，对于多音字词、同形字词是处理为一个语言单位综合立目，还是分为不同的词汇单位分别立目，这在民国的《国语辞典》中还没有厘清。《国语辞典》的单音节多音词的处理还没有分为不同的词汇单位，仍作为一个词进行立目，但在由该单音词构成的复音词注音中，标明是采用哪个读音。例如《国语辞典》中：

【落】㊀ㄌㄨㄛˋluoh 1. 木叶脱落。2. 下坠，降低。3. 衰败。4. 脱漏。5. 稀疏……

㊁ㄌㄜˋleh ㊂ㄌㄠˋlaw ㊃ㄌㄚˋlah

【落空】㊀ㄌㄨㄛˋㄎㄨㄥluohkong 无着落。㊁ㄚˋㄎㄨㄥˊlahkonq

这种处理方法对于多音词的查检非常不便。另外，从释义的角度看，很难将同形异音词或同形同音词在一个词汇单位中加以解释，因为它们在现时层面，各个义项之间是看不出联系的。

新中国成立后的《新华字典》、《现代汉语词典》等辞书，创新性地解决了这一问题。它们将多音词和同形词分立为不同的语言单位，用肩码标记为不同的词，如“花^{1}”“花^{2}”等。虽然同形同音词与多义词两个范畴的区分中存在着模糊地带，有时使辞书的这种处理方式陷入两难的境地，但总体来讲，这一体例是对民国《国语辞典》的一个突破，从此奠定了普通共时性语文词典对同音字词或多音字词立目的基本模式。

4. 参见

辞书中的参见分为显性参见与隐性参见。显性参见体例出现得比较晚，它是在人们对汉字系统、语音系统、词汇系统及语义系统等有比较全面的了解后，发展出关联性、系统性意识才产生的。较早自觉使用显性参见表明字词属性联系的是古代的《正字通》。对于多音但义同或义通的字，《正字通》采用一字下详细释义，并辨析二字的不同，而另一字下说明“详见某字注”的方式，这种处理方式不但加强了字词属性的关联性，也使辞书内容的冗余度降低，更加紧凑。

隐性的参见多是释文中字词语言文字属性之间的关联，如异体字最常用的“通”“同”参见用语。虽然在古代多不出相关页码，但这种标注暗示着字词之间的关联性。有些异称词、同指词也多用训诂术语“犹”“谓”“为”等进行隐性体现。

到民国时的转型期，参见已经发展得比较完善。如《国语辞典》中，“戮”条语素义 3 的参见对象“戮力”已经立目，语素义 3 则不释义，标明“见戮力条”。

【戮】ㄌㄨˋluh 1.杀。2.辱。3.见戮力条。

成系统、规范化的参见体例体现在《现代汉语词典》中。在其《编写细则》[①]中，每条参见用语都被明确地规定了所指和用途，体现着严密的字际、词际以及字词语言学属性之间的联系性。显性参见用语多用“见”“另见”“参见”等，参见字词均标明其在词典中的页码位置。另外，显性参见中被参见的对象多采用立目的方式，而隐性参见用释义用语（如“即、同、称、叫、也说、相同、相对、相反”等）体现出来，被系联的对象可能立目，也可能不立目（如异形词、异读词等，它们属于词的同一性问题，都是一个词，不立目）。

到了当代的电子时代、网络时代，参见被电子词典、网络词典中体现着“互文性”特点的超文本链接取代了，更加方便快捷。

5. 释义

训诂释义的萌芽在上古文献中表现很多，但多用来表明自己的主张，如《论语》中“政者，正也”的声训运用即是如此。

释义要素在上古字表中没有出现。从现在能看到的最早出土的字表《仓颉篇》残简中可以看出，其内容当为西汉时的训纂，不是原字表。

① 中国社会科学院语言研究所词典编辑室编．现代汉语词典五十年[Z]．北京：商务印书馆，2004：79－137．

字表加上释义或训释后，就是辞书释义的萌芽。

另外，在没有出现专门释义的辞书之前，就已经有大量的训诂实践工作，积累了丰富的训释材料，就有了相关的初步整理工作，如《尔雅》采用的聚类成条体例，就是训释材料的初步类聚，这一体例可在《尔雅》之前的《尸子》等著作中发现。这些零星的训释材料积累到一定时间，就出现了全面整理这些材料的第一部词典《尔雅》。两汉训诂学大家的风起云涌，训释古文经活动的空前繁荣，在训诂实践中大量训释材料的汇编也孕育了字典释义的萌芽，如《毛诗诂训传》等，这些都为辞书释义的方式、原则的奠定提供了成熟的思路。

在奠定期，训诂与辞书是一体的，二者所用的释义方法与模式是一致的。在两汉四部著名辞书中，都可以看到训诂学中的义训、形训、声训以及单训、互训、递训、义界等释义方式的稳定成熟使用。这些释义方式一直在古代辞书理论中完善与发展，鲜有大的根本性改变。

在现代辞书理论的转型期直至繁荣期，随着科学精神的张扬，百科词越来越受到辞书的重视。此时释义方式有两个大的转型：

一是传统的经验性的义界式向科学的逻辑定义式靠拢。训诂中的义界更注重经验释义，将种差视为区别性特征，只要能将同语场的词区别开即可，数量上控制非常严，所以释义简洁，但提供的内涵信息并不丰富。基于逻辑学的定义法非常重视科学的属概念和种差内涵的揭示，重视外延的确定，种差内涵的描写越来越细致，语义知识信息越来越丰富。

二是受到现代词汇学、语义学理论的影响，现代释义方式越来越呈现出多样化趋势，最有代表性的就是基于语义关系分析与成分分析的释义方式的完善。例如《现代汉语词典》中，“远：……（跟‘近’相对）”的“相对”例的使用；“来不及：跟‘来得及’相反”的“相反”例的使用等，都体现了鲜明的语义关系关联释义的思路。

在当代词典的二次转型期，辞书释义高度重视用法信息，实现了由释义重心向用法重心的转化。一些新的释义方式多结合新兴的语言学理论，例如框架语义学的框架元素与动词释义、原型范畴理论与名词释义、情感评价理论与词的附加色彩、功能语言学理论与释义的语域标记、语法理论与词的词类标注、文化语言学与词的跨文化交际特点等。

汉语辞书的基本释义方法与释义结构多年来并没有根本性变化，主要还是“对释”与“说明”(或称“义界”)两大范式，现当代辞书的义项结构也与古代训诂传统无根本区别，一些引进后加以改造的新的释义方式(如整句释义等)带有一定的实验性，也没有得到广泛认可。但同时我们必须承认，现当代辞书释义中语义信息的概括方式、语义细节的组配方式还是有着与传统辞书明显的差异。

另外，字词典的释义体例在二次转型期也出现一定的分野：字典更注重汉字各种客观属性描写的规范化，更具统一性；而词典更注重描写词语用法的多样性，体现词义、语法、语用、文化等多层面的用法信息。

6. 多义词义项处理

在辞书理论奠基期，《尔雅》采用一义释数词的模式，无所谓义项的排列；《释名》释语源义，也很少存在多义词问题；《方言》释一个词在不同方言区的意义，虽有些条目在形式上有多义项的特点，但它们不是共时层面的通用语使用义，而是各地方言义；《说文解字》初步有了义项分列的要求，如本义有多解，则用“一曰”等术语列出关于本义的多个解释(如“魃，鬼服也。一曰小儿鬼。从鬼，支声”)，但这种多义项体现的是对字本义的不同解释，也不是现代意义的多义词的义项。

在发展完善期，《玉篇》确立了词汇意义的多个义项之分。《字汇》则开创根据一个词的不同音义而分列义项的体例，并采用了“○”符号来表示义项的分割，体现出体例的统一性。

古代期的普通字书中多义词义项的顺序，基本都是按历史的引申顺序排列，体现孳乳引申的脉络，到《康熙字典》时，此种义序的多义项的处理方式发展到比较成熟的地步，并对多义项用“又曰”进行间隔。

到民国时的转型期，《中华大字典》开始对多个义项采用数码排序的方式，为后来的《辞源》以及《国语辞典》所采纳。如《国语辞典》用㊀㊁等表示不同的音，用❶❷❸等符号表示多义词的多个义项，多个义项的顺序按基本义优先的原则编排，贯彻其在序言中明确提出的“不以源流来论”的体例宗旨，这是典型的共时词典的标记。例如：

【落草】❶谓为盗匪。❷[佛]谓流于下贱。

在转型期和繁荣期，多义词义项的顺序根据历时与共时词典的不同类型实现了区分。历时词典多采用传统的训诂学引申原理指导下的历史义序，共时的排序则借鉴很多西方理论进行了灵活的改革与创新：如现代词汇学中同形词、兼类词、词类活用理论与义项的分合处理方式的结合；词汇语义学的义位类型学理论与多义词义项类型界定的结合；语义桥与明示义项内在关联性操作的结合；原型范畴理论与共时词典义项顺序梯度排列的结合；语义网络理论与不同词不同义项的非线性联系的结合等。这些都使当代共时词典的义项设置更加符合读者使用习惯及认知心理。

但到目前为止，辞书编纂中义项处理仍存在三大难题：关于吸收新义新用为义项的标准、义项分合的标准、多义词与因引申失去联系的同形同音词的义项的分割。这三大问题的解决很多时候仍依赖编者的主观判断。

7. 例证

例证在辞书中的出现比较晚。辞书理论萌芽期的字表无释义，也无例证。在训诂学中，书证是考据的核心材料，因此大量铺排书证成为训诂学的基本训释范式。但奠定期的四部核心辞书中却少用例证，例如《尔雅》就只是用共同训释词释词，只取共性的词义，少用书证。《释名》、《方言》也是如此。《说文》中征引时人、前贤、通人之说 30 余家，文献典籍 110 多种，出现了书证的萌芽。

在发展完善期，书证在辞书中奠定了牢固的地位，从《玉篇》肇始，至《康熙字典》达到顶峰。这些字书中的书证完善而丰足。但由于训诂学传统过于重视证据，所以辞书中例证的“证明义项”功能被唯一化了，鲜有体现语言交际、语言生成的自编例。

在民国的转型期，自编例随着共时性语文辞书的发展而发达起来。

随着对词汇用法及语法、语用原则的更深入的了解，人们认识到语文辞书不应仅服务于考据、索解、辅助阅读文献，还要用于辅助表达、教学等。在这些辞书应用的领域，自编例有着得天独厚的优势：书证存在的一个最大问题是释文的简洁与书证截取的语境完整性的矛盾，而自编例完全出自编者的自省，编者可以根据义项的内容和用法，用最简单的语句设置出最完备的例句，突破传统的书证局限，使例证不但成为证明义项的材料，还可提供词用的语境类型、揭示词语搭配原则及语用原则，还有摹仿造句的功用。同时，自编例还会使辞书的释文更加简洁。

但民国时的词典对自编例运用尚未达到自觉的程度，如《国语辞典》中本来自编例就很少，且自编例与书证杂用，书证也不出文献详细信息，举例用语非符号化（用“如”字表示）。这都显示出自编例发展雏形期的不成熟特点。如：

【落腮胡（子）】即连鬓胡子，如“团扇般一部落腮胡”，见元曲选；亦作落腮须。

到繁荣期的《现代汉语词典》，已经形成采用自编例或改编现当代书证的成熟做法，系统设置了词例、语例、自编句例的具体做法，并以不同的符号取代“如”字例。例证的证明词义、提供语境、揭示用法三大基本功能也得到完善。

到当代的二次转型期，例证功能和用法本质上没有大的变化，但重视口语交际的用法型学习词典的出现对例证带来很大的改变——少用词例和语例，多采用加长例证的方式补充交际情景因素，把原单句例、小句例变为对话例，从而揭示出更多的交际信息，以使读者更全面了解词的使用原则。

二、辞书工作（编者和编纂组织）的发展

辞书工作的核心是编者和编纂组织，编者的编纂行为和编纂组织对辞书工作的协调对辞书理论的发展也有一定的决定作用。梳理辞书

工作在各分期的发展，首先要梳理编者、编纂组织的发展。

1. 在辞书理论萌芽奠定期，辞书的编纂基本是个人行为

对于带有个人学术创见的知识工程，古代知识分子较少开展学术合作和合作研究，往往集一人之力独担，极少采用团队合作的方式进行辞书编纂。如许慎独自纂《说文解字》用21年；扬雄亲身做方言调查，利用各方人士来京的机会进行调查，用了27年时间，始成《方言》（据考证，现传本还是未定稿，后几篇当为调查词目表）；即便是后人研究辞书，为辞书做注疏，也多以一人之功，集数年乃成，如段玉裁治《说文解字注》，历时30年。

2. 在古代辞书的发展完善期，编纂行为发展的标志是团队合作

团队合作编纂的模式其实在很早以前就已经出现，只是多出现于一些纂集性的类工具书的编纂中。这些工具书多集体合作完成。如据何九盈的考证[①]，《尔雅》系齐鲁书生集体编纂完成，但现在还缺乏明确的证据，在此不论。

在《玉篇》、《类篇》的编纂过程中，体现出一种团队组织合作的雏形，标志辞书完整性的体例、框架内容是集多人之力完成。第一部楷书字典《玉篇》虽标为顾野王所著，但据《梁书・萧子显传》所附的《萧恺传》记载：先是时太学博士顾野王奉令撰《玉篇》，太宗嫌其详略未当，以恺博学，于文字尤善，使更与学士删改。可见当时是由萧恺和别人共同删改。萧恺为太学博士，具有政府背景。《类篇》旧题为司马光所撰，但据考证，是王洙、胡宿、张次立、范镇等人相继修纂的，书成后，司马光接手整理，进献皇帝。[②]《集韵》的成书虽标明是丁度等撰，但实际由司马光续纂完成，而丁度、宋祁等编纂所谓的《集韵》也是对《广韵》陈、丘本的重修，所以《集韵》之成书与《玉篇》、《类篇》相类，体现着编纂人员历

---

① 何九盈.中国古代语言学史（新增订本）[M].北京：北京大学出版社，2006：35.
② 刘叶秋.中国字典史略[M].北京：中华书局，1992：68.

时相续的特点。

这几部辞书体现着有组织的团队合作的萌芽，但此模式并非强调共时协作的现代意义上的团队组织的模型。真正的共时团队合作完成的辞书编纂模式是《康熙字典》。《康熙字典》虽然是基于《字汇》和《正字通》，但这只是辞书编纂过程中的常规的继承，其在收词立目、释义、检索体例等方面都有自己独特的个性。它是清王朝召集三十位学者集体编纂，由总纂官张玉书、陈廷敬主持（署名张玉书、陈廷敬，即有了“主编”之职），同时，修纂官凌绍雯、史夔、周起渭、陈世儒等分工协作，历时六年而成。这是一个严密的团队协作组织，是“编者”群体，团队合作的优势得到了充分体现。

与普通语文词典的团队合作模式骈行的是纂集、类书、丛书的编纂。这些工具书卷帙浩繁，但编纂这些书常被古人视为只是材料选择能力和体例编排能力的体现，并非真正的学问，所以常采用合作完成方式。最具代表性的是清代阮元的《经籍籑诂》，由阮元出凡例，请了几十名文士来分工编辑，嘉庆二年（1797）正月二十二日始修，至嘉庆三年（1798）八月告成，计一百零六卷。其后，阮元又组织人力将原漏收的经籍注释文字、《说文》和唐人对经传的疏解文字辑成《补遗》。《补遗》中阮元又补充了一条凡例。这足以证明，在辞书理论的发展和完善期，团队合作编纂辞书的模式已经相对成熟。

共时的团队合作模式体现着突出的优越性：

一是时间成本低，一部巨型工程在限定时间段能够完工。一部划时代的巨型辞书《康熙字典》仅用六年完成，一部106卷的《经籍籑诂》仅用八个月时间完成，没有严密高效的合作机制是不可想象的。后世虽有朱起凤历时三十余年，发愤著《辞通》的佳话，但也多为专门型、中小型辞书，一部综合性大型辞书靠个人之力，动辄耗费几十年时间的时代已经过去了。后来大型辞书编纂，如民国的《中华大字典》、《辞源》、《辞海》、《国语辞典》等，新中国成立后第一次辞书规划的重大标志性成果《汉语大字典》、《汉语大词典》、《现代汉语词典》等无一不是“大兵团”的团队合作成果。

二是提高辞书的精确性。个人知识的准确度、深刻度以及广度都是有限的，所以古代文人独自编纂的辞书中错谬之处往往要靠后人的二度注疏及考订才能纠正。而集体编纂辞书集众人的智慧，转化成集体知识，在整合转化过程中，无疑会修正错误，提高准确率，尽量避免错误。

三是提高辞书内容的全面性，使其资料价值与语言资源价值大为提升。靠一人之力往往很难对语言文字做详尽的描述，这一点可以依靠团队协作来弥补。《康熙字典》由于集众人之力，所以收字、收词、收义、收例都达到了古代辞书的顶峰(《四声篇海》等书虽收录死字、僻字的绝对数多，但从辞书体例的典型性上无法与《康熙字典》相比)，全书收字 47000 多个(具体字数有多种说法)，比《字汇》多收 13000 多个，一直到 1915 年《中华大字典》出版以前，《康熙字典》都是我国收字最多的通行字典。另外，它将能搜罗到的每字的不同义项都详细列举出来，而且每一义项多引用初见于某古籍的例句。这些义项及书证的搜索、整理工作也不是个人能力所能承担的。可以说，中国古代虽然辞书众多，但在内容分量上能与著名的《牛津英语大词典》相媲美的只有这部《康熙字典》。因此，传世大型辞书必然出自于团队组织之手。

但在古代，这种团队的合作也存在很多问题。如因多人协作责任不清；难以让每个个体全身心投入的问题；再如共同编纂的辞书往往在体例及表达风格上出现难以统一、重复芜杂的问题等。《康熙字典》虽然释义比以前精准不少，语义描写也丰富完善很多，但书证、凡例中的明显错误也较多，后经王引之等学者的详细校勘、修订，错误才得以逐步纠正。

3. 在辞书转型期和繁荣期，辞书工作的两个转型

第一个转型的标志：出版工作由民间行为和政府行为转向在政府引导下、以出版社为核心的组织行为，转型的标志是出版社在辞书编纂出版中核心地位的确定。

辞书是一种出版物，从古至今，辞书的编纂背后多少都有政府的因素，多体现为政府主导，较少有民间行为。例如，古代辞书编修，或者奉敕，或者是编纂完成后首先进献皇帝再颁行全国(如《说文解字》等)。

编者也多有政府背景，例如作为辞书萌芽的字表《史籀篇》的作者是周宣王的太史。秦始皇要统一文字，于是李斯书写出标准字体《仓颉篇》，赵高作出《爰历篇》，胡毋敬作《博学篇》。在这些作者中，李斯被拜为丞相，赵高为中国第一个宦官宰相，胡毋敬官至中丞相，都是政府要员。两汉时《说文解字》的作者许慎是五经博士，举孝廉，历任洨长、太尉阁祭酒；《方言》的作者扬雄任给事黄门郎，后召为大夫；《释名》的作者刘熙官至南安太守。发展完善期的《玉篇》的署名作者顾野王本身为太学博士、撰史博士，后官至黄门侍郎、光禄卿、知五礼事；《类篇》的署名作者司马光在哲宗时被召为门下侍郎，进尚书左仆射；《康熙字典》的主编张玉书为文华殿大学士，陈廷敬先后担任大清康熙帝师、吏部尚书、文渊阁大学士、《康熙字典》总修官等职……对辞书编纂组织和团队的管理主要依靠政府的权威，官员身份使编者在行政上和学术上都有权力指挥编纂团队按统一的体例进行编修，再加上背后多有皇帝的敕命，这都保证了辞书编纂的速度和质量。

另外，很多辞书的编修也多有政府背景。如大多数韵书，一方面为科举考试内容，如《礼部韵略》等；另一方面为治经之小学工具，而经学是维护政府统治的思想武器，因此韵书的编纂多纳入政府行为中。韵书的修订因为承担着口语语音沟通问题，一直是政府关注的，如《广韵》、《集韵》的修订无一不是奉敕，而据《明实录》、《清实录》的记载，《洪武正韵》、《音韵阐微》等也都是皇帝赏赐大臣及国外使者的礼物，这是政府对辞书编纂的支持。

民国和新中国成立后的辞书编纂仍然有政府因素的参与。例如民国时国语运动后，为推广国语，就有黎锦熙的《国音标准字汇》。新中国成立后因为辞书的不合用，毛泽东、周恩来都非常关注《新华字典》的编纂，直接批示过意见。另外，《现代汉语词典》编纂任务就是国务院在推广普通话的指示中下达的。“文化大革命”后，面对“大国小字典”的尴尬局面，相关部门开展两次辞书规划，引现了 20 世纪八九十年代辞书编纂的空前繁荣。

但从民国开始，政府对辞书的管理由主导变为引导，将具体的辞书编纂出版业务交给出版社。出版社的上对政府，下对一部辞书的编纂团队。这种沟通作用，使出版社在辞书编纂中的中介作用日显重要。如上海辞书出版社因承担《辞海》的编纂与修订而成为百科辞书出版的重镇，湖北辞书出版社和四川辞书出版社因承担《汉语大字典》的编纂、修订而成为历时字典出版的重镇，还有一些因需设置的专门辞书出版社，如中国大百科全书出版社、汉语大词典出版社等。

第二个转变的标志：编者身份由官方背景转向专家学者背景。民国时，很多大型辞书的主编都是著名的语言文字学家和出版家，《辞海》、《辞源》、《国语辞典》基本都是由专家学者组织编纂的。这一传统一直延续到新中国成立后的《新华字典》、《现代汉语词典》。《汉语大词典》参与人员近2000人，其核心人员也是专家学者，《汉语大字典》已经形成多省区、众多专家学者、出版家联动运作的编纂模式，团队组织逐渐扩大。这些知识工程不但产生了大量经典辞书，积累了“大兵团”组织编纂团队的管理协作经验，而且锻炼了辞书队伍，培养了大批辞书编纂的专家学者型人才。

4. 当前二次转型期的综合性特点

当代的辞书理论二次转型期，辞书工作将是一个在政府引导下、以出版社为中心的、带有市场和公益行为双重特点的编纂行为，体现出编者自选题与出版社定题相结合、编者自主行为与编者团队行为相结合、编者（团队）自荐与出版社聘请相结合的综合性特点。

三、小结

辞书本体理论和辞书工作是辞书理论发展的两翼。我们爬梳了汉语辞书本体的收词、立目、体例、释义、参见、设例等要素在各个时期发展的特点，归纳了标志性的成果；同时描写了辞书工作在各时期的发展特点，归纳了发展过程中的几个重要的转型。通过上述工作，我们希望能对总结我国汉语辞书编纂传统以及理论经验打下一定的基础。

第四章　教学功能与学习型辞书编纂理念的发展

辞书的教学功能是在查考功能基础上发展起来的重要的辅助功能，包括教与学两个方面。教的功能是辞书提供知识信息的过程，学的功能是读者使用辞书习得知识信息的过程。本章将梳理汉语辞书教学功能发展演变及相应的学习型辞书编纂理念的变化。

一、辞书的产生与辞书的教学功能

辞书学界一般认为：单语辞书的萌芽来自于教学字词表，例如现在能发现的中国最早的蒙学读物是字表《史籀篇》，据说是“周时史官教学童书也”（《汉书·艺文志》），由于古代字、词在书写形式上基本一体，所以它也是教学词表；双语字典来源于军事征服和交流时的语言（民族语言、不同方言）沟通所需的双语对应词表。上古时中国的军事战争主要发生在周王朝及其诸侯国之间，语言的交流发生在雅言和方言之间，虽然时人已经认识到语言不通会导致“得其地而不能处，得其民而不能使”（《吕氏春秋·知化》）的问题，但由于是同一种语言，所以并没有产生对应词表的迫切需求。所以，汉语辞书产生的动力来自于前者，而西方辞书主要来自后者。

汉语辞书产生的另外一个重要动力是经典阅读，经典阅读的基础阶段也主要是在童蒙以及教学领域发生。基于阐释学理念而产生的训诂学在上古与辞书是一体的。经典阐释的手段是训诂，结果是形成大量关于经籍语词的训释材料，而辞书就是整理收集这些训释材料的载体和容器。可以说，没有经典阐释，就没有训诂的发达，更没有辞书的发达。训诂学产生的标志《尔雅》也被认为是第一部词典，但与《说文解字》不同，它汇集经籍训释中的同训词再进行分类汇集，主要功用应该是解经。此书在汉文帝时期被列为教材，到唐代因科举取士而升格为“十三经”之一，其实已经被作为解读经籍语言障碍的教材。

普通语文辞书在辅助解经方面的教学性也有明证，唐代曾把《说文解字》列为国子监的课程，处于和儒学、经学同等的位置。可见古代辞书与教材是分不开的，这也是汉语语文辞书教学性的一种体现，是辞书功能完善、编纂理念成熟的又一标志。

西方辞书产生的另一个动力来自于语言应用，西方重视语言表达，最终将潜在的可用于各类表达的词类聚成词典，体现的是生成型辞书的特点。如古希腊涉及法律、医学、方言、戏剧、演说等方面的用语词集、论辩术词典等。这一点与汉语辞书不同。汉语辞书是基于经典解读而形成解读成果的类聚与概括，体现出被动型特点。这个被动型传统也是导致当今我国主动生成型词典编纂落后于西方的原因之一。

通过以上分析可见，童蒙教学字表与典籍阐释教育是汉语辞书产生的两大动力，这两大动力都直接针对辞书的教学功能，所以汉语辞书从诞生时起就与教学功能密切相关。

二、萌芽奠定期——字表与词表

上古的字表并非真正的辞书。据《汉书·艺文志》记载：秦代李斯作《仓颉篇》，赵高作《爰历篇》，胡毋敬作《博学篇》，其“文字多取《史籀篇》”。汉代，“闾里书师合《仓颉》、《爰历》、《博学》三篇，断六十字为一章，凡五十五章，并为《仓颉篇》。武帝时，司马相如作《凡将篇》，无复字。元帝时，黄门令史游作《急就篇》。成帝时，将作大匠李长作《元尚篇》，皆《仓颉》中正字也，《凡将》则颇有出矣。至元始中，征天下通小学者以百数，各令记字于庭中，扬雄取其有用者，以作《训纂篇》，顺续《仓颉》，又易《仓颉》中重复之字，凡八十九章。臣（班固自称）复续扬雄作十三章，凡一百二章，无复字。六艺群书所载略备矣”。“通过《急就篇》

的内容，可以推知自《史籀》到《滂喜》，都只是编次文字，并无解说，和真正的字书还有很大的距离。①”

早期字表的编写指导思想与编纂体例为后世辞书体例奠定了基础。例如《急就篇》开篇五句即有了辞书本体的“编纂宗旨”要素，其中“急就奇觚与众异，罗列诸物名姓字，分别部居不杂厕”则点明了字表的体例，“用日约少诚快意，勉力务之必有喜”则点明此种收词与体例的效果。换句话说，因为字表的重要应用是童蒙教学，所以其教学功能是奠定汉语辞书编纂体例的核心要素之一。其教学性特点表现如下：

1. 核心字词收录以及字量界定原则，奠定了学习型辞书收词的基本原则

专门针对教学的辞书收词并不是越多越好，而是越基础、越常用、越全民化越好。这些词在当时均为核心词汇，基本可以分为社会基本用字用词、构成童蒙基本认知范围的必需词、教学基本字词以及解读经典的入门字词四大类。据统计，“秦三仓”②共计 3300 多字，汉代扬雄的《训纂篇》为 2400 多字，史游的《急就篇》流传至今的只有 2144 个单字（据考订，其中 218 个为后人所加）；南朝的《千字文》、宋代的《三字经》和《百家姓》一共也是 2700 多字。而当今《现代汉语常用字表》的收字量为 3500 字，可见基础教育的字量几千年来基本稳定。所以，自上古字表以后，后代仿造的蒙学字词表以及现当代的教学性字词典的收字、收词范围无一不是以这个字量、字种为核心，然后适当扩充通用字词。可以说，上古字表为后代的专门学习词典提供了选词、厘定字词量的基本原则。

2. 体现教学规范的字形标准，开创学习型辞书坚持规范字形的传统

上古的字表大多担负着推广字体字形的任务，“秦三仓”字表推行

① 胡平生，韩自强.《仓颉篇》的初步研究[J].文物，1983(2).

② 李斯的《仓颉》、赵高的《爰历》和胡毋敬的《博学》三篇字书史上并称为“秦三仓”。

的重要任务是用小篆统一天下文字，达到推广小篆正体字形的目的。后来历代字表均为正字字体的标准字形。如《急就篇》一直被认为是草书字体，但在西汉时可能是用隶书正体书写，只是因为东汉草书盛行，才为书法家用草书书写；《千字文》、《干禄字书》等由著名书法家提供楷书字体字形等。这些字表大多成为书法家临摹的对象，而书法的权威示范效应，又进一步在各领域起到推广正字字形的作用，教学功能因而得到了间接的体现。后世以发挥教学功能为核心编纂宗旨的辞书都严格遵从正体字形、规范字形的传统，如《现代汉语规范字典》就是严格以《新旧字形对照表》、《第一批异体字整理表》、《印刷通用汉字字形表》等字表的字形要求为标准的。这也是字表教学功能与规范功能的统一之处。

3. 体现分类习得优势的“分别部居”原则，开创汉语辞书的分部体例

先秦诸子的语言哲学核心是名学，关注名实之间的联系，因此创造了大量名物词来指称世界概念。教学字表大多吸纳名词，形容词、副词、虚词等语文词极少收录，故字词表多具百科性。例如，《急就篇》就将 2000 多个最常用的单音词，大体分为姓氏、地名、锦绣、饮食、衣服、臣民、器物等约二十类百科事物方面的单音词。

名物词在字表中汇聚在一起量比较大，如果要进行习得，最基本的操作就是分类。因此，字表多采用“分别部居不杂厕”的汇编原则，“先以次相从地将繁杂事物分门别类地叙述，在每类事物里再按一字一物、层累而下地把偏旁相同的字群类列起来”①，如有关丝帛的：绛、缇、絓、紬、丝、絮、绵；有关树木的：桐、梓、枞、榕、榆、椿、樗。从陈黎明介绍的 1949 年后出土的已失传的《仓颉篇》残简中，也看到类似的体例。② 其中有将同偏旁的字集中排列的例子，如“黑”旁：黚、黡、黯、黮、䵷、黝、

---

① 杨薇等.论秦汉识读课本在我国辞书编纂史上的意义[J].湖北大学学报(哲学社会科学版),2003(3).

② 胡平生,韩自强.《仓颉篇》的初步研究[J].文物,1983(2).

黯、黮、黲、黱；"門"旁：開、閉、閂、間等。

这种"分别部居"根据意义分类的思路奠定了后代义类辞书分类部居的义序体例，这是早于形序和音序的，所以从字表传统发展出来的第一部辞书性质的工具书是《尔雅》，而不是普通语文性字词典。《尔雅》19 篇中只有前 3 篇带有语文词性质，后 16 篇为百科词。

字表的分部精神和传统不但为《尔雅》等类义体例的雅书所发扬，还移植到了许慎的《说文解字》等字书中。《说文解字》根据形义部首完善成 540 部的定部编排原则，形成"方以类聚，物以群分；同条牵属，共理相贯；杂而不越，据形系联"(《说文解字·叙》)的成熟的字词典编排体例，从而形成了以形义文字学部首为基础的字典形序编排法，一直被《玉篇》、《正字通》、《康熙字典》、《中华大字典》、《汉语大字典》等继承，也为后世的词典所继承。只是后期辞书的部首越来越照顾检索的方便性，由形义文字学部首向检索部首转化，分部时义类优先的原则逐渐被字形检索优先原则所取代，与之同时变化的是部首由 540 部最后简化为 201 或 202 部。但辞书基本的分部体例几千年来保持着基本的稳定。

韵书产生时虽然是按韵排字，但分部编排字汇、词汇的传统是一脉相承的。因此，字表的部居体例是后世辞书三大排检体例(义序、形序、音序)的源头。

4. 体现语用习得原则的韵语体例，开创了表达型词典的编纂体例

段玉裁《说文解字叙注》说："周之字书，汉时存者，《史籀》十五篇，其体式大约同后代《三仓》——秦之《仓颉》、《爰历》、《博学》，合为《仓颉篇》者，每章十五句，每句四字，《训纂》、《滂熹》同之。《凡将篇》每句七字，《急就》同之。其体例皆杂取需要之字，以文理编成有韵之句，与后世《千字文》无异，所谓'杂厕'也。"段氏认为字表的表达模式是"杂取"文字，"以文理"连词成句，连句成篇，形成"韵文"。这种汇编方式主要是为了便于儿童记诵。

从《史籀篇》开始，字表都以韵语的形式将要学习的汉字连缀成句，再连句成文，句句押韵。韵语主要有三言、四言、五言、七言等，《仓颉篇》多用四言（如"考妣延年"、"像赤白黄"），《凡将篇》多用七言（如"钟磬竽笙筑坎侯"），《急就篇》三言、四言、七言都用（如"姓名讫，请言物"、"汉地广大，无不容盛"、"弓弩箭矢铠兜鍪"等）。另外这些字表大多坚持"无复字"的韵文编写传统，在最短的语篇中容纳尽可能多的汉字。

这种"以文理"形成的韵文的表述体例使原本独立的字词个体靠词义关系及搭配关系，形成语句、语段、语篇，不但构拟了丰富的语境以助习得，更能体现语言表达由低级单位到高级单位的生成性，体现了字词在交际中的应用规律。童蒙不但要学习汉字，还要掌握字义、掌握字词的基本搭配，体现出词汇、语法、语用三个层面上的构句能力，这与当代学习词典释义设例追求还原交际语境的原则是一致的。例如：《急就篇》中"梨柿柰桃待露霜"，"待"是普通语词，动词，前面与主语"梨柿柰桃"等名词搭配，后与同类词组合"露霜"搭配形成动宾结构。这就是一种高明的字词编排体例，与"分别部居不杂厕"的宏观体例相配合，能全面体现字词表系统识字的教学原则和方便的检索性。

这种表述方式后来为《千字文》所承袭和完善，并对语用型类书如《初学记》、《编珠》的"事对"立目体例的创立有很大的启示。前者将无复文的千字连成文章，将字词放在语境语流中集中习得；后者把同类辞藻对举为四字结构，然后立目，每部中的四字结构连缀成一篇韵文。

综上所述，在汉语辞书的萌芽和奠定期，除了解经传统在训释材料方面对辞书产生做了充分的释义内容和方法上的准备，字词表的教学元功能是最重要的推动力之一，它开创了辞书收词原则、编纂体例等方面的先河。可以说，古代主流辞书的基本体例都是基于字表教学传统的。

三、发展完善期——字词表教学功能的发展

在先秦两汉字表兴盛以后，这种准辞书的形态逐渐局限在蒙学领

域，成为蒙学最主要的教材，其教学功能也得到不断的完善。主要体现在以下几方面：

（一）杂字传统与词表模式和教学意识的萌芽

魏晋南北朝时期，非常值得注意的是杂字字表。一般来讲，正字字表是政府所承认的“正式”字表，如先秦两汉的诸字表，而在南北朝、隋唐之后，出现了与“正字”相对应、辑录流行于民间字词的字表，宋代以后统称为“杂字”。正字主要流行于所谓的上层社会以及知识分子阶层，服务于政府事务与科举考试，识字的目的是阅读与表达；而杂字是典型的社会普通民众用字，一般流行于中下层社会，主要目的是扫除文盲以解决实际交际需要。早期的“杂字”字表主要有《杂字指》、《俗语难字》、《杂字要》等字书，目前能见到的有唐代的《开蒙要训》等。如：

> 孝敬父母，承顺弟兄。翁婆曾祖，嫂侄孙婴。叔伯姊妹，姑姨舅甥。婚姻娉嫁，夫妇媒成。油灯蜡烛，炬照辉盈。贫贱富贵，奴婢使令。

杂字书选的字种和词种多为笔画较少的常用字、“俗言语”，很多都有行业针对性，继承韵语体例。由于字词多选易字和俗字，所以好记易写。如农业字词汇的《庄农日用杂字》有：“清晨用点心，夏天鸡卤面”，“早起拾大粪，春季种庄田，牛棚早搪了，秫秸排个严，不漏雨和雪，可以避风寒”，最后用“几句俗言语，休当戏言观，专心记此字，落笔不犯难”结束。从中可见杂字字表也带有非常强的学习性，在识字时辨物，最后落脚在语言表达（“落笔不犯难”）上。

杂字表与正字表相比，更关注交际中辅助成句的虚词的语法功能、语用方法。如上引例中使用了连词“和”、助动词“可以”、量词“个”等，在语篇的背诵中，不但学习实词，还掌握了虚词的使用规律，使童蒙对字词的学习更全面，这与生成型词典的追求是一致的。

在编排体例上，杂字表延用“分别部居”的义类原则。余嘉锡在考证《碎金》这本“杂字”课本时曾讲，《碎金》分类识字，“上自乾象、坤仪，下至禽兽、草木、居处、器用，皆分别部居，不相杂厕……其意在使人即物以辨其言，审音以知其字，有益多识，取便童蒙，盖小学书也”。[①] 只是不同于先秦两汉的正字字表，后者义类下多按部首实现二次类聚，因为可供选择的同形部的同义或同类字在正字中可选择余地大，而杂字之书所收杂字多为民间用字，以通俗易写易记为根本，为了联字成篇，只能尽量保证同部字、同类词同句，如《百花门》的开头是：“花卉枝叶，根蒂苞葩；果实子核，萼蕊茎芽。”但为了韵语得体，很多时候只能牺牲根据部首二次类聚汉字的原则。

综上所述，在古代辞书的发展完善期，我们可以比较清晰地发现字词表的教学功能的最大转变是由文字为重逐渐转移到对基本词汇的关注，杂字表体现出基本词表的功能形态。这一时期，正字表则多由各种带有规范功能的字书所代替（如《康熙字典》），直到民国时的简化字运动和新中国成立后的文字改革，由于政府多采用字表的方式发布语言文字规范，这才实现了正字字表既具规范性又具教学性双重功能的回归。

（二）字表模式的转型——萌芽态的学习词典《幼学琼林》

字表与词典有着根本的区别，主要体现在字表无释义微观结构，也无例证。《三字经》中提到“凡训蒙，须讲究。详训诂，明句读”。对孩子进行启蒙训练，要讲究方法。要详细地讲解词义，明白断句。这使字表在教学中对教师具有一定的依赖性。

后来字表中加入训释和释义成分，可以由学生对照释义进行自学，促使字表向学习型词典萌芽转化。如《汉书·艺文志》收扬雄的《仓颉训纂》、杜林的《仓颉训纂》和《仓颉故》，都为《仓颉篇》字词的阐释。唐代颜师古为《急就篇》作注，字表中增加训释，完善了释义，才具备了辞书相对完整的基本形态。例如，根据胡平生的介绍[②]，出土的《仓颉篇》残简估计已是加入后人杜林注释的，如：“绳三合曰纠”、“驶，速疾也。

---

① 转引自张隆华等.中国古代语文教育史[M].成都：四川教育出版社，1995：145.

② 胡平生，韩自强.《仓颉篇》的初步研究[J].文物，1983(2).

字从马，史声”、“贸，换易也；交易货为贸也。字从贝、卯”、“潜，汗洒也。江南言潜，山东言泳”、“楚人呼灶为宿”、“豺似狗，白色，爪牙迅快，善搏噬也”。对字表的训释，使训释材料依附于字表的字头下，完善了字头下列释义的基本模式，使字表转变成萌芽态的字词典。只是这一过程并没有与辞书释义体例的发展同步，在增加释义的过程中，《尔雅》等四大基本辞书的释义体例已经完善了。但是作为与字表教学功能相结合的训释必然也带有明显的教学目的和教学功能，这可以说是教学性释义的萌芽。

发展完善期，带释义的字词表模式发展出了《幼学琼林》，它可以称得上是一部童蒙常用词教学小词典，里面反映出的教学意识、编纂方法是比较先进的，比西方最早的学习型词典还要早。

《幼学琼林》字量符合童蒙习字的大致范围，释义语和非释义语共用3288字，与传统的正字表的字量大体相当。宏观体例采用最适合幼童系统习得的义类体例，与雅书义序模式基本一致。《幼学琼林》最成功之处是突破了字表的以字为主、字词不分的模式，选取的是天文、地理、历史人物、典章制度、人伦日用、饮食起居、生老病死、婚丧嫁娶等各义类中最基本、最常用的词语，这是一个幼童初步认识世界所应当掌握的词表。这些词语中双音词、四字成语的比重占得很大，其中还有很多固定组合，如“自愧无成，曰虚延岁月；与人共语，曰少叙寒暄”。《幼学琼林》对词语的关照不管从主题意义上还是从语言单位上，都是全方位的。《幼学琼林》的表达体例与先秦两汉的正字表无别，依旧传承连词成句，句句押韵的模式。这部词典最具亮点的是释义，体现极高的教学性，值得现代童蒙学习词典借鉴。

1. 抓核心语义特征，表述韵语化

教学性释义与被动的查考型辞书释义有所不同，后者要给出足够多的语义细节，以满足读者对这个词语义信息的全面了解，而教学性释义首先要让学生掌握一个词的核心意义或基本用法，并能将此词成功地用于自己的交际中。在学习词典中，教学释义与辞书释义统一起来。

现代学习词典的编纂，借鉴西方辞书中的词汇控制、元语言、整句释义等方式，以体现学习词典有别于理解型辞书之处，这虽有一定的启发性，但并不完全符合汉字汉语的特点，常导致汉语辞书释义产生表述文雅度降低、啰唆、意义区分度不高三大弊端，引不起学生兴趣。其实，学习词典释义的关键是能否抓住一个词最基本的词义内核和用法内核，再考虑如何用最基本的词语表述出来，如果最基本的词语过于抽象笼统形不成区别度，就需要适当增加语义细节，以提高区别度。

《幼学琼林》中收录了大量的常用词、成语和典故，而释义皆只出最核心语义信息。经过我们统计，《幼学琼林》中被训释的双音词近500个，如：常用名词，“神器大宝，皆言帝位；妃嫔媵嫱，总是宫娥”；常用形容词，“女貌娇娆，谓之尤物；妇容妖媚，实可倾城”。另外还有大量的四音词，主要为常用成语，“小过必察，谓之吹毛求疵；乘患相攻，谓之落井下石”，“两争不放，谓之鹬蚌相持；无辜牵连，谓之池鱼受害”。此外，《幼学琼林》中还收录有常用典故，如“腰细曰柳腰，身小曰鸡肋”，“酒色是耽，如以双斧伐孤树；力量不胜，如以寸胶澄黄河”；常用俗语，如“祸去祸又至，曰前门拒虎，后门进狼；除凶不畏凶，曰不入虎穴，焉得虎子”。还包括学习词典非常看重的表达语块或词汇串，如“弟子称师之善教，曰如坐春风之中”。“如坐春风之中”并非词语，只是一些有表现力的表达搭配。

释义的表述沿用《编珠》等应用型类书的“事对”模式，将被释词嵌入释义语句中，然后形成对句的表达模式，韵律和谐，如“笑人齿缺，曰狗窦大开；讥人不决，曰鼠首偾事”。有些对句的使用还能体现搭配用法规则，如“女貌娇娆，谓之尤物”除释义外，可体现出“尤物妖娆”或“妖娆尤物”的主谓或动宾搭配。有的将被释词的语义置于上下文语境中，对句的前后句、释语与被释词构成自然的表达语流，后一句揭示前一句最核心的词义细节和词义本质，如“明珠投暗，大屈才能；入室操戈，自相鱼肉”，其中“大屈才能”句既是暗示词义内涵，也是提供交际语境，再如“蓬莱弱水，惟飞仙可渡”、“七夕牛女渡河，家家穿乞巧之针”，这是一种重要的词义描写方法。

现当代的小型学习型词典也应该注重这种高效的又符合认知规律的释义模式，特别是幼儿学习词典，完全可以突破传统的被动型辞书的按音节将字词分部，割裂同类字词、同搭配字词关系的做法；义项应约束为普通交际中最基本的义项，而不是最全面的义项；义项释义的语义值应该列出最基本、最核心的，而不应该一味求全。这样重点突出，纲目清楚，才能达到核心词汇教学目标。

2. 释义用语定型而灵活，释义结构程式化

词汇的学习需要记忆，《幼学琼林》释义的系统性、释义用语功能定型化以及释义结构的程式化，有利于童蒙记忆常用词及常用词的基本意义。

《幼学琼林》释义结构的程式化主要依靠释义用语的定型化。从《说文解字》的“为”、“谓”、“犹”、“皆”等释义用语的使用，到《现代汉语词典》中释形象词用到的“形容”，释比喻义用到的“比喻”等，释义结构的定型与表述用语的规范化一直是辞书释义的追求。因为《幼学琼林》的主要教学对象是童蒙，所以除了训诂学中常用的训释用语在《幼学琼林》中得到继承，为了辅助孩童习得，释义所用的训释用语又体现出比理解型词典更多的灵活性和多样性。如下表：

《幼学琼林》中的释义用语

释义用语	例句
谓之	日月五星，谓之七政
是	月里蟾蜍，是月魂之精光
名为	旋风名为羊角
号曰	闪电号曰雷鞭
乃	青女乃霜之神
即	素娥即月之号
曰	雷部推车之女曰阿香
系是	云师系是丰隆
乃是	雪神乃是滕六

续表

释义用语	例句
悉是	飞廉、箕伯，悉是风神
俱指	甘霖、甘澍，俱指时雨
悉称	玄穹、彼苍，悉称上天
原属……是	北京原属幽燕，金台是其异号
原为……又是	南京原为建业，金陵又是别名
是……原为	浙江是武林之区，原为越国
是……又曰	江西是豫章之邦，又曰吴皋
名	湖广地名三楚
故曰	河南在华夏之中，故曰中州
即……原为	陕西即长安之地，原为秦境
此为	东岳泰山，西岳华山，南岳衡山，北岳恒山，中岳嵩山，此为天下之五岳
尊称	陛下，尊称天子
乃称	皇后之言，乃称懿旨
皆言	神器大宝，皆言帝位
总是	妃嫔媵嫱，总是宫娥
何谓	何谓五伦，君臣、父子、兄弟、朋友、夫妇
称	祖称王父
曰……又曰	谦教馆曰糊口，又曰舌耕
尊为	父所交游，尊为父执
如同	尔我相仇，如同冰炭
如	纤指如春笋
谓	侏儒谓人身矮
亦	弁髦亦小儿之饰
皆是	同榜之人，皆是同年
谓……系	上弦谓月圆其半，系初八、九
即云	片晌即云片时
乃云	日曛乃云日暮
故称	天子尊崇，故称元首

续表

释义用语	例句
誉称	天使，誉称行人
……之号	方伯、藩侯，左右布政之号
……之称	宪台、廉宪，提刑按察之称
称为	宗师称为大文衡
皆称	钧座、台座，皆称仕宦
即是	参戎即是参将
……之仰	千户有户侯之仰
皆……之辈	曰诸父、曰亚父，皆叔父之辈
俱……之称	曰犹子、曰比儿，俱侄儿之称
并美	曰阃范，曰懿德，并美佳人
言	卤莽、灭裂，言其不精
别为	鹢首、鸭头，别为船号
俱为	曰孔方、曰家兄，俱为钱号
则	亲死则丁忧
为……为	九月为大功，五月为小功，言服之有等伦
称曰	医士业岐轩之术，称曰国手
尽是	交梨、火枣，尽是仙丹
犹云	波罗犹云彼岸
悉言	曰羽化、曰尸解，悉言道士之亡
比	冰生于水而寒于水，比学生过于先生
似	心惑似狐疑

规范而灵活的释义用语可以揭示常用词词义中很多附加色彩及用法，如语体色彩、语用搭配、义域范围等。例如“俱指”、“悉称”、“尽是”、“皆称”、“悉言”等的总括用法，指明了词的外延。“为……为”，提供了两个同类词并举解释，属于关联释义。“尊称”、“尊为”、“誉称”等表明了词义的交际色彩及褒贬色彩。再如：“如”（纤指如春笋）、“似”（心惑似狐疑）揭示了词义的形象色彩；“曰……又曰”（谦教馆曰糊口，又曰舌耕）揭示了词的异称情况，还体现了异称中的语体色彩的细微差别。前

者为口语，后者为书面语，且具形象感；“原为……又是”（南京原为建业，金陵又是别名）、“是……原为”（浙江是武林之区，原为越国）揭示了词形因名称演变而形成的历史异形词。

如果说词汇是描写世界的材料，释义用语则是人类解释世界的重要辅助手段。而蒙学中的释义用语是从幼童的视角让其接受成人对世界的解释，比经学训诂释义用语更为简单、灵活，更与口语相合，值得我们在儿童学习词典的编纂中借鉴。

3. 释义方法灵活多样，全面体现“用法中心”

传统词典的释义方法主要是对释、定义和描写。学习词典是用法中心词典，要揭示常用词的用法，面对童蒙学习对象，必须采用灵活多样的释义方式。

(1)《幼学琼林》坚持了辞书释义的基本模式。

用否定的方式，如“识时务者为俊杰，昧先几者非明哲”中“俊杰”与“非明哲”的否定关系。义界释义，如“谦送礼，曰献芹，不受馈，曰反璧”。分释法，如“稔恶贯盈，过多曰稔恶，罪满曰贯盈”等。

(2)围绕着习得原则，《幼学琼林》突出释义方式的多样性、对比性以及语体性，符合幼儿学习型词典注重常用词用法的积极性、主动性的特点。

同时代字书往往是古今兼收的，具有泛时性特点，释词和被释词往往有“易—难，今—古，雅—方”的对应模式，而《幼学琼林》由于释词和被释词大多是共时基本词汇，即便有历史词、典故和成语，也都是在共时层面被广泛使用的。所以《幼学琼林》中的释语与被释语可以互释，如“岁歉曰饥馑之年，年丰曰大有之年”，再如“丰年玉，荒年谷，言人品之可珍；薪如桂，食如玉，言薪米之腾贵”。

重视交际语境的还原。如“独立难持，一木焉能支大厦；英雄自恃，丸泥亦可封函关”，这是将释义句变为一种交际句式，释语和被释语在此交际语境中可互换使用。

为体现形象性，大量采用摹状释义的方式，如“期期艾艾，口讷之称,喋喋便便,言多之状”,再如“讥人不决,曰鼠首偾事”等。

用比兴手法,如“冰生于水而寒于水,比学生过于先生”。

用设问方式释义,如“何谓五伦,君臣、父子、兄弟、朋友、夫妇”,这种设问方式往往用来解释抽象的数括词。

对句有时体现为对偶模式,要求“无复字”,为避免文字出重的问题,《幼学琼林》常用同义释义用语替换的方式,如“谓其相害,讥其不容”中的“讥”与“谓”的替换。更有价值的是语法功能比较明显的虚词或副词的替换,间接促进童蒙对常用虚词的学习,如“漫言”、“皆言”替换(“黑子弹丸,漫言至小之邑;咽喉右臂,皆言要害之区”),虚词“漫”、“皆”的用法连类而通,这是揭示语法功能比较突出的词语用法的巧妙方法。

再如用祈使句释义,“韶华不再,吾辈须当惜阴;日月其除,志士正宜待旦”,体现了教学中独有的教导句式,也能让学生掌握祈使句的用法。

(3)同义词、同类词、反义词教学历来是词汇教学的难点,《幼学琼林》词汇释义能体现词义之间的系统关联,包括同类词列举、对比等辨析思路。

例如:同类释义,“冠称元服,衣曰身章”,其中“衣、冠”、“元服、身章”都为同类词,同时也体现出通用语体与书面语体之间色彩上的差别。

同类列举,用上位词释义。如“曰闺秀,曰淑媛,皆称贤女;曰阃范,曰懿德,并美佳人”,“曰孔方,曰家兄,俱为钱号;曰青蚨,曰鹅眼,亦是钱名”,“缣缃黄卷,总谓经书;雁帛鸾笺,通称简札”等。以上释义与雅书的数词同条释义模式相类。

《幼学琼林》中对比释义使用最多,如“事遂心曰如愿,事可愧曰汗颜”,“人笑曰莞尔,掩口笑曰胡卢,大笑曰绝倒,众笑曰哄堂”,这样的释义侧重于辨析对比,使人明了各词之间的细微差别。又如“上伐下谓之征,下杀上谓之弑”,这样的释义则比同见异,同中求异,文字简洁,意义明了。

在对比释义中,《幼学琼林》多采用“为”字例释义用语进行配套对比,“为”字例相当于“称”、“叫作”,被释词在后,释语在前,即“A 为 B”,

如“气之轻清上浮者为天，气之重浊下凝者为地”。另外一种灵活的倒序的“为”字例“B为（乃）A”例则明显不同，被释词在前，释语揭示核心语义细节，如“日为众阳之宗，月乃太阴之象”。日月的属性很多，这里只出最核心的一个。这种释义方式多可倒转，如“众阳之宗为日”。

这些对举的“为”字例用法，体现出同义词辨析与反义词对举的关联释义的效果。

“曰”字例与“为”字例功能相类，在《幼学琼林》中也大量使用，如“帝都曰京师，故乡曰梓里”。与传统训诂用“为”字例（《尔雅》：谷不熟为饥，蔬不熟为馑）和“曰”字例（《周礼》郑玄注：同师曰朋，同志曰友）的同类词用法不同，《幼学琼林》多配套使用“曰”字例进行反义对举，在对比中习得反义词。如“硗地曰不毛之地，美田曰膏腴之田”，再如“为善则流芳百世，为恶则遗臭万年”，“谢人厚礼曰厚贶，自谦礼薄曰菲仪”，“可嘉者小心翼翼，可鄙者大言不惭”，“请人远归曰洗尘，携酒送行曰祖饯”。其中的“流芳百世”与“遗臭万年”、“厚贶”与“菲仪”、“小心翼翼”与“大言不惭”、“洗尘”与“祖饯”等，其词互相对立衬托，泾渭分明，既能促进学生对词义的理解，又能加深印象，强化记忆效果，而且还能体现表达时对举连用的词用方式。

（4）《幼学琼林》还特别重视常用词的口语、书面语色彩的揭示，更注重口语交际性。

这一做法一改传统辞书贬低方俗词语的问题，与现代学习词典注重口语交际的追求是一致的，有的直释口语词，明确标记其口语色彩。如：“生子当如孙仲谋，曹操羡孙权之语；生子须如李亚子，朱温叹存勖之词”，其中“之语”、“之词”当为口语标记。另外，“是”是典型的古白话交际用语，在书面文言中基本不用，作为普通语文辞书的释义用语更是罕见，《康熙字典》等理解型辞书不见使用。而《幼学琼林》大量使用“是”字例，“系是、乃是、悉是、总是、皆是、即是、尽是”等“副＋是”状中用法，体现了鲜明的古白话特点。

当然，《幼学琼林》也不是一部纯粹的口语词语或口语释义的学习词典，还收录了一定的书面语词，提升童蒙语言使用的文雅度，如一些礼仪用词、文化词、典故词等，如“叙会晤曰得挹芝眉，叙契阔曰久违颜范”一组四句就是文言词了。这一点对现代儿童学习词典的编纂也有一定的启发：我们不能把学习词典等同于通俗词词典，应该保证词汇系统各子类成员收录的平衡性。

(5)变通成语，揭示用法，体现释义与自编例萌芽的一体性。

据统计，《幼学琼林》中涉及700多个成语，变通使用的达130多个[①]。《幼学琼林》不追求成语全面语义信息的揭示，只揭示最基本的意义，而且把成语的释义带入语句，在交际语境的“用”中体现“义”，教学效果突出。如“身修而后家齐；夫义自然妇顺”，再如“弟子称师之善教，曰如坐春风之中”，释义中添加连词“而后”、“之中”揭示了虚词用法；而“床头金尽，壮士无颜；囊内钱空，阮郎羞涩”则体现出释义与例句的一体性，“无颜”、“羞涩”揭示了成语所蕴含的困窘状态以及心理特征。这也是自编例的萌芽。

总之，《幼学琼林》虽然没有提供辞书基本索引体例，韵语的形式没有体现辞书的立目要求，但我们完全可以认为这是汉语辞书最重要的生成型学习词典的雏形。从小学生的习得角度考虑，对于当代入门小型学习词典的编纂，未尝不可借鉴这种编排体例以及释义方法，只要在义序体例基础上，再附加上音序索引即可。总之，该词典在教学理念、教学方法上代表着古代词汇教学的最高水平，使得汉语辞书教学功能在辞书理论的发展与完善期达到了一个小高峰。

（三）普通语文辞书中教学功能的发展

普通语文辞书主要提供语词语义资源，辅助阅读教学，为扫除阅读中疑难字提供帮助，其教学功能是辅助和次要的。但古代的汉语辞书仍然能够体现教学功能的特点，这是我们在当代探讨生成型辞书理论创新时首先要继承的因素。

在辞书编纂理论的发展完善期，普通语文辞书教学功能主要体现

---

① 陈振倩.《幼学》对成语的变通使用[J].语文月刊，1997(10).

在两方面：一方面是古代虚词词典。根据何九盈的理论[①]，这些虚词词典主要分两大流派，一是以王引之《经传释词》为代表的训诂派，二是以袁仁林的《虚字说》、刘淇的《助字辨略》为代表的修辞派。前者是用训诂的方法，以声音通训诂，证明一个虚词词类功能的由来，揭示虚词用法的根据，并系联同源虚词；后者是把虚词放在句子表达及文章表达中，从文章写作的角度看虚词的作用。其编纂核心是揭示虚词用法，用于辅助交际和语篇生成。另一方面是古代普通辞书中的教学性因素、用法因素的体现。我们在此重点谈一下后者。

1. 普通辞书的理据阐释与汉语字词习得

词的理据阐释在词汇教学中至为重要。我们认为，古代辞书中字词的理据主要分为复音词的构词理据，以声通义为主的语源理据、同源理据，以字形说解本义的字源理据，民间流传的流俗理据，典故词的典源理据。后四者都与语词的文化信息相关，可统称为"文化理据"。

理据带有一定的历史性和词源性，当前的学习词典囿于严格的共时性原则，更多关注复音词的句法构词理据，而语源同源理据、字源理据、流俗理据、典源理据极少关注。但这些带有历史性的理据信息都与词的文化色彩相关，在对外汉语教学及跨文化交际中，词的文化色彩直接影响着交际，词义中的文化信息也是最重要的"用法"信息之一。因此，学习词典如何提供文化理据信息，成为不可回避的问题。

在汉语辞书理论的发展与完善阶段，普通语文辞书大多继承了训诂学考证字词源的传统，重视理据阐释。例如《康熙字典》等辞书，其首出义项多为《说文解字》的字源理据；《释名》等语源辞书往往出语源理据；民俗理据多现于一些方言俗语类辞书中；辞藻典故类类书，多出典源理据；另外有一些花、鸟、虫、鱼等名词方面的理据主要体现在雅书及其相关注疏性辞书中。适当的理据阐释可以间接帮助学生全面理解被释词的词义，利于词汇习得。

---

① 何九盈.中国古代语言学史(新增订本)[M].北京:北京大学出版社,2006:234.

字源、词源、同源等理据多出于有足够语言文字知识的专家之手，我们称其为专家理据，专家理据虽然有时也带有一定的主观臆断，但基本都是遵循以形索源、因声求义或求源的操作思路，属于科学理据范畴（这种科学理据是指按科学的方法探寻的理据，而并非强求结果是科学的）。

在这些理据中要特别注意的是民俗理据。民俗理据也可称流俗理据、流俗词源，汉语又称为通俗词源、民间词源、俚俗词源、俗词源、假词源等。高名凯、石安石先生在《语言学概论》中指出："人们根据语音的相似，既不考虑语音的历史发展，也不考虑词义的演变过程，而去牵强附会地推测词源，就形成了所谓俗词源。"①民俗理据多体现为俗字、俗词的理据，是民众在日常交际中共同接受形成的理据，与民众的文化心理和情感心理密切相关。另外，不同于字词源理据和典源理据，民俗理据多包含鲜明的褒贬、讽刺等色彩，因此对语言交际的影响很大。

民俗理据在古代多保存在一些俗语类辞书中，如《白虎通》、《风俗通》、《俚语证古》等。民俗词源并非科学理据，具有以下几个特点：一是多带有民俗性；二是有些带有意会性和妄说性；三是一个理据呈现多重性，常有多种不同的解释。例如，"戴绿帽子"根据宋庄绰《鸡肋编》的释义："浙人以鸭儿为大讳。北人但知鸭羹虽甚热亦无气，后至南方，乃知鸭若只一雄，则虽合而无卵，须二三始有子。其以为讳者，盖为是耳，不在于无气也。"而根据清赵翼《陔馀丛考》（卷三八）"绿头巾"的释义："明制，乐人例用碧绿巾裹头，故吴人以妻之有淫行者，谓其夫为绿头巾。"还有无文献出处，根据王艾录的介绍：（绿帽子是指）牝龟与蛇交配，而牡龟之头绿色，犹如戴绿帽子，俗以龟喻人。②

但事情有其两面性，在教学中，对俗字、杂字的讲解与解说经常用这种民俗理据增强形象性和故事性，在某种角度上更容易辅助习得，让学生对字形、字义记得更快更牢。但这种教学方法是一把双刃剑，在快

---

① 高名凯，石安石．语言学概论［M］．北京：中华书局，1963：140—142．

② 王艾录，司富珍．语言理据研究［M］．北京：中国社会科学出版社，2002：177．

速掌握字形、词形的同时，可能也就记下了错误的知识。

因此教学功能在辞书中的发挥应该重视理据，但要分清真正的科学理据与民俗理据的关系。我们不建议在学习型词典中出民俗理据，因为其真伪难以把握，将会影响知识的科学性。

另外，要高度重视典源理据，如“破天荒”、“染指”、“推敲”等，在辞书释义时都可以适当介绍典源。因为在这些典故词的典源中，都包含着词的重要语义细节，如“破天荒”中的调侃附加色彩，“染指”中的贬义色彩，“推敲”中[精细]语义细节的展示等。这些信息特别适用于对外汉语词汇教学。

2. 普通语文辞书的辨析因素与汉语字词用法的习得

在汉语字词习得方面一个有效的方法是辨析汉语汉字形、音、义、用等属性的异同。古代的普通辞书一直重视辨析在辞书释义中的地位和作用，即便理解型辞书也都非常重视辨析。这在辞书编纂理论的发展完善阶段，主要表现在以下几方面：

(1)大量出现辨析专书，集中体现辞书的教学功能

战国时，《荀子·正名》中提到：“析辞擅作名以乱正名，使民疑惑，人多辨讼，则谓之大奸，其罪犹为符节度量之罪也。”可见上古哲学中就有正名、辨名之传统。文字是名的载体，正名必先正字。“熹平石经”、“秦三仓”字表都具有规范字形、引导社会用字向规范字形靠拢的编纂目的。

普通语文性大型字书或其他专门字书中也零散分布着辨析因素。今本《玉篇》后附“分毫字样”，对形近字进行了辨析，并且别音义。这些都是有意识的教学功能的体现。析形类字书《六书故》选字原则是不取奇字(即当时的冷僻字)，字形不承非本字(即讹变的字形)，不取古今书传没有的字。另外，该书把自认为字形不明的基本字形及由此孳乳的222字列为“疑类”，附于全书之末供查考。这种处理方法体现了实事求是的原则，但也反映了古代辞书对辞书工具性、权威性特点理解得不够，还未完全分开考证专著与辞书的界限——因为凡是存疑的语言文

字知识，现当代普通语文性辞书一般是不录的，以免引起混乱。

字样型与辨似型字书则是汉字辨析应用的集中体现。

唐代社会用字出现大量的异体、简体和俗体，主流正体楷书的地位受到冲击。贞观初年，唐太宗诏令颜师古"刊正所有奇书难字，众所共惑者随宜剖析，曲尽其源"（《旧唐书·颜师古传》），并录成样本，作为楷体文字的书写标准，供全社会习用，时称"颜氏字样"。后来字样之学经历颜元孙的《干禄字书》提升到取仕的高度，也就进入了教育领域。字样之书取字当不求多，而求社会的通用性，因此是典型的社会用字层面的规范和引导。这种规范和引导首先也是通过"童蒙教育"和"干禄"两个应用进行了推广。教育写规范字的观念影响几代人，而"干禄"则用最直接的功利目的引导字样的推广。所以唐代字样之学不但开创了汉字形体上辨形以正形的先河，也开创了汉语辞书中独有的"辨形"要素，这一点是西方辞书所不具备的。

同时，字书中也逐渐萌蘖出专门的辨形辞书，集中体现字形教学的特点。如《班马字类》、《龙龛手鉴》、《复古编》、《字通》等。

第一部专门的全方位辨析汉字的字书是郭忠恕的《佩觿》。《佩觿》上卷的"通论"中有系统的汉字形、音、义辨析的理论。书的上卷分《造字》、《四声》、《传写》，说明造字六书相推、隶变对汉字结构的影响及后人传写之讹、说解之误。最突出的理论贡献是将文字的产生、发展、演变分为"三科十段"。其"三科"谈的是形乱、音乱之原因："一曰造字之旨，始于象形，中则止戈反正，而省声生焉"；"二曰四声之作，始于譬况，中则近烟为殪，而反语生焉。魏朝以降，蔓衍实繁，世变人移，音讹字替"；"三曰传写之差。"这三大原因对于当今汉字规范仍有重要的价值。郭忠恕认为要采用"十段"方法进行辨正：平声自相对、平声上声相对、平声去声相对、平声入声相对、上声自相对、上声去声相对、上声入声相对、去声自相对、去声入声相对、入声自相对。中、下卷便以其理论为指导，将字形相近者类聚成组，依韵编排，分为十类，收758组字，集中辨正这些字组中汉字的形、音、义差别。

这种成体系的汉字形、音辨析思路无疑具有极强的教学性，而且该书理论与实践并重，走出了传统汉字辨析个案式、离散式的套路。学生可以通过习得辨析方法和规律，自主地应对其他未识汉字的学习，这一点是积极的。后来这一辨析教学思路在其他专书中发扬光大，例如宋朝张有的《复古编》等。

(2)普通辞书选字选词的共时性倾向与教学功能的发挥

一部偏向于教学的辞书必定是共时为主的。两汉时，《说文解字》、郭璞的《尔雅注》就已经出现用共时俗语释词的萌芽，体现了对共时字词一定程度的关注；《方言》等虽收录古方言，但已经越来越倾向于共时词典了；《释名》不唯古书用字，对当代词的溯源和同源关系以“论述指归”，这都是普通辞书共时倾向的体现，但并没有自觉地发展到辅助教学的层面。后来虽然有《幼学琼林》专辑共时常用词，但它毕竟不是一部现代体例上的辞书。而《字汇》用字上提出“遵时”原则，是一部“世所通用”的带有通俗性质的字书，是辑录社会用字的实用查考之书，也是一部比较典型的共时字词类聚的辞书。另外，《字汇》在释义时还采用一部分口语和俗语例证，例证的这种口语化、通俗化、共时化倾向，说明字典已经高度重视共时用字、用词了，这正是当代学习型辞书所追求的。

(3)大型辞书体例上的创新促进辞书进一步走向教学舞台

体例创新提升教学功能方面的代表作是《字汇》，它最大的创新是改进了检索体例，这一改进为教学中字词的查询提供了极大的方便。它对字典的排检方法有创造性的改进，如简化《说文解字》的部首为214部，部内字按笔画多少编排，率先创立“检字表”，并在每卷之首编制部首表，注明每部所在页码。这种编排体例一直为后世所采用，直到旧本《辞海》仍是按例编制。注音是先反切后直音，释义简明清楚。字典中还列有古今汉字的对照。检字上由形义部首向检字部首的转变、笔画意识对书写的影响、古今字的对照这三大特点，使这部字典在教学中的地位越来越高，成为最重要的教学辅助工具书。清朝学者朱彝尊在《重刊玉篇·序》里评价道：“今之塾师《说文》、《玉篇》皆置不问，兔园册子专稽于梅氏《字汇》。”可见，《字汇》在当时是深受学者、老师和童蒙喜欢的。

大型辞书“附录”体例上的创新也进一步提升了语言文字知识的系统教学功能。还以《字汇》为例。它拥有系统的附录，这些附录是集中展示的字词用法概要，其核心大多是针对用字辨字的。如“运笔”里介绍笔顺；“从古”是用实例讲六书，实际是字形教学；“遵时”是分清古今字的时间维度，古今通用的字形是传承字，对不通用的，则提醒要按今时通用的字形书写，这是书写规范字教学功能的体现；另外还设有辨似、醒误、韵法等。这些附录本身也是语文教学内容，集中展示，使《字汇》在某种程度上体现出教材的特点。

(4)汉语辞书中的词义辨析与教学功能的发挥

前面介绍的辨析主要是汉字的形、音属性辨析，在词汇层面的辨析是古代辞书教学功能更重要的表现。毕竟汉字只是书写符号，而词语才是交际符号。

词义辨析是主动型辞书的核心内容，只是不同类型词典的侧重程度及表现形式不同而已。这种求同求异的辨析系联思想也来自哲学理念。上古语言哲学中的“达、累、私”(《墨子》)分类以及“大共名、大别名、别则无别”(《荀子》)等分类理论就体现在以《尔雅》为代表的雅书系中，书中按共同的主题义形成义类分类后，同类事物之间必然要体现出一定的区别度，因而必然产生厘清上下义、同类词之间的语义区别的需要。词典的辨析因素盖源于此。

词义辨析也是训诂学的老传统。王力先生在《中国语言学史》[1]中举过相关的例子，如《左传·庄公三年》：“凡师一宿为舍，再宿为信，过信为次。”《文公七年》：“兵作于内为乱，于外为寇。”《老子》：“视之不见名曰夷，听之不闻名曰希，搏之不得名曰微”等。将两个或多个同义词、反义词、同类词进行对举释义，这已经是词义辨析的雏形了。但这些辨析的萌芽并不出于辞书，而存在于史书或经书的正常行文中，多用于表达自己的政治主张。

---

① 王力.中国语言学史[M].上海：复旦大学出版社，2007：2.

辨析思路进入辞书后，最典型的是《尔雅》的同义词场类聚，这种类聚看似只是将同义词聚为一条，但本身也是一种辨析，经师或私塾先生在讲解《尔雅》时，必定要辨其差别。而《尔雅》中直接对举释义或辨析释义，则更是词义辨析思路的显化。例如：

完全同义的：宫谓之室，室谓之宫。

同义并列：征、迈，行也。圮、败，覆也。

同类胪列：木豆谓之豆，竹豆谓之笾，瓦豆谓之登。大波为澜，小波为沦，直波为径。

同类对举：途出其前戴丘，途出其后昌丘。美女为媛，美士为彦。善父母为孝，善兄弟为友。

反义对举：山西曰夕阳，山东曰朝阳；逆流而上曰溯洄，顺流而下曰溯游。

将同类词列为一条，体现的是异中求同的思路，而对举的释义方式，体现的则是同中求异的思路。这一编纂思路都是比较隐性的。后来，训诂学中发展出"浑言、析言"的成熟的同义辨析理论移植进辞书，标志着古代辞书中的词语辨析已经成为一种自觉的编纂意识。

专门型词典中也体现出辨析因素。如扬雄的《方言》体现了对古今、方俗异词异义的区分；雅书中的《比雅》与《别雅》也是辨析词语的专门性辞书。另外《事物异名录》等类书或专科辞书也是同义词系联辨析思路的一个体现，属于专名辨析的一种。值得一提的是明清雅书中的典型代表《通雅》也是一部注重辨析的辞书，体现辨析思路一大变革的是采用书证，以例证将词义差异点具体化，且连辨析背景也交代清楚，体例严密。另外，此辞书为了考证词义差别，特别重视共时使用层面的方言俗语。

这种辨析思路，还进入了专门辑录典籍用字、用词的辞书。例如颜师古的《匡谬正俗》中认为："训诂、小学及前贤文章皆相附会，可以无惑。"所以一方面他匡正前人对典籍中字词理解和读音的谬误，另一方面又推求当时方言俗语的词源，审辨其音义承变的关系，且与社会文化制度的影响相结合。《经典释文》也是考证字音、辨析字义的，最具创新性的是"自序"中指明辨析的五个体例，这是对文献词义辨析的理论性归纳，其中大部分与词义辨析是通用的。这种文献字词辨析理论与《佩觿》的汉字辨析理论、"浑言析言"同义词理论相辉映，成为古代辨析理论中的三大亮点。

这些同义辨析理论以及在辞书中的编纂实践体现了一定的"用法中心"倾向，在教学中会起到很好的厘定字词用法的作用，辅助读者准确地选择词语。

四、转型期、成熟期

民国时汉语辞书编纂理论转型期，辞书的教学功能一方面延续古代传统，另一方面体现出自己独特的转型特点。

（一）完善与改进古代辞书的教学因素

古代辞书中的教学因素在这一时期得以完善，并达到高峰。例如辨析理论与方法在民国时达到高峰。陈独秀著有《字义类例》，这部书代表着传统辞书辨析成果的一个高峰，是传统辞书辨析要素的理论及实践的总结。此书按假借、通用、引申、反训、增益、俗误、辨伪、异同、正俗、类似等十个方面分析字义。陈独秀的《字辨》则分义辨、音辨、体辨、辨词四类辨析字词，并按形音相像、形似音异、音似形异、笔画错误等编排。这是一部从字形、字音、字义进行全方位理论探讨与辨析实践的专门字典。

再如，到民国时，萌芽于古代的双语词典编纂兴盛起来，成为外语学习最重要的参考工具书，也成为具有专门意义的学习词典。如黄士复、江铁的《综合英汉大辞典》(1927)，其编纂大纲提到："且人事日繁，学术日进，新字新义日增，报纸杂志以及他书，亦有可资取材者，窃以为必须综合英美各字典之长，搜罗最新材料，重加编次，方适于现代之需要，于是比较各书之异同，采定编辑之方针。"这里已经体现出辩证对待外国辞书理论的思想，特别是其对于"最新材料"、"编次"的认识，将是双语学习词典创新的基础方法。另外，这部词典高度重视例证，数量不下十万条，还附有插图和表解，增加了注意、比较、例外等栏目，计 3800 余条，体现出鲜明的用法词典的特点。这部辞书的体例创新以及内容含量等，都为后来的双语辞书树立了标杆，其用法栏目的设置也成为当今学习词典模仿的对象。

另外，这些双语辞书高度重视文化词的互译。文化词主要集中于成语典故等辞藻中，在跨文化交际及外语教学中一直是教学重心，也成为现代双语词典收录的重要对象，甚至出现专门的成语双语词典，如《袖珍英华成语辞典》、《英文成语辞典(英汉双解)》等。

（二）教学字词表功能的回归，再次体现规范性与教学功能的结合

教学字词表是一种字汇性质的准工具书。民国时，以切音字运动、白话文运动、国语运动为核心的三大语文运动辅以简化字改革、国语审音运动等，最终工作结果均采用方案、字表(汇)、词表等模式推广，如《国音常用字汇》等。新中国成立后，我国进行了文字改革，发布了一系列规范，如《简化字总表》、《第一批异体字整理表》等，这些规范皆采用字表、字汇、字集与手册的方式发布。这些字表中有些直接针对教学，本身就是中小学或对外汉语教学内容(如《现代汉语常用字表》、《汉语水平词汇与汉字等级大纲》等)，教育领域教材的编写必须以这些规范为依据。

这些字词表是古代字词表传统的复兴，但不是简单的重复，而是创新性的发展。例如：由于现代字词表所涉及的字、词比较多，已经远非上古三千多常用字词的容量，所以民国时的字词表就抛弃传统字表的连字成句、连句成篇的韵文模式，完全按辞书的分部方式，增强字词表的检索性。同时，很多字词表加入了简单的注音与释义，使其更像一部规范性与教学功能兼具的字词典，如黎锦熙的《增注国音常用字汇》等。

与传统字词表不同的另外一个特点是：当前的字词表一般都辅以学习型或专门性字词典。如与《简化字总表》等规范相骈行的有《简化

字溯源字典》、《现代汉语规范字典》以及一批以正字正音为目的的字词典，这一传统在今天更受重视，如随《通用规范汉字表》发布，商务印书馆同步推出《通用规范汉字字典》。这些学习型、规范型字词典是用来贯彻这些语言文字规范的，同时也是基础教学领域最重要的参考书。字词表与辞书的结合使语言文字规范在基础教育领域的推广效果更好，语言文字教学的效果得以提升。

（三）出版了一系列专门的学习型辞书

自民国以来，编纂了一系列传统意义上专门以教学为宗旨的词典，例如《中华国音新字典》、《新式大字典》、《中华小字典》、《实用大众字典》等。新中国刚成立时已经有以《学习词典》命名的专门性教学词典，柳亚子亲自为之作序，虽然未出版，柳序中也很难看出学习词典方面的创新性理论，但这种教学意识的高度自觉化已经得到体现。

新中国成立后，为配合扫盲与文化普及，20 世纪 50 年代开始编纂《新华字典》。这一字典开创了字典释义上的新体例，对多义词的多个义项用“转”、“引”、“喻”来标记，表明字义之间的紧密关系，让民众在学习汉字字义时更易理解每个义项的理据及与其他义项之间的关联。对于中等或以下文化层次的读者，这种明示化标注比隐含性义项排列顺序更具价值。《新华字典》还用括注方式指出实际语言环境的用法，对难解难读字词加以简短的附注，便于读者习得使用。这一时期还出版了很多普及性、学习型辞书，如《农民词典》、《小学生字典》、《汉语常用字典》、《多音多义字汇编》等，大辞书学家也进入这一编纂队伍，如黎锦熙的《学文化字典》、《学习辞典》等。这一时期的小型学习型语文辞书主要是和当时扫盲任务相关的，收字保证基础性和通用性，释义简明，用例通俗，体现出教学功能的针对性。

值得一提的几部教学功能突出的专门性词典：如《实用汉语图解词典》（梁德润等），这是一部采用图文对照释义的中型汉语词典；《常用构词字典》（傅兴岭等）以一个语素为字头，胪列其构词的同素词群，同素词往往因共同的语素性具有或远或近的同类性特点，“这是一部为语文教学、诗文写作、汉字改革以及外国人学习汉语的重要工具书”(序);再如《实用解字组词词典》(周士琦),将构词分列于不同的语素义的义项,这一体例被后期的学习词典(如《商务馆学汉语词典》)所借鉴。

20 世纪 70 年代下半期,特别是第一次辞书规划后,掀起了编写“学生词典”的热潮。在《八千种中文辞书类编提要》(曹先擢等编)中就列出大量这方面的词典:如《学生辞海》、《中学生词典》、《少年儿童新字典》、《新编小学生字典》、《儿童图解字典》、《学生成语词典》、《学生名词量词搭配词典》、《学生古汉语词典》、《学生英汉插图词典》、《新编学生实用英汉小词典》、《双解学生英语辞典》、《中学英汉汉英词典》、《中学生知识词典》、《中学科技百科辞典》等。

比较有特色的是人民教育出版社的《新编小学生字典》,这是我国唯一一部曾荣获“中国辞书奖”和“全国教育图书一等奖”的小学生字典。它根据教育部的指示,由语文教育家和辞书专家编写,收字 7000 余个,词语 40000 余条(成语 5000 余条),并配置彩色图片 500 余幅。这部字典紧密结合小学教学,设置多种学习栏目,特别适合小学生使用。如果说《新华字典》面向中等及以下文化程度的读者,还带有一定的普通性、综合性,《新编小学生字典》则专门针对儿童和小学生,是典型的有明确受众的教学字典。

从辞书类型的发展上看,这些以“学生词典”命名的辞书编纂虽然蓬勃发展,但并不是当代意义上的学习词典。它们一般只是在选词立目上有限制,释义上有所约束(如只出基本义或常用义),例证多选取教材或经典名篇,同时涉及一些构词、辨形辨义等方面的字用、语用属性信息,有些学生字词典甚至只是大中型理解型辞书的简化本。因此,这一时期的学习型词典的主动性、积极性特点不是特别突出,与理解型辞书的界限也不是特别明确。

(四) 高度重视基本词汇理论与基本词汇表在学习型辞书中的应用

民国之前,词和语还被合称“成语”,出版了很多“成语词典”。如清光绪年间镌刻的《六部成语》等专业辞书，所收辞条是清代“吏户礼兵刑工”六部在职能活动及处理日常公务中所形成的专业名词，其内容还涉及历史典故、典章制度、政策法令等。

民国后，词汇学理论逐渐产生和完善起来，词汇学中字、词、(习)语三级单位实现了区分，也带来了字典与词典的正式区分。随着词汇研究的深入，基本词汇与一般词汇的二分原则基本成形。这一区分植根于民国简化字改革中的基本字汇研究，很多学者由基本字汇的研究，逐渐关注到基本词汇的问题。普通语文词典或综合性词典收词时多对基本词汇、一般词汇兼收。一般词汇往往还会形成一些专门型的词典，如成语词典、书面语词典、方言词典、新词语词典等，数量最大的是专科词典。而以教学功能为主的辞书或专门的学习型辞书收词的目标越来越多地集中于基本词汇，以其为核心，适度扩展一般的通用词汇。

一部拥有典型教学功能的学习型字词典必须基于基本词汇理论。关于基本词汇的问题，1947 年孙伏园就已经有专文《基本词汇研究述要》[①]，其研究宗旨就是解决当时中国人中的“文盲”和“文聋”的问题，直接针对词汇扫盲。该文列举三四百词的基本词汇，提出日常生活词汇加现代知识词汇等于现代中国语文的全部词汇的观点。日常生活词汇在文中简称为“基本词汇甲部”，或曰“甲词汇”。他认为“甲词汇”里面大约有四千个语词。现在我们就在每一类中举部分词语加以示例：

甲　名词

一、自然现象：太阳、月亮、星星、天、地、山、河、云、雨、雪、雷、电……

二、人体：头、头发、眼睛、鼻子、嘴、耳朵、眉毛、嘴唇、牙齿、舌头、手、脚……

三、称谓：父亲、母亲、哥哥、姐姐、弟弟、妹妹、祖父、祖母、外公、外婆、叔叔、伯伯、舅舅、舅母、嫂嫂、姑姑、姐夫、妹夫、儿子、女儿、老头子、小孩子……

---

① 孙伏园.基本词汇研究述要[J].四川教育通讯，1947(28).

四、服装：帽子、鞋子、衣裳、裤子、袜子、裤带、背心、领子、袖子、袍子、大褂、短衫、马褂……

五、用具：碗、筷子、碟子、桌子、椅子、床、被子、枕头、茶壶、茶杯、锅子、菜刀、篮子、锄头、犁、耙……

六、房屋：瓦片、椽子、柱子、墙、砖、门、门槛、廊子、窗门、门帘……

七、庄稼：麦子、大麦、稻子、谷子、玉米、高粱、小米、荞麦、红薯、白菜、油菜、豌豆、茄子、南瓜、丝瓜……

八、动植物：狗、猫、老鼠、老虎、马、牛、羊、驴、猪、鸡、鸭、鱼、鲤鱼、鲫鱼、蝴蝶、蜻蜓、花、玫瑰、蔷薇、栀子、茉莉、梅花、桃花、茶花、牡丹、芍药、海棠、水仙、树、柳树、白杨、梧桐、松树、柏树、槐树、桑树……

九、食物：饭、馒头、饼、饺子、馄饨、包子、点心、蛋糕、肉、豆腐、稀饭、鸡蛋、糖、盐、酱油、醋、酒、辣椒、胡椒……

十、机关：学校、土地庙、祠堂、城隍庙、关帝庙、衙门、警察局、救济院……

乙 代名词

十一、代名词统称：我、我们、你、你们、他、他们、这个、那个、这些、那些、这里、那里……

丙 动词

十二、内动词：走、坐、站、睡、来、去、出、进、笑、哭……

十三、外动词：吃、种、买、做、给、想、知道、叫、认、打……

十四、同动词：是、就是、算是、不是、好像、如同、犹如、像是、叫做……

丁 形容词

十五、性状形容词：好、坏、新、旧、长、短、大、小、方、圆、高、低、美、丑、红、黄、蓝、白、黑、绿……

十六、数量形容词：一、二、三、四、五；第一、第二、第三、第四、第五；一百、二千、三万、几、多、好些……

戊 副词

十七、时间副词：现在、刚才、从前、今天、明天、昨天、后天、早上、中午、夜里、快快地、慢慢地……

十八、地位副词：前头、后面、中间、这边、那边、左手、右手、东面、南面、西面、北面、旁边、高高地、远远地……

十九、其他副词：很、再、也、又、仍旧、一番、屡次、大约、横竖、越发、是、不是、为什么、干吗……

己 介词

二十、介词统例：在、自从、沿着、顺着、向、朝着、在上、在下、在前、在后……

庚 连词、助词、叹词

二十一、三词统例：和、同、也、呢、的、啊呀、哦呵、喽、哎呀……

"基本词汇乙部"，或曰"乙词汇"，全部是从现代知识词汇中选取最重要、最常用的词。

甲 属于政法经济者。政治、法律、经济、制度、宪法、国家、民族、政府、人民、国民、国际、世界、主权、权利、权益……

乙 属于教育文化者。文化、教育、道德、人格、品行、科学、智能、学术、学问、历史、传统、遗传、思想、个性、环境……

丙 属于社会人事者。时间、空间、抽象、具体、真实、空虚、积极、消极、贡献、享受、福利、保险、安全、个别、集体……

乙词汇的总数大约一千余，如果精选（原文："将接近甲词汇的剔去，接近专门术语者也剔去"）而至于一千个左右，然后编成扫盲教材，孙伏园认为是切合实用的。

这一基本词汇的圈定原则对于后来的教材编写、教学词表以及学习词典的编纂有着至关重要的指导作用。新中国成立后，基本词汇理论引进斯大林的"三要素"学说，强调"全民性、稳定性和能产性"三个界定标准，以后关于汉语基本词汇的界定基本按此思路进行。《现代汉语词典》编纂时，也专门讨论过现代汉语词汇系统中的基本词汇以及一般词汇中的几类特殊词（见《现代汉语词典五十年》）。

孙伏园时代对基本词汇的界定主要还是依靠主观经验或手工统计。在20世纪80年代后，随着语料库语言学的普及，用语料库来客观量化基本词汇特征的方法开始流行。如用语料库词频统计来衡量一个词语的常用性，用平衡语料库的分布统计衡量其全民性，用古今语料库对比其词形和词义的稳定性，用大型辞书的词目语料库来统计其能产性。这方面推出了《现代汉语频率词典》等辞书，并在此基础上制作了八千多词的分级HSK对外汉语教学词表。在母语教学领域，北师大的何克抗、李大魁也制作了《现代汉语三千常用词表》(北京师范大学出版社，1987年)。而最早推出的《现代汉语常用字表》主要是针对中小学教学，其中大多可以转为单音词，其提取方法与词表相类。2007年，国家语委颁布了《现代汉语通用词表(草案)》，基于国家语委语料库的词频统计，厘定了六万左右词，提供了词频等信息，从中也可以看出基本词汇的频率信息。

这些字词表所界定的基本字汇、基本词汇，成为现代学习型、规范型语文词典在词种词量设定方面最重要的依据。

五、二次转型期

在当前的辞书理论二次转型期，随着母语教学及对外汉语教学的推广，纯粹生成型学习词典逐渐兴起，实现了对传统辞书教学功能的转型。同时，西方六大英语词典家族发展百余年的当代学习词典的编纂理念开始进入汉语辞书编纂领域，使汉语辞书的编纂发生二次转型。具体表现在：一是传统汉语学习型辞书进行了向用法中心的转型；二是在继承汉语辞书传统的基础上，引进西方学习词典编纂体例和理念的同时，结合汉语特点进行改造，出版了几部用法中心的学习词典。在这一过程中，辞书的基础性的查考功能受到一定程度的冲击，教学功能成为辞书编纂的主导功能，很多学习词典学习功能的表现形态已经逐渐趋向“手册”(如《现代汉语八百词》等)，由“用来查”的辞书慢慢变成了“用来学”、“用来读”的辞书。

（一）西方核心词、词价等理论对学习型辞书选词的新影响

在当代，早年词汇学中的基本词汇理论已经有些落伍，更多的基于认知语言学的核心词理论、词价等理论进入辞书编纂视野。这些理论对教学词表及学习词典的选词具有重要的指导意义。

例如，罗纳德·卡特（Ronald Carter）[①]提出了界定核心词的十个标准：句法替换——可替换别的词的量越多，越核心；反义性——越是非核心词义越个性、越精密，越难找到反义词；搭配能力——搭配的频率和宽度强的，核心性高；扩展属性——在一部词典中作为释义词出现的次数，类似释义元语言；上位词——能作为很多词的共同上位词；文化自由性——核心词被更少地用来表示特殊的文化用途；特殊种类的词——很少有被借到另一种语言中去；总结能力——人在总结一件事情的时候，会高比例地使用核心词汇；交际能力——具有积极的褒义倾向、评价性高的词核心性强；中立使用域——核心词出现的使用域会更多，这就是普通词汇和专业用语的区别；中立的叙述进程——有些词在一语和二语语言测试中经常出错，而核心词是在正式语言测试中的中立者，在测试中更多出现。

米歇尔·卡斯（Michael McCarthy）[②]提出英文口语词的基本核心词汇构成：情态词（Modal vocabulary）；词汇意义弱化的词（Delexical verbs）如 *do*，*make*，*take*，*get* 等；互动词（Interactive words），用来表明自己的态度和立场的，在口语对话中不可缺少，如 *whatever*，*thing*（*s*），*a bit*，*slightly*，*actually*，*basically*，*really* 等；话语标记（Discourse markers），如 *I mean*，*right*，*well*，*so*，*good*，*you know*，*anyway*；另外，还有基础概念词（Basic nominal concepts）、基本形容词（Basic adjectives）、基本副词（Basic adverbs）、基本动词（Basic verbs）等。

---

① Is there a Core Vocabulary? Some Implications for Language Teaching, Applied Linguistics (1987) 8 (2): 178－193.

② What constitutes a basic vocabulary for spoken communication? Studies in English Language and Literature, (1999) vol.1: 233－249.

西方这些关于核心词汇的研究大多基于语言交际与语言教学，其研究结论非常具有操作性，给汉语核心词的提取与界定提供了明确的参考标准和参考模型。

现代的词价理论也为学习词典选词提供了依据。词价（lexical value）是1971年加拿大学者琼·盖伊·萨瓦尔德（Jean-Guy Savard）正式提出的①。这是一种评价词在词汇语义系统中表义功能与表达功能价值高低的一种量化评价体系。这一理论最大的创新性是提供了一个量化词汇价值的思路，比较适用于常用词、通用词及词汇教学词表、词典释义元语言的提取与界定。例如，萨瓦尔德提出确定词的价值的四维标准：一是定义能力，指用来定义其他词的能力；二是包含能力，指在句中能以同义为条件代替其他词的能力；三是组合能力，指构成复合词和短语的能力；四是扩展能力，指派生词义或造成同形异义的能力。这远远比我国一直沿用的"全民性、稳固性、能产性"三大基本标准要进步得多。这一评价体系也是有其渊源的，它植根于索绪尔的词的"值"理论，即语言单位的价值理论。只是索绪尔的值是从符号学的角度出发，从能指、所指、符号与符号之间联系中探讨词的价值。

国内最近有学者尝试采用此理论研究汉语的常用词，如苏向丽的博士论文②用此理论来研究汉语常用词，提出了认知价、结构价、语义价、兼通价、自由价、使用价、释义价、丰度价、聚合价、组合价十个维度。张志毅③等提出频率价、时域价、地域价、语域价、释义价、丰度价、聚合价、组合价八个维度，而且研究了"靓丽、亮丽、漂亮、美丽、昳丽、俊俏、俏式"词群中各词的价值，最后根据综合价得分，计算出"美丽＞漂亮＞亮丽＞俊俏＞靓丽＞昳丽＞俏式"的价序。以前我们对同义词常用性的判断以主观经验式为主，往往不够准确，现在结合语料库技术，有了量化的评价体系，不但可以看出价序，还能够看出两个词之间的价值差。例如"美丽"、"漂亮"价值分别为38009、24572，其常用性与我们的

---

① 转引自孙彩惠，张志毅．新词个体和世界整体［J］．语言文字应用，2011(2)．

② 苏向丽．现代汉语基本词汇的词价研究及应用［D］．中国传媒大学博士论文，2010．

③ 转引自孙彩惠，张志毅．新词个体和世界整体［J］．语言文字应用，2011(2)．

语感完全一致，“亮丽”的词价远远高于“俊俏”，“俊俏”与“靓丽”相当，这些结论是我们凭经验无法准确判定的。以上思路就为同义词辨析等提供可靠的量化区别依据。

以上这些基本词、核心词的研究思路都将使学习型辞书的选词更多地依赖于语料的实态数据支撑，而减少主观经验的参与、干扰，使汉语学习型辞书所选的词目更符合交际需要。

（二）传统学习型辞书向“用法中心”转变

在当代，传统型学习辞书越来越重视词典功能的整合性。

在母语教学中，为了方便和经济，大多数读者希望一部辞书可以达到多种目的，因此一些收词量少的专门的学习型辞书并没有太大的市场。国内目前使用量最多的就是《新华字典》与《现代汉语词典》，这两部经典辞书也体现了一定的转变，树立了规范性、查考性、教学功能三者兼重的编纂理念，这些功能集中在一起，使这两部辞书可分别满足不同文化程度读者的需求，他们在教学领域的地位不可动摇。类似的词典还有《现代汉语规范词典》等。其实，这种集成化思路是有传统的，在民国版的《新编中华字典》中，正编收普通常用字，补编收生僻字，这就是兼顾了常用性、查考性与教学的需要。当代的《新华多功能字典》也采用这种模式，主体收常用字、通用字，补编收释通用字外的生僻字，以补充查考性。

具有教学功能的表达型辞书更加重视语词使用规则的描写，也逐渐与理解型词典拉开了距离，如汪耀楠主编的《汉语成语学习词典》(外语教学与研究出版社，2006)、林玉山的《中华多用成语大辞典》(湖南人民出版社，2007)等。再如张长松等编的《多功能实用成语词典》(吉林延边大学出版社，2003)，这部词典共收录成语 10000 余条，对词条的阐释分注音、释义、出处、用法、例句、近义、反义、注意、谜语、歇后语等十个部分。这种多用多功能词典的编纂思路在民国时已有传统，如《求解作文两用英汉模范字典》(商务印书馆，1929 年版)就整合了查考、教学、辅助表达三大功能。因此在面向母语的学习型辞书中，凡是教学功能突出而且市场好的辞书多具有两个特点：一是以用法为主，提供的语用信息越多，越有价值；二是最好能整合一定程度的查考功能、辅助表达功能、规范功能，整合的功能越丰富，越能体现经济性和使用上的方便性。但这一编纂思路对于面向对外汉语教学的外向型学习辞书则不适用。

（三）当代学习词典在实现教学功能方面的探索

1. 外向型学习词典

随着对外汉语教学的发展，国内出版了很多面向留学生的学习型词典，这些词典一方面继承传统学习型词典的核心通用词、释义约束、例证选自教材等方面的传统，另一方面又深受西方学习词典中的词汇控制、释义元语言、重视语用信息、重视词性语法功能等的影响，体现出一些新的特色。

面向外国人学习汉语的外向型学习词典，最典型的应属吕叔湘先生的《现代汉语800词》，这是我国第一部权威的现代汉语用法词典。另外还有一些直接针对对外汉语教学的学习词典，如北京语言大学出版社的《HSK8000词词典》、《当代汉语学习词典》、《学汉语用例词典》、《实用字素词典》、《1700对近义词语用法对比》、《汉语近义词典》、《近义词使用区别》等。此后相继问世的对外汉语综合性学习词典有《现代汉语常用词用法词典》、《商务馆学汉语词典》等。

2. 内向型学习词典

这类词典服务于母语为汉语的本族学习者，旨在提高汉语母语语言能力，如李临定编著的《现代汉语疑难词词典》、郭良夫主编的《应用汉语词典》。另外，所有的同义词辨析词典、反义词词典、多义词词典等，都属于内向型用法专项词典。

3. 三部有代表性的学习词典[①]

《商务馆学汉语词典》（商务印书馆，1999年）是面向对外汉语教学

① 这三部辞书体例的介绍，参考自被介绍辞书的前言、序言或推广文字，这里不详做标注。

的外向型学习词典，有八百处描写语用信息的"注意"栏，另有一千五百处辨析，对字义分出语素义和独立成词的词义，并根据语素义或词义的多个义项，将复音词置于每个义项下，标明词性，而且在每个义项下还胪列逆序词词群。这一体例突破了《现代汉语词典》等字头下设复音词的体例。

《现代汉语学习词典》(商务印书馆，2010 年)是面向母语教学的"内向型"学习词典，比外向型的《商务馆学汉语词典》更注重整合查考功能，字、词、义用信息的收录多而全面，注重时代性和文化性，适合母语学习者使用。词典标注词类、语类，标示典型的名量词搭配模式，例证丰富实用，反映当代的语言实际。可见，面向母语教学的内向型学习词典要占有市场，必须同时侧重查考元功能，这一点与面向对外汉语教学的外向型学习词典是不同的。

还有一类学习词典的编纂带有一定的实验性，典型代表是《当代汉语学习词典》(徐玉敏等主编)，它将"柯林斯系列"学习词典的"整句释义"理念带入汉语词典的编纂，改造成"引导句、释义句、例证句"组合配套的整句释义模式。国外的词典编纂理论和方法与汉语辞书的编纂实际情况、读者的使用习惯等还有一定的距离，但这一理论与实践相结合的探索是可贵的。

六、小结

中国的传统辞书中往往没有教学型或学习型词典的位置，但这并不意味着汉语辞书缺少这一辞书门类。本章梳理了汉语辞书教学功能的古今演变及相应的学习型辞书编纂理念的萌芽与发展变化状况，从中总结出一些汉语辞书教学功能、汉语学习型辞书的规律与特点。希望当前的汉语学习词典的编纂能很好地继承这些宝贵的经验和传统，最终能在理论创新方面缩短与英语学习词典的差距。

第五章　辅助表达功能与表达型辞书编纂理念的发展

在基于元功能的辞书类型研究中，我们详细论述了表达型辞书的主动性、积极性特点，以及词汇库（词汇集）与主题分类两大基本体例，并探讨了同为生成型辞书的表达型辞书与学习型辞书的联系和区别。本章具体探讨汉语辞书辅助表达功能的发展以及表达型辞书编纂理念的发展。[①]

一、萌芽奠定期

在辞书编纂理论的萌芽奠定期，体现辅助表达元功能的辞书主要以雅书系为代表。辞书的辅助表达功能缘起于《尔雅》，后来的雅书不断完善，但这并不意味着雅书的编纂宗旨就是为了辅助表达，辅助表达仅仅是雅书类辞书的附带功能。雅书的辅助表达功能主要体现在以下几方面：

（一）首开集中收录形象色彩表达功能词并对其进行释义的先河

具有形象色彩的表达功能词是口语和书面语表达的核心词汇集。以下我们以叠音词为例进行探讨。

雅书中搜集的叠音词，多是直接取自《诗经》、《楚辞》等韵文中的辞

① 本章对于各部辞书体例的介绍，有些参考自被介绍辞书的前言或序言，不再详做标注。

藻，在绘声、绘景等方面极富表达效果和形象色彩。根据王利花[①]的统计，《尔雅·释训》立叠音词词条77条，共释叠音词146个；《广雅·释训》立词条75条，收录叠音词406个，体例与《尔雅》相同；《叠雅》立词条554条，共释叠音词3223个，大大扩充了叠音词的数量。例如[②]：

【敬】

《尔雅》：穆穆、肃肃，敬也。

《广雅》：洞洞、属属、切切、恂恂、訚訚、翼翼、济济、畏畏、祇祇，敬也。

《叠雅》：肃肃、翼翼、翌翌、穆穆、僮僮、秩秩、踖踖、畏畏、祇祇、洞洞、属属、齐齐、訚訚、欣欣、言言、龈龈、油油、济济、翔翔、翻翻、翊翊、廙廙、恭恭、粥粥、捭捭、干干、偻偻、虔虔、钦钦、斋斋、恂恂、悛悛、逡逡、逊逊、切切、漆漆、洋洋、憗憗，敬也。

雅书中表示"敬"的叠音词从《尔雅》的2个到《广雅》的9个，再到《叠雅》，增加到38个。再如：

【惧】

《尔雅》：惴惴、恍恍，惧也。

《广雅》：战战、虩虩，惧也。

《叠雅》：虩虩、觑觑、愬愬、苏苏、索索、惴惴、哓哓、恍恍、兢兢、赫赫、业业、战战、栗栗、夔夔、懔懔、廪廪、鳃鳃、諰諰、悚悚、恇恇、怚怚、慄慄、迁迁、沛沛、愁愁、惕惕、怵怵、憺憺、惶惶、忒忒、悖悖、缦缦、伀伀、憧憧、章章、懹懹、慑慑、歙歙、恂恂，惧也。

"惧"在《尔雅》、《广雅》中收词各为2个，在叠雅中收词39个。

这表明，古代辞书中的雅书一直坚持增广这些表达辞藻，这些辞藻搜集自各类文献，在创作时，可为查阅者提供更丰富的词汇选择。

---

① 王利花.雅学研究综述[D].山西大学硕士论文,2006.

② 本小节的几组叠音词材料由本科生王惠杰帮助整理，在此致谢。

（二）首开根据主题分类进行词汇选择的体例，方便读者查找

张清常认为“《尔雅》是中国第一部大致按照词义系统和事物分类而编纂的词典”①。《尔雅》将所收词分19类，前3篇解释普通语词，后16篇分收各类百科词语。这是一种宏观的显性的分类，这部书还采用其他隐性的分类体例，如用共同的上位词或通用词作为训释词来释义，这个上位词也能起到分类的作用。还以叠音词为例：

《叠雅》卷四：频频、比比、每每、数数、往往、娄娄，屡也。

这个“屡”是这组叠音词的上位词，它们都是用来表示“次数多”这个范畴的。

再如《叠雅》中：業業、嶪嶪、言言、佗佗、翘翘、鵺鵺、陒陒、峣峣、岌岌、险险、戏戏、攸攸、孽孽，危也。

“危”是这组叠音词的上位词。

这种方法被当代《同义词词林》等类义词典所继承，在一组同类词汇集的最前面放置通用词，这个通用词多为上位词或同义平行词，既起到隐性分类的作用，又起到间接释义的作用。如：

抚养 鞠养 鞠育 拉扯 拉巴 养活 扶养 拉 育（～婴） 养（～家活口）

在这个词集中，“抚养”既是上位词也是通用词，而“鞠养、鞠育”为古语词，“拉扯、拉巴、养活、拉”为口语词，“扶养”为同义词，“育、养”则为语素义。这些词都可解释为“抚养”。

（三）开创同义词群类聚成条先河

《尔雅》中成熟的类聚成条的体例一方面可为读者提供更多同义或同类词集群，为表达时进行同义替换、避免重复做好准备，另一方面可通过同义辨析，更准确地选择词语表达意义。例如，在《尔雅》中：

---

① 徐朝华注.尔雅今注[M].张清常序.天津：南开大学出版社，1987：1.

《释虫》：有足谓之虫，无足谓之豸。

《释鸟》：二足而羽谓之禽，四足而毛谓之兽。

《释天》：天气下，地不应曰雺。地气发，天不应曰雾。雾谓之晦。

这种释义表述是对比辨析，有时也用同类词辨析，例如：

《释天》：穹，苍苍，天也。春为苍天，夏为昊天，秋为旻天，冬为上天。

《释器》：金谓之镂，木谓之刻，骨谓之切，象谓之磋，玉谓之琢，石谓之磨。

这些词在同一条中出现，极大地扩大了对同类事物的认识，使读者在表达时选择词语的余地以及准确度都得到不同程度的提高。

有的还能体现出多义词的不同义项分别进入不同类聚的特点，与后来西方的词汇场、语义场模式是一致的。还以叠音词为例，如：

【矫矫】

《尔雅》：番番、矫矫，勇也。

《叠雅》：番番、矫矫、跻跻、蟜蟜、洸洸、僙僙、潢潢、赳赳、桓桓、麃麃、仡仡、訖訖、暨暨、劮劮、兢兢、趪趪、歕歕、愤愤、堂堂、骁骁、揭揭、偈偈，武勇也。

《叠雅》：超超、迈迈、卓卓、荦荦、英英、标标、表表、矫矫、桥桥、磊磊、落落、铮铮、翘翘、堂堂、谡谡、倜倜，奇伟也。

“矫矫”在《尔雅》中，只有“勇”一个上位词，而在《叠雅》中，则有“武勇”和“奇伟”两个上位词，分属两个不同的词群。可见，随着雅书编纂的发展，人们对叠音形象色彩词词义的认识也在逐步深化和细化。

二、发展完善期

在发展完善期，雅书继续完善着其词汇库以及主题分类的功能。从隋唐时开始，另外一种工具书——类书逐渐发展起来了。类书大体可分为语段类以及辞藻类两种。辞藻类类书与辞书关系最为密切，应予以高度重视。

（一）语段类类书的辅助表达功能

早期的类书并不是辞书，而是语句、语段甚至是语篇的纂集，带有资料摘录汇编的性质。其编纂宗旨有两个：一是为了辅助读书，将必读的名篇中的名段汇集在一起，集中阅读；二是辅助写作，汇集名篇，以便于模仿借鉴，也为写作提供各种素材。以下几部类书在辅助表达功能的发挥方面比较集中。

1. （唐）徐坚辑录《初学记》

这部类书类似小百科全书，旨在方便皇族子弟习文作文时引用典故、检查事类，几乎涉及童蒙认识世界所需要的各方面基本辞藻和诗文。在宏观结构上，继承了雅书的主题分类思路，全书共分 23 部，部下又分 313 个子目。比较有特点的体例表现在两方面：一是每个子目内又分叙事、事对、诗文三个栏目，“叙事”引古书事典的记载，并做概括叙述；“事对”取古代故事或文句成对偶的经典词句；“诗文”则是摘引诗文片段。二是不仅摘抄各条资料，还将事类连贯起来，形成一篇文章，更富于知识性，带有现代百科全书性质。而其他类书只把征集的材料按类逐条摘抄，条与条之间几乎没有联系，仅仅是资料汇编。这两个体例上的创新非常符合辅助写作功能的发挥。

2. （唐）虞世南辑录《北堂书钞》

这部类书搜集摘抄古籍中可供吟诗作文用的典故、词语和一些诗文的摘句，分 19 个部、851 类编辑而成。这一点与《初学记》相类，其特点是：以名句立目，每一小事类摘出句子用大字刊行，后用小字把文句的出处、上下文以及有关的解释注在下面。值得肯定的是，在此书的注文中时有虞世南的按语，突破了类书只客观汇集资料的做法，能让读者更准确地模仿、借鉴以及选择辞藻、名句。

3.（唐）白居易辑录《白氏六帖事类集》

书面表达分为文学创作与应用写作。白居易辑录的这部类书最大的特点是收录唐代应用性文献，如律、令、格、式的若干条文片段，服务于事务和公务写作。从表达的角度看，这是一部应用写作素材集，其收录的材料体现出鲜明的应用性和共时性，这在一直以泛时为主的古代辞书中至为关键。

这之后，类似的类书非常多：有供一般检索用的，如《艺文类聚》、《太平御览》等；有供诗文取材的，如《海录碎事》；有给科举考生提供资料的，如《玉海》等；有类似现代的日用百科全书的，如《万用正宗不求人》等。这些类书最大的特点是以应用为导向而辑录辞藻和语段。体例上基本按事物分门别类，以类系事，以事系文，供查阅与写作模仿。但这些类书一般追求卷帙浩繁，动辄成百上千卷，携带使用以及检索多有不便。

（二）辞藻类类书的辅助表达功能

主要以语句以及语段为辑录对象的类书与辞书的关系尚远，而专以辑录辞藻、以辞藻立目的类书则已经体现了在体例及编纂方法上与辞书合流的趋势。

1. 辞藻（事典、语藻）

辞藻、典故、韵藻是三个相近的概念。《汉语大词典》释“辞藻”：诗文中的藻饰，即用作修辞的典故或工巧有文采的词语。如果一个表达形式的语源清晰有据，即人物、事件溯源有本的，就被称为典故。《辞海》和《辞源》对“典故”均释义为“诗文中引用的古代故事和有来历出处的词语”。所以说，广义的典故与广义的辞藻大致相当，狭义的典故也称事典，有叙事性、故事性，富于历史文化性，与有文采的语藻一起构成广义的辞藻体系，为书面表达提供文化和文学词汇集。中国古代指称辞藻的概念还有一个“韵藻”，指有韵律的词语，多指诗词，它不同于辞藻。本文把辞藻界定为上位概念，分为事典(狭义的典故)和语藻。

事典典源多具故事性，大量语义信息和叙事信息折叠压缩，从而具有含蓄性，而且大多包含深刻的哲理。带有叙事性质的事典在艺术表达中，更多依靠的是其典源中具体与生动的事件，来激发读者联想，与辞藻的转指义或比喻义相合，追求哲理、思想的深刻隽永，以利于思路的深化。语藻主要是诗句中的精妙用语和搭配，如“雨脚”等，多具形象性、生动性和描写性，同时也多带有艺术上的创新性，这一点与事典的历史文化性不同。如果从词汇单位上来看，事典多形成典故词，多有转义或喻义，词汇化的程度比较高；语藻则比较特殊，从词汇单位上看可分为词和在文献中有特色的搭配词汇串。

例如在民国辞藻类词典殿军的《分类辞源》中，“霞”目有166个词，双音词有71个，为《汉语大词典》收录的主要有“九光、九层、五色、青霞、金光、金霞、迎日、飞丹、建标、韬霞、红绡、香霞、流霞、阴霞、流光、散绮、散文、敞朗、饮杯、翠霞、霁霞、蔽日、润玉、霞脚、霞驳、霞举、霞蔚、霞标、曙霞、继日”等，共30个。被《汉语大词典》收录的辞藻，排除编者选词的主观因素及技术因素，主要是因为这些词的通用性及使用的广泛性得到一定范围、一定程度的认可，而没有收入《汉语大词典》的往往带有一定的语境偶用性。如：

入牖 上蒸 川霞 丹卷 外聚 冬霞 仰漱 夹月 吸翠 含霞 披霞 明川 咀气 飞霞 春霞 风断 扃霞 振霞 氛霞 海霞 凌霞 排霞 启晖 散紫 登室 开霞 万缕 照海 照天 照彩 暝霞 银霞 喷丹 娇霞 赪霞 驳霞 霞昕 霞摛 霁华 攒红

普通语文词典收词一般要求保证所收词有一定范围的使用广度和认可度、知晓度，辞藻中的事典多体现为成语、典故等，因其故事性和哲理性在普通交际语域使用较多，因此多具有一定的通用性。但文学创作的表达崇尚个性，只有个性另类，才能产生新颖性，一些普通语文词“太阳”、“月亮”等的新颖性无从谈起，只有与其他词构成个性新颖的搭配，才能体现其艺术价值。这种创新的搭配需要辞书对其进行搜集与存储，以供查阅使用，这就是辞藻类辞书的价值所在，它弥补了辞书类型学上的空白。例如，在《分类辞源》中的大量三音节以上的词目绝大多数为短语，如“日之精、夹明月、明水面、高霞孤映、吐气青嶂、濯锦不如、横红数抹”等，这些短语可称为在表达中的习用搭配或表达词汇串，它们中很多并不常用，只是在某个作家的某篇作品中偶用，但因为其独具艺术创新价值，可以为读者的表达提供创新的样板和思路。

2. 辞藻的表达功能

在表达功能方面，辞藻独具艺术与文化特色，具体表现如下：

(1)很多语藻具有鲜明的形象感和比喻性，具有明显的修辞效果，供表达者进行语言修饰，追求表达的文采，较多应用于文学语体(如诗赋、文学性散文、韵文等)。有的语藻本身带有隐喻色彩，如《分类辞源》中：“火轮 1”，指太阳。例出韩愈诗“夜半金鸡啁哳鸣，火轮飞出客心惊”。有的是因为词语搭配的超常性而使语藻整体获得形象性，如“妍日”，例出陆游诗“妍日渐催春意动”，“妍”与“日”的新颖搭配体现出形象性。有的是从名诗中进行提取整合而形成的语藻，原意境的美感也直接熔铸在新辞藻中，如《分类辞源》中“霜”词群下有“结玉”一词，来自李白诗：“霜结梅梢玉，阴凝竹干寒。”“结玉”是撷取“霜结梅梢玉”中两个关键词搭配而成，当辞书提供了原诗句的语境时，“结玉”的艺术性就体现得淋漓尽致，产生形象感。

(2)生动的辞藻大多具有“生气”(活生生的气息)，常引起审美变异，从而感染和打动读者。辞藻在写作中的新颖性往往是因为联想的奇特性而产生，从而使平常之意象产生审美变异，使读者产生发现的喜悦感，突破读者的常规认识、心理定式，诗赋的文学效果也就实现了。例如《分类辞源》中“雷”词群有“天鼓”一词，“雷声象天在击鼓”，这种比喻短语的词汇化体现了一种活生生的气息。再如《汉语大词典》中：

> 【鼓怒】1. 形容事物鼓荡激动，气势很盛。《文选・郭璞〈江赋〉》：“激逸势以前驱，乃鼓怒而作涛。”张铣注：“言潮水激疾之势，先于平水而前走，则相鼓击怒而作波涛也。”

“鼓怒”为比况式状中结构复音词，将气势喻为怒，而且像急鼓一样，产生了丰富的联想，而张鼎《霹雳赋》“鼓怒发泄”，则将“鼓怒”转指“雷”中“霹雳”。这种新颖的比况既超出常人的表达模式，又与民众对“霹雳”的敬畏心理有机统一在一起，从而给读者带来冲击感。

(3)辞藻大多具有语义信息浓缩性，字面意义具有一定的推理上的难解度，没有一定的文化底蕴或语言文字学知识，很难从字面推知其蕴含的含蓄的修辞表达效果。中国文学作品忌直白，含蓄隽永是艺术性的重要标志，丰富的语义信息、文化信息浓缩在一个辞藻中，导致这些词在民众中知晓度较低，需要足够的文化背景和语义推理能力才能了解。

例如，从上面所列《分类辞源》的“霞”部语藻可见，被《汉语大词典》收录的以“霞”为词根的词(如“娇霞”等)，其语义大多自明，可根据字面意思推理，理据透明度较高，而另外一些未收录的词，如“夹月”、“九天”等，没有深厚的文化功底，则无法理解其内涵与所指。

在我们看来，事典辞藻的意义多有四层：一是字面意义；二是故事扩展意义，称叙事意义；三是深层比喻意义；四是文化教化意义。例如“入彀”，字面意义仅代表一个动作；故事扩展意义展示了唐太宗的事件背景，从而加深了对这个事件核心的扩展信息的了解，了解了全面的扩展信息，为生发比喻义做好铺垫；继而生成收罗天下英雄为我所用的比喻义；教化意义则是君主治国之道应是知人善用，做好伯乐。这个典故词还有一个附加色彩，从故事中太宗的自得与自私可以看出该词带有一定的贬义色彩。类似的事典辞藻还有“染指”、“黄粱梦”等。辞藻的这种形象性附加色彩，也是语义浓缩的一种表现。

再如《汉语大词典》：

【望杏】指劝耕的时节。语本《氾胜之书·耕田》：“望杏花落，复耕。”

其字面义是望着杏树，是动宾结构，基于联想机制，杏树花开花落是民众最熟悉的春天的标志，而春耕又是春天最重要的家事和人事。杏花落，望杏开田，就是一个重要的春耕标记。在农业社会，这都是民众最关注的事情，所以用来转指春天劝耕的时节。再如：

【金丸】3.比喻(转指——作者按)明亮的圆月。(宋)苏辙《中秋见月寄子瞻诗》:“浮云卷尽流金丸……”

这种语义浓缩导致表达中对辞藻的使用方式的分化:借典一般只针对那些理据明晓或在普通语域有一定通用度的辞藻,而化典则是针对语义理据不透明、知晓度不高的辞藻。

当然,也有一些基于相关联想的推理机制而词汇化的词被广泛借用到普通语域,其文学辞藻的身份也发生转变,往往成为普通词的一员。如分别转指男人、妇女、月亮的“须眉”、“巾帼”、“蟾宫”等。

(4)辞藻的定名大多具有理据性。理据就是使词语的形式和意义产生一定的必然性的联系。理据主要有语言理据与民俗理据。前者是真实理据,后者有时是真实的民俗理据(如“打春”),有时则是虚拟理据(如“金乌”)。

语言理据更多是从词汇的形式与意义的内在关联性上来讲的,语素义与语源义多有可合理推理的明示联系。如《汉语大词典》:

【白虹】1.日月周围的白色晕圈。《周礼·春官·视祲》:“七曰弥”(汉)郑玄注:“弥者,白虹弥天也。”《礼记·聘义》:“气如白虹,天也。”《后汉书·郎颉传》:“凡日傍气色白而纯者名为白虹。”

从所引的诗文语句及书证上,能明显地看出“白虹”一词的语源与理据。

民俗理据多是基于民众对某事物的共同性联想产生的,例如“金乌”,唐无名氏《日赋》“捧金乌而徐飞”,古代神话传说太阳中有三足乌,而颜色为金,因用“金乌”为太阳的代称。此辞藻的理据体现为神话理据意义,即民俗理据,带有一定的虚构性。

辞藻在用于表达行文时,多能根据语境体现一定的理据还原性,让读者产生联想,从而具有丰富的形象色彩、文化意义。如《汉语大词典》:

【天弓】2.虹的别称。以其弯曲如弓,故名。(宋)赵令畤《侯鲭录》卷四:“天弓,即虹也,又谓之帝弓。明者为虹,暗者为蜺。”

有时语言理据与民俗理据是交叉在一起的。如“打春”,语言理据是鞭打春牛,意味着春耕的开始,但这一理据又带有民俗性。

3. 辞藻表达时的正确使用要求

辞藻的使用至关重要。首先要深刻理解其包含的形象色彩、文化色彩、哲理以及独特的艺术创新性，真正把握辞藻始创者的表达心态；其次是学会选择，要懂得取舍，辞藻类辞书的每一个词头下面都类聚着大量的妙词精语，很多人往往无法割舍，在词汇选择上犯了错误，导致堆砌辞藻的表达弊病；再次要化用辞藻，即不是单单看辞藻本身，而是从其艺术内涵、思想内涵中寻找与自己要表达的主题或情感的契合点，能化进自己要塑造的意境的则借用，不能则舍之，这是一种对辞藻的创造性使用。清王士祯言“作诗用事以不露痕迹为高”（《池北偶谈》卷十二），黄季刚先生认为：“故前人之引言用事，以达意切情为宗，后有继作，则转以去故就新为主。陆士衡云：‘虽杼轴于余怀，怵他人之我先，苟伤廉而愆义，故虽爱而必捐。’岂惟命意谋篇，有斯怀想，即引言用事，亦如斯矣（《文心雕龙》注）。”

（三）辞藻类辞书的体例创新与辅助表达功能的发挥

类书体例的开创性对汉语语文辞书的体例发展具有重要的价值。如《艺文类聚》开创了后代词典广泛使用的中观体例——参见法；《五车韵瑞》是世界上首部“华英字典”，开创了词语直译的双语词典基本模式；《佩文韵府》等类书奠定了根据所收复音结构煞尾字、按韵部排列的逆序体例；《骈字类编》开创了复音结构按首字韵部排列的正序体例；《佩文韵府》与《骈字类编》字头下收复音组合，大量采用书证诗句材料，这些都为现代语文词典的体例所继承。所以，以辑录辞藻为核心的类书就已经与辞书紧密联系在一起了。

辞藻类类书的以下体例创新将辞书的辅助表达发挥得更加出色。

1. 以韵编排的音序宏观体例增强了选择辞藻的方便性

为体现服务于作诗为文押韵的表达目的，辞藻类辞书抛弃了辞书理论奠定期的义序编排体例，采用与韵书一致的音序编排法，增加了表达时选词选句检索上的方便性，这是辅助表达功能与查考功能的高效整合。

唐代颜真卿的《韵海镜源》是中国最早按韵编排的类书，元代阴时夫《韵府群玉》和明代凌稚隆的《五车韵瑞》，巩固了以韵分部、以韵隶事的宏观体例。在此体例的影响下，语段类类书《永乐大典》也突破了传统的“以类聚事，按类编排”的宏观体例的编排方法，采用依韵以统字、用字以系事的依韵编排法。《佩文韵府》等明清辞藻类辞书在继承、完善、整合《韵府群玉》和《五车韵瑞》辞藻和体例的基础上，达到了以韵隶字、以字隶事的编纂法高峰。

以韵为例进行编排的辞藻类辞书，本质上是韵书，但与《广韵》等韵书不同，其收词立目以及微观结构不同。前者本质是按韵序编排的字书，以单音字词为主，并对汉字进行简单的释义，而辞藻类辞书以辞藻的首字韵或尾字韵的韵部归类，以辞藻立目，微观结构以胪列固定搭配为主，有时出释义，再举例，列对语，摘句摘文。举例方面能体现现代辞书书证的特点，例证以对偶句、诗句等为主，供书面表达时借鉴与模仿之用。这种以辞藻立目、释词再出例证的方式，体现了释文从词义、词用再到语句模仿生成的层序渐进过程。

以《韵府群玉》、《五车韵瑞》、《佩文韵府》等为代表的以纯音序来进行宏观编排的辞藻类书，在查找单个词汇的方便性方面是一大进步，但对于表达类词典来说，按主题义类编排的义序体例在辅助读者词汇选择方面的价值是不能低估的。所以，严格来讲，上述辞书还不是完全意义上的表达辞书。

2. 逆序词典的体例，提高了书面表达时选择押韵字的可操作性

“一字以齐尾”，即按尾字韵部归类胪列辞藻，辞藻再按音节数排列，这是典型的现代逆序词典的体例。这一体例最早应用于《韵府群玉》。这部辞藻类辞书被明朝陈文烛认为是“备天地之大观，为艺林之珍品”，分106部，根据辞藻的最后一字归韵。《佩文韵府》则改革和完善了这一体例，按平水韵分平、上、去、入四声，每一声按韵目依次排列，每一字下注出反切音和较早的字义，下收尾字与标目字相同的词，这些词又分“韵藻”、“增”、“对语”，后列“摘句”四类：“韵藻”为《韵府群玉》、《五车韵瑞》两书原有辞藻；“增”为本书新增补之辞藻；“对语”为二字、三字对使词；“摘句”出包含该词的五、七言诗。每类以构词字数多少排列，同字数的词以经、史、子、集为序，兼顾时间顺序。每词下引古书用例，少者一二条，多者数十条。

这种逆序词典的体例特别适合诗词韵文写作时选择押韵字，另外，在辞书编纂理论发展史上，《佩文韵府》逆序、复音结构、书证体例的设置都是具有开创性的，而且其“增”的栏目设置，清晰地体现出所收辞藻的增补关系，这种兼顾对原有辞书继承和自身创新的处理方式，值得现当代辞书修订时借鉴。

3. 宏观义序与微观词目正序相结合的体例，全方位服务于词汇选择

典型的表达型辞书体例上必须有主题分类的因素。

坚持主题分类的辞藻类辞书主要有宋代叶廷珪的《海录碎事》，它继承了《尔雅》按类收词的体例，继承分门别类搜集、选择、排列材料的编纂传统，分两级类目统率，第一级称部，共16部，第二级称门，每个部中分列若干门，共581门，门下列所辑1—4字辞藻标目（即词目或条目），创造了词头—解释—书证的形式。另外，引用书证，抛弃别的类书大段摘录语句、语段甚至语篇的方法，以义例切合、简明见义的原则，只截取最合适的短语或短句，一开辞书剪裁书证的先河。释义准确简明，注重考辨纠谬，体现了现代辞书释义的风格。在释义和书证剪裁过程中，已经体现出作者创造性加工辞藻材料的努力，改变了传统类书只客观采集编排文献资料的文献学编纂方法，其选用的辞藻、对辞藻的解释、对书证的创造性剪裁必然会加深读者对辞藻内涵的理解以及例证的认识。

此类辞书还有清代的《骈字类编》。

从体例上讲，《骈字类编》并不用韵，只收复音词或双音结构，严格

坚持主题分类的表达型辞书的根本特点，全书收几十万条词，分12门，另立补遗“人事”1门。如“天地”门收“天、日、月、风、云、雨、露、地、土、郊、原”等58字，亦即58个子目，目下收双音结构同义语词，相类而聚，排列有序。正如其序中所言：

易曰：“方以类聚”，则类之始也。今字则从骈，义虽不同而不妨于并列；编则从类，事虽互见而不至于混淆。

另外，《骈字类编》字则从骈，以单字带复音词，收录首字相同的合成词，形成完善的正序词典的立目体例，这一体例在民国时为《辞源》所继承和巩固，成为普通语文词典的基本体例。另外，书证加注出处，以例证词，保证了引例上的完整性和具体性，也是现代语文词典使用书证的典型模式。

《佩文韵府》以韵的音序为宏观体例，以语词的最后一个字为主，查检时按韵部查词尾，是逆序检索模式；而《骈字类编》以雅书的义序为宏观体例，每个义类下以语词的首字为主，查检时按类别查词头，是宏观义序与微观词目正序相结合的模式。两部辞书各有所长，所以《四库全书总目》说：《骈字类编》与《佩文韵府》“一齐尾字，一齐首字，互为经纬，相辅而行”。正是《骈字类编》正序体例的开创性与《佩》的逆序体例相补充，为现代语文词典的编纂做好了宏观体例上的准备。

与《佩文韵府》的音序体例相比，《骈字类编》的义序体例更符合表达辞书的特点，因此是典型的表达型辞书。现当代编纂的集中体现表达功能的语词词典多采用主索引为义序，而后附有音序索引，将这两种编排体例的优势结合在一起。

清朝何焯、陈鹏年等奉敕纂辑的《分类字锦》，全书采用与《骈字类编》相近的义类体例，“采掇成语，裁为骈偶，分类编辑”（《四库总目提要》）。内容分天文、节令、地理、山水、帝后等40门，门下又析为618类，每类词语又采用与《佩文韵府》相类的体例，分为“成对”及“备用”二属，各属词语以二字、三字、四字为次，按字数顺序排列，分别安排采集来的古籍中的“丽词雅语”。“成对”部分“皆《石渠天禄》之珍藏，既多未睹之秘，又仰遵训示，体例详明，翦裁皆得其菁华，配隶务权其铢两”；而

“备用”部分则为:“遇丽句可供文藻,而单词不可骈连者,宁各依字数附缀于末,谓之备用,而不强为之凑泊。”各条词语均详引原书于条下,首列出典,次列例句,便于读者作诗填词、联句、著文时选用。

4. “事对”、“活套”或“对语”体例揭示辞藻用法,体现生成性特点

古代的辞藻类词典不但注重辞藻按义类编排,也注意在胪列辞藻的同时,尽量在立目上体现出辞藻的语用特点,主要的做法就是同义、反义、同类连用对举。

类书一直有隶事为对的“事对”的传统,是一种采用平仄相对的自然配句方式,体现了辞藻对偶语用的特点。现存隋时的《编珠》直接以事对立目,取原书中内容、平仄皆相对之两个词为一对,作为条目,下引出处。如“玉楼金室”,注引《十洲记》曰:“昆嵛山有金台五所居玉楼之下。”又引《淮南子》云:“南方之极有石城金室。”又如“绿房绛阙”,引陆机赋曰:“绿房窈窕瑶台炳焕”,又引成公绥赋曰:“排阊阖之丹扉,经绛阙之金地。”这些辞藻皆两两相对,又与前后上下立目对句编排成文,如该书开始的四条“九野四荒”、“天柱地轴”、“天维地脉”、“日车月驭”,本身就连续成一个语段。“事对”体现的是同义、反义、类义辞藻并举连用的语用规律,提供了表达时的借鉴范本。但这一思路与辞书体例的严密性与检索性不一致,所以后世的辞藻类辞书采用此例的较少。

元初的《韵府群玉》又提出“活套”体例,“凡例”中说明了它的作用:“以便初学,或可化腐为奇。”所谓“活套”,其实就是以立目辞藻为核心词构成的有特殊表达色彩或文化色彩的短搭配,以供作诗押韵时启发思考之用,现在也称语块、词汇串。如“同”字,活套有“度量同、庶言同、利害同、好恶同、步骤同、尊酒同、臭味同、轻重同、多寡同”等。

《佩文韵府》继承辞藻语用传统,又创造性地将其发展为“对语”,“对语”为二字、三字对使词,如“云”的对语“就日/迎云、画月/画云、骞汉/步云、甘雪/庆云、柳浪/梨云、重露/凌云、丝雨/缯云、花雾/香云”等,三字的如“金茎露/玉叶云、弓弦月/车盖云、舞回雪/歌遏云、海见市/岳开云、五里雾/七里云”等。对语后配有“摘句”栏,摘句只出一尾字为立目词的单句,提供比较全面的语境,模仿借鉴效果比较好。

“事对”、“活套”或“对语”的方式,形成固定搭配或对偶搭配,示范活用样例,化腐朽为神奇,扩展写作思路,在辅助表达功能的发挥方面越来越成熟。

三、转型期、成熟期

(一)辞藻类辞书传统的延续与转型

民国时,随着现代自由诗以及白话散文的发展,押韵要求已经不是为诗为文首先关注的问题;另外,写作观念、表达观念发生了很大的变化,人们提倡“我手写我口”,提倡朴实的文风,认为文章堆砌辞藻的弊病大约与辞藻类辞书的滥用有关。辞藻的功能被重新认识了,专门的辞藻类辞书编纂的繁荣期就过去了。选择同音押韵字的需要已经主要交由音序体例的普通语文词典承担;收录事典(如成语、典故)的辞藻类辞书,多由成语词典、典故词典所替代;语藻辞书在民国时多被《辞源》等大型辞书所代替,新中国成立后则为《汉语大词典》所取代。这些大型的古今兼收的辞书采用普通语文词典的立目、释义、例证体例来处理辞藻。例如《汉语大词典》中:

> 【霏微】①飘洒;飘溢。南朝梁·何逊《七召·神仙》:“雨散漫以沾服,云霏微而袭宇。”②蒙蒙细雨。元·王恽《玉堂嘉话》卷八:“〔窦俨《水论》〕五日一霏微,十日一霢沐。”③雨雪细小貌。唐·李端《巫山高》诗:“回合云藏日,霏微雨带风。”④迷蒙。明·田汝成《西湖游览志馀·熙朝乐事》:“西湖观月,秋爽最宜,烟波镜净,上下一色。渔灯依岸,城角传风,山树霏微。”鲁迅《呐喊·白光》:“然而白光却分明的又起来了,这回更广大,比硫黄火更白净,比朝雾更霏微。”

由于辞书编纂的传承与惯性,在民国辞书编纂理论的转型期,也有《分类辞源》这样的古代辞藻类类书的殿军之作,其收词、分类、摘句等体例延续传统辞藻类辞书。

民国时杨喆的《作文类典》(上海中华书局,1934)则是在新的白话文语境下产生的一部欲求变革的辞藻类辞书。其序言从宗旨、标目、系统、选词、出处、注释、用途等七个方面全面阐释了辞藻类辞书的编纂与使用方面的原则和方法,可视为传统辞藻类辞书编纂的理论总结。例如"宗旨"中谈到:

> 事国文字上之流行语,至繁且博,要旨历来沿用……则必有一书焉,荟萃文章用语,分门别类,以资捃摭,斯取精用宏,事半古人而功且倍之,本书根据此旨,搜集腴词儁语,各以类从,因其足为作文时馈贫之粮,益智之粮。命之曰作文类典。

这一说法,对辞藻类辞书编纂的目的、立足点,讲得非常到位。

在序言中,特别谈到了"系统"问题,分类的交叉是按主题分类的义类词典到现在也难以完全解决的问题,此书序言中提出了自己的看法:

> 自昔类书,所立系统。见仁见知,各自不同。故有同一目而一书见某部者,易一书复见他部,甚至同类者强为割裂,非类者杂糅聚居,虽云小节,而条理多乖,影响于学术滋大,本书分部别居,一一遵循学理,既夫旧习惯之确有可从者,其或互有关系,则更为附目,俾相卫接,庶同条共贯,若网在纲,翻检一过,足为触类旁通。

在"用法"部分,讲到了类义词典的正确使用方法:

> 用法:今昔词林,浩如烟海,取之众白,宁免珠遗。然本书列目至四百有奇,取词几二万三千,文家习用,十九在兹,所愿得是书者,平时将目录略加翻阅,贯穿会通,则目有相关(如慈善与凶恶、商埠与通商)可以参看,目所未备,取携,无契舟求剑之讥,有左右逢源之乐也。

而在用途方面,也系统提出辞藻类辞书的四大用途:

> 其一、初学作文,患在词不达意,或枯窘不能生发,本书于今日作文所需,门类略备,依类展卷,可得无数资料,任人驱策,或且迎机解发,涌出思潮。故可供学生作文及教员指授作文之用。其二、应用之文。如颂祝文诸词,旁搜至富,一经浏览,滚滚词化,纷披腕

下。故可供政商学各界往来酬酢，及捉刀之用。其三、自来名理无穷，脑力有限，即撑肠卷数，不下五千，而力索冥搜，在所难免。取本书而横陈之，意所欲言，眼簾顿触，其愉快自当无似，故可供文学家构思觅句之用。其四、一事不知，儒者之耻，然而人事牵帅，博览难周，所在多有。倘不获终南捷径以求之，学如牛毛，成如麟角，憾何如乎。本书尽新此旧各学，提纲扼要，竟委穷源，不啻摄数巨编之小影，列为表解，故可供好学者平素自修之用。

从辞书的具体编纂上看，该词典的分类体现了传统主题义类向现代主题义类的转型，一些新的学问类别进入其中，如国家、法律、政治、财政、军事、外交、教育、道德、天文、地理、宗教、人品、性情、人事、妇女等。所收之词也由文学辞藻的个性化向民众通晓度的提升转型，从下列的“立志”词群的词可以看出由文言向白话转型的特点，这种提升使这类辞藻辞书的适用面扩大，辞藻的通用度提高，更好地发挥其在各种语体中的辅助表达的作用。如：

【立志】立志、宿志、趣向、抱负、鹏图、凌云之志、先忧后乐、不在温饱、乘风破浪、弃觚、投笔、横行天下、扫除天下、澄清天下、四海之心、远大、骐骥护身抗轭、鸿鹄之志、规为志意、风趣高奇、志托夷远、各言其志、各从其志、激昂、匪石匪席、卓然不欺、志帅气气充体、穷坚老壮、身可危志不可夺、帅可夺志不可夺、有志竟成、恃人不如自恃、求人不如求己

另外，传统的辞藻类辞书主要是从历史文献中寻词摘句，而民国时的辞藻类辞书在这方面发生转变，更重视新词语、新术语的收录，越来越多地体现出辞藻类辞书由文学性向应用性的转变。新词语、新术语的释义，也多有创新之功，可以在书面表达时帮助了解一些新事物、新概念的名称及新内涵。如：

【理化】考察物体外部形态之变化、谓之物理学，旧译为格致。研究物质内部之变化，谓之化学，合二者而简称之曰理化。

【阴影】光线被暗体所遮，不能达到之部分，谓之阴影。

这一解释基于普通民众的生活经验，不是物理学上科学的界定，但

通俗易懂，又抓住了该词语的根本特征，体现了语文性词典的特点，这些词目和释义在应用写作时，都是很好的备选词汇集。

（二）综合性义类词典的转型

"古人看到造词、造语与造句的一致关系。所以《文心雕龙·章句》篇说'句之清英，字不妄也'。他所谓字，即现时人所谓词。造词和造语、造句之法都相一致"[①]这个理论，也可以作为现代类义词典辅助表达功能的理论宗旨。

一般认为最早的英语类义词典是1852年英国精神病院的医生罗杰（Peter Mark Roget）编纂的《罗杰分类词典》（*Roget's Thesaurus of English Words and Phrases*），全书分抽象关系、空间、物质、情感等八个大类，下面再细分为共计1000项的小类。后来，类义词典在西方的词典家族中多以"thesaurus"来命名。这一传统距离汉语类义词典《尔雅》已经有一千多年的历史了。

古代的综合词库型的雅书到了现代辞书理论转型期，也面临转型问题，但在民国阶段还是以《分类辞源》、《作文类典》这样的辞藻类辞书和《辞通》、《联绵字典》这样的专门性语词词典的方式存在。而《辞源》、《辞海》等大型综合性词典由于没有采纳主题分类的义序模式，已经是新式普通语文性或综合性词典了，与雅书实现了分流。传统的雅书整体转型为新中国成立后的类义词典，新中国成立后的类义词典也实现了与辞藻类（特别是语藻类）辞书的融合。辞藻类辞书由主要辑录文学词、典故词走向了综合词库的方向，这种融合的趋势在《作文类典》中就已经能够看出，辞藻类辞书中的事典、典故则在民国时就分化出专门的成语词典、典故词典。

现代的义类词典分为两种，一种是普通分类词典性质的，带有明确的释义，但立目体例有所改变，把共同释义词作为上位标题词，同义或同类的各词作为词目单独立目，然后进行统一解释，典型的是王安节的

---

① 梅家驹等编.同义词词林[M].郭绍虞序.上海：上海辞书出版社，1983：3.

《简明类语词典》等。另外一种是纯词库性质的，汉语词汇经过几千年的积累和传承沿用，以及现代社会新事物、新概念的出现发展，词汇中作为表达借鉴用的一般词汇的数量极度膨胀并剧烈变化，需要有全面、大型的词库类型的词典来完成词汇资源存储和词汇分类功能，这方面的典型代表就是梅家驹等的《同义词词林》、董大年的《现代汉语分类词典》等。

现代类义词典不同于古代的辞藻类辞书，它全方位、全语域搜集词语，包括普通语文词、方言词、古语词，也有专科词，这说明编者越来越多地看到不同的语域及不同的语体对词汇的语体风格及语域风格有不同的要求，而不同类型的语词类聚具有不同的表达作用，所以辅助表达的类义词典必须能够提供足够的词汇量，尽量涵盖全民表达的所有主题领域。

以下两部综合性义类词典在辅助表达方面都有突出的价值。

1. 梅家驹等，《同义词词林》，上海辞书出版社

《同义词词林》一书收录词语近七万条，全部按意义分类编排，在建立词义分类体系过程中，确定了词林的分类原则：以词义为主，兼顾词类，并充分注意题材的集中。从此书的体例中可见，这部词典为读者提供了一个同义词和同类词（“指与某词群属于一个词义范畴而又未见同义现象的词”）词语仓库，以便写作时从中选择词语。全书把词语分为大、中、小类三级，共分 12 个大类，94 个中类，1428 个小类，小类下再以同义原则划分词群。每一个组词均表示同一基本意义，以一个最常用的词作为标题，共设 3925 个标题词。同一词群中词语排列的原则是：现代词在前，古语词在后；规范词在前，方言词在后；常用词在前，冷僻词在后。同一标题词下的同义词按词的修辞色彩和使用范围等方面的差异，分段排列。各个词群之间以空行间隔。这种编排方法为写作时的词语选择提供了从理性义到附加义的准确类聚。

与《同义词词林》相类的，除了张志毅、张庆云的《反义词词林》，还有《现代汉语词林》等辞书。

2. 梅家驹等,《写作语库》,上海辞书出版社

梅家驹基于《同义词词林》编纂了直接服务于表达的词典——《写作语库》,它"不属于释义型的语文词典,而是使用型,收录的大量词语供写作时参考选用,并为语言工作者提供科研与教学用的素材"(序)。

《写作语库》的最大特点是把《同义词词林》每一小类中简单的词汇罗列,根据多义词的不同义项以及不同词义项之间的语义关系进行二次分类,整部词典最有价值之处就是标明了立目词各义项与其他词各义项之间的词义关系。

根据梅家驹的介绍[①],词义除了类义词典中最明确的上下义关系,横向关系可分为四种:一致关系(即同义关系,如"美"与"丽、美丽、好看、漂亮"等词在表示(人或物的)外貌特征上的含义是一致的)、对应关系(即反义关系,如"美"与"丑","褒"与"贬","府上"与"舍间"等)、隶属关系(即类义关系,特别是上下义关系,又如"美"属肉眼所能看到的外貌特征。"外貌"居"美"的上位。而"美"又分诸如华美、娇美、艳美、秀美、柔美等各种各样的美,"华美"、"娇美"、"艳美"、"秀美"、"柔美"居"美"的下位)、连缀关系(即相关关系,以"美"来说,有不少成语可以用于描述,如"艳丽夺目"、"嫩红娇绿"、"万紫千红"、"姹紫嫣红"、"浮翠流丹"、"仪态万千"、"秀色可餐"等,与"美"存在词义的连缀关系)。

这些语义关系过于专业,不利于读者使用,所以《写作语库》围绕这四种关系设置同义、反义、同类、关联四个栏目,将词义关联在一起。"同类"主要收录了后缀、词性相同的下属概念的逆序词群,主要是针对单音节词,例如"奖"的同类词群"重奖、评奖、褒奖、嘉奖、重赏",且采用逆序方式进行排列。

"关联"一栏收意义相关的词,有成语、虚词和百科词等。如:

【挫败】①见"挫折^2"。②打败(对方)。

同义:战败 打败 打垮 战胜 打胜 制胜(~敌人) 击败 击

① 梅家驹.词义关系的纵横分析——《写作语库》的编纂尝试[J].辞书研究,2001(1).

破 击溃 摧败 打赢 克捷〈书〉(所向～) 克获〈书〉 折冲〈书〉(～千里之外) 胜克(～敌) 赢(～球) 制(～敌) 败(大～敌人)

关联:出奇制胜 克敌制胜 连战连捷 百战不殆 百战百胜 知己知彼,百战不殆

《写作语库》体例重视多义词的不同义项,这四个关联栏目分列于多义词的各个义项下,并对各个义项进行简单的释义。如:

【背景】①舞台等布置的景物。同义:布景②画面上衬托的景物。同义:后景③对事件起作用的条件。同义:来历(查明～) 来头 根由 根蔓

《写作语库》对词义的附加色彩标注更清晰,例如"挫败"词群中标记为〈书〉的词,再如"光滑"的同义群中16个词,就有"溜光(～的头发)、溜滑(～的泥鳅)、光趟、光烫、精(溜)光滴滑、滑不唧(含厌恶意)、滑不唧唧(溜)"都标了〈方〉。

再如"江山[1]"指"国家",其同义词群中,"宗社"标明是〈旧词〉;"江山[2]"指"政权",其同义词群中,"政柄、国柄、斧柯"等,标明〈书〉。

这种体例会使释文的字数膨胀,所以整部词典只立两万多词目,以约束文字,但在微观释文中胪列的词条总数约在十万。这部《写作语库》在辅助表达方面也有弱点:抛弃了义类词典辅助表达的主题分类的方式,采用普通语文词典的检索方式,用单字立字头,字头下并列立目复音词,削弱了该词典在词汇选择方面的引导性。如果这部词典能后附立目词的主题分类索引,辅助表达的效果会更好。

(三)专门型表达词典

在辞书编纂理论的转型期,随着人们对现代汉语词汇系统认识的不断细化和深化,针对不同词汇的类聚编写出很多不同类型的专门性类义或准类义词典。这方面的词典主要是从不同的角度类聚表达特色词,其编纂目的不一定是为了辅助表达,但在表达方面,都具有某一方面的独特性。

1. 类聚评价色彩词的表达词典

代表作是郭先珍等编的《常用褒贬义词语详解词典》(商务印书馆)。这部词典的前言中提到"褒贬义词具有很强的表现力,运用得体,不仅可以鲜明有力地表现爱憎好恶的感情,增强语言的感染力,而且可以强调、突出事物的特点,增强语言的准确性和生动性,如果运用不当,则会影响思想感情的正确表达或者造成误解、甚至是非颠倒"。

此词典收1103条含褒贬义的词语,包括双音词、成语和惯用语以及少量敬辞(包括谦词和客套话)。词条内容包括三部分,第一部分:褒义或贬义色彩,词性,释义,适用范围,例语和例句;第二部分:语用提示;第三部分:近义词语和反义词语。如:

> 【卑鄙】〈贬·形〉 恶劣,不道德。含憎恶的感情色彩。适用于形容人或人的品质、言行等。例如:这种人太~|行为~|~的灵魂|~的勾当|~的阴谋|~极了|~到这种地步|~无耻|~下流|他们如此~地造谣中伤,居心何在|没想到这种人当面说好话背后捅刀子,真~!

提示栏中,将"卑鄙"和"卑劣"进行了详细的辨析,近义词部分,罗列了"卑鄙"的近义词"卑劣、无耻"。

这部词典最大的创新是将词语的褒贬附加义进行了细化,将褒义色彩分为赞扬(称赞、赞许、赞美、赞颂)、喜爱(喜悦)、敬重(尊敬、庄重)、谦逊等子类,将贬义色彩分为憎恶(憎恨、厌恶)、贬责、批评、鄙夷(鄙视、轻视、轻蔑)等子类,在释文中用"含……感情色彩"表述。这对读者进行词汇选择提供了更细致的选择空间。

这部词典第二大创新是开拓了生成型词典编纂的尝试。凡例中介绍"目的是使读者在上下文中进一步理解、体会该词条的意义、感情色彩和基本用法"。词典命名为"详解词典",提供了丰富的用法信息,体现了典型的生成型词典的特点,在辅助表达方面更具针对性。尤其是用"适用于……"标注的褒贬义适用范围、侧重褒贬评价义的近义词辨析,都是典型的用法词典的内容。另外,此词典的用法信息远不止这些。根据凡例的介绍，提示内容大致可归纳为以下十个方面：词义和褒贬色彩方面需补充的内容；近义词语辨析或易混用词语辨析；重叠形式；适用范围方面需要补充说明的问题；经常并列连用的词语；语法特点方面需要补充说明的问题；语体色彩（口语、书面语）、形象色彩、情态色彩等；修辞用法方面；词条的其他表现形式，用“又作……”表述；是否惯用语。

这些项目体现了主动型词典胪列用法信息项目的全面性，在当前出版的几部当代学习词典中并没有发现这么丰富的用法信息项目，其用法信息的丰富性可以和吕叔湘先生的《现代汉语八百词》相媲美。例如：

【悲壮】（提示）1.“悲壮”中的“悲”虽含有悲哀的意思，但并不是伤心。而是一种愤激的感情或一种激动人心的气氛。如“他想起那段悲壮的往事，不禁伤心地哭了起来”句中“悲壮”与“伤心”意思不吻合，宜将“悲壮”删去，或将“伤心地哭起来”改为“至今仍激动不已”。2.“悲壮”常跟“英勇”“慷慨”连用，如“英勇悲壮地从容就义”“慷慨悲壮的气概”。

这段提示是对感情色彩的详细描写与解析，也有语用偏误的纠正，还有连用的表达方式提示，这些无疑都给表达类词典的编纂树立了样板。

2. 类聚借代义词的表达词典

代表作是韩陈其主编的《汉语借代义词典》（广东教育出版社）。这部词典的编纂目的或用途定位是“对各类读者学习、掌握和研究分析古今汉语词汇（尤其是文言词汇）提供切实的帮助”。这部词典本来的编写目的是想进行学术研究，是“有借代义训释材料的纂集”（序言中徐复语）。虽然它不是一部表达词典，但由于其释义及对借代义形成方式的考释能让读者更多地掌握借代形象色彩和文化色彩形成的方式。

借代义在表达时有独特而隽永的表达效果，多需要通过相关联想才能彻底体会其中的味道。这部词典创新之处在于在“前言”点出了十七类借代义形成的途径。

衣着服饰代人(布衣—百姓)、生理特征代人(红颜—美女)、以人代物(杜康—酒)、以物代人(红粉—姑娘)、处所代人(侧室—妾)、主体代其所在(玉兔—月宫)、后语代前言(而立—三十岁)、数量代事物(方寸—心)、专名代通名(孔释—勇士)、部分代整体(孤帆—孤舟)、颜色代人或物(丹青—绘画)、性状代物(碧香—酒)、性状代人(婵娟—美女)、动作行为代主体(住持—主僧)、形式代内涵(典故)(河鱼—腹泻)、结果代原因(倾国—美女)、具体代抽象(口舌—言语)

这部词典收录有借代义的词语近4000条,是目前对汉语借代义词收集与分类最全面的。每条词条都对借代义的词源给予简要的历时性考释,来说明词语借代义形成及其演变的途径,并附以书证。例如:

【吃醋】心酸;妒嫉。《通俗编·妇女〈在阁知新录〉》,世以妒妇比狮子。《续文献通考》:"狮子日食醋酪各一瓶。"吃醋之说殆本此。其实吃醋表示嫉妒,是用原因代结果而形成的借代义。因为吃醋,所以才酸,从口酸引申到心酸——见自己的心爱者为人所夺而产生嫉妒情绪。参见"醋缸、醋意"。

下举《红楼梦》等语例三例,如"我并不是那种吃醋调歪的人,你我二人,更加和气"(68回)。这条释义中,《通俗编》等文献的词源考证材料提供了借代义产生的历史,再加上作者的现代理解,便于读者把握其借代义中的形象色彩和文化色彩。

3. 类聚形象色彩词的表达词典

叠音词是形象色彩词的典型类型。

叠音以字或语素的重叠为标志。重叠形式主要包括构词层面的重叠式合成词(如"星星")和叠音式单纯词(如"潺潺"),另外就是形态上构形的重叠(如"干干净净")等。古代从雅书的"释训"篇到专门的《叠雅》,再到辞藻类辞书,都穷尽性搜罗叠音词。现代叠音词中以形容词的表达效果比较好。有人初步统计,现代汉语中,重叠式形容词当在千个以上。在叠音词资源的搜集中，吕叔湘《现代汉语八百词》功不可没，书后附有4个形容词生动形式表，为进一步研究这类词做出贡献。这方面的专门词典代表作是王国璋等的《现代汉语重叠形容词用法例释》（商务印书馆）。

这部词典收词面广，全书收词条1575个，连口语性较强的“冰冰凉、溜溜平、灰不及及、紫不溜丢、结里结巴、邋里邋遢”等也收入。收入现代汉语重叠式形容词的类型很多，包括AA、AABB、ABB、ABAB、A里AB、AXYZ和AAB式等。

条目具有注音、释义、用法、择词、造句等五用功能，在条目的释义与用法说明上力求简明扼要。有的条目前加“口、书、方”等语体标记。少数词条指明其感情色彩，如“带贬义”。有的词条虽不带感情色彩，但易被误解，则酌情说明，如“不带贬义”，再一次表现出明显的用法中心以及辅助表达的主动性特点。

这部词典还高度重视例证在表达时的借鉴性，做到“以名家作品中的例句为主，多数例句优美生动”（序）。这样，它既是语言工具书，又接近于一本分类作文描写词典。多数条目都配有5个以上的例句，多的达到20几个。列出较多的例句，可使读者对有关词的释义、用法加深了解，从而能更恰当地使用重叠形容词。

这部词典更具表达性特点的是附录将这一千多词目分成义类条目，分3大类（人、景物、其他），122个小类，这样更易于进行表达选择。如：

缓慢：慢慢、慢慢腾腾、慢慢吞吞、慢吞吞、慢腾腾、慢慢悠悠、慢悠悠、迟迟、徐作、迟迟、顿顿、缓缓、磨磨蹭蹭、拖拖拉拉、拖拖沓沓。

词典没有完全区分构形重叠和构词重叠，如收了“红红”、“小小”、“阴阴”等构形形式。构形与构词重叠如能区分开效果更好。

这类词典还有江维懋的《汉语重言词词典》等，但多为普通音序检索体例，不提供义类体例。

专门收录形象色彩词的还有一部较有特色的词典，王彦坤的《现代汉语三音词词典》(语文出版社)。这部词典的修订本共收三字词语5000条,形容词如“白茫茫、黑压压、红彤彤、慢吞吞、急匆匆”等,无论写景状物绘色摹声,都极形象生动。名词性的如“纸老虎、应声虫、落汤鸡、死心眼”等,抓住事物的独特形象,使之跃然纸上。动词性的如“吹牛皮、拍马屁、揭盖子、戴高帽、想当然”等,多含比喻义及象征性,言简意赅,诙谐风趣。其中,名词性和动词性的词多为惯用语。准确使用三音节词,对提高作品的艺术感染力是很有好处的。

但这部词典的编纂宗旨还不太明确,从前言看,是突出其形象性,主要是为表达。而从编排来看,由于没有按主题义类来编排,所以很难实现辅助写作的功能,更像是一部理解型词典。

4. 类聚语体色彩词的表达词典

(1)书面语体词

代表作有王吉亭等的《现代常用文言书面语》(重庆出版社)。

文言书面语词是汉语语词的重要组成部分。它凝练、典雅、隽永、丰富,极富表现力和文雅色彩,在公文等事务型文体、社交礼仪语体以及科技文体中使用普遍,成为这些语体的语体标记词,具有旺盛而持久的生命力。

这部词典收编至今仍有生命力、在现代汉语中仍在使用的文言书面语词共2100条,微观结构分注音、辨类释义、出处或书证、例句、注意事项五部分。释文中多采用辨析用法、比较鉴别、文白对照等方式来点明这些书面语词的用法,以保证使用的准确性。如:

【笔耕】

解释:旧指依靠写作,缮写等谋生;现泛指写作、创作。

出处:《文选·任昉〈为萧扬州作荐士表〉》既笔耕为养,亦佣书成学。善注引《东观汉记》:班超家贫为官佣写书,投笔叹曰:“丈夫独不效傅介子立功绝域之地以封侯,安能久事笔耕乎?”

例句:冯老师虽然年岁已高,但创作欲不减当年,仍在勤奋笔耕。

注意:动词。笔指工具,笔耕,谓以笔代耕种。作谓语时后面不带宾语。"舌耕"指教书谋生,结构与之相同。

但本词典没有提供义类索引,只是一部理解型词典。

(2)俚俗色彩词

最能集中体现口语词辅助表达功能的词典是方言俗语类词典,这种词典多带有民俗性、口语性、方言性特点,恰当地用于表达中,可以很好地体现地域色彩和口语风格。

历代俗语辞书或准辞书的代表作有两汉的《方言》、《通俗文》,唐宋的《义山杂纂》、《释常谈》,明代的《俚言解》、《雅俗稽言》、《常谈考误》、《目前集》,清代的《通俗编》、《土风录》、《古谣谚》、《俚语征实》、《越谚》等。现代有代表性的是温端政主编的《中国俗语大辞典》(上海辞书出版社)、《古今俗语集成》(山西人民出版社)等,还有《汉语谚语歇后语俗语分类大词典》(内蒙古人民出版社)。

王陶宁编著的《歇后语大辞典》(四川辞书出版社)在编排上另辟蹊径,采用以歇后语的解说语为条目和按义分类的编排方式,这样,既可突出歇后语的含义,又可将解说语相同的歇后语集中排列,合并同类。条目上的另一创新点是根据贬义、褒义、中性或弱感情色彩的标准,分为上、中、下三编,每编再按具体内容分类。正文同类条目的编排以笔画为序,书后附有条目笔画索引,保证了主题分类义序基础上查检的方便性。

曲彦斌的《俚语隐语行话词典》(上海辞书出版社)是一部汇释了汉语隐语、行话及禁忌语、口彩语、粗俗语、民间流行习语等的词典,在每个词目前分别标注"隐、禁、彩、粗、流"等符号,释文中点明主要流行时间、地域、行业,简明释义,提示语源,标明特殊读音或生僻字读音。例如:

【一条龙】①(隐)清末以来樵夫指扁担,系就其形状隐喻而成词。

【一张分】(流)上海指十元钱。

【南风窗】(流)广东广州、深圳等地指来自海外的经济收入。

(3)单类文体词

有一些表达辞书是针对某些单类的最具交际色彩的文体的，最典型的就是书信尺牍用词词典。这类词典在民国时就有编纂。如《尺牍辞典》(吴东园，国华书局，1921)序中谈到编纂目的："各种科学，皆有专书。惟尺牍辞典则阙如，此为人生必要之需，故本局特纂此书，供社会之需求。"其编法："收罗颇富，凡尺牍上应用之辞语，大致完备，每条皆加以注释，阅者明了意义，就可活用。一书之效，胜于众多之尺牍。"例如：

冬用套语：

地气下降，天气上腾。见礼记。

冬日烈烈，飘风发发。见毛诗。

黄醅绿醑绛帐红炉。白居易诗：黄醅绿醑迎冬熟，绛帐红炉逐夜开。

鸳衾生冷，塞雁唳寒。徐寅诗：红窗透出鸳衾冷，白草飞时雁塞寒。

另外，费有容的《尺牍成语辞典》(大东书局，1925 年)也是这方面的一部代表作。该词典的序中认为，尺牍用语往往不能到位，"然有知其然而不知其所以然者，病在不能据典征词而已"。"因敢分类集腋，缀为辞典。明知雕虫篆刻，壮夫不为，而寻流溯源，造峰引脉，当有取此编以备一得者，或不以饾饤之学相诮?"此虽自谦，但其辅助尺牍文体表达的目的是明确的。

这部词典按照义类分类，分为：岁时、舆地、官僚、学校、实业、交通、家庭、戚族、交谊、人品、遭遇、情感、德性、言行、学艺、妇女、庆贺、慰唁、邀约、征聘、请求、馈赠、借索、规戒、交涉、年岁、郡望、客套、起讫、琐录等类别。所收词语有的根据书信格式、相对位置来确定，有的根据书信类型和内容主题来确定，比较全面。例如："夫妇"小类下收"偕老、合二姓、伉俪、糟糠、举案、分凉、中馈、挽鲁车、烹雌、画眉"等，下举书证，后列书信中常用的搭配组合，当为当今用例，体现借鉴性和模仿性。

夫妇

【偕老】(诗)君子偕老,副笄六珈。(例)百年偕老

【合二姓】(礼)昏礼者将合二姓之好。(例)二姓联欢

【伉俪】(左传)寡人未有伉俪……君有辱命,惠莫大焉。(例)伉俪情深

【糟糠】(后汉书)宋宏曰:贫贱之交不可忘,糟糠之妻不下堂。(例)糟糠义重

新中国成立后,此类搜集某专门文体的用词来编纂的专门性表达词典较为少见。

(4)交际色彩词

敬婉色彩词是重要的语用交际词,在很多专门的词典中已有收录,后来出现集中辑录这类词的词典,比较有代表性的是洪成玉的《谦词敬词婉词词典》(商务印书馆,2010)。

这部词典按谦词、敬词、婉词三部分编排,每部分按词义和用法的相同或相近分别编排。以义为纲,以类相从,即把词义和用法相同或相近的编排在一起。

这部词典最大的好处是以语素立项,再用语素构词或构语,分类胪列。如谦词"拙"的用法举例,把谦称自己作品的"拙著、拙作、拙笔"编排在一起,把谦称自己妻子的"拙荆、拙室、拙妻、拙妇"编排在一起。再如敬词"尊"的用法,把敬称他人父亲的"尊公、尊甫、尊君、尊翁"编排在一起,把敬称他人母亲的"尊慈、尊堂、尊萱"编排在一起。

释文一般分三部分:类别、词义简释和用法。

如谦词"管见":"谦称自己见识狭陋。"然后列出四处语例。例如:"伏见西园大营第室,虽未审节度丰俭之制,然用工甚严,窃惧事不得济,愚臣管见,辄敢瞽言。"不但体现出"管见"的语境,而且与其他谦词"愚、管见、辄敢、瞽言"连用,体现出共同的交际色彩。

由于这些谦词、敬词大多具有文言色彩,有一定的文雅度,所以取古白话或通俗的文例是很好的借鉴范本。如刘梦芙《关于论诗标准及评诗态度》:"以上述管见,求教于高明,希望不至于引起双方的误会。"

以“管见”衬“高明”，这种搭配是谦词与敬语配套使用的样例。这部词典集谦、敬、婉三类最富交际特色的词语进行类聚，服务于书面表达及礼仪表达。

另外一部有特点的交际色彩词词典是徐玉明的《中国交际辞令》（东方出版中心，1999）。这部词典精选出尊敬用语、谦恭用语、客套应酬用语、委婉用语、一般交际用语和书信用语 4500 余条，并进行了细致的分类。本词典胜在义类分类细致，收词全面。

（四）事典类辞书的转型

民国的《分类辞源》后，辞藻类类书很少有编纂。辞藻中的成语、典故则独立发展成为带有书面色彩的词典——成语词典或典故词典。这类词典也有两种类型：一是理解型的，主要按形序或音序编排；二是辅助表达型的，主要按义序编排。在此，只谈后者。

1. 典故类表达词典

近些年出版了很多典故类词典，如《古书典故辞典》、《掌故大词典》、《中国历史典故辞典》、《中国典故辞典》、《中华典故全书》等，还有专门针对文学作品中典故而发展出的文学典故类词典。但这些词典多为资源存储型、理解型、考据型，多只提供典源及例句，无相关用法信息，而且并非是专为表达服务。现代较能体现辅助表达功能的分类典故词典并不多，孙立群等编写的《常用典故分类词典》（上海大学出版社）是一个代表。

这部小词典共收录常用典故 1400 余条。按意义类别编排，分 36 类，同一义类下条目按词目首字的汉语拼音顺序编排。其特色在于释义中出典源，且串讲词目的本义、引申义或比喻义。

例如“成败·得失”类收典故如下：

逼上梁山　不入虎穴，焉得虎子　成也萧何，败也萧何　城门失火，殃及池鱼　楚弓楚得　楚人咻　大功告成　倒绷孩儿　东山再起　覆卵　覆水难收　祸起萧墙　梁叟　六州铁铸　南风不竞

南冠　塞翁失马　失之东隅，收之桑榆　势如破竹　宋子双盲　图画凌烟　一败涂地　一鸣惊人　衣锦还乡　易如反掌　浴日　鹬蚌相持，渔人得利　知难而退　众志成城

这些典故多为事典，具有故事性。在写作中，对于知晓度高的典故，可直接借用或化用，多有含蓄隽永之表达效果，对于民众不熟悉的典故，多可化作事实论据使用。例如：

【覆卵】比喻整体受害，个体也不能幸免。典出南朝宋·刘义庆《世说新语·言语》。东汉末，孔融遭祸被捕。他的大儿九岁，小儿八岁，他要求来抓他的人不要逮捕他的儿子。儿子对他说，你看见覆巢之下还会有完好的鸟卵的吗？果然，儿子也被抓去。清·吴伟业《哭志衍》：合门竟同殉，覆卵无完壳。

辑录中外典故的词典主要有周心慧等的《中外典故大词典》（科学出版社）。这是一部按义类编排的典故词典，主要创新之处是收录了西方的典故1400余条。但体例稍显简单，将中西方典故总体分部编排，给人以两部词典合一部的"两层皮"的感觉。如果能将中西方同义典故对应起来，辅助表达的效果可能更好。

古代的典故词典收词主要来自于文献，在现代转型期则分化出专门的作品典故词典。如《典诠丛书》包括《全唐诗典故辞典》、《全宋词典故辞典》、《全元散曲典故辞典》（范之麟等主编，湖北辞书出版社），收录唐诗宋词元曲作品中引用或化用史实、故事，戏曲、神话、传说、典章名物，以及前代作品中有影响的诗、词、文佳句，均收作典目。其创新之处在于引用的每个例句都精要地点评用典之妙及用典之法，带有鉴赏的作用。另外，释文出典源原文，释义时能在贯穿文意的基础上进行生发，"用作……"点出辞藻适用对象，这种做法提示了化用典故的方法。但此套典故词典未加义类索引，也偏重于理解类。

2. 分类成语、熟语词典

成语词典很多是被动查考型的，如《中国成语大词典》、《成语考释词典》、《中国熟语大词典》等，提供形序、音序索引，如果能提供主题分

类的义序索引，则可归入表达类词典。表达类成语词典的代表作有以下几部：

蔡向阳的《汉语成语分类大辞典》（崇文书局）。该词典的序言指出："成语如何分类才更便于读者在写作、演讲、交谈等实际中应用，一直是成语词典编写的一个难点。"此词典希望解决这一问题。这部词典共收成语13000余条，包括极少量常用熟语。按词义和用途分类排列，有的以词义为主，有的则以用途为主。凡一词多义或一词多用者，进行多次分类。先按写人、写事、状物分为3编，49总类，523分类目。

每个词条一般先注本义，再注转义或用途。其中较有价值的是对部分成语指出其感情色彩、适用对象、范围、场合等，以便应用。因为成语中古音、古形、古义留存多，所以对于易读错、写错的字词，以"辨误"标出，体现了主动型用法词典的编纂追求。

季君等的《成语分类大辞典》（人民日报出版社）在主题义类的设置上比较有特色，收成语5000多条，分成500多类，如有关形容言语的成语多至近百条。为了方便读者查阅比较，使分类更加明细精确，根据语意、语气进一步分成"议论、畅言、要言、善言、絮言、难言、胡言"，读者在挑选形容言语的成语时，可按照表达需要，方便地在上述分类中找到相应的成语。

分类最多的当属中国社科院应用语言学研究室编纂的《写作措辞参考词典（汉语主题联想）》（中央编译出版社），共涉及1700多个常见的主题或话题类别，收词一万余条，"编写目的是为读者提供一种由'主题、话题'到'词语'的查找工具，减轻撰文时的回忆、思索词语的困难……大部分都需要遣词撰文，如作文、写信、写发言稿、起草文件、为人题词等。当读者心中有了要表达的意思，而词语欠缺或一时想不出好词时，读者可以试用这本词典"。

这种分类成语词典还有向光忠等的《建宏成语义类辞典》（中国国际广播出版社（台湾）建宏出版社）、张子臣等的《写作成语词典》（海燕出版社）等。

另外，叶子雄主编的《汉语成语分类词典》（复旦大学出版社）是国内第一部同义成语词典。比较有代表性的同义成语词典是陈彦田等主编的《实用同义词典》(长征出版社),这部词典分为一千多个同义、近义或同类词群。张志公先生认为这部词典的同义成语不是语言学所说的严格的同义,而是通义:“此‘同义’词典,盖‘通义’之谓。熔古今于一炉。手此一卷,求解,运用,诸多便利。”

例如“不自量力”类下有:

【不自量力】不知天高地厚　隔屋攛椽　以一篑障江河　一掌堙江　浮云掩日　螳臂当车　螳螂之斧　螳螂之卫　螳螂怒臂当其辙　蚍蜉撼树　蚍蜉戴盆　蚍蜉撼石柱　蚍蜉撼大树,可笑不自量　以指挠沸　不知自量　老虎头上搔痒　夸父追日　火中投雪,风里扬尘　卵与石斗　以卵投石　若卵投石　鸡蛋往石头上碰　以毛投炉　焦熬投石　尔曹身与名俱灭,不废江河万古流　老虎头上拍苍蝇　大虫口里倒涎　大象口里拔生牙　太岁头上动土　如爝火之余燃,尚敢以月日争光

其中有成语,如“不自量力”、“以卵击石”等;也有俗语,如“大虫口里倒涎”、“大象口里拔生牙”、“太岁头上动土”等;也有名言警句,如“如爝火之余燃,尚敢以月日争光”;也有对举,如“火中投雪,风里扬尘”等;也有叙事的,如“蚍蜉撼大树,可笑不自量”。

这些词并不是严格的同义词,而是意义相通、义相关联,对于写作表达来讲,能很好地起到扩展思路的作用。

3. “事对”型表达词典

《编珠》、《初学记》开创的“事对”体例,采用辞藻对举、关联成文模式。这种模式在现当代词典编纂理论中仍有一席之地,表现为同义成语连用、反义对举、口语书面语词对举词典。这方面的代表作品如下:

(1)成语连用词典(史德良主编,四川出版集团四川辞书出版社)

在表达中,常将两个意义相关的成语搭配组合在一起使用,借以抒情、叙事、状物或论理等。如“百感交集,思绪万千”、“将心比心,设身处地”、“人情冷暖,世态炎凉”、“山清水秀,鸟语花香”等。恰当合理地

使用成语，形式简洁，含义丰富而深刻，能增强语言的表意功能，起到修辞作用。

这部词典收了连用类主词目 1800 条，副词目 1200 条，固定骈体式词目 400 多条。词目按表意分类，按政治经济、军事战争等共分成 110 大类，218 小类。

此词典还收录了口语和书面语中广泛使用的新成语。如：

一方有难，八方支援；有令不行，不禁不止；上有政策，下有对策；功在当代，利在千秋；机构臃肿，人浮于事；取之于民，用之于民；长城内外，大江南北；上不封顶，下不保底；望子成龙，望女成凤；华夏儿女，炎黄子孙；秦皇汉武，唐宗宋祖……

这些连用的成语在公文等现代应用文写作中非常有表现力，熟悉度高，时代感强。

在每个条目的释义中，除了解释词义或语素义，还单独解释了连用后的意义，这种意义其实就是表达意义，如“幡然悔悟，痛改前非：这是两个意义相近的成语，连用后，形容很快地醒悟过来，彻底改正先前的错误，重新做人”。出提示框，认为“作褒义用”。提示框还对词目中易误读、误写的字、词给予标注或指出。例如：

【咎由自取，罪有应得】连用后，表示自作自受，自食恶果。提示：1. 应，不读“yìng”。2. 含贬义。

(2)《汉语成语俗语对照词典》(杨本祥主编，南京大学出版社)

成语和俗语“在感悟上有褒贬之差，在文辞上有文野之分”(前言)，表达者可以根据这些对应关系，根据文本的语体风格，对语句中用到的成语和俗语进行同义替换，风格倒置。前者用在一些高雅的表达语境，后者用在一些随意的口语场合，如“风烛残年——风地里一盏灯，谁知道啥时灭；风前残烛，瓦上的雪霜”。

这部词典收成语 3000 多条，俗语近 5000 条，分成 2300 多个对照组，每条俗语对应一个成语，如“一曝十寒——三天打鱼，两天晒网”。也有多条俗语与一个成语相对照，如：

【彩凤随鸦】1.一朵好花，可惜插在牛粪上。2.巧妻常伴拙夫眠。

再如：

【胆小如鼠】1.走路怕踩死蚂蚁。2.怕狼怕虎别在山上住。3.怕掉下树叶儿来打破头。4.怕得老虎，喂不得猪。5.饿死胆小的，撑死胆大的。

(3)《成语对仗词典》(周靖冬主编，北京师范大学出版社)

一般成功的成语对举要求结构也一致，产生严格的对偶效果，在表达上体现韵律之美。这部词典将一些结构与词性相类之词类聚，以方便形成对举搭配。例如在四音节动词构成的并列结构"博大精深"类中，收录有"悲欢离合、沉浮俯仰、肥甘轻暖、言谈举止、富贵荣华、进退存亡、盛衰荣辱"等156个成语。

这种根据结构和词性的类聚，对于化用成语有很大的帮助。例如有些成语经常在表达中采用拆解活用的化用方式，如果不了解成语结构，就无法准确拆解化用。如并列结构"高风亮节"可创新性地拆解为"高风传乡里，亮节照后人"。词典中提供的可用于拆解活用的此类结构的备选成语有2800个左右，服务于广告文案创作、对联写作等。

(五) 句典 句群典

现代的语句语段类表达型辞书不再称类书，一律称辞典。主要分为两类：

1. 辑录名言名句的句典

这些名言名句是词汇单位的边缘成员，它们在使用时经常被作为一个整体使用，与谚语等熟语有一定的一致性。代表作如朱祖延的《引用语辞典》(四川辞书出版社)等。"所谓引用语，多是历代文籍引用别人的意思比较完整的话语……这些引用语，或者是某一原理的概括、规律的揭示，或者是某一生活经验的提炼，某一心态、某一景象的描写。这些语言有很强的生命力，在作品或讲演、教学、交谈中酌加引用，对提高表达效果，往往有意想不到的作用”（前言）。此辞典是引语的集大成者，按类编排，供读者选择。如：

【日月所照，霜露所坠】坠：坠落。凡是日月照耀，霜露坠落的地方。犹言普天之下。语本《墨子·尚贤下》：“日月之所照，舟车之所及，雨露之所渐，粒食之所养。”后多引作1.日月所照，霜露所坠。2.日月所照，雨露所及。

类似的句典还有苏育生等的《中华妙语大辞典》（陕西人民教育出版社），共收古代妙语10717条，其中诗2511条，词986条，曲718条，赋267条，谣谚855条，文5380条。条目总体按诗、词、曲、赋、谣谚、文等六大类编排。每类条目按第一个字的音序排列，为便于读者翻检，按条目内容分“报国爱国、为国爱民、述志抒怀、政令法制、举贤任能、隐逸疏放、家庭婚姻、博学精思、惜时自勉、辩证推理、世态人情”等67类，编写分类目录，作为附录置于书末。例如：

【溪深难受雪，山冻不流云】（清）洪昇《雪望》。溪深水暖很难容纳落雪，群山冻结浮云好像也凝滞不动了。

2. 句群典

这类辞典是名篇语段的纂集，体例上多提供义类索引。这方面已经与古代的类书完全一致，严格来讲并不属于辞典，在表达时只起到借鉴和模仿的范例作用。例如民国时的《作文辞典（文言白话二部合璧）》，当代的冉欲达等的《文学描写辞典（上下）》（中国青年出版社）等。

四、二次转型期

在二次转型期，表达类辞书的编纂被学习型词典的光芒所遮盖，没有得到应有的重视。主流的辞书编纂者、主流出版社出版这类辞书的较少，新兴的语义分类理论，如知识本体（ontology）理论、语义网（Semantic Web）理论等，还都没有得到相应的重视。但这类辞书在教学领域的作文写作、办公文秘领域以及其他行业的文案写作方面却有着极大的需求。国外六大英语词典家族都有自己当家的“宝库”(Thesaurus)类义词典产品,而且体例上多有创新。我们要尽快缩小这方面的差距。

五、小结

普通语文辞书的辅助表达功能往往是隐含和附带的,学习型辞书的表达功能更多集中于普通交际,而在文学表达或应用型书面表达中,表达型辞书的价值得到突显。

表达型辞书一般具有三方面特点:一是提供有细致逻辑分类、认知分类的海量词汇库,供词汇选择;二是提供足够的例证,供借鉴模仿;三是提供丰富的用法信息,特别是附加色彩、搭配、对举等,多列使用注意事项。

这三方面特点能很好地保证辞书表达功能的发挥,而同时拥有这三项功能的辞书才是典型的表达类辞书。普通辞书编纂时重视表达功能的发挥,将提高辞书的适用面,增强工具性。

第六章 规范功能与规范型辞书编纂理念的发展

李建国曾指出，传统的规范方法可以分为三类：由国家制定规范标准，用行政手段向社会推行；以学校教育为基础，带动社会规范；编纂辞书，贯彻规范宗旨，传播规范成果。① 本章梳理辞书规范功能的发展与规范型辞书编纂理念的发展。

一、辞书的规范功能与语言文字规范工作

辞书的规范功能体现为：它既是语言文字的准规范，同时又是刚性法定语言文字规范的推广和传播载体。因此发挥辞书的规范功能也一直是语言文字规范工作的重要内容。语言文字规范工作主要有以下两个特点：

1. 具有高度的复杂性和敏感性

国务院原副总理李岚清曾说过："语言文字规范化、标准化程度是文化发达程度的标志之一。作为协调社会生产和社会生活的工具，语言文字服务于社会的经济、政治、文化生活，影响社会的发展。"因此，在这方面任何一个小的问题处理不当都可能引起社会矛盾、民族矛盾，甚至影响国家的稳定和统一，因此近些年的"语言安全"问题受到越来越多的关注。

---

① 李建国.汉语规范史略[M].北京：语文出版社，2000：3－6.

2. 语言文字工作要处理好政治性、社会性、学术性的矛盾

语言文字是专业性的科学，有着学理性属性；另外，语言文字规范关系到社会各阶层每个使用语言文字的人，具有鲜明的社会性；同时，从先秦两汉，延续几千年到现在，国家一直设有专门的机构或官员管理语言文字工作，这使语言文字又具有了政治性和行政性属性。

学理性主要由专家主导，社会性由社会语言文字使用者主导，政治性由政府主导。专家层面要求语言文字的规范要符合语言文字基本原理和常识，语言文字的运用、改革、规范必须有学理依据，反过来学理上的要求也会推动语言文字的改革与规范；社会性是一种约定俗成，有时甚至积非成是，不以学理为依据，而以习用性和方便性为主，有时表现在语用和书写习惯固定化后所形成的惰性，是一种需要充分重视的特征；政治性以行政程序为基础，它着力于解决语言文字应用的混乱带来的社会秩序和相关行业运营秩序混乱的问题，政府需要干预调整，行政程序以刚性、权威性为保证，因此具有强制性特征。政治性体现的是刚性，学理性体现的是偏刚性，而社会性体现的是柔性，这三者之间存在矛盾。

新时期语言文字工作的核心应该是引导与规范语言文字应用、建设语言资源、满足民众和社会对于语言文字应用方面的需求，是管理、建设、服务三位一体的。我们认为，这三方面功能的实现载体都应该首推辞书。辞书本身具有语言文字使用的典范性、引导性，也包括对语言文字形、音、义、用属性的一定的规定性，是一种准规范，但其最大的特点是非强制性，示范性、推荐性和引导性强，因此权威的并经政府相关部门认可推广的规范性语文辞书是语言政策重要的组成部分。

我国古代对语言文字工作的管理就有一套以辞书为中心的弹性做法，经过几千年发展证明成效是显著的。基于此，我们建议：以史为鉴，语言文字规范的核心工作应充分发挥辞书规范语言文字的元功能，实现语言文字规范由刚性向引导性的转变。

二、古代辞书规范功能的发展

古代字词不分，所以语文性辞书无所谓字典与词典，除了雅书等以义类编排的辞书，以单独字词为知识单元的辞书均以“汉字形式”立目。汉字有形、音、义、用四大基本属性，其中，形、音是客观属性，规律性、形式性强。在“形”的属性方面，可能形成异体、讹体、俗体、简繁体等现象；在“音”的属性方面，则易形成文白读、异读、多音、同音等现象；“义”与“用”的属性为主观性或社会性属性，往往无“达诂”，只是取民众相对公认的意义作为辞书的义项描写内容。“义”与“用”的属性往往与“形”的属性相纠结，形成意义全等狭义异体字和意义包容与交叉的广义异体字，还包括意义毫无关系的同形同音字。汉字作为语素或单音词，其属性中客观性强的因素也是音与形，前者易形成异读词、多音词、同音词，后者易形成异形词、同形词，而词义和词用方面往往易形成意义毫无联系的同形同音词。

语言文字工作规范对象主要是汉字(词)的“形”、“音”属性。

古代语言文字的规范工作也具有某种程度的刚性，主要体现在两个方面：一是设置专门的政府机关，实施政府行为。从西周开始，就已经认识到语言文字对国家统一与发展的重要性，就认识到雅、方之间沟通的重要性，认识到规范语言文字社会应用的价值，所以设立专门的管理部门管理，发展到后来，这方面的工作主要隶属于礼部。汉魏时期设立书学博士。在外族统治时，政府也不忘推行语言文字规范。《魏书·咸阳王禧传》记高祖曰：“自上古以来及诸经籍，焉有不先正名而得行礼乎？今欲断诸北语，一从正音。”二是执行环节体现刚性要求。如秦始皇《汉书·艺文志》“吏民上书，字或不正，辄举劾之”。但如忽略语言文字本体的特点和发展规律，政府的刚性行政措施控制不好的话，易走上极端，例如避讳字和文字狱，这是权力刚性的极端表现。

古代的辞书多是在规定主义主导下编纂的，必然会有语言文字的规范功能，所以古代的语言文字规范工作更多的是以辞书为载体具体开展正字、正音的政府行为。

（一）字形属性的规范

1. 辞书规范功能的萌芽奠定期

(1)字表的规范功能

先秦时期，虽有统一的交流符号体系——周王朝的正书籀书，但诸侯各国的文字不统一。例如战国时东方六国的语言文字，虽与“雅言”同语，文字的字形在构件上虽有相通之处，但基本区别度也比较高，各自具有一套相对独立的书写符号系统，诸侯国之间书面语交流很艰难。

这种文字形体混乱的情况影响到了政治统治与政令的畅通，必然引起当政者的关注，一旦时机成熟，必会有所规范。秦始皇统一六国后，首先做的三件大事之一即是统一文字的“书同文”政策，而统一文字最核心的工作则是统一形体。秦废除六国古文，而以当时周朝大篆为基础，简化字体形成小篆，并以小篆为标准，在全国范围内推广规范字，推广的形式是辞书原始形态的字表，政府命李斯作《仓颉篇》、赵高作《爰历篇》、胡毋敬作《博学篇》(历史上合称“秦三仓”)，后人合编统称《仓颉篇》，这三个字表体现了常用字的字形、字种规范，字表所列小篆字形当为正字、规范字。字表从童蒙教育入手，迅速向社会推广。这一工作是以强硬的刚性规范推行的，“罢其不与秦文合者”，结果是“古文由此绝矣”(《说文解字·叙》)。这种刚性的语言文字规范精神适应当时的政治形势，完全符合荀子所说的“有王者起”而“循旧作新”的原始语言文字规范理念(《荀子·正名》)。

字表类规范不但规范了字形，也厘定了字种。“秦三仓”字表也是一个教学字表，本着“无复字”原则收3300左右常用字。可见，字种是客观的、可规范的。

两汉时已经有语言文字规范工作。男子十七岁后为官必须“试八体”，即要求懂得字形；“讽书”，即要求懂得字音；“籀书”，即要求懂得字义。在这一过程中，必然伴随着语言文字规范的要求，就有语言文字的

“正读”需要。所谓“正读”，就是以古为准的字形、字音、字义。但正是以古为准的追求，表明此时虽有语言文字规范的方法与措施，但与现代意义上的主要针对共时应用的语言文字规范相去甚远。因此，这一时期的自觉的语言文字规范集中体现在字表上。

(2)字书的规范功能

社会用字形成的汉字字形混乱是历代语言文字规范所关注的焦点。《说文解字》开创了用辞书形式进行字形规范的基本模式。

从《说文解字・叙》中可以看出，《说文解字》的编纂背景是时人乱解字义，引起社会用字混乱，所以正义必先正形，以形再来正义。《说文解字》厘定常用字及上古经学文献用字中的9563个字种，并提供了规范性和学理性强的小篆正字字形，起到正字种、正字形的目的。对异体字用的术语是“重文”——是由于字用、载体、书写方式、时代等不同而形成的。小篆正字下胪列的“重文”包括古文、籀文、篆文、或体、秦石刻、今文奇字、俗字等。这种“树正列异”的模式逐渐形成了古代字书字形规范的基本模式。

《说文解字》也开创了对字义、词义进行系统规范引导的先河。义本是主观性的，为保持意义的多样性，历代辞书一般对义不做规范，但《说文解字》的义项是从字形、字源学、文献最早用例的角度提取的本义，直接针对东汉用当时已经改易的文字说解本义的弊病（如“马头人为长”、“人持十为斗”、“苛人受钱”），而以“今叙篆文，合以古籀。博采通人，至于小大，信而有征，稽撰其说。将以理群类，解谬误，晓学者，达神恉”（叙）。本乎六朝古文，厘定更清晰的小篆字形，并列出更古的古文、籀体等，依据字形，用形训法进行说解，所以字义、词义的客观性有一定的保证。从这个角度来解汉字本义本身就是对社会用字混乱情况的矫正。正如《说文》叙中所言，体现“本立而道生，知天下之至赜而不可乱也”的语言文字规范精髓。

其后的官修辞书多对《说文解字》的本义解说无异议，并奉为圭臬，首出义项列《说文解字》本义，这一传统一直延续到当今古今兼收的大型语文辞书，如《汉语大字典》等。这也证明《说文解字》关于本义的解释的科学性和理据性是经过时间检验的。这一做法对现代语言文字规范工作有启发性:语言文字一些主观性强的属性,并非规范的“雷区”,但要采用柔性的引导方式,用学理性强的客观依据来引导,是可以达到预期的规范效果的。

2. 辞书规范功能的发展完善期

(1)字书规范功能的刚性化

在发展完善期,语言文字的规范功能基本由《玉篇》、《字汇》、《正字通》、《康熙字典》等带有官方背景的字书来体现,其中达到高峰的是《康熙字典》。

《康熙字典》不但已经有了用辞书来进行语言文字规范的理论纲领。“字典”的名称源于江式的《古今文字》,对“字典”做出“字学的准的”解释的是《字汇》。《康熙字典》首次以“字典”为辞书命名,康熙帝认为“典”即法则、标准的意思,因此,其内容已经被明确规定为是“善兼美具”,合乎“典常而不易”,提供字样范例,“流通当世,衣被后学”,功能是“昭同文之治”,即规范语言文字,最终要使“官府吏民亦有所遵守焉”。所以《康熙字典》集中体现了古代语言文字规范的刚性特点。

但《康熙字典》不是专门针对常用字、通用字的,收汉字近五万,带有资源整理性与存储性,对这么多汉字的形、音、义、用属性进行解释、规范和引导,必然存在大量问题,导致刚性过高,易走极端。特别是《康熙字典》的“不易”、“同文”两大职能定位将其等同于法定语言文字规范,直接抹杀了辞书内容动态发展的根本特点,时人和后人均不敢做出改易,直接将一部并非针对常用字和社会用字的大型字书上升到法定政策层面,这才有了著名的“字贯”案引起的文字狱。王引之后来也是在奉敕的情况下才对客观性强的书证进行了修订,但也只是侧重于文献校勘工作,对于规定性强的字种、字音、字形、主观性质的释义则不敢触及。民国以后,才有学者(如王力等)对《康熙字典》的错误(如注音错误)进行了不同程度的修订。这一刚性原则混淆了辞书作为一种引导性准规范与国家刚性的法定规范之间的区别。

(2)专门的规范性字书

在俗字方面,秦代在民间及行政领域已经出现虽非正体但却书写便捷的隶书,其方正平直的风格与圆曲繁复的大篆系统是两套符号系统。后来小篆逐渐让位于隶书。唐代的正体字已经是从汉隶蜕变出来的楷书。但中古魏晋南北朝时期社会动荡,社会用字混乱,异体字、简体字和俗体字横行,这种情况一直延续到唐朝。颜之推描绘了当时的混乱现象:"晋、宋以来,多能书者。故其时俗,第相染尚……尔后坟籍,略不可看,及以'百念'为'忧','言反'为'变','不用'为'罢','追来'为'归','更生'为'苏','先人'为'老',如此非一,遍满经传(《论书》)。"贞观初年唐太宗诏令颜师古撰成《五经定本》,并将其作为经学标准文本,颁行天下,供儒学之士习用。又令颜师古"刊正所有奇书难字,众所共惑者随宜剖析,曲尽其源"(《旧唐书·颜师古传》),并录成样本,作为楷体文字的书写标准,供全社会习用,时称"颜氏字样"。字样是字种与字形的典型样本,颜师古的《字样》,以字书的标准字形作为样本、榜样,规范和引导用字,并作为国家标准颁布天下,明确了此类字书作为国家规范标准的地位,形成了明确的规正字形的目的和扎实有效的规范方法,同时也奠定了政府推广语言文字规范的工作模式,开创官修字形规范的先河。颜元孙撰《干禄字书》则将对字样规范的执行提升到取仕高度。《干禄字书·序》:

字书源流,起于上古。自改篆行隶,渐失本真,若总具《说文》,便下笔多碍。当去泰去甚,使轻重合宜……具言俗通正三体,偏旁同者,不复广出,字有相乱,因而附焉。所谓俗者,例皆浅近,唯籍帐、文案、卷契、药方、非涉雅言,用亦无爽,倘能改革,善不可加。所谓通者,相承久远,可以施表奏、笺启、尺牍、判状、故免诋诃。所谓正者,并有凭据,可以施著述、文章、对策、碑碣将为允当。

颜元孙第一次从理论上阐明了文字"俗"、"通"、"正"三体的关系,而且并不认为社会用字的通体、俗体完全不合理,只是提出对"通"、"俗"文字的改善要求:"倘能改革,善不可加。"这种变通的语言文字规范观念体现了字样正字辞书尊重语言文字社会性的宽容度和灵活性,是一种通过辞书体现出来的先进的语言文字规范观，对当今的语言文字规范工作也有启发，促使我们在制订各种异体字、异形词、规范字表时，对是否要刚性地将一批字或词进行废除这一问题进行重新的审视和思考，如果承认其中一部分是合理的，有存在的价值，对其又要如何进行"改革"才能"善不可加"，这也是当今语言文字规范工作者所要思考的重要课题。

经《干禄字书》、《新加九经字样》等字样之书将字形规范模式完善起来，形成了"正——同——或作——今——通——古——俗——误"的字样胪列体例，一直延续到今天的规范性辞书的字头设立，即正字字头立目，异体用括注方式标注。

辞书理论的发展完善，逐渐形成了专门的正字辞书潮流，对异体字的整理到《龙龛手鉴》达到一个高峰。而一些普通性语文字书如《字汇》、《正字通》等，还归纳了正字理论，以附录的方式附于字书之后，体现了对正字理论的推进。《字鉴》只收 1070 个常用字，分析楷体的形音义，并指出俗体之讹。《佩觿》本是一部语文教科书，"得立言于小学者"，将形近义别、容易混淆的字按四声分组类聚，先列形，再别音，后辨义，上编还列出了系统的正字理论。张有的《复古编》据《说文解字》为正，辨析当用文字的俗、讹各体，虽有盲目遵《说文解字》之嫌，但以典范规范为本、对当前社会用文进行辨析的思路能提高语言文字规范的学理性和统一性。这部字书的下卷附录《辨证》六篇：联绵字、形声相类、形相类、声相类、笔迹小异、上正下讹，这是语言文字字形规范上的又一次成功的理论归纳。

以上这些"辨似"的辞书多面向教学、取仕以及社会用字，应用性非常强，也充分体现了用辞书引导、规范社会用字的有效性和可行性。

（二）字音的规范

语音是历代语言文字规范中除字形外的最重要的规范对象。方言和雅语之间，最突出的分歧在于语音。古代语音的规范化出于社会发展以及进行行政管理的需要，出于保证政令畅通的需要。

古代的正音工作也多采用官修韵书的引导模式，由韵书提供标准语音，以引导社会使用通用语标准音。其他措施还有将字音规范与科举和政府工作结合，创办正音教育机构，培训举人、秀才和地方官员；编撰正音书籍，推广官话等。

韵书的发达除了佛经的影响外，主要还是科举入仕考试中作诗为文押韵的需要。如果说早期《广韵》、《集韵》等韵书的自觉正音意识还不突出，到《礼部韵略》、《中原音韵》、《洪武正韵》、《音韵阐微》等，则多成为政府规定的正音手册，直接向全国颁行推广或赠送外国友人。

《广韵》的编纂目的就是为“设教崇文，悬科取士，考核程准”（《广韵》卷首大中祥符元年六月五日牒文），被时人当作通用的正音字典所推崇，诗文押韵一切以其为准。而后来发展出的《礼部韵略》则删繁就简，特别是去其僻韵奇字，直接颁于学官，作为科举诗赋取士之用，针对性和目的性更强。《中原音韵》的价值不在于官修，当时元初推行的是蒙古八思巴文及《蒙古韵》，但汉人诗词曲赋的押韵皆取自《中原音韵》，此书已成为事实的北音正音标准，“欲正言语，必宗中原之音”，“韵共守自然之音，字能通天下之语”，实现“四海同音”（自序）的规范目的。其最大的特点是一反“广韵”系韵书的“泥古非今，不达时变”，完全是当时北音共时语音系统的规范与描写。

明代的《洪武正韵》和清代的《音韵阐微》都是官修韵书，作为正音标准进行推广。《洪武正韵》收“五方之人皆能通释”的“中原雅音”，是整个明代语言文字政策的纲领性文件。《太祖实录》（卷98）记载，洪武八年三月，“是月《洪武正韵》成。初，上以旧韵起于江左，多失正音，乃命翰林侍讲学士乐韶凤与诸廷臣以中原雅音校正之，至是书成，赐名‘洪武正韵’，诏刊行之”。不仅仅是朱元璋一代，后朝皇帝也奉“正韵”为圭臬，时常作为珍贵礼物送给他国国君、藩国亲王或者重要大臣。《明实录》记录的颁赐亲王及大臣《洪武正韵》的史实就有十次。可见，《洪武正韵》的正音地位在明代是不可撼动的。

清康熙帝认为“国书合声之法出于自然，足以尽括反切之要妙也”，为了促进语音的规范，使五方之民取音能“较若划一”，于是谕令编纂一部旨在能为一般士大夫读书作文时共同遵守的标准韵书——《音韵阐微》。成书后，雍正帝亲自御制序文，刊刻颁行。《音韵阐微》合等韵与韵书为一体，采用的是《康熙字典》的“合声切法”，是一部重要的官修韵书，自颁行之日起，就确立了其在科举考试中的权威地位。

后来推出了一些正音类专书，如清道光沙彝尊的《正音咀华》，咸丰年间的《正音切韵指掌》，同治年间潘逢禧的《正音通俗表》等，这些带有语言文字规范性质的韵书成为后世正音类专门字典的源头（当代专门的正音字典主要有商务印书馆的《新华正音字典》等）。

（三）古代辞书规范功能的特点

1. 辞书的典范性引导效应

古代字表字汇模式的刚性规范多采用强制规定，不做解释，使其学理性无法传达民众，一旦处理不好，易生逆反心理，但从“秦三仓”字表的情况看，基本符合当时的社会政治形势。后起的辞书多为身具政府背景的专家学者编写，具有权威性和示范性，另外由于古代辞书多重考证，学理性强，对社会用字的引导效果很好。如唐时的“字样字书”由著名的书法家写出正字字样，以辞书的方式颁行，在社会上必然引起学习、模仿之潮流，无形中就带动了语言文字规范的推广，是一个很好的规范思路。

2. 辞书规范功能与取仕相结合

将语言文字规范通过辞书进行引导，再将这些辞书与干禄、取仕结合，这是实用目的很强的思路。例如，上古就要求 17 岁入仕时要能讽籀书 9000，识八体；明朝设立取仕时的审音制度，坚持“口义”答辩用规范的文读语音，笔试用规范的楷体正字，“被纳入干禄求仕的轨道，与书法艺术相结合，形成社会化力度，在总结学术传播规范成果方面起到作用”，“使科学性与权威性珠联璧合”①。这一做法抓住了当时人们最关

① 李建国.汉语规范史略[M].北京:语文出版社,2000:6.

注的问题，增加了贯彻语言文字规范的自觉性和能动性。

3. 辞书规范与教育、培训相结合

体现辞书规范功能最重要的就是教育领域。例如秦始皇的“书同文”政策靠“秦三仓”字表先在童蒙中推广；《尔雅》为“迩雅”，被列为“十三经”之末，作为读经的教科书来推广；隋唐科举考试专为考生制作字样教本；清朝设立正音书字，专门用于培训地方官员，所用的教材和培训内容则均以《康熙字典》和《音韵阐微》为准。在蒙学方面，侧重识字的《千字文》、《文字蒙求》，侧重典故词的《龙文鞭影》，侧重常用词的《幼学琼林》，侧重韵律的《笠翁对韵》等蒙书，本身的编排体例与字书及义类词典相类，都提供规范的字形及通用的释义，为孩童打下了良好的语言文字规范基础。

4. 辞书规范功能及时反映学术研究新成果

语言文字工作带有学术性，必须及时跟上学术研究的新发展，并在相关语言文字本体学术理论的引导下，体现语言文字规范的动态性。

例如，先秦两汉的辞书规范功能大多是在语言哲学的指导下编纂的。荀子的“远方异俗之乡从诸夏之成俗”的雅言学说(《荀子·释名》：散名之加于万物者，则从诸夏之成俗。曲期，远方异俗之乡则因之而为通)等，反映在辞书编纂中，如尔雅《释言》篇对古方言的解释，扬雄《方言》专门辞书的编纂，无一不是用雅言及通语来释古方言或当今方言，从而达到推广雅言、沟通方俗的语言文字规范作用。

后期文字学、训诂学、音韵学理论的发展无一不反映在各种规范类辞书中。如《音韵阐微》的“合声切法”是在音韵学研究达到一个高度后采用的。《说文解字》没有标明反切，但在《康熙字典》中反切已经是成熟的注音方法了。同时，《康熙字典》还把语言文字本体的研究成果在辞书编纂应用中进行改造，体现出辞书编纂的创新性及与语言本体研究的互相发明、共变发展的特点。例如在《音韵阐微·凡例》中指出：

> 世传切韵之书，其用法繁而取音难。今依本朝字书合声切法，

则用法简而取音易。如公字用古公切，今拟姑翁切；巾字旧用居银切，今拟基因切；牵字旧用苦坚切，今拟欺烟切；萧字用苏雕切，今西腰切。盖反切之上一字定母，下一字定韵。今于上一字择其能生本音者，下一择其能收本韵者，缓读之为二字，急读之即成一音。

（四）古代辞书规范功能的问题与反思

古代树立以辞书的规范功能来带动语言文字规范工作的传统是合理有效的，但仍然存在一些问题：

1. 没有分清辞书规范功能与资源功能的界限，将二者混于一部辞书之中

辞书具有资源元功能，具体表现为资源积贮、整理、存储三大功能。以语言资源存储为目的的辞书是资源型、理解型辞书。侧重于语言文字资源保存与整理的辞书需要内容全面、系统。古代的辞书很少有收常用、普通字词的主动、积极、生成型辞书，多是收字、收词、收义、收书证务尽、务全的理解型、资源型辞书，典型的如古代的《说文解字》、《康熙字典》。再如古代收字量最多的理解型辞书是金代学者王与秘编写、后经韩孝彦及其次子道昭两次重编的《四声篇海》，收录56001个汉字，大量选收了民间流传的简、俗字，虽然收录了很多死字（如有音无义或有义无音的字），但保存了汉字的历史面貌，特别是社会用字层面的，现代很多简化字，如“刘、齐、宝、过、双”等字，都有收录。如果没有《四声篇海》，汉语汉字的一些历史的信息和面貌就无从考察，这类辞书集中体现出资源型理解型辞书的优势。

生僻字词主要体现的是字际关系的复杂性，字际关系认同涉及字形、字音、字用等各方面的历史和现实的复杂信息，进行规范可能性不大，如果真要强制规范，也不利于保护语言文字的丰富性、多样性。文字的混乱主要表现在社会用字层面，这一层面主要是常用字词、通用字词。因此侧重规范功能的辞书主要应该针对常用字词、通用字词，收字立目不可过多。这一点专门的正字书《字样》、《佩觿》、《字鉴》等做得比

较好。但古代有一定规范目的的辞书收字量从《说文解字》到《字汇》、《正字通》再到《康熙字典》,都是成倍增加,收录了很多生僻字,这一点与其编纂宗旨有矛盾之处。这种辞书类型上的混淆,直接导致《康熙字典》刊行后造成的规范过广、过度的问题,形成各种文字狱。

造成这一问题的主要原因是古代辞书理论研究的限制,尚未发展出专门的规范性或规定性辞书。一直到民国辞书理论转型期,有了《常用国音字汇》、《国语辞典》以及新中国成立后的《新华字典》、《现代汉语词典》、《现代汉语规范字典》、《现代汉语规范词典》,这一问题才得到改善。这些带有规范性的辞书多是针对民国时的国语推广以及新中国成立后的简化字、普通话推广而编纂的,多以中小型为主,且针对常用、通用字词。

2. 侧重规范功能的辞书未分清共时与历时层面,体现着泛时性特点

汉语汉字规范是针对共时层面的,要充分发挥辞书的规范功能,辞书内容必须针对共时层面的语言文字运用,规范的对象是社会用字、用词的共时属性,而不是已经成为语言文化资源的字词历史属性或历时演变属性。

但古代带有准规范性质的辞书多古今并收,具有强烈的泛时性特点,连《广韵》的收音都杂有古今和方音,不但体现泛时性而且有泛域性。再加上古代的辞书编纂一直崇古,从释义到书证,除偶用俗语释义,多取上古经典书面文献中的意义、用法及书证。由于长时间的言文脱节,虽然口语发生了很大变化,但读书人学习和入仕以及处理公务所及,大多还是使用文言,其字义、词义和字用多与古代相承袭,无法回避;而反映共时口语交际情况的方言俗语类词典又不受重视,被认为是“末学”。《康熙字典》标榜自己是“备知文字之源流”,所以收字、收音、收义都以求全为主,收录了大量的本义、古义等非共时性的信息,其编纂虽有遵古从今,也能做到一定程度的雅俗并收,主从分明,但总体上还是没有摆脱泛时性特点。这种情况的出现是由于古代的语言学理

论、汉语汉字本体理论、语言规范理论、语言规划理论研究不到位造成的。

三、转型期、成熟期的辞书规范功能与语言文字规范

进入民国后，随着国语运动的开展，国语审音、简化字改革全面铺开，字表字汇以其短小精悍、便于传播的特点被重新采用，如民国时的“国音字汇”、“简化字表”。新中国成立后，字表、字汇则成为主要的规范形式，如《简化字总表》、《第一批异体字整理表》等，辞书规范功能则退为其次。第一次辞书规划后，辞书规范功能的重要性被重新认识，这种规范功能体现为一套存在于辞书内容和出版中的复杂的“规范体系”，下文重点论及。

（一）现当代的语言文字规范工作与规范词典编纂出版

现当代语言文字规范与管理工作经历了四个阶段：一是贯穿清末、五四运动及民国时期的白话文、国语、切音字三大语文现代化运动；二是民国时的国音标准制定，简化字改革的探索以及文字横排、新式标点的推行；三是新中国成立后的文字改革，标志为《简化字总表》、《汉语拼音方案》的出台；四是 20 世纪 80 年代后开始的语言文字规范化、标准化建设。

新中国建立后，基于全民扫盲及便于各项工作的统一交流与协作的目的，国家对语言文字的改革和规范空前重视，从字种、字量、字形、字序等各个方面对语言文字进行规范，推出一系列对社会语言文字应用领域有一定覆盖度的字表、词表及其他规范，总体呈现出越来越具体、细化的特点，层次感也越来越清楚。现当代的语言文字规范工作虽然成绩显著，但也出现过许多问题，如推行又废除的“第二批简化字”问题，还有最近的一些热点、敏感的问题，如“恢复繁体”、“171 个新词语”、“44 个整形字”、“脱粤入普”、“字母词损害汉语汉字”等纷争，导致

这些问题产生的原因很多是过于强调语言文字工作的刚性特点，忽略了古代以辞书规范功能来引导社会语言文字规范的传统。

民国时三大语文运动如火如荼，本应该有更显著的成果，但最终强制推行的只有横行书写、新式标点，种类繁多的切音方案中只有注音字母得到确立，流传后世为社会广泛使用的仍然是规范性语文辞书，如《国音常用字汇》、《国语辞典》等。20 世纪 50 年代，《国语辞典》推出简编本《汉语词典》，实际上部分担负着规范性语文词典的作用，只是由于当时的政治环境，以及此词典释义语言风格本身的文白交杂，与推广普通话词汇的要求相距甚远，所以此词典在大陆的影响不大。民国时的《辞源》、《辞海》新中国成立后被重新整合分工，一为古汉语词典，一为百科辞典，但由于其定位于大型语文资源辞典，与共时性的语言文字规范相脱节。

在《现代汉语词典》正式出版之前，我们只有一部 1953 年首版的《新华字典》作为规范字典与语言文字规范政策相配合，很多人说我们是"大国家小字典"，就是指很长一段时间内《新华字典》一直是我们国家唯一的全国性规范字典。后来《简化字方案》、《第一批异体字整理表》等以字表、字汇的方式出现，进一步弱化了辞书引导语言文字规范的传统，没有把辞书的准规范性质和规范功能发挥出来。直到 1978 年《现代汉语词典》正式出版，才有了用规范性词典来引导社会语言文字应用的做法。这部词典本身就定位于推广普通话，是一部典型的共时规范性、描写性词典，它和《新华字典》一起，在新中国的语言文字工作的历史中，起着不可低估的作用——没有这两部规范性、描写性辞书，没有教学领域的推广舞台，语言文字规范是很难推广到全国各阶层的。

（二）辞书规范功能与辞书规范体系

1975 年第一次辞书规划后，辞书的编纂开始在大陆繁荣起来，规范词典的编纂得到越来越多的重视。辞书规范功能在新时期体现出复杂的体系性和交叉性：一方面要贯彻国家法定语言文字规范，还要对法定规范辖域外的语言文字知识做出规定，所以辞书本身也是语言文字规范与标准的一种；另一方面，新时期，辞书出版属于交叉领域，本身的编纂出版应该符合图书出版行业的流程和要求，有着各种规范和标准的限制。前者我们称之为辞书内容规范，后者称之为编纂出版规范。内容规范、编纂出版规范等构成了辞书规范体系，是辞书规范功能的核心。

1. 辞书编纂出版规范

包括两部分：

词典编纂出版标准(8项)

GB/T 11617—2000　辞书编纂符号

GB/T 11617—2008　辞书编纂的一般原则与方法

GB/T 15238—2000　术语工作　辞书编纂基本术语

GB/T 15933—2005　辞书编纂常用汉语缩略语

GB/T 19708—2005　用拉丁字母系统表示的多语种术语和辞书资料字母排序规则

GB/T 17933—2008　电子出版物　术语

GB/T 23289—2009　术语工作　文后参考文献来源标识符

GB/T 23829—2009　辞书条目 XML 格式

还有与辞书编纂交叉的标准规范。如术语标准(主要针对专业词典)[①]。

GB/T 10112—1999　术语工作　原则与方法

GB/T 15237.1—2000 术语工作　词汇　第1部分：理论与应用

GB/T 16785—1997　术语工作　概念与术语的协调

GB/T 19099—2003　术语标准化项目管理指南

GB/T 19100—2003　术语工作　概念体系的建立

GB/T 20001.1—2001　标准编写规则　第1部分：术语

---

① 具体条目略，可参考“中国标准化研究院”网站之“术语与语言资源”栏目 http://www.cnis.gov.cn/zdly/jcbzh/sy/，2011年6月5日查阅.

2. 辞书的内容规范体系

辞书的内容规范体系指语言文字规范，主要包括国家语委推出的语言文字规范，以及除国家规范以外的其他语言文字内容规定，前者可称为法定性规范，后者称为推荐性规范，后者还包括一些法定规范的配套规范以及一些行业规范。

(1)语言文字法定规范

法定规范主要由各级语言文字主管部门制定，一般是针对语文生活中的某一个方面来进行规范，解决社会上某些急需统一的语言文字应用的混乱或争议问题，并不追求覆盖的全面性。它在辞书中主要依靠辞书的语言文字内容(语文辞书)及知识载体(专业辞书)得以体现。

法定性规范涉及的语言文字知识内容是稳定的、权威的，规范范围侧重于语言文字的社会应用，如人名用字、地名用字、科学术语用字、古籍出版用字等。这种规范虽然多为推荐性质，但规范效力比较大，往往带有政府行为色彩，大多具有法规制度的性质，有权威性和一定的强制性，对社会有广泛的约束力。不过这些刚性的法定规范在制定时，也是最大限度地考虑与语言文字的学术性、约定俗成性的结合，在科学性、学理性和社会性、应用性方面，在与时俱进的时代性与保持规范的稳定性方面寻找平衡点。

辞书是“无声的老师”，其承载的语言文字知识首先要遵循法定性规范体系中的内容，所以法定规范是词典内容规范的核心规范、基础规范，应该在辞书编纂中得到最有效、最明显的贯彻与体现。例如编纂宗旨应该坚持全国性的法规《中华人民共和国国家通用语言文字法》(2000)；注音规范应服从普通话注音规范《汉语拼音方案》(1958)、普通话读音规范《普通话异读词审音表》(1985)、普通话注音拼写标准《汉语拼音正词法基本规则》(1996)、《中国人名汉语拼音字母拼写法》(1976)、《中国地名汉语拼音字母拼写规则(汉语地名部分)》(1984)、《中文书刊名称汉语拼音拼写法》(1992)等；字形规范应该服从《简化字总表》(1964)、《印刷通用汉字字形表》(1965)、《现代汉语通用字表》

(1988);形体检索或索引应该服从《汉字统一部首表(草案)》(1983)、《新旧字形对照表》等;字头、词头设立和形体变体的设置应该服从《第一批异体字整理表》(1955)、《第一批异形词整理表》(2002)等;标点符号使用应该服从《标点符号用法》(1995)等。

(2)语言文字的推荐性规范

目前,从国家制定的法定性规范上看,文字、语音方面的比较全面、丰富,词汇和语法因其复杂性,目前开展得还很不够,所以在语言文字规范的覆盖方面,留有很多空白。而民众在很多时候确实又需要对有争议的语言文字现象的权威解释。所以辞书规范更要注重推荐性规定或规范,以补充法定性规范的不足。

①法定规范配套文件

法定规范具有一定的普适性和抽象性,针对不同领域的具体应用,还会有一些类似细则式的配套规范,主要包括落实语言文字法定性规范的具体测试文件或相关规定,如国家语委的《普通话水平测试等级标准》(1997)、《汉字应用水平等级及测试大纲》(2006),国家汉办的《汉语水平词汇与汉字等级大纲》(1992)等。辞书要与这些配套文件的内容与精神保持基本统一。

②语言文字的行业规范

辞书规范要适当参考一些语言文字的行业规范,这些行业规范已经在一定的部门和教学领域广泛使用,具有了一定范围的社会使用既成性,而且它们在制定过程中也是广泛参考了权威语文性辞书。这是一个互相发明的互动过程,所以行业规范与辞书在内容修订时应加强沟通,互相参考,能够保持一致的地方尽量保持一致。

例如语法方面,中学教学领域有早期的《暂拟汉语教学语法系统》(1954)和后来的《中学教学语法系统提要(试用)》(1988),它们在语法方面起到了隐性规范的作用,可以对权威语文辞书的词类标注、学习词典中涉及的语法知识点起重要的参考作用;词汇方面,除了《第一批异形词整理表》这一法定性规范外,还有中国版协校对研究委员会、中国语文报刊协会、国家语委异形词研究课题组、《咬文嚼字》编委会等部门推出的行业规范——《第二批异形词整理表(草案)》,虽然有一些词的界定在学术界有争议,但仍不失为辞书编纂的重要参考资料。

③辞书本体对部分内容的规定

法定性规范以及前两类推荐性规范的覆盖面是有限的,社会语文生活存在的大量有争议的语言文字问题,需要辞书对其做出特定的权威性解释,这是规范性、规定性词典的重要任务,这些规定性的解释成为辞书所独有的推荐性规范。这些规范的内容应该是已经从专家知识体系进入到应用知识层面的,是专家层面达成共识的稳定的看法,且要保持一定的滞后性与稳定性,不要强求前沿性与学术性,这样才能让更广泛的民众接受。

可以说,法定性规范以及前两类推荐性规范以外的几乎所有语言文字内容的权威规定都来自于辞书。因此,学界将辞书称为"语言文字准规范"——准规范的性质应该是推荐性的、引导性的、柔性的。

(三) 现当代辞书规范体系中的"干扰"因素

辞书是应用型的工具,不是纯粹的学术研究,理想完美的辞书是不存在的,它必然要向社会各层面的各种需求和使用惯例做出一定的妥协与让步。在辞书的规范体系中,存在着一些"干扰"因素,这些因素与规范体系形成矛盾或不一致之处,但它们中很多具有一定的存在合理性,反映了一定的社会约定俗成性,应该予以承认。

1. 社会约定俗成

墨子的"所以谓,名也,所谓,实也"(《墨子·经说上》),指出词这种符号与客观世界物的关系,荀子怕"析辞擅作名","以乱名",要求"谨守于名约"(《荀子·正名》),强调语言的规范性和稳定性,体现语言的社会政治功能,与自觉的语言文字规范观是一致的。但他又强调"约定俗成"说:"名无固宜,约之以命,约定俗成谓之宜,异于约则谓之不宜。名无固实,约之以命实,约定俗成谓之实名。"(《荀子·正名》)这里面看似体现了荀子对语言是规定的还是社会性的,或者说是人工规范的还是自组织的这一问题的矛盾心理，其实荀子谈到这个问题时的角度是不同的，“约定俗成”说是从发生学角度说的，语言的生成是约定俗成的，语言一旦约定后，就要“谨守于名约”，不能“乱作名”，这是从语言使用避免混乱的角度说的。这一辩证的规范思想实际就是规范与俗成、学理性与社会性、科学性与使用性之间关系的反映。

这一思想也左右着中国几千年来的语言文字规范建设与应用以及辞书编纂，在《说文解字》、《康熙字典》等古代辞书，《国音字典》、《国语辞典》、《汉语词典》等现代权威词典，《现代汉语词典》、《新华字典》等当代规范性词典中，都得到了较好的贯彻与体现。从另一角度看，语言的约定俗成用法本身也是一种变相的自组织式的规范，因为人际交往中的约定本身就是对个体语言使用者的一种规范。

但社会上对一些语言文字现象的约定俗成有时直接影响着辞书对规范的执行。对于社会运用中的一些明显的错误，辞书必须与法定性规范一致，对其进行纠正。但一些有学理依据的，或虽无学理依据但在相当范围内得到社会约定的现象，常常让辞书编纂者举棋不定。例如晁继周曾谈到《普通话异读词审音表》中“荫”的注音和字形问题。①“荫”在“审音表”中统读 yìn，“树荫”应该写作“树阴”，但实际社会用字上，一直还是写作“树荫”，北京的“柳荫街”、“柳荫公园”，济南的“槐荫区”等地名用字也没有改写，读音也未改，而且被社会广泛接受。再如《第一批异体字整理表》将“淼”列为“渺”的异体字，为不规范汉字，先不说二字是否为严格的异体字，在人名用字中，“淼”是一个高频字，尤其被信奉五行学说的人所习用，晁继周曾经拿“张王李赵”四个常见姓氏跟“淼”的组合情况做过考察，结果发现使用“淼”在人名用字中占有相当高的比例。在这种情况下如果坚持废除“淼”字，是不是很多民众都要改名？类似的情况还有一些看似毫无学理依据，但民众广泛接受的“积非成是”的现象。

以上这些问题都给辞书的注音、字形择定、字头立目等问题带来困

---

① 晁继周.语文规范标准与规范型字词典的编写[J].中国语文，1999(1).

扰，如果词典编纂者坚持按法定规范的原则处理，则与社会语用不符，如果坚持按社会语用的原则处理，这些现象明显地成为法定规范的干扰因素，也成为评价词典“不规范”的一个论据，这是一种两难。

2. 辞书编纂出版规范中相矛盾或不周延之处

辞书编纂出版规范内部存在着一些不周延或不一致的地方，会影响到词典的规范性。

例如在国标《辞书编纂常用汉语缩略语》(GB/T 15933—1995)中，列出了35个修辞色彩的缩略语，其中有一些是有争议的。例如〈转〉指“转化”，这是词义实体的内容，而修辞色彩则是词义功能，二者并非一个范畴；再如〈谚〉、〈熟〉、〈歇〉等，是汉语词汇中固定语的类型，也并非修辞色彩。这样的分类必然影响词典对这些修辞标记的采用。

再如，GB/T 11617—2000 中适用范围覆盖“语文辞书、专业辞书、词汇集、术语库、有关辞书编纂和信息文献工作的著作”，而 GB/T 15238—2000 所列的基本术语中有“百科全书、百科词典、专科词典、术语词典”等，唯独缺少上位概念“专业辞书”，“专业辞书”不等于“专科词典”；另外有“语文词典”而无“语文辞书”，这二者也不完全等同。GB/T 15238—2000 这一国标是专门规定辞书编纂基本术语的，而且包含有“辞书”标题成分，不给出“语文辞书”、“专业辞书”的立目术语是不合适的。

GB/T 15238—2000 的“辞书”术语：“以字条、词条、条目为单元，按一定的方式编排和检索的工具书，是字典、词典和百科全书的统称。”但标准在结构安排上有值得斟酌之处，“2 词典类型”作为上级标题，下面却列出“辞书、字典、百科全书”这些上位或平行概念，这是不合适的。

GB/T 15238—2000 有些概念的内涵界定也存争议，如“图解词典”：“用图像作为主要释义手段的词典”，其中“图像”一词无法涵盖图解词典用图类型。“图像”与“图形”并非一个概念，“图形是指由外部轮廓线条构成的矢量图。即由计算机绘制的直线、圆、矩形、曲线、图表等；而图像是由扫描仪、摄像机等输入设备捕捉实际的画面产生的数字图像，是由像素点阵构成的位图”[①]，我国有专门的“中国图像图形学学会”(http://www.csig.org.cn/)。在图解词典中，二者都是有使用的，而且图形使用的频率要更高或为绝对主流，此定义中的“图像”宜为“图片”，“图片”是二者的共同上位概念。

再如“网络词典”的概念已经发展出很多内容，目前的解释：“利用网络技术可供在线调用的电子词典”——当前的网络词典由于“维基百科”等的参与，已经远非“调用”这一单一的使用功能，至少包括“开放”、“交互”、“去专家化”[②]等智能化特点，这才是网络词典不同于普通电子词典的优势所在。

以上这些标准或规范中的不统一之处，必然会对辞书定位、厘定宗旨、完善编纂体例等方面的操作形成干扰，影响规范功能的发挥。

3. 语言文字法定规范中相矛盾或不周延之处

语言文字法定规范体系中，不同的规范甚至同一规范本身存在矛盾与不周延之处，也会影响到辞书对法定性规范的执行力度。

例如在《通用规范汉字表》的研制过程中，课题组发现《第一批异体字整理表》(1955)、《简化字总表》(1964)、《印刷通用汉字字形表》(1965)、《现代汉语通用字表》(1988)这几个规范内部经常有互相抵牾之处。王立军曾经发现“並”在《第一批异体字整理表》中是作为“并”的异体字，是被规范的对象，但在《印刷通用汉字字形表》中又将其收录，存在不一致之处[③]。

我们认为，虽然这种收录可能是印刷字形的需要，但规范之间不统一，易给人以复活不规范字的感觉，所以处理这种情况时，还是应以最大限度减少误解为宜。从另一个角度看，“並”与“并”并非严格的异体

---

① 图形与图像的区别[Z]. http://nic.yangtzeu.edu.cn/bencandy.php? fid = 93 $ id = 673，2013 年 9 月 9 日查阅.

② 王东海，王丽英.开放式辞书编纂与共享机制研究[J].语言文字应用，2008(4).

③ 王立军.汉字的自然发展规律与人为规范——兼谈《规范汉字表》研制的科学理念[J].语言文字应用，2008(2).

字，它们只是在某个义项上构成了异体关系，而在表示古代声母中的“帮滂並明”时，有其独特的指称用处，语用是不同的，类似这样的被规范的异体字在人名、地名、科技术语等方面还有其独特的使用价值，所以不能简单处理成异体字。“一异表”中的非严格异体字还有很多，经张书岩调查[①]，在“一异表”中音、义、用严格对等的异体字只是一部分，存在着交叉、包容等关系的非严格异体字还是很多的。这一情况反映了法定规范内部存在的学理或处理原则上的不妥或不统一。

如何处理这一问题直接影响到字词典字头、词头的确立，因为根据法定性规范的刚性要求，普通共时性的语文规范词典一般是将异体字用括号放在正字之后，而不单立字头的。这些矛盾之处，经常使辞书编纂者陷入两难的境地，因为只要是音、义、用不完全对等，这些异体字就有存在的价值，行业应用、社会应用和个人应用就有潜在的使用需求，而辞书编纂者也有义务在一定程度上满足这一要求——对这些“异体字”、“异形词”单独立目。这些因素也是词典规范体系中的“干扰”因素。

4. 不同辞书规定的内容不统一[②]

现在同类型的辞书非常多，民众使用时选择余地很大，但在很多时候，一些同类型辞书对有争议的语言文字现象处理的不统一，给民众带来困惑。

例如一些词素的标音问题。“嫦娥奔月”的“奔”是读阴平，还是去声，一般词典认为“嫦娥奔月”是短语而不收，在收录此词的词典中则出现标音不统一的现象，似乎二者都可——如果考虑到文化背景和故事背景，有人提出读去声，有“奔命”的意思；有人则认为不应考虑文化因素、语源因素。哪本词典的说法更权威？类似的问题还有很多。

再如教学领域有的老师关心“逄蒙”中姓的读音，有的权威型词典

---

① 张书岩.《规范汉字表》对异体字的确定[J].语言文字应用，2005(1).

② 4和5两部分内容中的用例见于作者在教育部语信司借调工作时，为教育部网站网络提问做出的相关回复。

将“逢”作姓讲时注为“féng”。这一注音引起了读者的质疑与关注。根据《汉语大字典》的解释，“逢”同“逄”。“逢”音有二读：1、读 féng[2] 时，《干禄字书》认为其是“逢”的俗字，即“遇”的意思。2、读 páng[2] 时，也同“逄”，姓。举例用《孟子·离娄下》“逢蒙学射于羿”，宋孙奭音义、宋朱熹集注作“逄蒙”。可见二字同。“逢”音有三读，读 páng[2] 时，注为“姓”。另外，《汉语大词典》“逢”音也有三读，读 páng[2] 时，释为“姓”，并举例“古有逢蒙”。现在“逄”做姓氏时依然读 páng[2]。由此可见，“逢”与“逄”同，“逢蒙”的“逢”当读为 páng[2]。

在一些问题上，权威性词典也存在问题，这并不是学理上的问题，而是对一些有争议的语言文字现象处理的方式和原则不同，过多地体现出专家个体的观点。如《现代汉语词典》(第 5 版)的凡例中，把 ABB 式形容词的注音分为三种类型，有一部分按照习惯 BB 要变读阴平调(即一声)，如“黄澄澄”里的“澄澄”，“澄”字单念的时候读为去声，在“黄澄澄”这个词里读成一声是变读，所以很多中小学教材中注为一声。这是根据汉语读音实际来进行的描写，但《现代汉语规范词典》却注为“huángdèngdèng”，虽然这两部词典都有一定的描写性和规定性特点，但这种处理上的不一致带来了教学上的无所适从。

民众期望中的工具书是全面的，民众心目中的“规范”的含义是权威与统一。辞书一方面失收一部分民众最关心的词语，另一方面不同辞书对同一问题的认识出现分歧，这都会影响到辞书的使用价值和规范性。

5. 辞书内容规定与语言文字规范的矛盾

辞书修订有时未能全面照顾法定性规范体系的全部内容细节，可能存在抵牾的地方，这会在语言文字社会应用和教学中引起混乱，成为制约辞书规范性的又一干扰因素。

例如《汉语拼音方案》于 1958 年在第一届全国人民代表大会第五次会议上通过。方案中“o”和“uo”分别直音(用同音汉字拟音)为“喔”和“窝”。其实，“喔”有三个读音，其中有两个是用作叹词。在此，“喔”

应读为用作叹词的“ō”，而不应读为用作“鸡鸣；鸡啼声”的“wō”。《汉语大词典》、《现代汉语词典》(第一版)“喔”的读音都有两个叹词的“o”读音，但《现代汉语词典》、《新华字典》后来修订时只保留了“wō”音及义项，而叹词的读音和义项分配给“哦”承担，这使《汉语拼音方案》中直音字“喔”的发音等同于“uo”，为小学教学和对外汉语教学带来极大的混乱。由于《汉语拼音方案》是全国人大讨论通过的，修订需要严格的程序，所以现在也没有圆满解决这一问题。

6. 体例上的创新意识

辞书的编纂必须遵循共性，这些共性的内容有时需要严格执行编纂出版规范中的国标(GB)和语言文字规范中的法定性规范，这样才能保证辞书的基本质量，但这些刚性规范并非要把辞书编纂统一到一个固定的模式上，扼杀先进的编纂思路和创新的编纂体例。这些刚性的规范主要是对辞书基本元素进行规范统一，并没有局限新的辞书编纂思路的发挥。

在一些定位为规定性、规范性的辞书中，宜严格执行法定规范的要求，但在专项辞书和生成型学习词典中则不宜过于教条。例如辞书编纂符号的使用，有国标做规定，但如果所有类型的辞书都照搬这些符号，就会缺少变化性和生动性。特别是在电子词典和学习型词典中，由于崭新的载体形式和编纂理念，其编纂体例经常不同于各种法定性规范的要求，如可以使用各种不同的符号、线型甚至是图形和图框表示词义之间的复杂关系，有的反义词词典采用各种直观形象的图标作为反义词的标志，有的为了明了，采用文字符号(如[反])，并不都用国标推荐采用的“↔”表示；同样，同义词词典表示同义关系时也不都采用国标推荐的同义词标志号“≈”，而是根据编纂需要采用更加灵活的方式。以上这些处理原则都体现了针对已有标准和规范的创新性，这种创新性是合理的、被允许的，但客观上又是规范体系的“干扰”性因素。

综上所述，我们认为对于那些照顾社会性、照顾体例创新的“干扰”性因素，应该持包容态度，而其他四方面“干扰”因素则应在辞书编纂时予以严格的限制。

四、在二次转型期全面完善辞书规范体系

现在处于辞书编纂理论的二次转型期，要多方面吸收国外先进的语言规划理论来完善辞书规范体系。辞书中存在多种法定和推荐的规范，还存在着各种合理的或不合理的"反规范干扰因素"，辞书规范必须协调好这些因素之间的关系，更好地发挥其在语文生活中的规范和引导功能。要做到这一点，应该从以下五方面努力：

（一）正确理解辞书的规范度

不管是辞书中贯彻的法定性规范，还是辞书本身基于学界共识形成的推荐性、规定性内容，都带有不同程度的规范度问题。法定性规范规范度高，刚性强，而辞书本身规定性则低一些。一些有争议的或刚性规范没有覆盖到的地方，则更低，甚至没有规范性，要由辞书本身的引导性、推荐性替代。高规范度的规范体系不能反映各家杂说，只能反映共识、权威、科学的内容，但引导性、推荐性规范或规定的内容同时要照顾到社会主流语用的情况，具有一定的向主流语用妥协的特点。要正确理解语言文字规范体系中的规范度问题，建立一个分级、分对象、分层次的有针对性的规范策略，最大限度减少因不同规范子体系的不同要求而产生的纠葛。

（二）缩短辞书规范体系的修订周期

法定性的编纂出版规范主要是面向辞书编纂环节，是辞书编纂必须遵循的，如果实行辞书编纂准入制，这方面的国家标准会成为门槛之一，这也要求其制订要相当严谨，发现问题要及时修订，缩短修订的周期。这一点国家相关部门已经意识到了，如 2007 年 9 月 12 日全国术语标准化技术委员会辞书编纂分技术委员会就对国家标准 GB/T 19103《辞书编纂的一般原则与方法》进行了全面的修订，完成了征求意

见稿。但这还远远不够，例如上文提到编辑出版规范中一些有争议之处，需要尽快进行处理。

（三）积极稳妥地推出新的规范，提高覆盖面

虽然规范的制定不宜过频、过多、过广、过细，以免束缚辞书编纂的发展，但也不能因噎废食，一些急需的规范还需要抓紧时间制定，这主要是指辞书编纂出版中的一些客观性强的因素。

例如释义引导语（特别是"参见系统"）在各部词典中都有自己的规定，我们对《汉语大词典》电子文本语料库进行初步测查，发现释义引导语（或称"释义程式语"）就有七十条左右，且都有不同程度的使用：

> （后）指、本称、本谓、本指、表示、传说（中）、代称、的样子、的意思、多称、多谓、多用来、多指、古代指、后称、后遂以、后谓、后因称、后因以、后指、即、简称、见、叫做、借称、借为、借指、旧称、旧时、旧指、貌、蔑称、谦称、省作、缩略、缩写、特称、特指、通、同、谓之、形容、比喻、参见、参阅、典出、也称、也叫、也说、也指、也作、一本作、一名、一种、义同、亦称、亦指、亦作、引申、犹言、犹、又称、又叫、又谓、与××相对、语本、语出、喻指、喻、原谓、原指

这些用语中有很多是重复的，功能混乱的现象也比较明显，这与《汉语大词典》规模浩大、参编人数多、体例难以全面贯彻有关，但也能看出，这些程式语的统一规范使用对辞书规范体系的完善有着重要的意义。相关部门应及时出台相关规范，从而使这些共性的释义程式语内涵固定化，指称明确化，功能定型化，便于读者使用。

另外，当旧规范有变化时，规范词典的修订要及时跟进，根据规范的变化，第一时间做出相应的修改和内容调整，保证同步更新。例如2012年"正词法"、"标点符号用法"国家规范都有了新版，规范词典不一定马上推出修订版，但在再次加印时一定要进行相应的"小修"。

（四）加强沟通，重视辞书内容的一致性与权威性

辞书规范体系的编纂出版规范和内容规范都是在专家层面达成共

识而形成的，前文说过，这些成文规范不可能覆盖辞书编纂的所有内容，所以在一些专家层面有争议的地方，就会出现"规范真空"，需要辞书能体现专家的引导和推荐性意见。而不同的辞书编者可能会对同一问题产生争议，导致不同的辞书对同一争议的处理原则与方法不同，这会给读者带来困扰，这些困扰给辞书规范提出了新的课题。我们建议对于一些有争议的地方，不同的辞书应该抛弃门户之见，加强沟通，在一些问题上尽量达成一致。我们不必担心这样会形成辞书的同质化现象，因为辞书的创新性更多地体现在体例、释义、内容含量及新颖性等方面，而对某些争议问题达成的一致对创新是没有影响的。另外，在一些客观性比较强的如注音、字形等争议点上达不成一致，是不利于辞书规范功能的发挥的。

（五）将辞书规范与"干扰"因素统一于规范词典的凡例

辞书的凡例是规范体系的集中体现。在整合各种规范和干扰因素时，应该注意以下几点：

1. 对于法定规范中已无争议的、确凿无疑的内容，应该坚决贯彻。

2. 对于与社会应用有矛盾的内容，在坚持规范的同时，应加以标注说明，例如在按"审音表"标出标准读音后，可标注"口语中常读作××"。

3. 对于没有相应成文规范规定的语言文字内容，应该按学理性与社会性相结合的原则寻找稳妥的处理方法，难易程度要适中，而且要将争议压到最小。对于确有争议而又无法统一之处，在"凡例"中要根据各自的辞书定位和编纂宗旨说明处理原则。例如《现代汉语词典》和其他词典中对ABB式形容词中BB注音所采用的不同原则就能很好地体现在凡例中，让读者一目了然。

4. 一些要体现辞书编纂创新性要求的因素，可有自己独特的处理思路，如释义元语言规范、释义方法规范、设例规范、例证的获取与设置、引例长度等。但要注意同一类型、同一系列辞书的处理原则应该尽量做到一致，在统一的框架下使出版的系列辞书格式统一，而格式相似度提高，是形成品牌美誉度的必要保证，商务印书馆的“新华”系列辞书就是一个很好的尝试。

5.规范辞书凡例的写作要严格按照辞书编纂出版规范，例如“凡例”行文用的术语及其内涵与外延的界定应严格遵守国标规定，编纂符号、常用缩略语应该尽量与国标保持一致，在此基础上如果要有编纂符号的增加，应该设置单独的符号列表加以说明，如果要使用规范以外的术语，应该首选学界和民众都能接受的，对其内涵与外延的界定也应该本着明了、一致的原则。

五、小结

经过以上梳理，我们建议：未来的法定规范工作要以规范性词典为推广和补充载体，以其规范功能的发挥为核心，有效引导社会语言文字通用层面的应用。这一点与目前西方的做法是一致的。西方极少有专门的语言文字规范，但六大英语词典家族的规范性词典互相补充，构建以辞书为载体的语言文字规范体系。我们这方面的观念还需要转变。

中编　辞书意义观的建构与发展

辞书的本质属性是为读者提供规范的、经过系统整理和科学编排的语言知识或专业知识。意义是辞书知识体系的核心和基础。从语文辞书的角度看，在语言文字符号的形、音、义、用四要素中，绝大多数汉语辞书读者的首要目的是查询陌生词的意义，其次是查询读音，因此，义与音是读者最关注的语文知识内容。一种语言的语音体系相对客观、清楚，规律性强，所以辞书的语音体例架构比较简单。而一种语言的词汇体系、意义体系异常复杂，因此辞书编纂历来都将释义作为最核心的工作，缺少释义但仍能按辞书体例编排的工具书只能称为准辞书，如古代的“秦三仓”字表。

本编从辞书意义观的理论基础，词义、语境义与辞书义项的生成，辞书义项类型与义序，辞书义项结构分析，辞书义项的描写方法五个方面对汉语辞书的意义观进行研究。

第七章　中西方意义理论的发展与辞书意义观的理论基础

辞书的意义观是建立在语言学语义学、符号学语义学、哲学语义学等学科的意义观的基础上，结合自己的本体特点而产生的。本章重点梳理西方符号学词义观、中国古代哲学词义观与辞书意义观理论基础之间的关系。

一、从一元指称到多分多元——符号学词义观

词义的确定是词义观的基础和核心。语言(言语)语义学、哲学语义学、逻辑语义学、数理语义学等对意义的界定都以自己学科的研究为出发点，提出了多种关于意义的界定。

在索绪尔(Ferdinand de Saussure)以前，对词义界定的主流观点是指称论，如柏拉图、密尔(J.S.Mill)、罗素(Bertrand Russell)、维特根斯坦(Ludwig Wittgenstein，前期观点)、蒙塔古(Richard Montague)等都坚持这种观点。这种观点认为，词语代表事物，是事物的名称，词语的意义是它所指称或命名的对象，其词义模式是“某词指什么(人、物、事、时、地等)”。这也是词义的一元观点，即意义对应事物。指称论是典型的一元论观点，局限性是大家公认的，因为“所指物并不等于词义，所指物仅仅是词的基义形成因素的一种、一类、一部分”[①]。

索绪尔最大的成功在于其坚持二分法，突破了指称论的束缚。他

---

① 张志毅，张庆云. 词汇语义学[M]. 北京：商务印书馆，2005：112.

把一个符号二分为能指与所指，能指和所指都是思维、心理现象，能指是词的语音留在人记忆中的形象，而所指是概念，是人的思维对外界事物属性的概括，是关于客观事物的基本观念和看法，是思维的基本方式，绝不等于客观事物。他认为“语言联结的不是事物名称，而是概念和音响形象”[①]。索绪尔实际上已经提出一个事物、概念、词语的三元架构，但他并没有明确界定词义的内涵，只是将其和价值联系起来[②]。在索绪尔看来，词的价值是一个词与别的相邻近的词比较所得出的关系，词的意义是一种关系结构，其最终确定是依靠词语在所处系统中的关系位置。这一观点成为语义场理论和后期莱昂斯典型关系理论的重要源头。

索绪尔的词语符号二分法带来的词义研究新视角，以及其创建的词的价值学说意义重大，但他没有将词义和价值区分开，甚至有自相矛盾的地方。[③] 另外，能指与所指只是区分了事物与概念，并没有和词义联系上，词义的研究不是在一个词内部，而是通过词的外部系联来确定，这就忽视了词本身的所指意义、概念意义的重要性，这种意义观是不全面的意义观。

针对索绪尔的不足，皮尔斯提出了“三项说”（图 7—1）。他认为，任何一个词语符号都是由媒介关联物（M—medium）、指涉对象（对象关联物 O—object）和解释关联物（I—interpret）组成，每个语词符号与它所表征的对象都有一定关系，这种表征必定由某一解释者所理解，或具有一定的解释或意义，也就是说这三者共同决定了词语的意义。这就是皮尔斯在三分法基础上提出的三项说。

奥格登和理查德兹的“语义三角”（图 7—2）在三分法中最为著名。这一语义三角是用来描述意义的，他们认为，“在进行任何陈述或解释

---

① [瑞]费尔迪南·德·索绪尔著.高名凯译.普通语言学教程[M].北京：商务印书馆，1999：101.

② [瑞]费尔迪南·德·索绪尔著.高名凯译.普通语言学教程[M].北京：商务印书馆，1999：163.

③ 信德麟，索绪尔.《普通语言学札记》(俄文本)评价[J].《国外语言学》，1993(4).

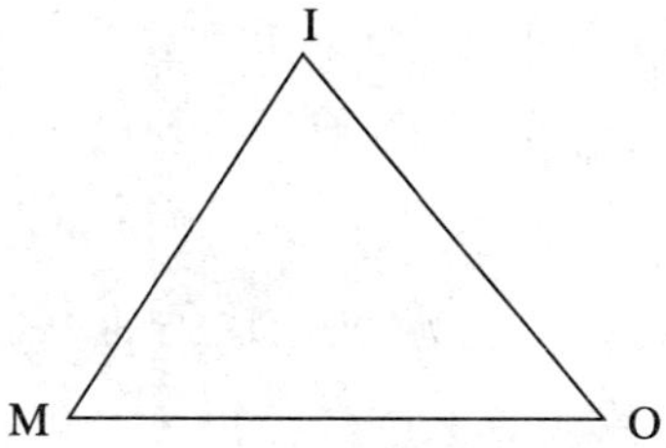

图 7—1

任何陈述时，涉及三种因素：1、心理过程。2、记号。3、指称对象——即‘想到’的事物”[①]，语义三角反映的总体关系即是词语、观念、事物之间的关系，词语符号用来表示心理现实——概念，概念是指称对象——客观事物在人们头脑中的观念性的反映，而词语只能用来代表一种指称对象。“代表”的内涵指的是：词语符号和事物之间没有直接或必然的联系（用虚线表示），这也体现了符号能指与所指是任意的约定俗成。

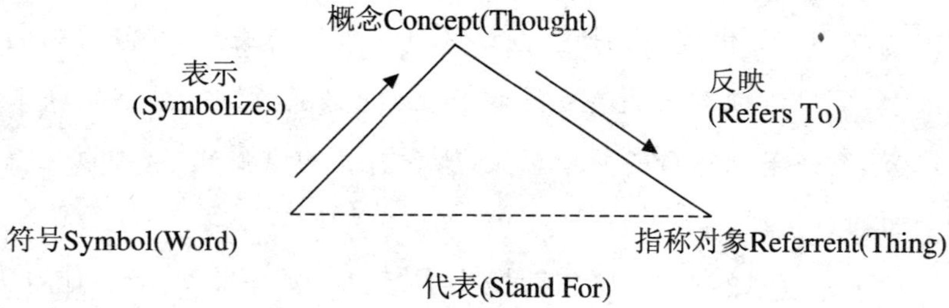

图 7—2

语义三角不但揭示了词、概念和事物的关系，而且点出了意义和指称的区别与联系。王铭玉[②]认为，在语义三角中，意义是人们在社会交往中以语言为载体、依赖于思维传达的有关客体的观念内容或信息，指称是名称与实在物之间的对应关系。意义和指称是词语符号内容的两个基本的方面。意义可被理解为语言呈现世界的方式，指称则是语言所呈现的世界；意义是语言内容的内在方面或者语言内容内涵方面的说明，而指称则是语言内容的外在方面或者语言内容的外延方面的规

① C.K.奥格登，I.A.理查德兹著.意义之意义——关于语言对思维的影响及记号使用理论科学的研究[M].北京：北京师范大学出版社，2000：8-9.

② 王铭玉.语言符号学[M].北京：高等教育出版社，2004：234.

定；意义感兴趣的是认知主体通过语言如何将非语言的世界结构化、系统化、抽象化，而指称感兴趣的是语言的“回归”显示，它关心有意义的语言单位如何与世界相关联。

语义三角当然也有其不足，但批评者往往是将语义三角当成是处理所有语义现象的万能模型，这些批评从某些角度来说曲解了语义三角的建构目的，在人为拔高其实用价值的同时观察其不足与漏洞。但不管怎么批评，奥格登的“语义三角”突破了索绪尔的“二分法”，明确阐明了词语符号与其代表的物体和思想之间的关系，并且通过三角模型能明确地确定词义。这一价值不容抹杀。

后来德国黑格尔（Keger，K.）提出了“语义梯形说”（图 7—3），苏联学者麦尔尼科夫提出了“语义正方形说”（图 7—4）。他们都用四分法的观念来关照词义，都在语义三角上补上了第四个角——意义角，四者之间的关系是：事物是概念形成的基础，意义体现概念的本质，词语符号是意义的载体。语义四边形的说法虽影响不如语义三角，但它们最大的贡献是将“意义”直接纳入意义矩阵进行研究。

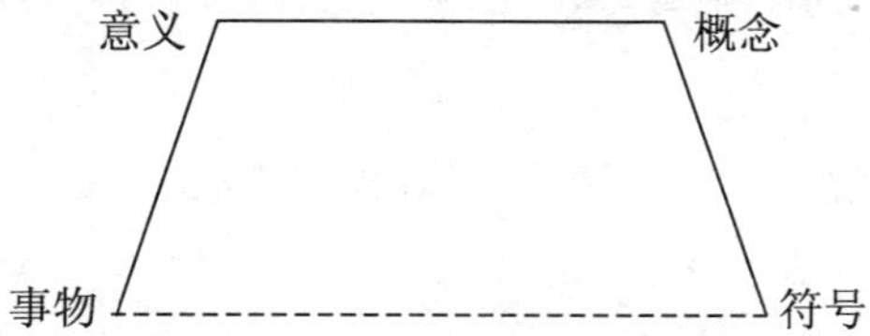

语义梯形说

图 7—3

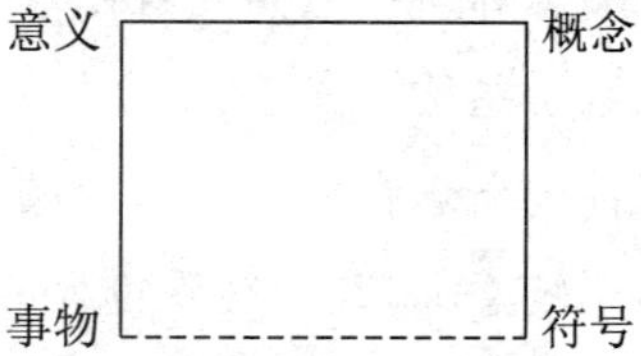

语义正方形说

图 7—4

后来佩多菲（J. S. Petofi）[①]提出一种基本语义单元——词汇项（Lexicon Item），它可以是词也可以是短语，是存在于形式、意思（Sense）和语言外相关物之间的一种关系的表现。他认为概念和所指共同组成词的意义，即词义实由所指和指称共同组成。形式和相关物之间的关系为“指示”（Denotation），形式是指示者，相关物是被指示者。形式和意思间的关系为“指意”（Designation），此时形式是指意

① 李幼蒸.理论符号学导论[M].北京：社会科学文献出版社，1999：253.

者，意思是被指意者。意思和相关物之间的关系为"符合"，它存在于两个方向上。形式和意义(意思加相关物)之间的关系为意指(Signification)，此时形式是意指者，意义是被意指者。他建立了一个立体的金字塔模型(图 7—5)①。

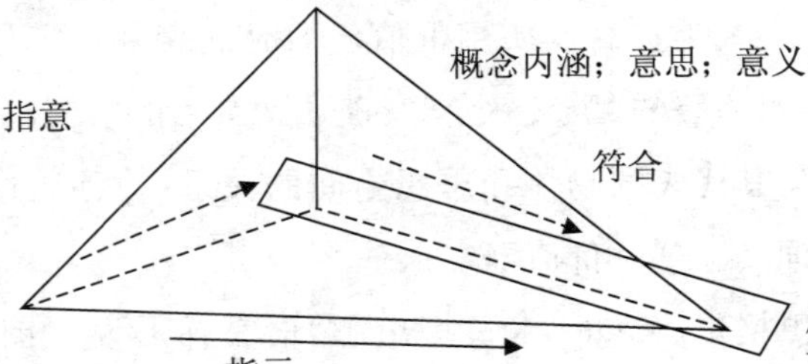

图 7—5

佩多菲的理论将语义三角进行了立体化，增加了"词汇项"因素，用这一语义单位作为塔顶，进行统摄，将原语义三角的概念顶点明确为内涵，将所指物明确为语言外所指者。这些是对语义三角的细化与深入。把概念和所指者共同看作一个词的意义，这与后来许多人提出的"系统意义+指称意义"的词义模式相一致，系统意义就是概念内涵，是本质属性的概念在人脑中形成的观念，带有一定的主观性。指称意义则是非系统意义，是与客观世界的对应关系。

20 世纪 70 年代，苏联语言学家戈洛温(Б. Н. Г. ЛОВНИ)用五分的方法说明词义的形成：词(语音)—音象—联系—客观对象的反映—客观对象，这一模型比较注重联系，音象和客观对象的反映的联系就是词义。其优点是将语音能指也带入了意义矩阵，并提出跟"音响形象"对应的"物的反映(对象)"，但这一理论也并没有突破索绪尔的观点。

可见，从符号学的角度观察，西方的词义观侧重词义模型的建构，侧重在词语与其外部世界——观念中的概念和客观现象架构起来的词义模型中确定词的意义，基本是立足于词语的内部意义或概念意义的。

① 引自 Van Dijk, T(ed): Handbook of Discourse Analysis, V. 1－4 Harcourt, 1985, V2, 91.

后来,莱昂斯(John Lyons)发展了索绪尔的词的价值观,将意义置于各个词之间的比照与关联中加以确定,这种词际关系确定词义的理论是立足于词汇场、概念场或语义场的。所以,词的意义终究是两方面组成的:“一方面,它与现实世界(包括人的内心生活)的一定要素(物质,行为,特征等)相关联,……这是基本的方面。但是词义还有另一个方面,即一个词和语言中其他要素在意义上的关系和相互的界限,这种关系和界限常常由于其他词的意义的产生、消失、扩大或缩小而发展变化”①。

基于西方的这些理论,在中国,许多人也探讨了这一问题,代表性的有张志毅的七因素说②,他总结了自柏拉图以来的两千多年词义学说史,站在学说史的高度,用当代的语言哲学和语言语义学有关词义理论的新视角,按形成理论的历史脉络,审视评论了指称说、用法说、关系说、因果说、概念说、反映说、四角说、五因素说等十种学说,其最大的价值在于提出了自己的七因素词义确定新说。七因素即:音、音象、普通义项、学科义项、物象、物性、物。其关系如图 7—6。

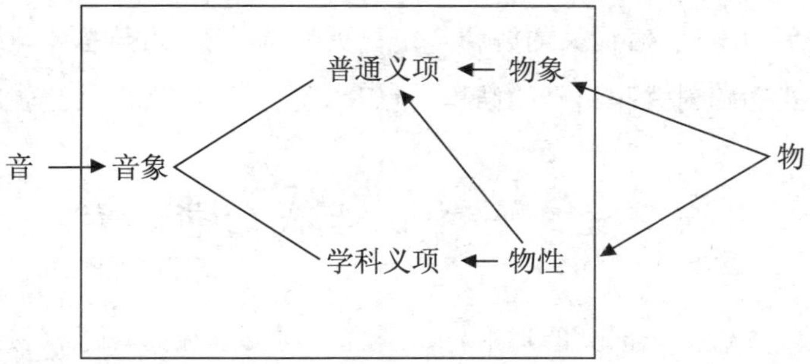

图 7—6

张志毅解释说,音是表示词义的物质基础。音象,就是音响形象,用索绪尔的话说,就是语言符号的表象,词的自然表象,声音表象,不是物质的,不是纯物理的,而是心理印迹,属于感觉的,是能指。普通义项反映指称特征,也反映表意特征,表示的是所指事物的最显著的、最易

① 李友鸿.词义研究的一些问题[J].西方语文,1958(1).

② 张志毅,张庆云.析柏拉图以来词义说的新审视[J].中国语文,2000(2).

为语言共同体所认识的标记特征。学科义项反映的是范畴特征，表示所指事物的本质属性。物象是事物反映在意识中的群体表象以及人的精神情感。物性是事物反映在意识的群体特征属性或本质属性。物，指广义的事物，不仅指事物本身，而且也指过程、关系、状态以及现实中全部现象的总和。第2—6项是意识范围，第1和7项是游离于意识，在映射条件下才相关。

七因素理论是在总结前代结构主义研究成果的基础上提出的，使词、概念、事物的关系及对意义的产生原因的理解更加深入、全面、细致；其关于普通义项、学科义项的区分，使词义研究对象明晰了，并且把专科词义第一次正式纳入意义矩阵；其将概念区分为物象和物性，不但体现着其与事物的紧密联系，而且使概念的不同研究侧面突现出来，而不再是一个混沌的整体，这样再分别探讨普通义项和学科义项与物象、物性的关系，使词义与事物的复杂关系得以科学、全面地呈现；在这一矩阵中，特别是物象的设定，使人的主观精神情感在词义与事物之间的中介关系得到明确。所以，这一矩阵对比语义三角、正方形、梯形、金字塔信息更为丰满，对词义的解释与定位更科学准确，因其总体呈现为一种链条式和辐射式相结合的结构，我们称其为“七因素语义链辐”。

二、名实之论——中国古代的哲学词义观[①]

中国古代关于词义的理论，虽比较散，但见解独到，比如《易经·系辞上》提出的“物意言”、《庄子·秋水》中的“物意言”、晋代陆机提出的“物意文”、刘勰《文心雕龙·熔裁》中的“事情辞”，都属于这一问题的探讨。但比较集中、明确、深入地讨论这一问题的是尹文子、公孙龙、墨子、荀子等，他们关于“名实”的探讨是中国古代词义观形成的基础。总观中国古代关于意义的理论，基本可归为两个阵营：一个是以诸子学说

① 由于中国古代哲学思想的晦涩难懂，后人解读上众说纷纭，本文对尹文子、公孙龙、墨子的哲学词义观的解读，以周建设先生的《中国逻辑语义论》中的看法为主要依据。

为代表的哲学词义观，另一个是以小学中训诂学说为代表的语言（言语）词义观。诸子的词义观虽没有形成系统的符号学理论，但本质上与西方的古典逻辑、符号学等理论相似，基本也是围绕着词义、概念、事物等的关系进行探讨，只是所用术语有区别。训诂学中的词义观是真正符合汉语实际的语言（言语）学意义上的词义观。汉语词义的研究离不开这两方面的结合。

尹文子体现符号学思想的词义观主要见于《尹文子・大道上》。在这篇文章中，他谈到了"名"的指称功能，"形而上者谓之道，形而下者谓之器"。周建设认为①：道，指的是抽象的义理，器，指的是具体事物，"名"在符号学上就是指词语符号。这段话反映了词语符号与事物的关系："名"用来"称器"，称谓具体事物，"大道无形"，不可指称，所以"大道不称"，具形事物可别而名之，所以"称器有名"。这段话还表明了事物不以名而存在，也就是奥格登语义三角中词语符号和事物的虚线联系关系。在尹文子眼中，"生于不称，则群形自得其方圆"，不去称谓形，作为客体的形照样存在。但"名"对"形"有反作用，名有正形的作用，"名也者，正形者也"，正如孔子所说"名不正，则言不顺也"。

对于"名"与"形"的关系，尹文子在《尹文子・大道上》还提出了"有形者必有名，有名者未必有形"这一辩证思想，发现了具体名词（有形者）和抽象名词（"未必有形"之名）的区别，并将"名"的指称层次细化，提出了鉴定"名"、"形"关系可操作的方法，即"名以检形，形以定名"的检测具体名词的方法，和"名以定事，事以检名"的检测抽象名词的方法。尹文子继而又提出了"名形相应"原则，这一原则与前面提到的"名也者，正形者也"的思想是相承的，名称就是给事物命名的，事物就是与被用来称呼它的名称相对应的，而"别彼此而检虚实"就是以遵循"名形相应"原则为前提的。

尹文子讲符号和客观事物之间的关系，忽视了概念在词义中的作用，是一种指称论，这是几千年前那个时代的共同特点，到了近现代人

---

① 周建设.中国逻辑语义论[M].长沙：岳麓书社，1996：21.

们才补齐了语义三角中的"概念"一角。但尹文子的指称论比西方相近时期的意义观还是有很大的创新,他很早就发现了词语和事物之间的虚连关系,使直线式的指称论不再简单化,另外,他还提出了将指称层次细化的操作性方法,实践意义重大。

公孙龙的词义论也是基于指称的。其理论主要见于《公孙龙子》的"指物论"、"名实论"、"白马论"等篇目中。他的理论贡献体现在两个方面:一是区分了动指和名指,使指称理论更细化。他认为物是可以指称的,"物莫非指",根据庞朴的分析[①],"指"有二义,做动词为"指示"、"指出",做名词为"意"。公孙龙的最大价值在于严格区分了指称名称和指称过程,即《指物论》中提出的"物莫非指,而指非指",也就是指称本身不是指称,"物莫非指"的"指"和"指非指"的前一个"指"是指称过程,后一个是指称观念。周建设分析认为,公孙龙关于"指"的功能可以分为以下几个:"动指——动态意义上的指称或指示动作、过程,名指——以名称指称或指示对象(包括自名指谓),所指——由指示动作直接涉及的客观对象本身。人是主体,物是客体,人与物构成反映与被反映的关系,联系这种反映关系表现在语义学上便是指称关系。"[②]具体关系见图 7—7。

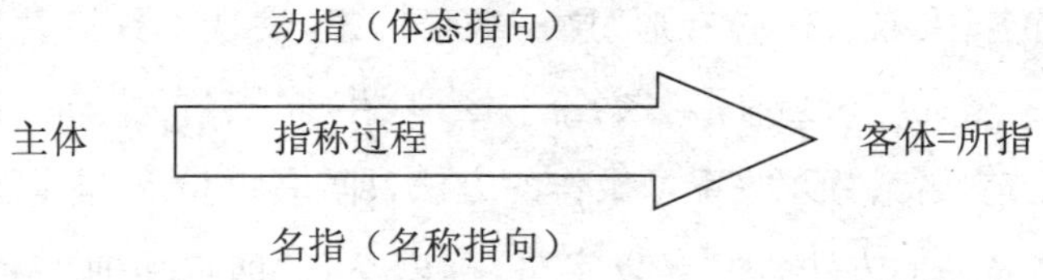

图 7—7

二是公孙龙在《名实论》中提出了自己的能指、所指理论。"夫名,实谓也"的观点,是能指与所指理论萌芽。"名"是能指,"实"是所指,"物以物其所物而不过焉,实也",名是实之谓,而实必为物之实,并且一物之为该物必有其"不过"之实构成,在这个意义上实即是物。名是实

① 周建设.中国逻辑语义论[M].长沙:岳麓书社,1996:36.

② 周建设.中国逻辑语义论[M].长沙:岳麓书社,1996:40.

之谓,也就是物之谓。但却不能说"夫物必名也",因为人们尚未认识某物之时,名是不可能呼及其物的。公孙龙的这一观点是对语义三角虚线关系的另一种解释。

墨子中也谈到了名实的关系,其观点主要体现在《墨经》六篇中。《墨经》提到了符号具有约定性,"君臣萌(民)通约也",而且名词一经约定就不能随意改变或否定,必须以约定之词为是,不能不顾互相约定之名而自已随意命名,即《墨子·经下》中提出的"惟吾谓,非名也,则不可,说在仮"。这也就是现代语言学所说的能指与所指的结合是约定俗成的,一旦结合,就会体现出一定的强制性。

《墨经》以举、名、实、言四个概念来明确符号的内部关系。《经上》:"举,拟实也。"《经说上》:"举,告之以名,举彼实也。"《经上》:"言,出举也。"《经说上》:"言也者,谓口能之出名者也。名若画虎也。言也谓言,犹名致也。"举,是"指",并且是动态的指称过程。"举"指称"实",以此"名"来指称彼"实"。表现举的手段是"直言","直言"是"举"的实践。《经说上》认为,"直言"就是以种种口才提出的名称,提出名称就好像画出老虎的形象。直言之所以是直言,是由于名称所致。《经说上》:"所以谓,名也。所谓,实也。名实耦,合也。""名"是"所以谓","所以谓"就是能指,"实"是所谓,"所谓"就是所指。

墨子还探讨了名与实的关系——即多个名表达同一指称的同指词问题。《经说上》:"同,二名一实,重同也。"有一个指号表达多种语义的多义词问题。"且,言然也","且,自前曰且,自后曰且,方然曰且",同一词在不同的语境可以具有不同的义项。这一点就突破了语义三角不能用来分析多义词和同指词的不足。

荀子在《正名》中体现的词语和事物之间的约定俗成关系大家已经耳熟能详。"名无固宜,约之以命,约定俗成谓之宜,异于约谓之不宜",这一理论与《墨经》的"君臣萌通约"的理论相通。王力①认为,荀子的"名"有时指词,有时指概念。荀子将概念分为简单概念和复杂概念,简

① 王力.中国语言学史[M].上海:复旦大学出版社,2006:5.

单概念用词表示，复杂概念用短语表示，“单足以喻则单，单不足以喻则兼”，这是从语言形式上对概念进行了分类。将语义的研究视角扩展到了词组，类似于佩多菲的金字塔的“词汇项”。

从尹文子、公孙龙、墨子、荀子的观点来看，关于意义的问题和词、概念、符号之间的关系早就有系统的阐述，语义三角中的很多关键理论也都有涉及，比如词语并非是事物的充分必要条件的虚连关系。不过，中国古代哲学词义观更进一步指出，词语符号一旦代表事物，必须名实相符、名形相符，并提出检验方法和原则。另外，关于词语符号的语义分类分层也与西方亚里士多德时代的思想是一致的，但体现着更强烈的语义概括性。《墨经》名实关系探讨中涉及了同指词、多义词的处理，这却是西方语义三角也不能处理的。而关于能指与所指结合的任意性与强制性的辩证统一问题，在西方直到索绪尔时代才系统论及。公孙龙关于指称过程的动指与名指的区分，尹文子的关于具体名词和抽象名词指称的不同，都使指称理论更加细化……这些都是中国古代意义观对传统语义学的发展和贡献，应引起重视。

三、符号学词义观、语言哲学词义观对词典词义观的启发

（一）辞书释义就词义与现实的对应关系的体现

以上介绍的中西方意义观的发展，本质上都属于语言哲学范畴，基本离不开客观世界的“物”、逻辑世界的“概念”以及语言世界的“词语符号”三个最基本要素之间的关系。语言世界的词义与符号并不是哲学语义观终极关注的目标，它们终极关注的还是物和精神世界中的意义。作为收录语词符号及符号内涵意义的辞书，就是人所能知世界的客观事物的全面映射，是人类对世界认识的共性反映，它是一个人对于世界、对自己的思维的认识结果的集成，是一个意义仓库和容器。

辞书释义要体现一定的操作性，表现得比较多的实际是一元论，实

词多用内涵与指称体现词义和现实的对应关系，虚词多体现名称之间、概念之间、现实之间的表达逻辑关系。

辞书释义中大量的“指”的用法就是这种关系最集中的反映，而且多前加修饰词，分化出多种不同的指称变体用法，如“多指、常指、仅指、泛指、专指、特指、本指、初指、后指、单指、又指、古指、今指、借指、喻指、代指、近指、远指、同指”等。这些用法反映了词义与现实世界之间的或紧密或松散、或常规或特殊、或本体或隐喻、或共时或历时等方面的多种对应关系，表现为异指词、同指词、异形词、异称词、新旧词义变化、比喻词、专指词、古今词等不同的词汇范畴，让读者了解到代表世界万物的“实”与指称表示他们的“名”之间的关系。从某种角度看，辞书释义就是揭示实词的名实之间的指称关系，辞书是世界万物指称关系的储存，是人们系统认识世界的钥匙。例如：

【异材】③指有特出才能的人。

【窑器】①陶瓷器。②专指陶器。

【坊间】街市上。多指书坊，书店。

【丹青】②红色和青色。亦泛指绚丽的色彩。

【啼哭】②特指猿啼。

【啼珠】喻指露珠。

【风土】①本指一方的气候和土地。②泛指风俗习惯和地理环境。③被风吹起的尘土。

【碧眼】②旧指胡人，后指白种人。

【熟面孔】熟识的脸。常指熟人。

【弑逆】指弑君杀父。亦仅指弑君。

能体现这样用法的古今辞书的释义用语还有“犹、谓、为、称、叫、作”等及其变体。

（二）符号学的意义观对区分词典与词表具有重要的意义

在符号学意义观时代，辞书中的立目词就是“符号”，释义释的则是“符号信息”。语文辞书的释义提供的就是“符号信息”——能指，如词形方面的得名由来、异名异形，语音方面的多音、异读等信息；所指，是带有共性主观经验性的词义认识，带有语文性、经验性和泛语域交际性的；而专科辞书的释义提供信息侧重“符号所指物的信息”，也就是客观世界的对象属性信息的描写，是专科性、百科性和专属语域交际性的。黄建华用“是否提供符号信息”作为标准，区分词典和徒有其名的词典，把词典与“物的单子”区分开①。这一点非常有启发意义。

但我们认为，不管是提供“符号信息”，还是提供“符号所指物的信息”，都可以称为辞书。基于认知语言学的百科观理念，“符号所指物信息”经过编者的主观认知和描写，就带上一定的经验性，可以转化为“符号信息”。不能提供信息的是词表，词表只是符号集，词典才是符号与符号信息的集合。

四、语文辞书对“符号信息”、“符号所指物的信息”处理方式的历史发展

语言符号的信息分为形、音、义、用四个方面。形、音比较客观明确，但义和用却非常复杂。义与用是一体的，以义定用。而意义中的语文性与百科性问题，涉及词义的主观经验性与指称世界的实在性之间的关系，最为复杂。语文性的释义体现的是民众共同的、最熟悉的意义理解，一些更细致的、更个性的、陌生化的语义细节不做过多选择，带有全民经验性。专科性的释义求实，对符号所指事物的物理、生理等属性进行细致的描写，刻画一个词对应的事物的属性和状态，带有专业个性。

我们能根据符号信息和符号所指物的信息区分语文词典和专科词典，但词义中的百科性和语文性在科学理论尚未发展起来的古代辞书编纂理论期，往往交融在一起，而到了现代转型期和成熟期就已经能够区别开，但在当代二次转型期，又有进一步整合的趋势。具体表现

① 黄建华.词典论[M].上海：上海辞书出版社，2001：3－4.

如下：

1. 汉语辞书编纂理论奠定期：释义的语文性和百科性不分

在汉语辞书的发展历史中，在古代漫长的训诂学理论主导下的辞书释义中，有名物训诂的研究分支。名物训诂的研究对象是名物词，所谓名物，早期狭义是指草、木、鸟、兽、虫、鱼等生物的名称，后来又逐步扩大到车马、宫室、冠服、星宿、山川、郡国、职官和称谓等领域。从词义学的观点来看，名物讲的是一些专名的词义[①]。《周礼·天官·庖人》："掌共六畜、六兽、六禽，辨其名物。"贾公彦疏："此禽兽等皆有名号物色，故云'辨其名物'。"所以名物训诂重在辨实，所指的对象范围比较确定，而且特征比较具体。

但名物训诂多属于训释，不是真正的辞书释义。辞书中对名物词的释义一直就是语文性与专科性混杂在一起的。例如名物训诂最集中的就是雅书，《尔雅》前3篇收语文词，后16篇收百科词，但这些百科词本身并不生僻，也是民众身边最熟悉的事物，其释义并非严格的科学释义，而是带有语文性的经验释义，很难将语文性与专科性截然分开。

例如：

天气下，地不应曰雺。地气发，天不应曰雾。雾谓之晦。（《尔雅·释天》）

帛，似帛；布，似布，华山有之。（《尔雅·释草》）

䴤，如马，一角，不角者骐。（《尔雅·释兽》）

这里很难看出是科学的释义，与现代气象学、动物学、植物学专科词典的科学释义差别很大。

2. 现代辞书理论转型期和成熟期：普通义项与学科义项的二分

西学东渐后到民国时各科学问大发展，语文词典和专科词典实现

---

① 余家骥.《诗经》名物训诂史述略[J].内蒙古师范大学学报（哲学社会科学版），1992(4).

了区分:专科词典只收录本学科的科技名词和术语;百科词典收录各学科的核心、基础名词和术语;语文辞书也并非只收语文词,而兼收各学科在普通交际领域熟悉度高的百科词。同时,科学释义与语文释义的区别度逐渐拉开,专科辞书多采用科学的逻辑定义法界定科技名词或术语的内涵与外延。因此,语文辞书的释义也就有了比较明确的普通义项与学科义项的区别。以语言意义观为基础、收录普通义项或经验化的学科义项为主的词典为语文性词典,以哲学意义观、符号学语义观为基础,以描写学科义项为主的词典为专科词典。在民国时就已经有《中国法律大辞典》等专科词典、《辞海》等百科综合词典、《国语辞典》等语文性词典之分。

在普通语文词典中,普通义项与学科义项已经区分得非常明显。例如“初犯”:

《法律辞典》(法律出版社):“再犯”的对称。指第一次实施犯罪的行为人。

《汉语大词典》:①法律上指第一次犯罪,对累犯、再犯而言。②指第一次犯(错误)。

再如“证人”:

《法律辞典》:指除当事人以外以自己的见闻和感知的具体事实向司法机关陈述的诉讼参与人。

《现代汉语词典》:①法律上指除当事人外能对案件提供证据的人。②对某种事情提供证明的人。

这些普通义项和学科义项之间往往具有引申关系。例如,在历时性的语文性大词典《汉语大词典》中:

【供认】①法律用语。当事人陈述或招认有关案情的事实。②泛指承认。

【如法】①谓按法律或方法办理。②守法;守规矩。③得法;适宜。④越发,更是。

【定律】①制定法律。②法律;条例。③规则;规矩。④科学上对某种客观规律的概括。

【常法】①固定的法律、制度。②通例；通常的原则。③谓长久之计。

【律例】①法律条文及其成例。律指法律的正文，例是补充律文之不足而设的条例或例案。②犹规律。

【律条】①法律条文。②引申指一般的规则或守则。③法则；规律。

【律法】①法律。②律吕的法则。③指格律。④规律。

【条举】①谓申明法制，依法律行事。②逐条举出。

【法绳】①以法律制裁。②捆绑犯人的绳子。

【漏网】①指法律条文的疏漏之处。②比喻侥幸逃脱法网。③鸟兽鱼虾等从网中漏掉。多指逃过了搜查、追捕或歼灭。

【非法】①违反法律。②指不合规范。

【问法】①依据法律。②问佛法。

【裁判】①法院根据事实，依照法律，对诉讼案件加以裁定和判决。②泛指对事情的是非曲直进行评判。③根据体育运动的竞赛规则，对运动员的竞赛成绩和在竞赛中发生的问题做出评判。④指在体育竞赛中执行评判工作的人。

【法理】①法律；法律原理。②相术家谓骨法及皮肤纹理。③佛教语。佛法的义理。

从《汉语大词典》义项排列的历史顺序来看，以上这些都是由普通义项引申出学科义项。例如《汉语大词典》中：

【驳斥】①反驳指斥。②法律用语。犹驳回。

【回避】①顾忌。②避让；躲开。……⑨法律用语。指司法人员由于对某案有利害关系或其他关系而不参加该案的侦察、检察、审判等活动。

【异议】①不同的意见。②指持不同意见。③法律用语。指法官对狱案判断有不同意见者，得提出另行讨论。

【当事人】①跟事情有直接关系的人。②法律用语。指民事诉讼中的原告、被告，刑事诉讼中的自诉人、被告。

【证据】①证明事实的根据。②证明;考证。③法律用语。据以认定案件的材料。

【辩护】①谓能治事管理。②为维护自己或别人的利益而辩解。③法律用语。法院审理案件时,被告人和辩护人根据事实和法律对控告的事实所作的申辩和解释。

【驳回】①反驳回绝。②掉转;回转。③法律用语。指法院对诉讼当事人提出的要求认为无理,不予处理的批复。

从《汉语大词典》义项排列的历史顺序来看,以上这些例子的法律义项都是从普通义项引申发展来的。

从以上这些例子我们可以看出当代学者张志毅的"七要素说"意义模式对辞书意义观的影响,他把语言哲学范畴的词义观融入了语言学词义观,将语言学意义观中的核心概念"普通义项"、"学科义项"纳入模型,逐渐成为意义观关注的核心,而哲学意义观关注的物质和精神世界退居后台。

3. 二次转型期:辞书意义观中语文性与专科性的融合——普通/学科二值变体义项

在辞书编纂理论的转型期和成熟期,我们还主要强调普通义项与学科义项的区分。但在当代二次转型期的辞书编纂中,在认知语言学、功能语言学理论的影响下,语文辞书释义又回到了语文性与学科性的融合,这产生了语文辞书释百科词学科意义时的新类型义项——普通/学科二值变体。

在当前的认知语言学理论中,强调语言意义中的经验观与百科观的不可分割性。认知语义学尊重语言意义中的语文性,认为语义是基于经验感知的。语义必须充分反映人们生活工作中通过个人的实践所积累起来的主观性共同经验认识。但同时更认为,没有一个对词语百科知识的普适性的语义描写、分析方法,就缺少了对一种语言词库的全面观照。

认知语义学的百科观认为,语义与人类所掌握的知识密切相关,大多这方面的知识都可归结到一个专科领域，也可称其为专科知识，众多专科知识组成百科知识。所以认知语义学家注重从语言使用者的认知结构，从背景知识等方面多角度加以描写与分析。安娜·维兹毕卡（Wierzbicka）指出："在自然语言中，意义存在于人们对世界的解释之中"[①]。对世界的解释得依赖人类的知识系统，因此语义就与人们的主观意识、人本位观、社会文化等因素密切相关。杰肯道夫（Jackendoff, R.）认为语言意义和百科意义"这些信息都来自于同一块布匹"。[②] 这种理论，把传统语义学的研究范围从狭窄的语言义扩展到广义的世界知识义，又从客观的语义描写与解释，扩展到主观经验作用和参与下的语义认知。

从认知语言学的经验观和百科观视角出发，我们认为，专科词典解释的是真正的学科义项，而语文词典中的所谓学科义项的描写应该实现转型，定位于一种介于普通/学科二值变体义项。这是一种过渡态，既有科学性，又有经验性，与典型的专科词典的学科义项相比，这一二值变体反映的是人们基于生活经验而获得的对事物的印象，是有关该事物的百科性知识，它们就形成了该事物的意义。

特别是有普通义项与二值变体义项并存的多义词，二者本身就具有相似语义桥的引申关系，人们更不可避免地把普通义项的经验性作用在学科义项上，从而使学科义项体现出二值性。

但这一二值变体与前文谈到的语文、百科混沌不分的状态不同，那时还没有普通与学科义项区分的意识和理论。二值变体是基于纯普通义项与专科词典的纯学科义项二分之间的一种过渡状态，是在人们对主观经验性与学科专业性有充分了解的基础上来界定的。

因此在语文词典中，经验观与百科观、语文性与学科性必须统一于一个词义的描写，也就是必须描写出一个普通/学科二值变体。即便是一些新的术语，只要它们出现在语文性词典中，也必然体现出经验性与

---

① Wierzbicka, A. The Semantics of Grammar[M]. Amsterdam: John Benjamins, 1998.

② Jackendoff, R. Semantics and Cognition. MITT, 1983.

学科性的融合。

例如计算机新词语"网桥",在它的词义中体现着明确的科学内涵,它的功能是有效地连接两个局域网段,使本地通信限制在本网段内,并转发相应的信号至另一网段。这个术语的词义体现了计算机科学性的专业内涵——局域网际连接,从"网桥"的词形及词义中其他丰富的语义细节来看,也体现了从业人员、专家对这一科学内涵认知后的经验性的成分——网络连接设备像桥一样,这是人文性、形象性的体现。

因此,我们可以在张志毅的意义观模型上进行改造,建立一个语文词典的意义模式(图 7—8)。用双箭头表示普通义项与学科义项在特定条件下的双向转换关系,即普通义项的学科化和学科义项的普通化,而最后形成的结果就是语文词典释义中的普通/学科二值变体义项。

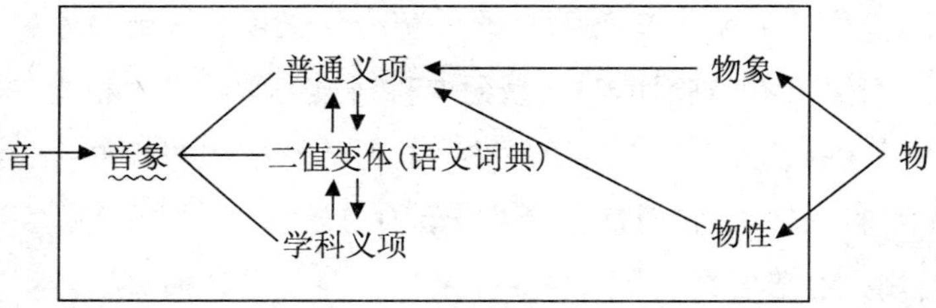

图 7—8

这个二值变体是如何生成的?可以借用框架语义学的理论来解释。我们以百科新词语为例来看普通义项专科化为学科义项二值变体的过程。它们基本遵循的是这样的一条语义运动轨迹:新出现的专科知识框架→与普通义项共同的框架元素→普通义项进入本专科语域→框架元素群向专科义项的批量转化→词频、稳定性增强→形成独立普通/学科二值变体。厘定共同框架元素是从普通义项成长为二值义项的必经环节,它是通过专科知识框架进行语义赋值实现的。

(1)新专科知识框架(框架化)

百科新词义项产生的第一个环节是产生新的专科知识框架,这是一个框架化的过程。一个专科知识体系总框架中可以分出多层次多关联的子框架或小框架。框架将我们的经验知识和语言结构结合起来。

各专科领域不断涌现新事物新现象，其实也就是一个个新框架的产生。新框架的产生带来了指称和表达的需要，这是百科新词产生前的定语域和定需求环节。不同的百科新词所针对的框架有不同的特点，比如农业方面的过程性强，而法律方面的情景性、故事性、构拟性强，这也决定了新词的语义特点。

在新框架中需要厘定框架元素，框架元素是框架的细分成分，类似于义项细分出来的义素成分。一个框架中有很多框架元素，例如"removing"这个框架，被描述成"An Agent causes a Theme to move away from a location，the Source"[①]，它拥有施事、致事、当事、同事、距离、目标、路径、结果、起点、交通工具十个框架元素。在这个例子中，我们可以清楚地看到removing情景中的施事、当事、受事、同事、致事等各种框架元素的地位、功能及其交互行为轨迹。厘定框架元素后，就能确定框架的专科知识内涵与外延，从而直接产生新词的意义内容。

(2)共同框架元素

确定了新框架，厘析出框架元素，就为从普通语域借词、新构词形指称和表示框架元素或专科概念奠定了基础，这也使一个普通词具备了进入当前专科语域的条件。

普通义项要与本专科框架之间有共同的框架元素才能保证借用的实现，共同框架元素是普通义项与本专科义项之间的衔接成分。例如"攀升"的普通义项指称[向上爬升]的知识框架，其框架元素有目标元素——/向上/、方式元素——/爬升(即升势越大，升幅越剧烈)/、路径元素——/坡度(较大)/等。在经济领域，新产生了表示经济指标、价格、数据等剧烈升高的框架，而此框架的核心元素正好与"攀升"在普通语域的框架核心元素一致，这些共同框架元素就变成了衔接成分。没有对这些共同框架元素的确定，就不可能移用"攀升"的词形及其普通义项进入经济领域，进而产生二值变体。

---

① 詹卫东.面向自然语言处理的大规模语义知识库研究述要[J]. http://ccl.pku.edu.cn/resource.asp? item=1&action=download&index=232&file=20040114181224_117.doc&path=0.2013年9月9日查询.

(3)专科指称与语义赋值

普通义项进入专科语境，又会获得新的明确稳定地指称专科知识框架系统中的事物、概念、现象、特征、关系和过程的功能，这些对象必须是专业知识框架系统中的成员，这样就保证了对普通义项的专业性和专用性改造，拥有这类义项的词语也就成为表述专科知识框架系统的必需词语，框架中的指称框架元素被融合进普通义项，我们称之为“框架的语义赋值”。

例如法律新词“指证”，《汉语大词典》：“证明；证据。指，通‘稽’。”从词典所列例证可以看出，“指证”在普通语域核心框架元素主要是/证明；证据/，这也是其与[司法指证环节]框架相对应的共同框架元素，进入法律专科语域后，其被[司法指证环节]框架进行了语义赋值，增加了/司法环节/、/证人证明嫌疑人行为事实/、/指出、证明/这三个框架元素。《现代汉语词典》在解释词义的同时，用语例的方式补充揭示了此词的其他法律框架元素，“现场目击者出庭～凶犯”，能反映出上述被赋值的几个元素。

(4)框架元素群及百科新词二值义项的最终生成

共同的框架元素与新赋值的指称框架元素组成了框架元素群，集中向普通义项渗透，这些元素群再次转变身份为义素形式，从而生成二值变体。

一般来讲，语义指称框架元素转化成为二值变体的类别义素，因为指称在专科中往往是类指，指称一类专科事物或现象，和语义类相关。例如：“指证”的/司法环节/框架元素就成为此法律新词释义的重要类别义素。共同框架元素如/证明；证据/等，都会转变为二值变体的区别性义素。

了解这一过程对于描写一个拥有普通义项和学科义项的词义至关重要。以前我们释义时经常忽视普通义项与学科义项二者的关系，在释义时往往抓不住重点。两个义项之间的联系往往是凭编者感觉，找不到引申理据性。如果释义时能抓住这两个词义之间共同的框架元素，并掌握其语义赋值的途径与规律，将极大提高语文词典的适用性。

五、小结

辞书意义观的建构植根于语言语义学，深受哲学语义学、符号学语义学等相关学科语义理论的影响。本章梳理了西方的符号学词义观、中国古代的哲学词义观的发展演变，归纳了这些词义观对辞书意义观中语文义与学科义二分、普通义项与学科义项二分、语文词典与百科词典二分的影响。同时探讨了汉语辞书理论发展的不同阶段，辞书释义中的语文义与学科义处理方式的发展演变。本章提出了语文辞书中释百科词的学科义项时所产生的新义项类型——普通/学科二值变体。

第八章　词义、语境义理论的发展与辞书义项(类型义)的生成

辞书的义项从何而来？这涉及语言和言语、语言系统和语境系统、词义和语境义的关系。本章从发生学角度梳理词义、语境义关系的发展，以及这种关系的变化对辞书意义观中义项生成的影响。

一、词义与语境义

西方的语言学理论区别了词汇意义与现实意义。广义的词义即词语的意义，狭义的词义只指词语语言层面的概括意义。哈杜默德·布斯曼(Hadumod Busmann)[①]将词义称为“词汇意义”，他从两个角度对其含义进行了界定：一是与语法意义(形式、功能和结构)进行区别，词汇意义是写进词典里的、可进行语义分析的部分意义；二是与现实意义相区别，词汇意义即是一个词位在语言层面上的全部含义(字面义和转义)的总和，它们在言语层面转化为具体语境中的现实意义。此处，词汇意义即狭义的词义，现实意义即语境义，或称境况义。

在我们看来，词义和语境义是紧密相关的。运用词语是在特定环境下对贮存词义的利用，同时词义也是语境义经多次使用在某种程度上固化的意义，两者之间没有明确的界限。词义来源于语境义又体现着语境义，它调控着语境义的运用。具体来说，一方面，语境义不管怎么变化，都不会离开词义的意义辖域，如果同一词语的语境义脱离了这

① 〔德〕哈杜默德·布斯曼主编.陈慧瑛等编译.语言学词典[Z].北京：商务印书馆，2003：306.

一辖域，就可能会产生一个新的义项；如果是完全脱离，已经丢失了所有原义项赋予的核心义素，就可能产生意义毫无关系的同音或异音的同形词。另一方面，词义来源于语境义，并在一定程度上体现着语境义的具体性。通过语境义解释，在各种语境中形成了一个词语意义的各个义点，这些义点具有共同的义素，在归纳整理众多义点义素的基础上进行分类，本着概括同一民族的人对同一事物的共同认识和共同理解，相同的一组特征义素组可概括为一个义项，不同特征的义素组可形成一个词语的多个义项，但这多个义项之间必有共同义素，这一义素在多个义项之间形成了“语义桥”，体现引申关系。这些义项就是前文所谓的狭义的词义，即词的理性意义，在词典中一般称为义项。

所以，既然辞书义项是词义、概括义，来源于语境义，那么从词义的存在形式、使用状况和运动规律来看，必然具有概括性与具体性的统一。“在这个词义的容量里，并不因抽象概括而将用来进行概括的具体内容简单抛弃。相反的，这些感知的、形象的具体材料仍然贮存在词义之中，这就是词的具体意义。概括词义与具体词义是紧密结合在一起的，是统一在同一词形之中的”①。辞书中的词义义项也不等于逻辑概念，概念把一切非本质属性摒弃而抽象出本质属性，而词义却并不摒弃那些有关事物的具体内容，因此，用语言来解释词义时，不论采用哪种方式，都有一定的局限，难以像概念定义那样严密，而只能近似准确。

二、古代辞书理论萌芽奠定期词义与语境义的关系

（一）训诂学角度的词义与文意二分

其实，词义的这种二分模式在传统训诂学的研究中就得到了非常明确的界定。训诂学把词汇意义区分为词义和文意，训释自然也分为

① 陆宗达，王宁.训诂与训诂学[M].太原：山西教育出版社，1994：105.

词义训释和文意训释。

陆宗达[①]谈到了对于训诂的理解，不同时代有两种代表性观点。一种是在孔颖达解释《毛诗诂训传》的训释体例时所提出的。在孔颖达眼中，诂和训是解释语言的两个不同的法则："诂"是"通古今之异辞"，解释"异言"的。所谓"异言"，就是同一事物因时代不同或地域不同而有不同的称呼。"训"是"辨物之形貌"，"道形貌"的。所谓"道形貌"，就是对文献语言的具体含义进行形象的描绘、说明。

另一种是黄侃[②]将训诂分为"独立之训诂"和"隶属之训诂"，或"小学之训诂"和"经学之训诂"。陆宗达认为："'独立之训诂'即'综合释义'，是讲词的概括意义的；'隶属之训诂'即'随文释义'，也就是讲词在一定的语言环境中的具体意义的"[③]。这就是词义训释和文意训释的区别。

训释是意义的一种描写形式，与辞书释义是同一性质的。陆宗达、王宁对于两种意义的训释特点做了全面的总结。陆宗达认为："词在其概括性的基础上，还有其灵活性。就是说，它在上下文里必定显示出说话人具体所指，表现出说话人的态度和感情。训诂在解释古代语言时，往往需要把这种在概括意义基础上的具体含义指出，以帮助阅读者了解当时的具体情景"[④]。王宁认为："随文释义是对存在于语言环境中的言语意义加以解释的工作。言语是语义存在的实际载体，语境中的词义特点是：单一性、具体性、经验性。"[⑤]"文意注释是陈述词句在文章中的内在含义的，它反映了作者在客观语义中所包含的主观经验内容。这些内容常需透过字面意义、在特定的语境中发掘，才能得到。因此，文意注释不是通过词的对译和句的直译而实现的，而且，它不能离开具体的文章而挪用到别的地方。"[⑥]

---

① 陆宗达．训诂简论(大家小书系列)[M]．北京：北京出版社，2002：3．
② 黄侃著，黄延祖重辑．黄侃国学讲义录[M]．北京：中华书局，2006：229．
③ 陆宗达，王宁．训诂简论(大家小书系列)[M]．北京：北京出版社，2002：7．
④ 陆宗达，王宁．训诂简论(大家小书系列)[M]．北京：北京出版社，2002：23．
⑤ 王宁．单语词典释义的性质与训诂释义方式的继承[J]．中国语文，2002(4)．
⑥ 王宁．谈语义注释与文意注释[J]．中学语文教学，1990(7)．

两种不同类型训释的意义材料有着义和训的区别。义是词的客观内容，训是训诂家对文献内容所做的阐释。古代辞书的释义是词义训释，脱离了具体的语言环境，把词义之外的个性化内容剥离出去，如《说文解字》中“工，巧饰也”，这里把“饰”的对象、方式等个性内容剥离出去，只留下主训词“饰”，再用形容词“巧”为义值差进行限制，以示与其他“饰”义场中的词(如“婴，颈饰也”)的区别。

当代训诂学研究中，陆宗达、王宁用现代的词汇理论、用发展过的当代训诂理论及训诂术语重新对词义和文意做了诠释。把“词汇语义”分为词义(狭义的)和文意，反映了词典义与语境义、静态义与动态义、抽象义与具体义、稳定义与临时义等对立统一关系，为古代的辞书释义建构起一系列基本范式。

但要注意：我们说的“词义”一般是指词稳定的使用义、固定义。有些古代辞书是比较集中地释特殊概括义的，不一定都释使用义，其中比较典型的就是《说文解字》，它是从字形入手，系统地描写字词的造意，而这些造意又在文献中有证，所以自然转化为字词的本义。这种词源义本身就是概括性词义。释文中的“一曰”、“或云”、“一云”、“旧云”、“复说”、“博士说”、“或以为”等用语表示关于本义的另外的理解。但这种词义不是共时使用层面的意义，而是字源义。再如，《释名》以声音通训诂，描写的也是概括性词义，但非共时使用层面的意义，而是语源义。

(二) 文意训释材料是辞书义项的主要来源，从文意中归纳词义的方法是义项确立的主要途径

辞书中的词除了小部分单义词外，大多是多义词，它们具有不同义项。它们的理性义是固定的，是被该语言共同体所认可的。语境中的文意不能直接用来作为辞书释义的义项，但它们之间是有紧密联系的，辞书义项是从文意训释中归纳出来的。

当一个词语符号的言语义有了一定的频率及使用范围，成为共同认可的稳固义，辞书就会将其吸纳为义项。辞书编纂有时也用演绎的方法进行推导释义，比如《释名》中用声训推导，但由于没有文意基础，

往往导致错误或虚妄。所以我们认为文意训释材料是词典义项的源泉，而词典义项最终又会返回交际语境或文献语境中，成为变异或发展了的新的文意，这是一个反复的不断上升的过程。

在辞书编纂中，可以在大量文意训释材料纂集（如古代的《经籍籑诂》、当代的《故训汇纂》等）中抽取义项。比如在《故训汇纂》中“死”汇集了一百多个文意，可以抽取训释材料相同、相近或相似的语义特征，对文意进行分类、归纳、合并、简化，然后根据其本义及引申方向和方式进行引申义列的排序（图8—1）。

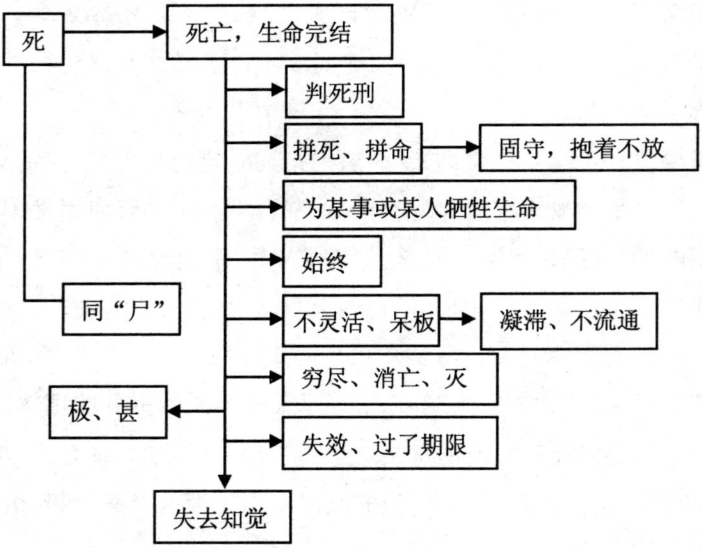

图8—1

这一引申义列上的各个义项具有历时性，基本都在《汉语大词典》中得到设立。共时的《现代汉语词典》从中选出7个在现代汉语中使用的“死”的义项。

（三）普通辞书释义的词义、文意混杂问题

在辞书编纂理论的萌芽奠定期，普通辞书存在的最大的问题就是词义与文意不分，即义与训、词义与文意混杂情况比较严重，体现着一种词义文意泛类关系。这主要是因为词义来自随文释义材料，在这些

材料中，词义和文意材料是混杂的，并没有具体的区分，这导致辞书中二者的区分也不严格，不能在一部辞书的编纂过程中将区分原则贯彻到底。所以在奠定期，普通辞书的释义材料搜集之功力深，而提炼抽象概括的能力不强，这与中国古代的重材料、重文献，轻归纳、轻理论的学术特点具有一致性。以下以《尔雅》为例来进行分析：

在《尔雅》之前，缺少有意识地从随文释义材料中概括共性词义的系统工程。《尔雅》的成功之处是突破了文献训诂的随文注释离散性状态，把大量的随文训释材料，依物类按同训词聚条。从《尔雅》数词一义的释义体例来看，其释义本质上是具有对意义的分类、提炼、概括等操作的，表明《尔雅》中已经有了词典释义的基本操作模式。但《尔雅》确实带有一定意义上的随文释义材料纂集特点，确实有相当数量的文意训释，例如：

“辟，拊心也。”按：辟，或者擗，本字当为捭。捭，《说文》：两手击也。此条当为《邶风・柏舟》“寤擗有摽”的文意训释。毛传：辟，拊心也。这类文意释训多为释《诗》材料。

再如“赫赫、跃跃，迅也”，“赫赫”在别的语境中，不都是“迅”的意思。《汉语大词典》收五个义项——“①显赫盛大貌；显著貌。②形容炎热炽盛。③光明炫耀貌。④形容声音洪大。⑤象声词。笑声。”皆不出“迅”义项，当为文意训释。

这种把大量随文释义中的同训词集为一条，表明语言学理论未发展到足够的水平，辞书的意义观也相对滞后，词义和文意远没形成自觉性的区分。

三、辞书理论完善期、转型期、成熟期的词义与语境义的关系

在这几个时期，辞书的释义由古代辞书词义、文意义项混沌化走向现当代词典的清晰化区分。

在辞书理论的完善期，随着文意训释材料积累的极大丰富，辞书释

义时不可能再全部采用《尔雅》的聚类同条的释义模式。《说文解字》的立字头释义的模式已经得到了确立,《玉篇》、《字汇》、《正字通》、《康熙字典》等都继续完善,而且对多义词问题的认识也都比较到位,已经能相对区分开不同的义项。在释义方法上,已经能够遵循词典释义的最根本的思路——从文意或训释材料中归纳共同的意义用法,进行升华提炼,去掉具体化因素,最后形成稳定的共性的词义,所以义项数大为减少。

例如"姓",《康熙字典》列7义,2"又"音义:

【说文】

人所生也。

又孙谓之子姓。

又晐姓,备庶媵也。

又百姓,民庶也。

又生子曰姓。

又姓。

又推律定姓。京房本姓李,推律定姓为京氏。

又筮易得姓,陆羽不知所生,自筮得蹇之渐,乃姓陆,名羽,字鸿渐。

又【集韵】师庚切,音生。人名。

又叶桑经切,音星。《诗·唐风》岂无他人,不如我同姓。叶上菁。《郑晓曰》姓,字从女生。上古八大姓,姜姬妫姒嬴姞姚妘,皆从女。性,从人。

对比今人宗福邦等人编纂的涵盖《经籍籑诂》的《故训汇纂》材料中"姓"的随文释义,共列36训,现仅择其中有代表性的18例:

~,人所生也。

~,世所由生。

~者,一字之称也,尊卑所同也。

言~、氏之称,自太史公始混而为一。

言~即在上,言氏即在下矣。

～，正姓也。

～，异姓也。

～，同姓也。

～，庶姓。

～，姓氏。

～，生也。

～者、生也，子孙之通称也。

～，子也。

～，命也。

～，当为生，假借字也。

～作生。

～，巽借为性。

同～，盖谓同母生者。

《故训汇纂》中的36训，有的是典型的词义、语源义义项；有的是释复音结构的词义义项，如“同～，盖谓同母生者”；有的用同义(类)词对比释义，如“言～在上，言氏即在下矣”；有的释假借义(注：现代词典已经用参见方式标注)。但大多训释还是文意训释，是“姓”不同语境的具体内涵的体现，如“正姓、同姓、异姓、庶姓”，这些是“姓”的下位概念，是“姓”这一上位词在具体的语境中兼指称下位词的用法。

《康熙字典》的释义对训释材料的归纳已经比较到位了，词义概括的能力和水平大幅度提升，而且词义与文意已经形成了基本的区分。但《康熙字典》在这方面也并非完善，词义描写中仍有文意掺杂。如“推律定姓”和“筮易得姓”是比较典型的文意训释，它是一种文化来源，是关于“姓”这种文化制度中的一些个性的细节内容。《康熙字典》作为普通语文字典，不应单列这两个义项。

到了现代词典，语境文意和词义的区分比较自觉，词典义项越来越具有概括性和稳定性，极少见文意训释。如民国《国语辞典》“姓”的语素义见“姓氏”条：

【姓氏】表明个人所生家庭之符号，多以远祖食邑之地名代；

姓起于女系，氏起于男系；其后社会渐以男子为主体，故姓亦改从男；氏则有时反为表女子家族之用。姓氏合称，仍为姓之义。

现代古今兼收的大型语文辞书《汉语大词典》中，“姓”列6义，均为词义义项：

〔姓〕①标志家族系统的称号。②指家族。③子孙之通称。④犹言命，性命。⑤称呼；命名。⑥姓。

四、二次转型期辞书释义中词义和语境义的关系

进入功能语言学、生成语言学、认知语言学时代，词义研究呈现多样化趋势，特别是系统功能语言学和认知语言学特别重视语境研究，将语言置于一定的语境中来体现其语言交际及表达功能。20世纪80年代，美国哲学家巴怀士、佩里在《境况与态度》中，提出“境况”概念，并认为：人类语言的意义体现了说的话和客观现实中其他方面之间的关系。不论词语意义，还是非词语意义，都是境况之间的关系。这一观点体现着传统词汇语义研究的新发展。最后，他们主张依此来建立系统语义学——境况语义学。

同时，以这些理论指导的各种新型词典理念也不断涌现，其中最重要的就是生成型词典的兴起。而生成型词典本质是用法词典，比较重视各种用法的具体化，词典义不宜过于抽象，过于抽象的释义精确度和信息量不够，无法满足学习者学习语言的需要。而其他普通语文词典也越来越体现出用法化、具体化的倾向。以学习词典为代表的生成型词典编纂理念的兴起以及规范型词典的用法转向，标志着普通语文词典的释义逐渐由意义中心向用法中心转移，而词的用法一定是在语境中具体体现出来的，因此需要一定的语境还原性。至此，以词义与语境义二分的方式研究词典释义已经不能满足需要了，需要有新的义项性质研究视角。

(一) 语境类型义

传统词典语境信息的显示一般采用例句的方式,偶尔在释义中也会用括注的方式展示适用范围。例如:

《汉语大词典》:

【增援】增加人力、物力来支持(多用于军事)。

【全盘】①全部;全面(多用于抽象事物)。

【召回】②叫回来(多用于抽象方面)。

【诞辰】生日(多用于所尊敬的人)。

二次转型期的生成型词典要求直接面对词的语境义,但词典义与语境义毕竟属于语言与言语两个不同的范畴,过于个性的语境义虽能提示一个词丰富、具体的用法信息,但都纳入词典释义,显然又是不现实的,而且势必导致释义过于复杂化的问题。因此义项的数量与语义描写的丰度都要掌握适度原则。

但在以学习型词典为编纂热点的当今时代,不能把词典的概括性拔得过高,因而降低词典的应用价值。要掌握高度概括的词义和具体个性语境义之间提炼、升华、概括的度,必须寻找一个过渡性的意义成员——语境类型义。

传统的语境研究一般只针对独立、个体和离散的语境。语境的用法和意义都有"临时性"特点,对语境有依赖性,离开语境就不成立。但语境也有个性语境与类型化语境的区别。类型化语境中产生的意义和用法带有一定的稳定性。

当代学习词典的词典义宜界定为语境类型义,更多体现出一个词在类型化语境中的意义和用法,体现类型化语境的互补性。例如在越来越重视生成型特点的《现代汉语词典》中:

【翻】 ①上下或内外交换位置;歪倒;反转。②为了寻找而移动上下物体的位置。③推翻原来的。④爬过;越过。⑤(数量)成倍地增加。⑥翻译。⑦〈口〉翻脸。

"翻"的这七个义项,都是词义义项,也就是说可以自由运用于七种不同的语境类型中。①是基本义项，包括上下、内外、正反、正歪等各方向的动作；②是一种为特殊目的而做的上下方向的运作；③是抽象性的动作；④是超过一个参照点的动作；⑤专指数目的成倍增加；⑥是翻译中的专项工作；⑦是口语中专项动作。

这7个义项中，多义词的不同义项就是不同的语境类型义。它是一种概括适中、适度保留语境类型要素的一种释义方式。可以看出词义虽然努力挤掉具体语境的详细个性信息，抽象出共同信息，但总体这种抽象不会太笼统，还是能看出七个义项明确的语境互补性。不同的义项用于自己所在的语境类型，如果出现于别的语境类型是不“合法”的，即使合法，也会形成歧义。如“他刚走了”的歧义就是由于“走”的基本义“离开”和委婉义“死亡”可以共现于一个语境。可以说，词义义项定位于语境类型义，正是词义中概括性与具体性统一的表现。正如陆宗达和王宁所讲：“在这个词义的容量里，并不因抽象概括而将用来进行概括的具体内容简单抛弃。相反的，这些感知的、形象的具体材料仍然贮存在词义之中，这就是词的具体意义。概括词义与具体词义是紧密结合在一起的，是统一在同一词形之中的”[①]。

因此以学习词典为代表的现代词典的义项应定位为语境类型义，上连高度概括的词义义项，下连具体的临时语境文意。

（二）语境类型义的提取

从操作角度看，词典释义、义项的归纳设置描写必须基于语境类型的归纳。语境类型必须分出语境要素，这些语境要素就是过渡性概念，是联系动态语境义和静态词义的核心点。

1. 语境类型的归纳及过渡性概念的归纳提取

词汇在各种语境中使用，会形成一个个义点，在归纳整理众多义点的基础上进行分类，本着概括同一民族的人对同一事物的共同认识和

---

① 陆宗达，王宁.训诂与训诂学[M].太原：山西教育出版社，1994：105.

共同理解,相同的一组义点可以形成一个共同意义内核,不同组义点概括出来的意义代表着事物属性的不同侧面,很可能会形成一个词语的多个意义内核,这个意义内核就是过渡性概念,往往用词或短语表示。过渡性概念都针对词的一个语境使用类型,它是形成词典语境类型义项的基础。

例如要归纳"责"法律方面的词义,在古代法典《唐律疏议》中进行语境类型的穷尽性测查,除引用1例外,共24例。其中,以下6个例句有着共同或相类的意义内核,可以归纳出一个过渡性概念。

责其所犯既大,皆无肃敬之心,故曰"大不敬"(责惩)

而责情特流配者,虽是无官之人,亦免居作(因情节恶劣应加惩罚)

本犯不至免官者,情在可责,而特除名(惩办,责罚)

今被特责除名,叙法亦同免官以否(惩办,责罚)

而故放者,责其故放(责罚)

若被官司责罚,情在咆哮(责罚)

这6个语例中都有过渡性概念"责罚",可归纳为一个共同的语境类型。接下来继续分析语境类型的要素特点,发现用"责"之处,均不跟具体的责罚措施,所以将过渡性概念精确化为"笼统的责罚"。

但过渡性概念毕竟不同于词典释义,也不同于作为语境类型义的义项,它是存在于编者思维中的动态的概念,进入词典后,要将思维中的过渡性概念进行细致全面的、可接受的描写,例如增加种差、细化属概念等。有时还需要再回到语境中,补充采集信息,如这一释义还应加上"责罚对象",语境要素才完满,就回到语境类型中,归纳出这类语境责罚的对象多是针对"犯罪行为或失职行为",增补这一过渡性概念后,就能描写出该词在词典中存储的动词性法律义项:"主要表示的是对犯罪行为或失职等违规行为的笼统的责罚。"它与各种具体的量刑不同,突出的是责罚的笼统性,一般不跟具体的量刑或处罚措施。

在理解型词典中,一个多义词的内部义项的概括度是不同的,概括度高的义项往往是广语境类型的,概括度低的往往是狭语境类型的。

同样，不同类型的词典语境类型的概括度也不同，语文性词典语境类型多为广覆盖面的，抽象度高，甚至直接就将过渡性概念转化为义项，不再添加任何种差性内涵；而专科词典则多为窄覆盖面，具体性高，语境要素留存较多，内涵丰富，但外延缩小。例如《汉语大词典》是大型理解型语文性词典，并没有揭示“责”的更多的法律语境语义细节，只进行了最基本的内涵描写——责：④惩处，处罚。这是对所有法律和非法律的语境类型义进行进一步抽象后形成的最概括的词义，涵盖了所有语境类型，义域覆盖面更广。

另外，在语言词典中，理解型的义项的抽象度高一些，而生成型的具体性要强一些，语境信息多一些。同是生成型辞书，语境类型义范畴也表现出一定的概括度递减的梯形序列：具有最广语境类型覆盖面的多为普通语文性义项，特别是基本义，采用的释义方式多为对释法；其次义域具体化的义项，特别是学科义项，释义用语长度增加，多采用义界或下定义的方式；再次是辅助性释文，即反映搭配子类型义的带有相对完整交际因素的例句组合。

有时需要适度提升语境概括性，压缩百科语境类型义的细度和具体度，使词典的释义保持一个义项数目适度、语义信息密度适中的词义描写状态。比如“强奸”：

《汉语大词典》：以暴力迫奸妇女。如《墨子·号令》：“诸以众强凌弱少，及强奸人妇女以讙哗者，皆断。”

《中国古代法学辞典》：“凡违反妇女本人意愿，而以强制手段与之发生性行为者，即是强奸。”

《现代汉语词典》：“男子使用暴力与女子性交。”

在司法实践中，主流的强奸行为发生在男子强奸女子，所以《汉语大词典》、《现代汉语词典》的语境类型义的描写是对的。但有一种非主流的强奸行为在一定的时期可以显化，如当代社会由于资讯发达，一些传统的女子强奸男子、男子强奸男子的类型行为往往被放大，进入人们的认识范畴，它们是否能界定为法律上的强奸行为，往往令人束手无策。

这种情况不便于设立类型义项，但可以修改《现代汉语词典》的释义，可再提升语境类型，“违背他人意愿，以强制手段与之发生性行为”，这个释义抓住各类核心语义特征“违背意愿”、“强制”，而且在语境类型上，用“他人”语境类型涵盖“男强奸女”、“女强奸男”、“男强奸男”三种语境类型义。

现代词典的编纂借助语料库技术进行语境类型义的辅助提取，增强了语境类型归纳的全面性、过渡性概念的多样性，最终在词典中的释义就较传统靠内省方式提取的语境类型义义项更全面，每个语境类型义的语义信息和语义细节更丰富。

2. 语境类型义的描写方式

语境类型义在描写时主要包括四种方式：

(1)理性义的语境类型分化

《商务馆学汉语词典》:【举】①(动)手臂向上伸。②(动)手握着东西向上；抬起。

《现代汉语词典》:【举】①(动)往上托；往上伸。②举动。③兴起；起。④〈书〉生(孩子)。⑤(动)推选；选举。⑥举人的简称。⑦(动)提出。⑧〈书〉全。⑨(名)姓。

《商务馆学汉语词典》的义项设置，与《现代汉语词典》大致相同，只是把《现代汉语词典》义项①分为两个义项。使“举”这个动词的内核根据不同的动作语境类型分为两个类型义：一是手臂自举，一是举他物。这种做法，更能细化词义的使用语境类型，我们称其为理性义的语境类型分化，这种分化是现代生成型词典释义对传统意义描写的转型。理性义语境类型分化体现最多的就是学科类型分化。如：

《商务馆学汉语词典》:【感】⑤(素)：身体受到(外界的影响)。

《现代汉语词典》:【感】④中医指感受风寒。【感】⑥(摄影胶片、晒图纸等)接触光线而发生变化。

《商务馆学汉语词典》的“感”⑤大致与《现代汉语词典》的“感”④相当，但《现代汉语词典》增列“感”⑥，“感”④和“感”⑥的共同的意义就是

"受到外界影响而变化",只不过"感"④指医学语境类型,"感"⑥指感光材料语境类型。这就是根据不同学科而分化出的不同语境类型义。同时,也说明《商务馆学汉语词典》在"感"的释义上,用法性的体现尚未到位,因为"感"④和"感"⑥揭示的语境类型及语境类型义都是生活中常用的意义类型。

(2)语法类型标注

广义的词义观一般将语法意义归为词义的一种。主动型词典多采用为不同的义项标词性的方式,词性本就是基于类型化的语境搭配而形成的语法功能归纳,这也是揭示义项语境类型用法的一种方式。

(3)语用类型标注

语用是完全基于语境类型的,例如文化用法揭示在不同的跨文化交际语境类型中词义的不同使用规则;《现代汉语词典》中用"口、书、古"标识语体语境类型用法,"方"表示义项的地域变体语境类型用法,早年版本还曾经标注过学科变体语境类型用法;此外,还有的词典出示褒贬义,多在释义时用"多用于褒(贬)义"等表示,归纳的是主观评价语境类型用法规则。

而在语用类型方面,同义词辨析几乎是所有生成型辞书必备的项目,多用知识窗的方式提示。这种同义词的不同点以及相同点也是对语境类型有依靠的,例如,《商务馆学汉语词典》在"美丽"词条下就辨析了"美丽"和"漂亮"这对同义词:

> 美丽和漂亮都可以形容风景等,如……"漂亮"还可以形容服饰、物品、建筑物等,"美丽"不能,如……应注意,"美丽"多用于书面语,"漂亮"多用于口语。"美丽"只用来形容女性,"漂亮"不限,如……"美丽"还有"美好"的意思,"漂亮"没有这个意思,如……

这段对比中,两词的相同点揭示了两词语境类型义的一致性,语境对立中和;两词的差异点揭示了两词语境类型的对立性。引文省略掉的部分是例句,用具体的个性语境来进一步将语境类型义的中和与对立体现出来。

(4)例证具体化语境类型

在语境类型义描写的基础上,词典都会用例证再一次降低语境类型义的概括程度,进一步提供更为具体的语境要素和要素搭配方式。例证更加具体化,能让读者清晰地看到一个词在具体语境类型中使用的状态,显示构词、短语、句子三个层面的搭配方式。

(三) 语境类型义描写的新尝试——整句释义

既然生成型词典的编纂将传统的义项定位于语境类型义,其描写方法必然会体现出对传统义项描写方式的创新。国外柯林斯词典(Cobuild dictionary)释义采用了"整句释义"的方式,基于语料库的大规模真实语料,用完整真实的句子给出词语的释义,充分展示该词出现的语境、常用搭配和语法特点,这种模式就是把例句中的语境类型因素置于语义实体的描写中,体现了功能主义的语言观——词只有在被使用时才赋有意义。

Cobuild 词典大部分词条的释义都是以"if you, when you, someone who is"等开头的,这种句式虚拟了一个交际语境类型,激活了词所包含的意义在语境中的各种语义细节。如 find 的动词义项释为 If you find someone or something, you see them or learn where they are. 通过这个句子,不但能了解 find 的动词词义,而且可知道其施事和受事特征。而在 play 的整句释义 If you ask *what* someone *is playing at*, you are angry because you think they are doing something stupid or wrong. (INFORMAL) 的整句释义中则体现了固定搭配 *what…be playing at* 的信息及语体色彩(INFORMAL)。

徐海[①]曾经分析过 cobuild 词典中 cow 的释义,在这里可以用我们的语境类型义的理论来重新分析一下。cow 可以用来指"肥胖难看或愚蠢的女人",这个比喻意义只存在于不喜欢对方(多为女性,并认为对方是讨厌和愚蠢的)的语境类型中,脱离这类语境,cow 本身不具备这

① 徐海. COBUILD 式释义与现代语言学理论[J]. 广东外语外贸大学学报,2002(4).

样的意义。在传统的释义中一般不关注这种依赖于语境类型的释义，或者将其合并抽象到更高一层的义项描写中。但学习型词典非常重视这种语境类型的隐喻用法，作为用法为中心的词典，Cobuild给出的释义：If Someone describes a woman as a cow, they dislike her and think that she is unpleasant or stupid（如果某人描述一名女子是cow，他们不喜欢她，认为她很讨厌或很愚蠢）。这一释义成功地架构出语境类型框架的交际模式。

但这种模式对于现当代的生成型汉语词典的释义并不完全适用，除了要交代足够的语境类型信息，再用完整的句子来释义的方法会导致释义啰唆的共性问题外，最关键的原因是汉语词典不能抛弃传统训诂学中追求最小区别特征的简洁释义传统，所以这种方式在汉语辞书的释义中只是具有探索性。

此种方法介绍进国内后，个别当代汉语学习词典针对这种方法的不足进行了改造，提出了由三种句型构成的整句释义模型①。词义信息句：用以显示词义的完整句，把被释词放在典型的句子中，让读者在句义中理解词义。解说句：对前一句句义的解说，目的是让读者更准确地理解前一句句义，并在此基础上更好地理解被释词的词义。用法例证句：作为被释词词义和用法例证的句子，让读者进一步理解词义与词的功能，以便直接用于交际。如《当代汉语学习词典》中“记录”一词：

引导句　　他在～我的话。

解说句　　他在把我说的话写下来。

例证句　　1.开会时，他负责～每位代表的意见。

2.这篇文章～了整件事情的经过。

3.这个文件～着公司每一位职员的个人资料。

4.警察把他的话～下来作为证据。

5.关于这位画家的一生，这本书里～得很详细。

① 李禄兴.从静态释义到动态释义——《当代汉语学习词典》释义方法的新探索[J].辞书研究，2008(3).

6.他把朋友的电话号码都～在这个小本子上。

根据我们的语境类型义理论,引导句是一种典型的反映语境类型义的例句;解说句用另外一种同义句的方式形成事实的解释,但句型结构保持一致,是语境类型义的同义替换式;例证句则体现的是更加具体化、个性化的案例特色,提供更具体的造句模仿例,特别是揭示了句法搭配的特点和规律。如上例中,例1是动宾结构,但不同于引导句的简单句,这个动宾结构是在层次分析中的二级层次中划分出来的;例2、例3带“了”、“着”助词,反映时态和时制规律;例4是动补结构,趋向补语;例5为动补结构,情态补语;例6为动补结构,时地补语。这一例句系统基本涵盖了“记录”一词的常规语法搭配,可以认定为具体的搭配类型义。

这部探索性的词典体现了词典释义中难得的创新,但与目前汉语学习型词典的编纂现实及读者需求还有一定距离。

综上所述,在辞书编纂理论的二次转型期,汉语辞书以主动型生成型词典的编纂为先导,以最能体现用法规律的语境类型义描写为核心,体现了与世界辞书前沿编纂理念的同步性。

五、小结

古代以小学作为辞书释义的核心指导理论时期,训诂学与辞书学关于意义的认识、来源以及描写的方法具有高度的一致性,植根于训诂学传统的汉语古代辞书一直延续了训诂学中的“独立之训诂”(词义)和“隶属之训诂”(文意)的传统,以字书、雅书、韵书为代表的辞书形式与训释材料纂集形式形成区分。现代辞书阶段已经是在词汇学理论的指导下进行,索绪尔的语言与言语二分的观念已经在中国扎根,语境研究得到发展,词义与语境义得到了二分。在当代辞书理论的二次转型期,在多种现代语言学理论的关照下,我们提出辞书意义观中的义项应定位为“语境类型义”的观点。

第九章　义项类型理论的发展与辞书多义词义项处理

多义词的义项处理是词典编纂不可回避的核心问题之一。义项处理包括义项分合、义序、义项数量、同音与多义词分合、词义词类活用的立项、兼类义项等操作性问题，这些问题的解决都涉及义项类型的界定以及义序的确定。

本章梳理汉语辞书义项类型理论的发展与义项处理的关系。

一、辞书中多义词义序与义项类型

确定词典采用何种义序主要有两个视角：

一是发生学视角，即根据历史时间发展顺序，将多义词的多个义项用环式、链式、网状拓扑模式按引申和产生的先后顺序进行排列，大多数古汉语辞书、古今兼收的大型资源型辞书多采用这种思路。这类词典的所有义项都体现历史意义的来源、积累以及相生关系，除了在历史性文艺作品创作以及学术研究等狭窄的领域，已经脱离了用文言或古白话进行书面或口语表达的需要，因而这类词典是知识查检性的。

二是语用学视角，即着眼于语言教学与语言使用，只选择多义词的共时使用义项，按基本义、常用义在前，转义、偏僻义在后的顺序排列。采用这种义序的大多是共时词典。共时词典有两种典型代表：一是规范型词典，二是学习型词典，多是辅助表达生成、语言规范应用以及语言交际，因此都有一定的语用目的。共时词典中多义词的义项排序只关注所收的义项是否在一个共时平面上使用。

在传统的编纂法中，采用历时义序的辞书由于有首出书证的时间保证，所以其义序排列依据相对可靠，如果出现问题，根源在于书证。语用学视角的使用义序则多依据编者的经验和语感，主观性较强。在当代辞书编纂的二次转型期，语料库语言学提供了词频和义频测查的技术，在某种程度上增强了这种排序的客观性和准确性。

从不同视角出发，会有对多义词义项类型的不同界定。关于意义类型的界定，中外古今的学者在这方面都有全面、深入、细致的研究，流派众多，学说纷呈。张志毅[①]曾经做了全面的梳理，弄清这些分类的体系和实质，有助于全面剖析多义词的语义微系统。

二、发生学视角的义项类型理论的发展

（一）辞书义项的泛时性以及义项排列的历时性

要从发生学视角观察义项的类型，首先要了解辞书中多义词义项的泛时性特点。历史性、历时性语文词典的义项不在同一时间平面，体现出典型的泛时性特点。

尽管索绪尔反对泛时性原则，他认为："这两种观点——共时观点和历时观点——的对立是绝对的，不容许有任何妥协"，"一谈到具体的看得见摸得着的事实，就没有泛时性观点了。"[②]但这一说法有些绝对，后来的学者做了一些修正和发展。A. И. Смирницкий 认为："一定时代的语言——这指的是存在于时间之中的语言，即它包含着历时的因素……因为就本质而言，时间要素渗透在语言之中。这样，共时的语言系统不可避免要在时间中加以考察。"[③]王宁也谈过汉语研究的泛时、泛域性特点。陶原珂也认为："在普通语文词典中，词位作为抽象的语

---

① 张志毅，张庆云. 词汇语义学[M]. 北京：商务印书馆，2005：78－80.

② [瑞]费尔迪南·德·索绪尔著，高名凯译. 普通语言学教程[M]. 北京：商务印书馆，1980：122－137.

③ А. И. Смирницкий. По поводу конверсии в английском яэыке // Иностранные яэыки в школе. Москва. 1954. No3. стр. 16. 转引自华劭. 语言经纬[M]. 北京：商务印书馆，2003：153.

言单位和词典的项目，它的双重系统性有着语言系统的共时平面和历史向度的统一性。”①

词义的泛时性特别明显。从整个词汇语义系统来讲，几千年来积累下来的历史词形、词义仍然会在共时语言系统中使用，共时词汇系统中的基本词汇、一般词汇中的古语词、方言词等大多具有历史传承性，缺少历时传承性的主要体现在部分行业语、新词语、外来词等方面，这些都是汉语词义泛时性的表现。具体到词语个体上也能体现泛时性原则。一个多义词的多个义项的使用可以在现代汉语的层面，但其形成和演变往往是历时的。特别是在多义词历时引申义列明显的义项排列中，历时、共时这两个因素有机地融合在义项的描写中，体现着一定程度的泛时化特点。每一个义项，也有泛时性问题。比如“吐”，《现代汉语词典》：“使东西从嘴里出来。”《说文解字》：“吐，写（泻）也”，也是使东西从嘴里出来的意思。这一个义项虽说有共时性，但也是历时的，它在历代一直作为基本词义在用。一个义项的内部结构也是泛时的，类义素更多体现的是共时性信息，最起码是在共时层面上仍在使用的信息，而代表词源意象特征的核义素更多体现的是历时性。

但对于历时辞书的编纂来讲，泛时性只是就多义词内部的微观词义系统来讲的，其义项的排列还要体现出严格的历时性，这一划分对于词典释义中的义项设置至关重要。“历时原则是语文辞书必不可少的原则，只不过在不同类型的语文辞书中所占的地位不同而已。”②历时性原则取决于首出文献例证的准确度以及词义引申的学理性要求。如果首出例证早，但引申推演的学理性出现大的矛盾，例证可能就非最早例证，只是有些最早文献佚亡或没有被发现；如果引申推演学理可信，但首出例证不支持，原因则很难界定，究竟是引申推演中的“缺环”现象，还是因文献例证掌握得不充分造成的？但历时义序与文献学、训诂考证、词汇史的研究密切相关，这是确定的。

① 陶原珂．词位与释义[M]．北京：高等教育出版社，2004：201．
② 张万有等．语文辞书的历时原则[J]．辞书研究，2000(6)．

（二）多义词义项的意义类型及其关系

1. 历时层面的意义类型与历时词典义项的历时义序

张志毅[①]归纳了学界在历时层面的、从不同的角度对义项类型的界定，分出本义（原始义、词源义、始见义、第一性意义）和转义（派生义、引申义、比喻义、第二性意义）、古义（历史义）和今义（现行义）两组二元对立范畴。

西方历经几百年编纂修订的《牛津英语词典》的多义词义序也是按时间顺序排列的，它一方面比较清晰细致地记录词义自古到今的演绎路径，另一方面与书证相配合，保留了大量的历史词义材料，起到了储存文化的作用，对于古籍阅读、断代文献研究有着重要的作用。

在中国的古代辞书中，《说文解字》只出本义，而后来的二度注疏系统地采用以本义为纲，贯起历时引申义序的方式。其中以段玉裁《说文解字注》、朱骏声《说文通训定声》最为系统、严谨。《玉篇》、《康熙字典》等字书的多义词义项也基本按照历时顺序排列。民国的《中华大字典》、《辞源》的义项排列已经完全奠定了现代编写古今兼收的词典或古汉语词典的历时义序。新中国成立后，很多学者都大力提倡编写历时义序的大型辞书，例如，王力就提出要尽快编纂一部按意义的历史源流排列的辞书[②]。后来就有了《汉语大字典》、《汉语大词典》等大型古今兼收辞书的出版，进一步完善了历时义序以及首出例证互相支撑的体例，巩固了发生学视角的多义词义项排列的基本范式。

2. 本义、引申义与引申义列

处于储存状态的词典中的多义词，它们的理性义项之间是有内在联系的，构成了一个引申义列。

---

① 张志毅，张庆云．词汇语义学［M］．北京：商务印书馆，2005：102．

② 王力．字典问题杂谈［A］．王力．王力文集．第十九卷［C］．济南：山东教育出版社，1990：119－126．

引申义列由引申义组成。由引申参与而产生的义项,称引申义,引申义与本义相对。“凡字(按:即词)于形音义三者完全相当,谓之本义”,“于字之声音相当意义相因,而于字形无关者,谓之引申义”。[①] 引申义列基于词义的引申运动,王宁认为,“引申是指词义从一点出发,沿着本义的特点所决定的方向,按照各民族的习惯,不断产生相关的新义或派生同源的新词,从而构成有系统的义列”[②],“本义和引申义可以从平面上系联起来,整理成一个连贯的意义系列,称作引申义列”[③]。“引申义列”更能体现多义词内部各义项之间有序联系的系统性。

如果能从训释材料中归纳出引申义列,那么按词义发展顺序排列为主的词典义项排列就有了依据。但确定义项出现的先后是一件很复杂的工作,目前多按含此意义的书证的时间顺序进行归纳,但由于很多古书不可考,另外,我们也无法穷尽所有古籍,所以这种词义引申的发展顺序往往具有不确定性和模糊性,只能追求大致准确的义序。王宁从训诂学的角度,建构了完备系统的引申规律和引申义列理论,详细归纳了词义理性引申和状所引申两个引申总方向,在理性引申中发现了时空、因果、动静的同向引申规律和施受、反正的反向引申规律;在状所引申中,发现了同状、同所和通感的引申规律,这是词义引申的内在规律性,这为确定词典义项的排列顺序提供了重要的理论依据。

语源义在引申义列中是一个起点,以法律词语的释义为例,探求法源寻求更大范围的法理依据是重要的系联引申义列起点的方法。例如沈家本研究“陵迟”的语源义,探讨丘陵起伏缓慢与陵迟行刑特点之间的关系[④];李力通过古文字资料对“礼、刑、法、律”的词源意义考证[⑤];蔡

---

① 黄侃.文字声韵训诂笔记[M].上海:上海古籍出版社,1983:47.

② 王宁.训诂学原理[M].北京:中国国际广播出版社,1996:54.

③ 王宁等主编.《训诂学术语》(提交稿),国家社科基金重点项目《语言学名词术语》子项目,2006.

④ 沈家本.历代刑法考(一)[M].北京:中华书局,1985:108.

⑤ 李力.发掘本土的法律观:古文字资料中“礼”及“刑”、“法”、“律”字的法文化考察[A],载《法律史论集》(三)[C].北京:法律出版社,2001.

枢衡对"法、刑"语源的考证①;史幼华对"坐、囹圄"语源的探讨②。张博对古代刑名词语的语源进行过探讨,发现很多刑名的得名其实和行刑部位相关,刑名和这些行刑部位的词语构成同源词,例如"耳——刵、自——劓、而——耏、涿——斀、颈——刭、腓——剕、脚——刖、元——髡"等,这一对应直接提升了"刑名"术语的法理。③

词义在引申时,可以从不同的语源义特点进行选择,王宁、黄易青称其为"取象"④,语源义被捕捉的意象特点往往是多重的,不同的语源意象特点往往形成不同的引申子义列,这使整个词义引申活动呈现多支性和多向性,被捕捉的特点越多,引申的方向就越多,表现的引申义列的分支就越多、越复杂。如果能找到词语的真正语源义和本义,一个多义词语的所有义项都可以位于一个引申义列中了,这个引申义列的分支再多,也基本还是遵循训诂学中所总结的链状引申、辐射引申和混合引申三个基本结构。

从引申义列的角度观察普通义项和学科义项,处于同一义列的两种义项的引申是有层次、有步骤的,很多时候要一步一步引申到相应的学科义项或者普通义项。例如:

我们从《汉语大词典》中系联"判"的引申义列。

《说文解字》:"判,分也。从刀,半声。"《说文解字》:"半,物中分也。从八从牛,牛为物大,可以分也。凡半之属皆从半。"对于"从牛",张舜徽《约注》:"半字从牛,不止于牛而已,特举牛以概万物耳。本书牛部'牛,万物也。牛为大物,故从牛'是其义也。判训为半。"徐灏《段注笺》:"判之言半也,分也,离去之谓也",这里指明"判"是指事物的部分从整体分离,所以"判"的本义是对一些具体物体(如"牛"之类)的切分。

后来引申为"判 1":"剖开。"如《墨子·备穴》:"令陶者为月明,长

---

① 蔡枢衡.刑法名称的由来[J].政法论坛,1981(3).

② 史幼华.古代法学术语的研究与训诂学[A],载王问渔主编《训诂学的研究与应用》[C].呼和浩特:内蒙古人民出版社,1986.

③ 张博.汉语同族词的系统性与验证方法[M].北京:商务印书馆,2003:169.

④ 王宁,黄易青.词源意义与词汇意义论析[J].北京师范大学学报,2002(4).

二尺五寸六围，中判之合而施之穴中。”柳宗元《封建论》：“遂判为十二，合为七国。”这一义项不但可以用于具体事物，而且可以用于抽象事物的剖分，但一般还是指同一事物（国家）的剖分。

在此基础上，再次引申出“判 2”：“分裂；分开。”《淮南子·俶真训》：“天地未剖，阴阳未判。”这里体现的都是处于混沌模糊状态的不同事物的分开，而非同一事物的剖分。

不同的、交融态的事物的最大特点就是两物特征的混融，要分开两个事物，需仔细分辨两者的不同特征，最后进行归分，由此引申出“判 3”：“区别，分辨。”如晋·殷仲文《解尚书表》：“宜其极法，以判忠邪。”这一义项实际既包括同一事物的区分也包括不同事物的区分，此处抓住的是“分”的过程中的[比同求异]这一义素，扩大引申更具抽象性的普通义项。

引申义列走到这一步，还处于普通义项之间的引申。

“区别，分辨”义项被借用于法律专科的审判过程语境中，判决案件必然要分辨是非，就引申出法律义项“判 4”：“谓对狱讼的审理和判决。”

在《唐律疏议》中有大量“判 4”的用例。如：

判案者为判官，署案者为主典及监事之类(T212)

代署者杖九十，代判者徒一年半(T118)

其有敕符差遣及比司摄判，摄时既同正职，停摄理是去官，公坐流罪亦从免法(T16)

假如一正异丞所判有失，又有一正复同判，即二正同为首罪(T40)

若判离不离，自从奸法(T194)

长官同断案已判讫(T490)

又由动词性的判决过程进行名物化引申，由指称动作过程转指个体名物，引申出“判 5”：“指审理狱讼的判决书。”如《旧唐书·李元纮传》：“南山或可改移，此判不可摇动。”柳宗元《段太尉逸事状》：“谌盛怒，召农者曰：‘我畏段某耶？何敢言我！’取判铺背上，以大杖击二十。”

至此，引申义列已经成功而完整地完成了普通义项到法律义项的引申。

从法律义项“判决”最终必须要有审判结果、要做出定罪或处罚的决定，从而引申出用于全民语域的普通义项“判 6”：“决定；断定。”如王勃《河阳桥代窦郎中佳人答杨中舍》诗：“判知秋夕带啼还，那及春朝携手度。”《资治通鉴·宋文帝元嘉二十七年》引此文，胡三省注云：“判，亦决也。”

再次引申出“判 7”：“裁定；评判。”如宋·周密《癸辛杂识别集·银花》：“遇寒暑，本房买些衣着及染物，余判单子，付宅库，正行支破。”

“判 6”、“判 7”这两步引申就形成法律义项再到普通义项的引申。

至于《汉语大词典》的“判 8”：“署理。本任官出缺，由别人暂时代理或兼摄。”这不是一个普通义项，而是行政专科的行政义项。如《北齐书·鲜于世荣传》：“七年，后主幸晋职，令世荣以本官判尚书右仆射事。”这一行政义项看似与前面义列没有引申关系，其实，它们也是在这一引申义列中的。官员处理公事，本身就是在对事物进行裁定、评判，与“判 7”还是有引申关系的。至于其[代理]义素，我们认为主要是因为其经常与“摄”连用，从而语义感染，使其具有了这一义素。

至此，从全语域的角度，我们已经可以将多义词“判”的词内义项整理成一个完整的义列（图 9—1）。

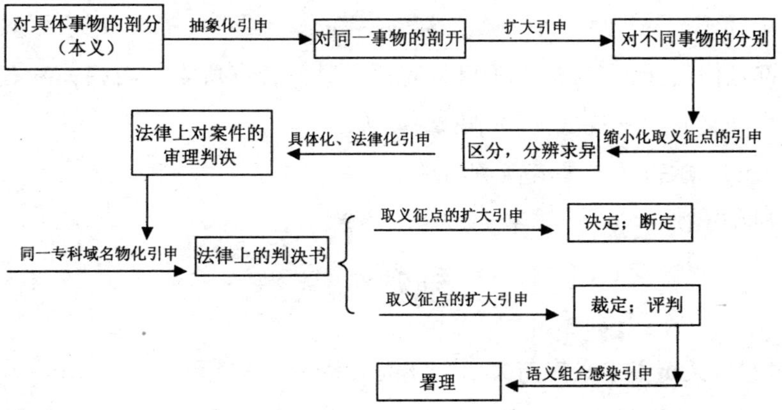

图 9—1 “判”的引申义列

从以上“判”的引申义列的整理看，其总体体现出链式引申和辐射引申结合的综合引申特点。词典中多义词的释义就是要把这一动态的过程按历史顺序固化。

3. 辞书中的假借义

除了本义、引申义外,在这里还要说一下古代汉语辞书中特有的假借义。

假借字是文字学层面的,假借义是指一个字用作假借字时,所具有的那个正字的意义,这个意义与原义无关。例如:"蚤"通"早","早"是本字,"蚤"是假借字,"蚤"有了这个假借字用法,在字书中一般就设为假借义。假借义不同于本义和引申义。本义是在文献中有用例的最早的意义,引申义是由本义引发出来的意义。

现代辞书一般不设假借义项,用通转关系来表明,后释所通之字的意义,也就是假借义。一般放在引申义列的最后面,表示假借义与引申义无关。

例如《汉语大词典》:

【倍】⑥通"背"。背对,背向。⑦通"背"。背弃,背叛。⑧通"背"。违背。⑨通"背"。背诵……⑩通"悖"。乖谬逆乱。

有些义项还用参见相关复音词方式表明。如"⑨通'背'。背诵。参见'倍文''倍讽''倍读'"。这表明,在这些复音词中,构词语素义用的都是假借义,在词典解释相关复音词时就会有所本。当相关复音词立目释义时,一般也要解释假借字。如:

【倍讽】 背诵。倍,通"背"。

【倍文】 背诵书文。倍,通"背"。

【倍读】 背诵。倍,通"背"。

4. 关于引申义序与文献书证的关系

对于义项按历史顺序排列,最重要的证据链保证就是书证的时间属性。首出书证的确定一直是历时辞书编纂中一件很困难的事情。首先,有些文献的历史时期难以确认,特别是比较偏僻的文献,但这并不意味着其价值的边缘化；其次，很多辞书释义所依赖的文献中的材料有时多为泛时性纂集，如类书等，多时代并存，难以确认其材料的具体时间。这都影响到义项的历史排序。

另外，从编纂的角度看，传统的辞书一般采用的是传承历史辞书（如"说文"、"段注"）、纂集材料（如《经籍籑诂》）、类书等，再通过资料勾乙、卡片积累等方式来概括归纳义项，这种方式使文献利用的深度及广度都受到限制，进而影响到义项归纳的准确性、全面性。而且古代的辞书编纂用时漫长，很多经典辞书需要穷经皓首几十年才能完成，后世辞书编纂者多重继承，有时走上因循抄袭的路子，而文献书证资料由于手工辗转抄写，错讹渐多，也影响到历时义序的准确性。

这一问题从王引之对奉为典常的《康熙字典》书证的校订中可以看出。道光年间，王引之奉敕对《康熙字典》进行了第一次较大规模的校订，并撰《字典考证》。王引之奏折中云："钦遵谕旨，细检原书，凡字句讹误之处，皆照原文逐一校订。"陆枫将其校订的内容归纳为六个方面：一、校正引文出处书名、篇名错误；二、校正引文错误，或脱落、或增衍、或讹舛等；三、改正字头或古文；四、改正字头或属部；五、删重复字头；六、改正释义、音读、引文不当、例证与义项相悖、正文与注文相错乱等[①]。中华书局重印本在出版说明中指出："它虽然引了不少的书，但错误很多，主要是，有的书名、篇名错误或妄改，有的引文错误或脱落，有的删节失当，甚至断句错误，更有错字、改字等等情况。"可见其中大多数修订工作都是针对文献的，这些错误必定会对义序的可靠性造成影响。

现在有了大型的古籍资料库，大量的古籍文本逐渐实现了电子化，大大提高了历时义序的古汉语辞书修订和编纂中文献的可靠性和准确性。如"基本古籍库"、"四库全书"、"四部丛刊"电子版等，也有专类的"历史碑刻文献库"、"十通"文献库等，这些古籍库提供了海量的古籍内

① （清）张玉书等编撰，王引之等校订．康熙字典（王引之校改本）出版说明[Z]．上海：上海古籍出版社，1996：2．

容，为义项设立的语境类型归纳提供了丰富的语料资源及首出书证。这些资料库有时提供影印图像与检索文本的对照，提高了书证的可靠性。

但现当代辞书编纂技术的转型与成熟应用，不会改变基于发生学视角以引申为核心的历时义序的编纂体例，本义——转义、古义——今义模式不会改变。

（三）引申义列、词义谱理论与义项的分合、词位的分合难题的处理

进入辞书编纂理论的转型期，已经有了历时与共时词典的区别，如《辞源》和《国语辞典》，前者为历时义序，后者为共时使用义序。

在历时词典的义项处理中，义项的分合问题一直是一个难题。茹拉夫列夫曾谈到新义项的形成过程，“是在保留区别语义特征的条件下发生的基本语义的一种更换，即把伴随语义转变成区别语义”。伽克则认为，在词义的演变中，“一个基本语义被另一个所取代，而两种意义的共同点仅仅靠区别语义甚至是潜在语义来决定”[①]。因此，每一个义项之所以被分割独立为一个义项，在保证语义上共同义素的传递外，要有足够的区分性语义信息，也就是说待分立的义项必须与源义项保持相应的语义距离，有足够的可称说的区别义素，从而相对独立。

目前在词典编纂中，编者确定立一个义项还是分立多个义项，需要对语境过渡概念意义的区别度有准确的把握，但操作时往往缺乏标准，只能凭主观经验。易敏从认知心理的角度认为：“在每一个相对封闭的义域中划分多少语义单位，往往与社会生活和使用该种语言的人的心理有关，语义单位的切分的不同导致词汇指称体系不同。”[②]而对语言交际者心理的把握也是一个无法客观量化的操作。

另外一个难题是多义词与同形词的处理，这涉及词的同一性问题。义项之间的区别度也是一个相对的概念，如果区别度过大，两个义项之

---

① 转引自杜桂枝.俄语多义词转义过程的认知语义分析[J].解放军外国语学院学报，2002(5).

② 易敏.在对译与比较中观察汉语词义系统[J].北京师范大学学报，2000(2).

间看不出任何相似或相关性联系，是否需要分立词目，作为同形同音词处理，目前尚无明确、清晰、客观的标准，各家词典的处理也不尽一致。

即使在共时语用型义序的词典中，也存在这一问题。如"乘"在《新华词典》和《现代汉语词典》中的处理不尽相同。《现代汉语词典》分"乘[1]"（乘船）和"乘[2]"（加减乘除）立目，把这两个"乘"作为同形同音词处理，作为两个词。但《新华词典》则作为多义词处理。

多义词内部的各义项之间有紧密的语义相关性，大多具有转义（引申、比喻等）的关系，是一个连续的系统。为了强调多义词内部词义之间的连续系统关系，西方描写语义学家克鲁斯（Cruse，D. A.）提出了"词义谱"①的概念。认为一个多义词内部各义项必须是属于同一词义谱的局部词义，但也承认"恰如其分地描述词义谱和词义谱上各点远非易事"。

我们结合引申义列与词义谱理论来观察多义词之间的关系，希望能为上述两个难题的解决提供一些思路。其实，整个引申义列就是一个词义谱，二者所指是相同的，引申义列的复杂结构使词义谱总体呈现网络状。但二者也有不同，词义谱利于描写多义词内部义项的静态结构，而引申义列更能体现义列中各义项成员之间的相生相因又相别的动态语义关系。

在普通的历时性语文辞书的多义词系统中，引申义列并不都强求最早的语源义。因为"溯源"、"推源"工作由于时代的关系，很难保全、保准，所以词典中即便设立语源义，也多是通过"系源"工作做出来的，这就导致有些多义词语的内部会出现几个平行的引申义列，但它们属于同一个词义谱。这种情况下，词义谱应该是引申义列的上位概念，一个词义谱可以包括多个引申义列，二者指称并不相同。

克鲁斯曾经从词义谱的特点提出鉴定两个义项语义关系的两条意见，对确定两个义项是否处于同一词有很强的指导作用。一是"如果有

① D.A. 克鲁斯. 词汇语义学[M]. 剑桥大学出版社，1986. 中译本见汪榕培等编译. 八十年代国外语言学新天地[C]. 沈阳：辽宁教育出版社，1992：174－176.

一条词汇规则可以通过一个词汇单位（按：词项）意义的存在来预知另一个词汇单位意义的存在，那么，这两个词汇单位属于同一词语”；二是“这些词汇单位的词义必须属于同一词义谱的局部词义”①。前一条指的是两个义项必须有共同的语义桥——共同义素，这是核心标准，后一条指的是二者必须处于一个词义谱。如果是同一词义谱有多个引申分支，当它们处于同一分支时，相同义素密度比较大，体现的是近引申关系；如果跨支系联，或者虽处于同一引申分支，但相同义素较少，那就是典型的远引申关系。但只要它们同谱，依然是同一词语内部语义系统的成员。

根据引申义列的理论，词义之间的联系是否断裂为两个义项、甚至两个词，都需要补充完善引申义列中的缺环。叶复兴也曾提出过引申的三个层次：本义层次、直接引申层次、间接引申层次②，这三个层次勾勒了引申的动态过程，对应着引申义列中的本义、近引申和远引申三种义项状态。如果不在同一引申子列的，但属于同一词义谱，则为远引申关系，不一定要分立不同的词；如果对引申义列做还原、修补等工作后，填补引申义列中两个有远引申关系的、语义距离较远的词义点之间的缺环义项，能清晰看出两者之间的相因相生而又相别的语义关系的，也不应分立同音词；如果语义区别度过大，导致两个义项不在一个词义谱上，则属于两个词，需要分立词目。

例如：“斩”在古代可分别表示“法律上砍头的行刑方式”、“斩刑”和“丧服不缝衣旁和下边”等意义，前二者是近引申，而后者与前二者词义相距较远，需不需要再列为同音词呢？下面我们梳理完善“斩”的引申义列：

《说文解字》：“斩，截也。从车斤。斩，法车裂也。”《汉语大词典》根据《说文解字》出“斩”的本义：“古代刑罚之一。本谓车裂，后谓斩首或腰斩。”谷衍奎根据字形考证，认为《说文解字》的这一解释已经是引申

---

① D.A. 克鲁斯.词汇语义学[M].剑桥大学出版社，1986.中译本见汪榕培等编译.八十年代国外语言学新天地[C].沈阳：辽宁教育出版社，1992：182－183.

② 叶复兴.词义引申的层次性[J].岳阳大学学报，1992(1).

义了[1]。我们本着训诂学"以形索义"的思路,暂取谷衍奎的说法来整理引申义列。

谷衍奎认为"斩"是会意字,会伐木做车之意,即《诗经》所谓"坎坎伐轮兮"之象,本义应是"伐木做车"。由此本义抽象引申出"砍伐;砍断"的义项。如《墨子·非攻下》:"芟刈其禾稼,斩其树木。"韩愈《崔评事墓铭》:"凿浍沟,斩茭茅,为陆田千二百顷,水田五百顷。"

"砍伐;砍断"义项经过特指引申,引为"砍头;砍杀",特指法律领域处最高死刑的"斩"——斩首、腰斩[2],最后定型为法律义项"斩刑",即《汉语大词典》:"斩①:古代刑罚之一。本谓车裂,后谓斩首或腰斩。"段玉裁《说文解字注》:"斩,古用车裂,后人乃法车裂之意而用铁钺,故字亦从车。斤者,铁钺之类也。"《释名·释丧制》:"斫头曰斩,斩腰曰腰斩。"如《史记·陈涉世家》:"失期,法皆斩。"以上只是"砍头;砍杀"义项的一个引申方向,由"砍杀"这一义项又泛化引申出另一方向"讨伐;攻打"义项,如《国语·齐语》"遂北伐山戎,刜令支,斩孤竹而南归"。韦照注:"斩,伐也。"

另外,"砍伐;砍断"的结果必然是"断开",自然就由这一具体义素扩大引申出"断绝"的义项,如《诗·小雅·节南山》:"国既卒斩,何用不监。"毛传:"斩,断。"朱熹集传:"斩,绝。"这就进入了另一个引申子列。由"断绝"义项又特指引申出"剪裁。特指丧服不缝衣旁和下边"(《汉语大词典》斩⑥),剪裁必然有使布"断开"的特点。《辞海·语词分册》"斩③:丧服不辑边之称",《汉语大词典》"斩⑨:整修;补合"。如"齐晏桓子卒,晏婴粗缞斩"。所以"斩⑥"特指"不辑边"的剪裁方式,丧服用粗麻布制成,左右和下边不缝,使断处外露,以示无饰。

由此,我们可以整理出"斩"这个多义词的词义谱(图 9—2),从中很明显能看出"法律上砍头的行刑方式"、"斩刑"和"丧服不缝衣旁和下

---

① 谷衍奎.汉字源流字典[Z].北京:华夏出版社,2003.

② 历史上的某些时间段,"斩"的行刑部位在"趾"和"足",例如"斩趾"刑,就是砍去罪人的足,崔寔《政论》"昔高祖令萧何作《九章》之律,有夷三族之令,黥、劓、斩趾、断舌、枭首,故谓之具五刑"。

边”确实分处于两个引申子列，但通过系联，能确定它们共同的引申源义项“砍伐；砍断”，这样两个引申子列上的义项也就有了远引申关系，因此“斩”不应该分列词目。

这种远引申关系在古代法典文献《唐律疏议》中也有反映。例如《唐律疏议》中两种死刑——“绞”和“斩”，最大的区别：“绞”刑保全尸首，“斩”身首分离，身首〔断绝〕，所以后者在全尸观念至上的唐代人眼中是最严重的刑罚。“斩刑”义项中体现的这一行刑特点与〔断绝〕语义特征为核心的引申子列体现着紧密的语义联系。

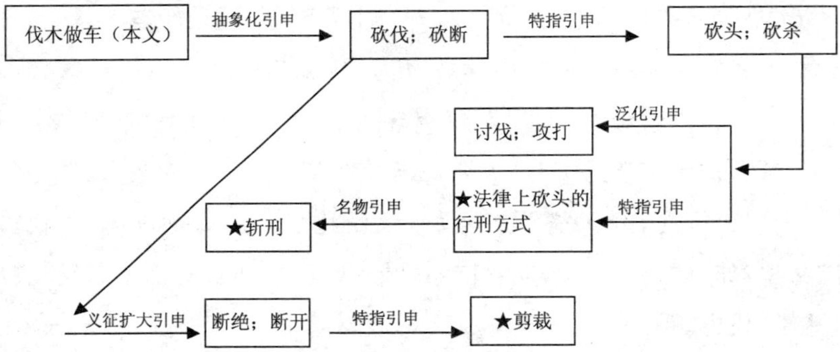

图 9—2 “斩”的词义谱

（四）历时词典多义词引申义列和词义谱的特点

词义谱和引申义列完整的存在载体是词典。由于普通义项的概括性和学科义项的具体性，学科义项很多时候充当一个相对完整的词义谱或引申义列的终端。但我们将词义谱切出一个共时的切面研究时，发现时代不同，情况也不同。当代社会由于时尚的追求，许多学科领域的词被大量借用到普通语域，最后引申出普通义项，这反映了时代的繁荣与价值观念的多元化特点。相反，如果在某个社会学科义项全民化过程不活跃，这个时代一般是对科学或技术并不重视、不敏感。中国古代大多时候都处于这种状态。

从以上“判”和“斩”的引申义列分析，在普通义项和学科义项构成的词义谱中，从普通义项到学科义项，在语义上体现以下四个特点：

1. 义值丰度的渐次增加。由抽象类指到特指、具指，义项中语义内涵细节增加，而外延缩小。“判”从“区分，分辨”到“对狱讼的审理和判决”的局部引申义列就是这一特点。

2.语境依赖度增强。专科义项对专科的依赖度很强，很多术语只能和专科语境相伴相生。“斩”的“砍杀，砍断”的普通义项则对语境没有过多的依赖，适用域广泛，而指称“五刑”之一的“斩刑”法律义项是与法律语境密切相关的，对法律语境高度依赖。

3.由中心义项向引申义列的远处呈现相似程度减少的梯度。比如“斩”的“砍断”义和“砍头”义相似度高，和“斩刑”义相似度就减少，而到了边缘的“剪裁”义，相似度就更少了。

4.语文性减弱。从普通义项到学科义项是一个语文性减弱，而百科性、知识性增强的过程。“判”表“分开”的普通义项的语文性最强，而其表“审判判决”的法律义项就逸出普通意义系统核心，进入与法律术语意义相交叉的部位了。

从学科义项到普通义项的引申义列看，上述四个特点正好体现了相反的方向。比如由学科义项引申出普通义项的一个普遍的特点是义素扩大引申或抽象引申，语义内涵义缩小，外延义扩大。这样的引申都有一个引申成长点，由前一学科义项的一个语义细节而扩大、上升、抽象而成。比如从“法律判决要下决断”这一义素特点，进而引申出“决定；断定”普通义项；从“审理案件本身就要对当事人的行为做出判断”的义素点，引申出“裁定、评判”的普通义项。这些引申点都是学科义项中的具体的语义细节。

三、语用视角的共时词典的义项类型与义序

从共时层面提出的义项类型比较复杂，张志毅归纳了当前学术界研究出的12组二元对立范畴①。从我们的研究角度可对其重新分类：

在普方之间，有通语义和方言义(含社会方言义)；

在使用的纯频率角度上，有常用义和非常用义；

---

① 张志毅，张庆云.词汇语义学[M].北京：商务印书馆，2005：102－103.

从交际人的心理感觉上，有基本义和非基本义、主要义和次要义；

从能否为事物命名的角度看，有称名义和非称名义；

从词义发展的角度看，有直义和转义；

从词使用时能否独立成句方面，有自由义和非自由义；

从是否包含感情色彩看，有中性义和修辞义；

从与现实世界对应的针对性上看，有具体义和抽象义；

从系统使用词汇的角度上看，有系统义和非系统义；

从词语指称事物的角度上看，有泛指义和特指义；

从词义的静态存贮与修辞用法的角度看，有固有义和临时义；

另外，从认知心理的梯度原则和原型范畴看，有中心义、过渡义及边缘义一组三元范畴。

这些不同角度的义项的定类大多是基于词语的交际功能的实现，着眼于语用，与生成型的以用法为中心的当代词典的编纂宗旨是一致的。例如：《现代汉语词典》：

【面糊】①用面粉加水调匀而成糊状物。②〈方〉糨糊。

这是一个普通词，第一个义项是基本义、常用义，第二个义项则为方言义，再如：

【冷热病】①〈方〉疟疾。②比喻情绪忽高忽低的毛病。

这是一个普通话中的方言词，语源是方言同时在普通话系统中也是基本义，所以第一个义项自然是方言义，第二个义项则是比喻引申义。

共时词典中，偏重查考性或规范性的词典的义项顺序有时与发生学视角的相类，也是按引申顺序排列；而生成型学习词典的义项排列多采用“义频统计＋主观经验”的方式，按常用性、基本性、重要性在前，再依次递减排列。这种排列比较适合习得多义词，但在频率不好确定的情况下，也还是体现着“常用性＋历史性”的综合性义序原则，也尊重发生学视角义项排列的逻辑性。例如“恨”：

理解型的《汉语大词典》：①怨恨，仇视。《荀子·尧问》：“处官久者士妒之，禄厚者民怨之，位尊者君恨之。”《史记·淮阴侯列传》：“大王失职入汉中，秦民无不恨者。”②失悔；遗憾。《史记·商君列传》：“梁惠王曰：‘寡人恨不用公叔座之言也。’”③通“很”。违逆；狠戾。

偏重规范的《现代汉语词典》：①仇视；怨恨。②悔恨；不称心。

学习词典《商务馆学汉语词典》：①像对仇敌一样对人，对事物强烈地不满；②不满意或因做不到而遗憾。

这三类词典的释义体现了语用义序与历时义序的基本一致性。但有的词的顺序会有不同，可以看出语用义序与历时义序的不同，我们在三部词典中对比“安”的释义（表9—1）：

《汉语大词典》	《现代汉语词典》	《商务馆学汉语词典》
1.安居；居处。		
2.谓对某种环境、事物感到安适或习惯。		
3.安定；平静。	1.安定	2.形。安定，心情平静。
4.使安定，平静。	2.使安定	
5.安抚。		
6.安乐；安适；安逸。	3.对生活、工作等感到满足合适	
7.安稳，稳固。		
8.谓妥善；稳妥。		
9.安全，平安。与“危”相对。	4.平安；安全（跟“危”相对）	3.素。安全（和“危”相对）。
10.徐缓；推迟。		
11.谓留客。		
12.谓收留，容纳。		
13.犹善。喜欢，爱好。		
14.安放；安置。	5.使有合适的位置	1.动。使有适当的位置；安装。
15.安装；设置。	6.安装；设立	
16.犹加上。	7.加上	
17.存着；怀着。	8.存着；怀着（某种念头，多指不好的）	

续表

18.种植。		
19.代词。表示疑问。相当于"什么"、"什么地方"。	单列同形词	
20.副词。表示疑问。相当于"怎么"、"岂"。	单列同形词	
21.连词。犹于是,乃。		
22.电流强度单位"安培"的简称。	单列同形词	
23.姓。	9.姓	

表 9—1

在立目方面,《汉语大词典》古今兼收,收词量大,体例上多以语音音变为第一标准,无音变的,尽量放在一个词中,以避免因同形词立目过多导致收词量的膨胀。而《现代汉语词典》将代词"安"与"安培"的"安"设为同形同音词,分别立目。这是因为"安培"是假借同音字成词,它们在共时层面上与"安"意义无关。

在对义项的处理方面,三种类型的词典各有自己的做法。《汉语大词典》的义项,除古义外,有些在现代汉语中也有使用,但《现代汉语词典》不设义项,主要是因为它们是与常用义相对的非常用义。而《商务馆学汉语词典》比《现代汉语词典》的义项总数还少,所取的都是"安"的基本义,删去了非基本义、次要义取主要义;同时,《商务馆学汉语词典》释动词义、形容词义优先于语素义,体现了自由义优先于非自由义的特点。

同时,《现代汉语词典》不收 18"种植"义,并非因为这个义项是古义项,从《汉语大词典》的语例看:

> "人家庄稼安上,都细细法法照管。人家闹粪锄草,有的就锄下四五遍。可是你的庄稼种上,甚也不管啦。"(章炳南等《锺万财起家》第一场)
>
> "他做掌柜的,那你就不去给他安庄稼了。"(周立波《牛》)

例证中体现的是现代汉语用法,但这是一种边缘义、方言义,也是一种带临时性、修辞性特点的用法,使用面比较窄,语境类型化特点较弱。

《汉语大词典》本着全面收集义项的原则是可以放宽义项设置标准的，但作为偏重规范功能的《现代汉语词典》不会收录此边缘义。

从对义项顺序的处理看，《现代汉语词典》虽为规范性、共时性词典，而且释义信息也越来越倾向于生成型学习型词典，但其收录的共时义项还是有引申性的逻辑关系的，不过不同于本义——引申义、古义——今义模式，它采用的基本模式是直义——转义（包括引申、比喻、借代等），在此基础上，在外围安排偏僻义等。

《商务馆学汉语词典》是典型的生成型词典，高度重视用法解释。在三个义项中，动词的语法功能及在语言表达中的作用最强，因此动词义项居首，而且此义项在共时使用层面也为基本义，并构成了"安排、安心、安置、安装"等常用词；形容词义项常用性和语法重要性弱于动词，列其后，构成"安定、安静、安慰、安稳"等常用词；而最后一个是语素义，语素只用来构词，在实际交际中并不起作用，其语素义主要体现在"平安、治安、安全"等词中。这一排列顺序体现了以基本性、常用性、语法重要性以及语言单位重要性递减的顺序，体现了典型的以用法为中心的特点。

了解以上这些从语用角度出发确定的义项类型，就可以根据不同的词典类型，按不同的原则排列义项，体现规范中心和用法中心词典的语用义序特点，与发生学视角的历时义序相配合。

四、小结

在辞书意义观建构中，义项类型以及由此产生的义序是辞书进行多义词、同形词条目操作时必须预先解决的理论问题。本章从发生学和语用学两个视角，提出了确定义项类型和义序的原则。在发生学视角的历时义序方面，我们提出将静态词义谱与动态引申义列相结合的思路；在语用学视角的共时义序方面，我们提出语用义序的理论，并根据共时词典的规范中心和用法中心的侧重不同，提出义项类型、义序排列原则，而且提倡与历时义序相结合。

第十章 辞书义项微观结构分析法的发展

关于词义的类型研究有两个分支，上一章讲到义项的发生学视角的本义、引申义系以及直义——转义系，都是针对独立的义项个体而言的，而另外一个分支是对一个义项中包含的各种语义信息进行分类，这些语义信息是一个完整义项的构成成分，它们不同于将一个义项进行义素分析而得到的义素，义素是与语义内容相关的，但义项构成成分是与词义功能相关的。义项的构成成分形成了一个功能型的原型范畴。

本章重点探讨单个义项结构。

一、训诂学指导下的古代汉语辞书的义项结构

传统训诂学较少有对义项的结构进行微观分析的研究。现代的训诂研究者王宁将训诂学中的义界模式表述为“主训词+义值差”①，这可以看作训诂学时期辞书义项的二分结构。如《左传·襄公四年》“无榇”，杜预义界为“榇，亲身棺”，而《说文解字》的直训方式：“榇，棺也”，直训方式省略了义值差“亲身”。

“主训词+义值差”结构与现代辞书学界所说的定义式将词义结构二分为“种差+属”模式有所不同。主训词也不同于“属”，它不仅包括义场中的上位词，还包括同一义场中平行层次的同义词或类义词。如《说文解字》“裘，皮衣也”，“衣”这个主训词是其义场的上位词，而“嵬，高（主训词）不平（义值差）也”，“嵬”与“高”是同义词，是同义场中平

① 王宁.单语词典语文释义的性质与“义界”训诂方式的继承[J].中国语文，2002(4).

行词。

义值差不同于种差，种差是此概念区别其他概念的本质属性，而义值差虽也强调区别性语义特征，但更重视巩固进词义中去的具体的、经验的内容。所以词义往往具有具体经验义，如《说文解字》"炎，火光上也"，这里就有丰富的生活经验积淀于其中。因为这些具体的经验内容个性不同，经过归纳，才能形成准确的区别特征，这更符合词典释义的实际。所以，在词典释义时既要重视义值差的具体性、经验性特征，又要在义值差中本着"最大限度概括"①的原则，将言语意义中经验性的具体内涵摘要抽象出来。所以义值差的表述用语必须是过渡性的概念，即既能体现抽象概括性，又暗含具体性，是抽象与具体的交融。另外，义值差要有与主训词义场中其他词语全部对立的原则，才有独特性，区别性特征才强，同义词的区分才明显，释义才准确。

这一公式有助于提升词典释义的准确性。它将词典释义的范围扩大到了整个词义系统范围，不是以单词来释义，而是以义场为单位，在同义词的辨析中，在义项的独特性特征的把握上增强释义的准确性。比如在一个饮酒词场中，《说文解字》："酣，酒乐也"，"醉：卒也。卒其度量而不至于乱也"，"酲：病酒也。""酣"是"未足量"之意，"醉"是"适量"，"酲"是"过量"的意思，这样就会在同一义场中形成一个序列，如果词典也能这样类聚，关联释义，甚至在词目下添加同义词义差，更利于准确地把握词义。

二、词汇学、结构语义学理论视角下的现当代汉语辞书的义项结构

广义的词义即词语的意义，狭义的词义只指词语语言层面的概括意义。现代词汇学、结构语义学理论中，对构成词义的语义信息的类型做了很多界说。

① 王宁.单语词典语文释义的性质与"义界"训诂方式的继承[J].中国语文，2002(4).

哈杜默德·布斯曼[①]将词义称为“词汇意义”，他从两个角度对其含义进行了界定：一是与语法意义（形式、功能和结构）进行区别，词汇意义是写进词典里的、可进行语义分析的部分意义，和语法意义成分（如动词的式、时态、比较级等）一起构成语言表达的全部含义，词汇意义一般是开放的，而语法意义的成分则是终结的类，两者之间的分界变化不定。这是广义的词义。二是与现实意义相区别，在施密特（W. Schmidt）的词义理论中，词汇意义即是一个词在语言层面上的全部含义（字面上的和转义）的总和，它们在言语层面转化为具体语境中的现实意义。这是狭义的词义。

很多学者将词义区分为系统意义和外指意义，哲学家如弗雷格（Frege）、罗素（Russell）等，语言学家如莱昂斯（Lyons）、利奇（Leech）、帕尔默（Palmer）、赫福德（Hurford）等，都认为意义等于这两者之和。系统意义是指与语境无关、仅涉及语言成分内部之间关系的意义，它是意义的中心之一，部分地相当于利奇的概念意义，与之相对的是外指意义，即表明词语跟语言外部世界的关系的意义。王寅[②]认为，系统意义与外指意义是词语意义的两个方面，相互联系又彼此不同：有意义的词语都有系统意义，但不一定都有外指意义，如“和”、“比”这一类虚词，只有系统意义，而在外部世界中却找不到实际的所指；同一个系统意义可有若干不同的外指意义，如“桌子”可在外部世界中找出若干形状不同、功能各异的桌子来；同一个外指意义也可能会有不同的系统意义，如同是“地瓜”，中国不同地方有不同的名称，如山芋、番薯、红薯、白薯、甘薯、凉薯、豆薯等。

与系统意义、外指意义相关的，戴维·克里斯特尔[③]把意义分为含义和指称义。含义指语言内部的关系系统（含义关系 Sense Rela-

---

① [德]哈杜默德·布斯曼著.陈慧瑛等译.语言学词典[Z].北京：商务印书馆，2003：306.

② 王寅.语义理论与语言教学[M].上海：上海外语教育出版社，2001：69.

③ [英]戴维·克里斯特尔主编.沈家煊译.现代语言学词典[Z].北京：商务印书馆，2004：321.

tions)，即一个词项与其他词项相联系，形成同义关系、反义关系等聚合关系和搭配的组合关系。这是基于类似索绪尔的词的价值理论和莱昂斯的关系理论所提出的。指称义被视为语言外的——词语代表的外部世界的实体事态等。其实，外延意义、指称意义、外指意义和含义、系统意义一样，跟客观世界中的事物不发生直接的联系，只对客观世界的事物或现象进行抽象概括。

国内关于词义的系统意义、指称意义与概念内涵、外延关系的讨论也比较多，比较有代表性的是周国光的看法[①]：

> 词语和概念作为不同的事物，它们各有自己的形式和内容。词语的形式是语音，内容是词义，概念的形式是词语，内容则是内涵和外延。内涵是概念所反映的事物的本质属性的总和的概括和抽象，外延则是一概念根据其内涵所能概括的概念的总和。当概念用词语表示出来时，概念的内涵就转化为词语的理性意义，概念的外延则转化为该词语的下义词。据此，我们认为：词语的理性意义是概念内涵的语言表现形式，下义词语是概念外延的语言表现形式，那么应该是：词语同概念相对应，词义（理性意义）同概念的内涵相对应，下义词语同概念的外延相对应。

当然，周国光[②]也谈到了词语与概念间有“一对多”和“多对一”的关系。这些观点可以看作国内从概念角度进行词义结构及探讨各构成成分之间关系的新理解。

与二分法相对，利奇在他的《语义学》[③]中，将意义分为七种类型，从而使对意义的分析进入更细的层次。这七种类型是概念意义、内涵意义、风格意义、情感意义、联想意义、搭配意义、主题意义。但这七种意义并没有区分层次，而且内涵意义在利奇的观点中只指附加意义，即附加到概念意义上的意义，是没有独立性的，这一术语的使用，容易和前面提到的语义学界普遍接受的作为理性意义的“含义”术语相混淆。

---

① 周国光.概念体系和词汇体系[J].安徽师范大学学报，1986(1).

② 周国光.现代汉语词汇学导论[M].广州：广州高等教育出版社，2004：28.

③ [英]杰·利奇.语义学[M].上海：上海外语教育出版社，1987：13.

这方面的国内外研究，张志毅等[①]做了比较全面的概括：

> 比如二分法中，将词汇语义分为概念内容和情调，指示意义和附带意义，概念的意义和联想的意义，基本意义和附带感情色彩，词汇意义和语法意义等；三分法中，将词义分为词汇意义、构词意义和语法意义，中心意义、色彩意义、语法意义，指称意义、附加意义和使用范围等；四分法中，将词义分为理性意义、结构意义（组合和聚合意义）、语用意义（情感意义）和语境意义；六分法中，将词义分为理性意义、内涵意义（附属意义）、社会意义（语体风格）、情感意义、反映意义、搭配意义。

然后，他采用新的意义分类方法，建立了自己的意义分类体系。义项是意义的表现形式，他先用二分法，将义项分为义值和义域，义值是义项的质，义域是义项的量，将义值二分为基义和陪义。基义部分地相当于概念义，是一个词意义的基本值，基本语义特征，是义项的核心基础。陪义是义项的附属意义，附属语义特征，"是一个词的基本意义之外的含义"。他将陪义分为属性陪义、情态陪义、形象陪义、风格陪义、主体陪义、时代陪义、方言陪义、语域陪义、外来陪义九种，基本涵盖了利奇的分类。这样层次感比较清楚，便于更深入地把握意义的结构。他进而将语用意义分为组合意义和语境意义，将语法意义分为范畴意义、结构意义、功能意义。

综上所述，不管是广义与狭义二分、词义的系统意义与外指意义二分、含义与指称义二分，还是意义种类的七分、多分，都反映了目前学术界从结构主义角度对词义的结构研究的深入，可与后期认知语义学对词义整体认知的理论互补。

我们认为：从不同角度可分析出各种义项构成成分，它们基于语义、语法、语用三个平面，形成了一个语义原型范畴。

在这个范畴中，概念内容、指示意义、概念意义、基本意义、词汇意义、中心意义、指称意义、理性意义等都是一个实词语义实体的，是意义

---

① 张志毅，张庆云．词汇语义学[M]．北京：商务印书馆，2005：103－104．

内核，是一个义项意义原型范畴最中心的典型成员。

语法意义、构词意义和语法意义、结构意义（组合和聚合意义）、搭配意义等，是基本的组合意义与搭配意义，其中构词结构也是语素组合意义，是面向词内的，而搭配意义则是面向词外的，是一种现实用法意义。语法意义是一个义项结构原型范畴的中间层。

语用意义处于一个义项原型范畴的边缘层次，上面提到的情调、附带意义、联想意义、附带感情色彩、色彩意义、附加意义和使用范围、语用意义（情感意义）、语境意义等类型，都属于这一层次。利奇对语用意义分类最细，分出了内涵意义（附属意义）、社会意义（语体、风格）、情感意义、反映意义等。

这一单义项语义原型范畴的建构是直接针对词典释义的语义信息安排的。多义词内部多义项的梳理、切割与设立在上一章已经通过引申义列和词义谱有了一定的探讨，但对于一个义项的描写与释义，究竟该解释一个词的哪些语义信息？哪些语义信息是理解型词典应该出现的，哪些是生成型词典应该出现的？这些问题目前尚无深入的探讨。因此我们需要细化这一信息范畴，建立一个契合词典释义的、操作性强的辞书义项语义结构模型。

三、当代基于实体与功能二分的义项结构

（一）词典义项的实体与功能二分

郭聿楷[①]曾经提出将词义分为词义实体和体系功能进行研究的总体设想。他认为，概念意义和语用意义是词义的实体内容，是内在域的，是纯语言层面的，属于语义实体。结构意义、指称意义应该是言语层面的，是表现域的，准确地讲是语义功能。他将词的语义分为语义实体和语义功能，这一思路非常具有启发性。李红儒也认为，“内涵意义

---

① 郭聿楷．符号关系与词义[J]．中国俄语教学，1996(4)．

和外延意义存在于语言系统,指称意义体现于言语之中"①。

但郭氏将语用意义归于词义实体是值得讨论的,语用意义实际是由两部分组成的,一部分是词义实体内容,另一部分则纯粹是在语境中产生的满足表达需要的临时意义,这些应该是语义功能(语用修辞功能)范畴。

而结构意义也不宜单纯被看成是语义功能,只能说语义组合功能属于语义功能范畴,而聚合意义则更多是语义实体性质的,因为按照索绪尔的"值"理论②和莱昂斯的"关系语义"理论③,词义除了自身有相对独立的概念意义或理性意义,其意义还有一部分是由聚合关系产生的语义场中的相互联系而决定的,是由词语自身的语义内容和与同场其他词语的语义关系共同确定的,因此,聚合意义是相对稳定的词义实体内容。

在词典义项结构分析的过程中,区分语义实体和语义功能有着积极的操作意义,可以采取不同的方式处理不同性质的语义信息。如理解型词典多注重解释语义实体(特别是概念义),生成型用法词典已经走向了以语义实体为基本、全面描写语义功能的时代。将这些由复杂语义信息构成的义项先根据实体和功能二分,实际是词义与词用二分,这对有秩序地描写词义意义重大。

(二) 义项的语义实体

义项的语义实体是原型范畴最核心的部分,从里向外可分为概念义——聚合义——理据义——功能义——附加义。词典编纂理念不管如何发展,语义实体描写永远是词典释义的核心。

1. 概念义(内涵义与外延义)

第七章谈到哲学语义观部分,我们已经解释了词义同概念的关系。

---

① 李红儒,孙赫杰.认知链条上词的意义与指称对象[J].外语学刊,1999(1).

② [瑞]费尔迪南·德·索绪尔著,高名凯译.普通语言学教程[M].北京:商务印书馆,1980:157-169.

③ Lyons, J. Semantics vol. I[M].Cambridge University Press.1977.

义项中与概念相应的理性意义部分称义项的概念义。概念义可分为内涵义和外延义：前者反映的是事物的基本属性，它来自于语言外世界事物的意象特征，经过人的感知、归纳、概括、升华，最后定型为思维模型，而词典则是将这一思维模型用语言文字表达出来。外延义是指词义与外部世界事物的稳定对应性，如“苹果”的外延义指明与客观世界“苹果”这种水果的指称关系。

概念义是实词独有的，是语法意义、语用意义的理据，支配着后二者的运行，从《尔雅》、《说文解字》开始，就已经被奠定为词典最基本的释义内容。这种概念义可以从不同角度来分析：一是词源意义、本义，如《说文解字》、《释名》中的释义；二是词汇意义，《玉篇》后的大多字书都已经比较重视共时的使用层面词语的概念义的描写了。

2. 聚合义

概念义是个体义，是词义固有的理性义，主要是通过自组织的方式生成，少量受到个人（辞书编纂者）或群体（社团）对概念内涵的自主选择的干扰，总体上是在非聚合、自组织状态下人为生成的，因此，很多意义的形成具有个体性和自在性，它体现着语义理性意义的相对独立性特点——离开词群、词场之间的关系，词的意义仍然会独立存在。

一方面，词义是独立的个体，具有潜在的与人类认知概念和外界事物的对应关系；另一方面，这种潜在的对应关系还在语义场聚合系统中获得了一个功能地位，如上义词、下义词之类的词义地位。所以关系论认为词义的语义实体是依靠词与词之间的关系而产生和确定的。义项在词汇语义系统中处于不同的语义场中，受知识系统和主题系统形成的语义场的限定和影响，其词义中必然存在着聚合关系义的成分。

不同于组合结构功能的动态性、临时性特点，虽然聚合义在句法功能层面具有潜在备用功能，但在语义场中类聚而生成的共同义素和区别义素，主要是针对语言内在域，也就是语言义的，是义项不可缺少的实体成分。这些从关系论的角度生成、通过词语之间的类聚体现的联系与区别而确定的语义内容，我们称之为聚合义。聚合义具有很大程度的人为性，其反映出的语义特征是专家系统的，其研究目的是用来修正已有概念义或求得对意义理解的系统性和准确性。可以说，一个词的聚合义主要是由词典编纂者界定的。

在词典中体现一个词义的聚合义主要用四种方式：用同义对释的方式揭示同义关系；用定义的"属"概念揭示上下义关系；用括注的方式标注相对词；用否定释义的方式，显示词义的反义关系。这些释义方式，揭示了词义聚合之间的紧密联系，同时更多地揭示出一个义项如何受另外词义项的限制而得以确定的过程，特别是反义和上下义关系，义项成员位于一个平行框架或上下位框架中，其意义信息需要框架中多个义项的互相制约而确定。

聚合义和概念义是平行的，同为一个语义实体的主体成分，二者是有机整合在一起的，互相体现、互相发明，只有在做构拟性的理论分析的时候，才将其相对独立起来。

3. 理据义

理据义分为三种：单音词的语源理据义、复音词的构词理据义、成语典故源义。这三者都不是语境临时性的搭配，而是词义实体里的语义信息。

(1)单音词的语源理据义

传统训诂时代，辞书释义高度重视单音词的语源理据义，张永言称之为"词的内部形式"[①]。理据主要表现在字源理据，代表是《说文解字》；古代的词源学也主要是针对单音词，主要是声训释源，其中《释名》是代表。后来王圣美的"右文说"、王观国的"字母说"、戴侗的"六书推类说"、段玉裁的"同谐声者必同部说"将正统形声字（非假借用法）的形体示音功能与语源意义结合起来，打通了文字与语义的研究界面。

字源义一般体现为单字字形分析，而词源体现的多是多词之间的系源，最基本的方法是基于"音近义通"原理，主要通过声训的方式揭示

---

① 张永言．关于词的"内部形式"[J]．语文研究，1981(1)．

语源义，如《释名》："璧，辟也"，"涧，间也"，有的声训义通之处难明，则后缀说解，如"锸，插也，插地起土也"。

训诂学的字源与词源研究互补成为单音词语源理据义，在古代辞书多义词释义的历时义序中起着至关重要的作用，表现在辞书释义方式中，就是大量引用《说文解字》本义作为首义项，列为引申义义列的起点。另外就是大量使用声训，后代辞书所列声训多传承自先秦两汉奠定期的经典声训。这种语源理据义是历史意义，是词语现代意义的来源。

(2)复音词的构词理据义

构词理据义是指凝固在词汇内部的结构意义，吴丽坤①认为，"理据性是符号的形式与内容之间的连接环节"。理据通过语言手段揭示词义及其表现形式(字面意义)之间联系的合理化程度。构词理据分为句法构词和语义构词，前者与语法学的构词法相交叉，后者基于语义学，王艾录等学者近些年致力于后者的探讨。

①古代辞书复音词理据的解释

古代的训诂学也比较重视复音词的词源义，特别是名物训诂。由于很多名物词无法用单音词表达，所以多用复音词。

例如，在第一部行政词典《吏学指南》(元朝徐元瑞)中，主要解释行政名物词，其释义大多采用解释名物词得名的由来，如：

【官吏】《韵》注：受命于天曰天吏。受命于君曰官吏。

有的将复音词分解为语素，分释语素义，以体现复音词的构词理据，此法使用最多，这也是现代复音词解释构词理据的常用之法。如：

【清要】职慢位显曰清，职紧位显曰要。

【教化】以道业诲人曰教；躬行于上，风动于下曰化。

【风化】王者政教曰风，以德移民曰化。

有的则用直释理据义的方法，如：

【公文】谓官遣文字，故曰公文。

【苛政】处事繁细，如草而急者。

从这些释义，很难看出语文词典与专科词典之区别。

---

① 吴丽坤.术语的理据性与术语模式[J].解放军外国语学院学报，2005(2).

再如(清)沈家本的《历代刑法考》研究“陵迟”的语源义，探讨丘陵起伏缓慢与陵迟行刑特点之间的关系，王宁在介绍《历代刑法考》的训诂特色时，针对沈家本的语源考释价值进行了评价，并补充了自己的看法，她提出的“考音”、“考义”等系统详尽的考证模式，可以为法学名物词词源的考证提供重要的操作方法。

但临近辞书理论转型期时，语文词典与专科词典的区分越来越分明，专科词典释复音词理据的做法和内容就弱化了。如：(清)李鹏年等编《清代六部成语辞典》中关于科举考试的几个名词的释义，不再过多关注复音词的理据。

【填榜】阅文取中之后，定期各按号数拆阅试卷弥封，将中式姓名填写于榜上谓之填榜。

【揭晓】将中式名榜高揭悬挂俾众共晓。

【出榜】即揭榜也。

如果说古代的辞书对复音词的理据义阐释还是从名物得名的角度来进行考证或解释的话，在《马氏文通》后的现代辞书理论转型期，有了系统的句法理论后，构词法研究模式明朗化了，人们越来越关注词典中复音词的句法构词理据。

②现当代辞书复音词理据的揭示

A. 句法构词理据

在理解型词典中，一般不释句法理据，往往把相关的句法构词理据体现在释义中，释义时分释语素义的方式就是句法理据的间接揭示，这是词语对释法的一种变体，这一传统从《吏学指南》时就已经比较成熟，现在是复音词的主流释义方式之一。

二次转型期，生成型用法词典、学习词典比较关注复音词的构词方式，并在辞书中对其进行标注，表明句法理据义，有利于学生的词汇习得。复合词一般按联合(并列)、偏正(定中、状中)、主谓(陈述)、支配(述宾)、补充(述补)五种基本类型来定义，附加式和重叠式单独标注。这种句法构词模式的标注，可以和释义时的语素分释法相结合、相补充。但由于构词法中很多问题难有定论，如“因特网”、“卡介苗”中译音语素的认定,"蝴蝶"、"巴士"中简称语素或音节化语素的认定,"沉甸甸"等ABB式词的"BB"、"黑不溜秋"中的"不溜秋"是音节还是词缀语素的争议,"补丁"、"救火"、"处暑"、"努力"、"老板"、"而立"、"友于"等语素中因同音假借、断代语素义的消失、语素义不明、跨语句层次构词等问题的难以确定,导致词典中无法全面、准确地标注构词模式。所以很多生成型词典(如《商务馆学汉语词典》等)在条件不成熟的情况下,并不标注构词方式。

B. 语义构词理据

双音词的形成是一个词汇化的过程,即短语凝固成词的过程、句法模式转变为语义模式的过程。因此,词典释义应该了解语义构词理据,了解语素义成分在构词时如何整合和融合。

语素义项的合成不是线性加合,而是融合,这一融合过程属于语义再造,必有语素义项义素的选择、改造,以及新义素创造。例如一些百科新词学科义项或二值变体的描写中,要高度关注两个语素义之间密切的语义关系,如"煤气"中两个语素体现的是制造、生产的语义关系,"电池汽车"体现的是驱动关系,"编程语言"体现的是目的与工具的关系(用来编程的语言),而"地板价"说的是像地板那样低的价格,体现的是隐喻的语义关系……如果能抓住语素间的这些语义关系对义项进行描写,将进一步提高释义的准确性和学理性。这种模式得到生成型词典的高度重视。

义项合成的情况比较复杂,根据义项合成时语素义的义素变化,在词典释义中要加强这些词语的构词理据性,以新词语最具典型性。新词语当前的研究形成的模式就是首出用例——词源——共时词义及具体语境类型的用法三段论,所以特别重视词源。这种词源还多是从文献来源及语用材料来源上加以确认的,而语义构词是另外一种描写新词语构词理据的方法,只是在词典中一般不加以明确分析,而是将结果用各种释义方式体现出来。我们以新词语为例,来看其语义构词理据。

a 初步融合

这种融合模式生成的新义项中能体现全部下位语素的核心义素,

语素义项的义素先进行简单的加合,合成后义项的指称意义变化出新的类义素。由于这种义项的融合方式主体上是对语素义中的义素进行的加合操作,原词根的核心义素在新义项中可以清楚看到,只是所指意义微变。这是语义最透明、理据性最强的百科新词义项生成方式。

例如:“赌博”是普通语域的常用词,《汉语大词典》:用钱物作注以比输赢的不正当娱乐活动。其类义素界定为[娱乐活动],外延比较宽泛,在普通民众生活和娱乐层面,包括了“小赌可以怡情”的小赌注赌博,朋友间或家人间为增进感情的友情亲情赌博等。但进入法律语域后,它与“罪”结合成一个新词形“赌博罪”,由于“罪”的语义约束,赌博行为的内涵与外延产生了微变。首先,“赌博”的内涵突出了目的义素[营利],外延相应也就缩小了,突出三个行为义素[聚众][设场][以此为业],最主要的是整个固定语在语义初步融合的时候,增加了[犯罪行为]这一类义素。尽管如此,其合成后的新词的语义透明度高,基本可以见形知义。

b 半程融合

新词义项在生成时对语素义项的义素进行选择,将被选义素重新组织表达,同时,被选义素互相作用,萌蘖出新的义素群。这种融合必定伴随着原词根义素突显、退隐甚至合成改造的过程,但这种改造并不彻底,在合成结构的义项中一般还保留着一个或两个语素义项的核心义素,另外还有一个或几个语素产生意义突变,发生与语素意义较大的疏离变化,这一过程称半程融合。半程融合比初步融合在语义合成理据上透明度降低,但一般形象感突显,内涵容量提升。

例如,“电眼”这个科技新词有两个新义:一是百科性质的,即“电子眼”;另一个是普通语域的,是有神的,善于传情的眼睛。这两个新义都是半程融合的例子,后者不讨论,前者“电眼”的新义项中,语素“电”的[电子]义素得到了完全保留,但“眼”在普通语域的[眼睛]义素在这里发生突变,这种突变方式采用的是隐喻的方式,产生“眼”的比喻元素——[具有眼睛一样功能],与电子仪器的冷冰冰相比,这一语素义的语义突变形象地将“电眼”这个科技新词的专科内涵表达出来了。另外，在“电眼”的两个语素的义项融合过程中，增加了[电子设备]这个新的类义素。

半程融合往往是某个语素与其他语素融合产生引申或比喻转化，另外一个语素一般保持原义，以保证此词的词义构造理据的半透明性，既有形象感含蓄性，又能保证词义与语素义的联系，这是目前创造新词的主要模式，如“千年虫”、“价值洼地”、“泡沫经济”、“幼稚产业”、“红眼航班”、“豆腐渣工程”、“烂尾楼”、“脏弹”、“裸机”、“亚光”等。

还有一种情况的半程融合是义素的增加与脱落。王艾录曾以“未婚妻”为例谈过。在一些用自由短语构造方式形成的固定长语形术语中，很多人以为是一种搭配理据透明的构词方式，其实大多具有这种义素的增强与脱落。释义时要重点突出这种增加或脱落的义素，使其突显出来。例如：“犯罪”这个词的语义内涵中，“被害人”是必备条件之一，但也有很多边缘的非典型犯罪情况，如赌博、嫖娼等。法律术语“无被害人犯罪”，在这一个语义组合框架中，“犯罪”法律术语的[+被害人][+强迫]义素脱落，被赋予了[+行为人自愿]或[+双方同意]等义素，“犯罪”术语的语义中因为这种组合而增加或减少了很多语义信息。同时，这一结合由于在法律语境指称一个固定的犯罪行为，从而使整个组合发生了语义重构，不再是语素义的简单相加，外延也指向那些基于行为人自愿或双方同意的犯罪，“犯罪”术语语义的这些变化及“无被害人犯罪”新术语的出现，都是因为“犯罪”术语的语义整合而得以实现的。类似的情况还有“非婚生子女”、“婚内强奸”等。

c 完全融合

完全融合机制是一种隐喻机制。隐喻机制也是新词语义生成的重要方式，人们把在普通生活领域的经验和感受投射到专业领域，最后生成的新词不但能完成专科指称等任务，还因为其形象感以及与普通语域的紧密联系和群众熟悉度而广为流传。完全融合模式可以是借域借形，如经济新词，用于表示股票剧烈下跌的“跳水”，就是从体育领域通过隐喻方式移用进股市，产生经济新义项。再如“挂牌”原指医生律师等正式开业，通过隐喻方式产生商业、股市、体育上的三个百科新转义

(《新华新词语词典》)。我们在此重点谈通过语素合成的方式产生新词形。

完全融合是在对语素义项义素选择的基础上,通过隐喻等方式进行整体引申,产生新的百科性的转义义项。完全融合模式产生的新义项中很可能看不到语素义项的核心义素,构成的百科新词的理据性差,语义不透明。如股市新词中的“飘红”、“解套”、“斩仓”、“割肉”等。完全融合不同于局部语素的局部隐喻引申的半程融合模式,它是语素义相加结合后形成表层意义,然后由表层意义根据相似性、相关性等隐喻机制实现的整体转化义。

通过以上分析可以看出,沿义项的初步融合→半程融合→完全融合方向看,词汇化程度、语义凝固度越来越强,形象性越来越鲜明,语义抽象度越来越高,但理据性越来越差,语义透明度越来越低。

d 特殊的语义合成方式——最简词汇化方式

通过缩略的方式成词的词语数目也很多。还以新词语为例,《新华新词语词典》中,以下这些法律新词基本都是通过缩略的方式生成:

刑拘 刑释 嫌犯 疑犯 双规 打私 打拐 打非 打假 打黑 打恐 扫黄 违宪 法援 贿款 涉毒 涉案 涉黄 涉密 涉黑 涉税 消法 黄毒

与前面三种语素的累加的语义融合机制正好相反,缩略机制是语素的累减。当然,从某种意义上说,缩略也可以看成是一种特殊的累加合成方式,它先将一个长固定语中的一个词缩略到语素,然后再用语素进行累加合成,如“法援”就是对“法律援助”中双音语素缩略后的再合成过程。缩略方式属于词汇化理论辖域中的最简方式,因为它们只是形式上的通过缩略将短语成词,而没有表现出显著的语义上的“重新分析”过程。

e 词典对不同语义构词理据的不同处理方式

对于初步融合的词,多采用语素对释的方式,并在对释时照顾到句法结构。

对于半程融合的词,要释出比喻语素作为喻体的最重要的语义特征,如“电眼”的普通义项释义“有神的,善于传情的眼睛”,其中“有神 、善于传情”义值差就是“电”作为喻体的最重要的形象特征。

对于全程融合的词，则基本采用的是“比喻”、“形容”、“转指”、“后指”等释义用语揭示比喻义或转化。

对于简缩而形成的最简词汇化方式，则进行反溯操作，即层层还原下级语素到上一级语素，再组合成固定语，基本就能抓住释义的重心了。

(3)成语典故理据义

有些成语、典故等都有着明晰的典源，词典在释义时多直接出典源，这就是解释该词的理据义。这种典源理据一方面是转义或比喻义引申的基础，另一方面揭示了该词语丰富的文化色彩。如《现代汉语词典》中的成语：

【破釜沉舟】项羽跟秦兵打仗，过河后把锅都打破，船都弄沉，表示不再回来（见于《史记·项羽本纪》）。比喻下决心，不顾一切干到底。

4. 功能义

词语的功能义主要是指该所属词类的共性语法功能，多义词的不同义项可以属于不同的词性，它是静态的、稳定的，是被交际者广泛认可接受的，因此属于语义实体内容。

古代没有词类的概念，但《说文》中已经有初步的虚词词类观念，释义中用“词”标记虚词或副词的类别。

【曾】词之舒也。从八从曰。

【只】语已词也。从口，象气下引之形。凡只之属皆从只。

【皆】俱词也。从比从白。

【鲁】钝词也。从白，鲝省声。《论语》曰：“参也鲁。”

在古代辞书理论的发展完善期，出现了专门的虚词词典。主要有两大流派，一是以《经传释词》为代表的训诂派，一是以《虚字说》、《助字辨略》为代表的修辞派。前者是用训诂的方法，以声音通训诂，证明一个虚词词类功能的由来，揭示虚词用法的根据，并系联同源虚词；后者是把虚词放在句子表达及文章表达中，从文章写作的角度看虚词的作用。此时虚词的用法已经逐渐多了起来，可以分条列项。这些专门虚词词典的研究成果逐渐移入了普通语文性字典中。

到现代转型期，《马氏文通》建立了系统的词类观念，而且每个词类有了系统配套的语法功能介绍，自此词典的释义逐渐关注词的功能义，例如民国的《王云五大词典》(1930 年)已经进行了初步的词类标注尝试。另一部重要辞书《国语辞典》(1947 年)也在释文中加大了对词的词类用法的解释。例如："【着】1.表示运作持续之助动词，例：坐着，站着。"另外还重视词汇意义，如："【着】2.得、到、中。例：买着了，打着了。"而后一条释义在后来的规范词典《现代汉语词典》、学习词典《商务馆学汉语词典》中并没有解释，可见当今词典对现代汉语初级阶段——民国时的辞书的研究及继承还显不够。但《国语辞典》对词类功能的关注也处于初级阶段，例如不收"很"的程度副词义，只沿用传统《说文解字》类材料中的"很如羊"类实词解释，这表明"很"的程度副词义在民国时还没有被辞书释义所接受。当然，从这一释义中也可看出此时词汇意义与语法意义之间的区分不是很清楚。

在现代辞书理论成熟期，专门描写词类功能义的就是《现代汉语八百词》，这是汉语学习词典的开山之作、经典之作。它不但全面详细地描写虚词的各种用法，胪列大量不同类型的例句，还进行同义虚词对比，列出搭配偏误等，具有重要价值。

在普通语文词典中，为每个词(或语素)的每个义项标注词性是比较晚的事情。但在释义时早就有了自觉的词类功能观。例如，在对释释义中，如同义对释选择的对释词应该是同词性的；用义界方式释义，也采用不同词类的释义模式。例如：

【环路】(名)围绕城区修建的环形道路。

【环视】(动)向周围看。

【环保】①(名)环境保护。②(形)属性词。符合环保要求的；具有环保性质的。

从以上名词、动词的释义来看，除了语素义分释的方式，采用定义和说明的释义方式的，主训词选用的上位词都为同一词类，保持着基本的一致性。“环保”(区别词)的释义语句后加“的”,例句中举例均为该词做定语的例子,这些都揭示了“环保”作为区别词的词类功能。

近些年,有影响的规范性词典如《现代汉语词典》(第五版、第六版)、《现代汉语规范词典》,在新版本中都进行了词类标注,词性功能义的标注与揭示将成为未来生成型词典必备的释义要素。但也存在一些问题,例如兼类与词类活用之间的临界点一直难以把握;语法功能有别而意义差别不大的词是否要分立义项,对于这一问题的判断原则的把握还不到位。这些问题都导致目前的词类标注中存在问题比较多,需要不断完善。

学习词典对词的功能义标注要细致,如名词可以标出抽象名词、具体名词、方位名词、时间名词等,形容词要区分性质形容词与状态形容词,动词中行为动词、助动词、心理动词、比况动词等小类也要分清。另外,要借鉴国外学习词典的体例,在前言或插页中全面介绍小词类的共性功能义。再者,虚词的词性功能义一直是学习词典释义的重点,重点是点明其联结实词的功能、语法意义、语法位置等要素。最后,围绕一些具有特殊功能的词类还要用例句或知识窗的方式进行提醒,如重叠式的不同语法意义的揭示——能愿动词重叠多表委婉等意义,普通动词重叠表尝试等意义,名词的重叠多表“逐一”且有量词化倾向,形容词的重叠多表程度加深等。如果这些重叠是共性的,也建议采用插页方式进行说明。

5. 附加义

在古代的辞书中,较少对词语的附加色彩进行专门的揭示,而以揭示核心概念义为主。在现代转型期以词汇学理论为指导的辞书编纂时代,对释义中的附加义开始高度关注起来。

对于附加义,词汇语义学界研究非常多,有的指语用意义,指词的修辞意义、评价意义、感情意义、语体意义、文化伴随义等,张志毅①将

① 张志毅,张庆云.词汇语义学[M].北京:商务印书馆,2005:33.

其称为陪义，分为属性、情态、形象、风格、语体、时代、方言、语域、外来九大陪义，比较具体全面。刘叔新[①]也对附加义有详细的区分。同时，他将附加义界定为词的“意味”[②]，认为其是词义的特殊组成部分，“并非词语含义的基本部分，与词语所指对象存在什么关系极不明晰，而且不影响人们对词语基本含义的理解”，“没有借以显示出来的形式”，刘将其细化为四种类型进行分析，使这种空灵隐约的因素具体化。此外，徐志民[③]集中讨论了词的感情色彩，谭达人[④]讨论了词的褒贬色彩，王泽鹏[⑤]讨论了词语的敬谦色彩，刘福根[⑥]讨论了汉语词汇的诅詈色彩，周荐则用三篇文章分别探讨了词语的表达色彩[⑦]、形象色彩[⑧]、时代色彩[⑨]，杨振兰[⑩]、沈孟璎[⑪]也讨论了词语的时代色彩……

词义研究中所说的语用意义是非常复杂的，根据语言内在域和言语外在域的划分，语用意义是义项的边缘意义，即附加意义，可以分为静态附加义和动态附加义，后者葛本仪、刘中富[⑫]将其界定为“动态词义”。杨岚[⑬]也曾将词汇意义分为理性意义与色彩意义，并重点讨论了表情色彩，分为固定的表情色彩和临时的表情色彩。动态附加义（“色彩意义”、“动态词义”）是在语境中产生的满足表达需要的临时意义，无疑是属于语义功能的修辞功能的，但静态附加义是属于语义实体的。

---

① 刘叔新.汉语描写词汇学[M].北京:商务印书馆,1996:200.

② 刘叔新.论词语的意味[J].语言教学与研究,1993(1).

③ 徐志民.关于词的感情色彩的几个问题[J].语言教学与研究,1980(3).

④ 谭达人.褒贬词的判定标准问题[J].语文建设,1991(5).

⑤ 王泽鹏.《现代汉语词典》的敬谦词[J].辞书研究,1993(3).

⑥ 刘福根.汉语詈词浅议[J].汉语学习,1997(3).

⑦ 周荐.词语表达色彩的性质和显映方式[A],词汇学新研究[C].北京:语文出版社,1995.

⑧ 周荐.也谈词语的形象色彩问题[J].南开学报,1992(5).

⑨ 周荐.论词语的时代色彩[A],汉语言文化研究第五辑[C].天津:天津人民出版社,1995.

⑩ 杨振兰.词的时代色彩初探[J].山东大学学报(哲学社会科学版),1988(3).

⑪ 沈孟璎.论词语时代色彩的主要特征[J].内蒙古民族师院学报(哲学社会科学汉文版),1991(3).

⑫ 葛本仪,刘中富.论动态词义[J].文史哲,1994(1).

⑬ 杨岚.试论词的表情色彩与理性意义的关系[J].语文研究,1989(1).

静态附加义凝固在语义实体中，依附于概念义、聚合义、理据义、功能义，并非核心语义实体，具有附属性特点，脱离了前四种意义成分，就无附加义可言。张家骅[①]曾从四方面对义项理性义和附加义进行了根本性的区分，并认为，静态附加义是"词汇单位语义结构的边缘部分，事物的非本质属性"，"它离内涵意义核心更远，一般不包含在词汇单位的释义中"。杨家胜也认为，同词的概念意义相比，静态附加义描述的是事物的非本质的特征，具有联想性。

例如新法律词语"洗钱罪"具有贬义评价义，这就是学科义项的静态附加义。法律的根本目的是惩恶扬善，所有法律行为，包括犯罪行为和实施刑罚都在不同程度地触犯和维护国家机器和群众的精神评价体系及实用评价体系，在这些语义特征中都体现着强烈的谴责和褒扬的评价取向。从商务印书馆《新华新词语词典》(2003 版)中的标记新型犯罪现象的法律新术语中，都能明显感受到这一特点：

非法持有毒品罪；侵占罪；侵犯商业秘密罪；洗钱罪；破坏环境资源保护罪；破坏选举罪；职务侵占罪；智能型犯罪；集资诈骗罪；强迫交易罪……

附加义在词的释义中都会有各种体现方式，只是不同词典标注的详细程度及标注方面不同而已。张志毅的九大陪义说是目前最全面的静态附加义的分类，对于词典编纂具有重要的细化作用。在词义描写中，适当地描写出相关的陪义，对于这个词的准确得体使用至关重要。这些陪义在词典中多采用"口、书、方、古"等标签形式标注，另外一种重要的方式是采用括注。例如：

【病包儿】〈口〉名 多病的人。(含诙谐意)

【摆摊儿】比喻铺张。(含贬义)

九大陪义中，最核心的是评价义。杨家胜认为，评价义是"固定在特定语言中对特定词语所表示的现实对象的评价"[②]。从语言学的角

① 张家骅等.俄罗斯当代语义学[M].北京：商务印书馆，2000：5.

② 杨家胜.从语言学角度看评价意义[J].外语学刊，2002(3).

度，评价性语言中可能包含了对评价客体双重特征的陈述：描述性特征和评价性特征，既描述了对象的客观特征，又表达了说话人的主观感受，即评价态度，描述性特征与评价性特征此消彼长。在我们看来，描述性特征就是义项的概念义，而评价性特征是义项附加义的核心。可以说描述性特征里涉及的具体事实或现象是评价性特征的基础和生发源，同时评价性特征反过来又是对描述性特征涉及的行为的肯定。

在词汇学理论指导下的释义中，评价性附加义多用括注的方式在义项整体描写后进行补释，且多只揭示负面或贬义评价义。例如《现代汉语词典》中：

【亲信】①亲近而信任的人（多含贬义）。

【路道】〈方〉①途径；门路：～熟｜～粗（形容门路广）。②人的行径（多用于贬义）。

【忠顺】忠实顺从（今多用于贬义）：～的奴仆。

【气焰】比喻人的威风气势（多含贬义）：～万丈｜～嚣张。

在当前词典编纂理论的二次转型期，在用法中心的编纂宗旨的指引下，编者更注重附加义的描写，且多采用现代计算语言学技术作为辅助手段。例如，最近武汉大学计算语言研究所开发了对语料进行自动褒贬标注的软件，这对词典释义也是启发，我们已经能对一些常用的附加义用“口、书、方、古”等标签进行标注，标注义项的评价属性在词量和义项量都有所控制的学习词典中也会具有可操作性，另外，现在已经出版了多部褒贬义词词典，都可以作为标注评价义标签的参考。

近些年，附加义中的评价义褒贬色彩成为研究重点。很多人用语义韵①研究法，来观察被测查对象在最小语境中弥漫的主观褒贬氛围，这一氛围其实就是静态附加义的语义成分。根据卫乃兴②的介绍，语料库研究表明，词的搭配行为显示一定的语义趋向：一定的词项会习惯性地吸引某一类具有相同语义特点的词项与关键词项在文中高频共

① 卫乃兴.语义韵研究的一般方法[J].外语教学与研究，2002(4).
② 同上。

现，后者被感染上了有关的语义特点，整个语境内就弥漫了某种语义氛围，这就是语义韵。语义韵大体可分为积极、中性和消极三类。在消极韵里，关键词吸引的词项几乎都具有强烈或鲜明的消极语义特点，它们使整个语境弥漫一种深厚的消极语义氛围。积极韵正好相反。中性韵里，关键词既吸引一些消极语义的词项，又吸引一些积极语义或中性语义的词项，同时形成一种错综语义氛围。比如根据纪玉华等①的介绍，斯塔布斯(Stubbs)在 Cobuild 语料库中的一亿二千万单词中定位检索出四万个与动词 cause(导致、造成)搭配使用的词群，发现该词染有较强的贬韵(消极韵)，充当其宾语的往往是事故、麻烦、破坏、死亡等语义场中的成员，发现 provide(提供)在语料库中却带着较强的褒韵(积极韵)，充当其宾语的词多属于关怀、食物、帮助、金钱等语义场中的成员。

语义韵研究法必须结合言语语境进行观察，且与语料库语言学相结合，其结论以海量数据的文本语料库为支持，依靠语料库的检索、排序、筛选等工具，对限定文本段(限定最小语境)中的包含合成结构关键词的检索结果进行全面观察、描写、分析、归纳，最后找到语义韵方面的规律性信息。

现代学习型词典的释义可以关注这些附加义提取的新方法、新技术、新视角。

(三) 义项的语义功能

义项的语义功能是指作为贮存单位的语义实体进入交际领域，在使用过程中，在具体语境中所承担的交际功能。语义功能实际是一种义项的运用，从根本上说还是要受到语义实体的影响，内在域的语义实体是所有外在言语域的语义功能的内在支配力量。

俄罗斯语义学②认为，与语言和言语的划分相应，一个词位可同时表现为称谓词和语段词。义项的语义实体更多地体现在称谓词位中，

---

① 纪玉华，吴建平．语义韵研究：对象、方法及应用[J]．厦门大学学报，2000(3)．

② 顾柏林．词义、联想和内涵意义[J]．中国俄语教学，1989(05)．

而语义功能更多地体现在语段词位中。但语义实体和语义功能密不可分，这一对术语的使用突出了研究的本体性和功能性特点：前者是语义发挥功能的施动者，是所有语义功能的基础，它支配着语义功能的使用特点、范围和效果的发挥；后者是语义实体体现语言的交际价值的必然之路，语义功能的发挥是语义实体存在的最终目的，否则，语义永远都是学术交流中的备用材料。

古代辞书、理解型辞书多用书证，以证明义项为主要功能，并没有有目的地涉及言语层面的语义功能。但在当代辞书的二次转型期，主动型词典越来越重视语义功能，特别是组合搭配功能。作为词典编纂者，了解这些语义功能的特点，更利于在释义中准确把握词语义实体和语境功能的关系。目前的辞书释义中，比较成熟的做法是将词的语义功能信息置于义项的括注或例证中。

义项的语义功能主要包括以下几方面：

1. 组合搭配功能

组合搭配功能是基于索绪尔的聚合与组合关系说的，如果说词义实体中的聚合义体现的是聚合关系，那么语义功能中的组合搭配功能体现的就是词义的组合关系。

李幼蒸在分析索绪尔的词义理论时指出，词义有两种存在方式："以潜在方式存于语言聚合关系结构中和以实在方式存于话语组合结构中。"[①]词义在聚合关系中以对比和对立关系存在的，在语境中实现时则须另受组合关系结合规则的制约。因此词义是由它在潜在的聚合关系中的值和在实在的组合关系中的值共同决定的。詹卫东从工程语义的角度认为，"聚合关系反映了同质语言成分之间的类聚性质"，比如典型的"同义关系"、"上下位关系"、"反义关系"等；"组合关系则是体现了异质语言成分之间的组配性质"，比如典型的"动词—名词搭配关

---

① 李幼蒸.理论符号学导论[M].北京：社会科学文献出版社，1999：272.

系”，包括“施事—动作关系”、“受事—动作关系”等[①]。

一个词项的义位可以同时进入纵向和横向两个方向的义场，这是由这个词语本身同与之相关的词语及其间的语义关系共同确定的，是不可分割的两个方面。传统语义场理论的新发展是将组合语义关系分析纳入语义场分析中去，建立了组合义场。组合关系中相联系的义位也可构成语义场，称为组合关系语义场，传统的语义场可称为聚合关系语义场。陆尊梧[②]曾介绍过波尔齐格提出的句法场，其实也就是组合义场（核心是动词或形容词）和构词义场，英国学者谢凯里特齐等也都研究了这种义场。在他们的理论中，语义场不仅是语言体系中有共同特点的义位构成的聚合体，而且是与言语中经常组合的词语相关联的义位构成的集合，英国弗斯（Firth）后来提出“意义取决于搭配”[③]，都是讲词的组合关系的。

组合关系分析究竟是语法分析还是词义分析一直是一个有争议的话题。传统的语言研究中，组合关系被认为是语法研究的范围。我们认为，现在的语言研究越来越体现语法、语义、语用三个平面的整合，难以简单界定组合语义关系分析的平面归属，但在三个平面的交融中，以语义为基础的倾向还是比较明显的。俄语语义学派的语义配价理论就持内在的语义模型支配外在的不同词项间的语法组合形式这一观点[④]，格语法、齐夫语法的深层语义格框架也是以语义为基础的，所以在我们的研究中依然认为组合分析的本质和基础是语义分析，是对内在的抽象概括出的稳定的语义组合模型的本质分析，而不是只盯住外在的语法、语用上的随机组合现象。

聚合关系和组合关系构成的语义场，分别探讨了索绪尔的联想关

① 詹卫东．面向自然语言处理的大规模语义知识库研究述要[Z]．“语言学光标”网站，http://icl.pku.edu.cn/doubtfire/.

② 陆尊梧．语义场浅谈[J]．中国社会科学院研究生院学报，1981(5).

③ 同上。

④ 张家骅等．俄罗斯当代语义学[M]．北京：商务印书馆，2003.

系和句段关系[①]。聚合关系义场分析重在揭示场内词和词之间所具有的语义关系；组合关系的义场分析重在挖掘词和词组合时意义上的内在联系，前者强调的是语义实体，后者则偏重于语义功能、语义使用。前者具有构拟性，后者则具有语言现实性。组合场的形成有内在的语义决定性的影响，也有外在的构词和语法搭配的影响，这样，语义、语法、语用三个平面真正达到融合，体现了对语义关系的多维、综合分析思路。

释义是为构句、造句服务的。词典解释的意义是一种虚拟的理论的存在，体现的只是一些意义潜势，没有交际作用，而词义的价值在语境中才能得到体现。词义在语境中的价值或表达价值并不在于自身，而在于与其他词或其他语言文字符号（如独词句）的组合搭配上。这种搭配分为单独临时个性搭配和类型化搭配。在词典编纂中如果要出搭配信息，我们在词典编纂中强调类型搭配。

根据模因论[②]，类型化搭配规则为无限的模仿造句提供了模因。例如连词就是平衡的双向搭配模因，而动宾结构则是自左向右的单向搭配模因。显性的模因表现为用法义项，隐性的模因体现在例句中，例句通过带有具体语境的句子揭示一类固定的搭配用法。

根据辛克莱（Sinclair）[③]的理论，从语料中检索到的关键词的搭配信息，主要由五个类别构成：节点词（core）、语义韵（emantic prosodys）、类联接（collocation）、核心搭配（colligation）、语义选择趋向（semantic preference）。这些类别在词典释义中主要体现为以下几种形式：

（1）句法搭配义（类联结）

句法搭配其实与词的功能义具有一定的一致性，往往形成了以中心词为核心的五种最基本的模因。仿造出来的具体句子是无限的，但

① ［瑞］费尔迪南·德·索绪尔著，高名凯译.普通语言学教程［M］.北京：商务印书馆，1980.

② 何自然.模因论与社会语用［J］.现代外语，2003(2).

③ Sinclair, J. Reading Concordances: An Introduction［M］. London: Longman, 2003.

任何一个词的搭配模因都是有限的。例句的最大功能是把这些句型模因揭示出来。当然,这里也存在一个难题——例句数量的多少。一般来说,对于学习词典适度膨胀的例句是可以接受的,但对于理解型语文词典,例句量则有所限制。例如:

【按期】

《商务馆学汉语词典》:1.～回国;2.～交货;3.公司～把钱还回来了;4.希望这项工程能～开工。

《现代汉语词典》:～交工|～归还。

《现代汉语词典》的释词总量大大多于《商务馆学汉语词典》,所以此词的例句只用两个状中结构的短语例,体现了"按期"作为副词的基本语法位置和搭配对象。《商务馆学汉语词典》是学习词典,释词总量要少得多,所以提供的搭配模因可以全面一些,从各方面表现词典的生成性特点。如:例句3体现的是副词与"把"字介宾结构的语序,例句4表现的助动词"能"与被释词"按期"连用时的语序。这两个例句就抓住了在语言学习中用副词造句最易出现偏误的搭配模因。但细究起来,例3有一点争议,因为"按期"也可置于介宾短语之后,体现了不同的强调焦点。如何把握这种复杂情况在学习词典例句中的处理细度,目前仍然没有成熟的、可接受的标准。

总体来讲,例句反映的搭配应该本着典型搭配、高频搭配以及针对模仿造句时易混现象来进行设计。

(2)语义搭配(语义选择趋向)

在近些年的语义语法研究中,很多人用语义格(语义价)、语义特征分析等方法研究动词搭配能力和搭配规律。语义语法和句法的共同之处都是最终落实到词与词的组合上,只不过前者强调通过内部隐藏的语义特征形成合法的搭配,后者体现为表层显性的词类搭配,一里一表,互相补充,只有二者搭配均合法,才能生成合法的句子。因此,学习词典应把这两方面结合,真正有效描写一个词的语法搭配规律。

林杏光《现代汉语动词大词典》(北京语言学院出版社)全面地将常用动词分解为可支配的语义格。邵敬敏根据配价语法、格语法的思路,提出语义价与句法向的研究[1]，对动词所支配的语义格进行了细化的分类。这些研究都给汉语学习词典的释义和设例一定的启发。

另外，近些年语义语法方面比较流行的是语义特征分析法，经过朱德熙、沈家煊、马庆株、邵敬敏等学者的研究，成熟的、稳定的动词语义特征，如：自主、有界、极大(小)量、持续、使成、附着、离散、有界无界等，越来越丰富，这种语义特征与义素相类，但功能不同，义素是分析词义实体得出的，而语义特征是用来研究词义与词义搭配的。

语义特征因具有一定的专业性，在面向普通语言学习者的学习词典中，建议语义实体的释义应该体现出这种语义搭配潜势，与后面例句中体现的语义兼容性保持一致，否则就会出现例句不能证明词义实体的问题。

例如《现代汉语词典》释义中，动词“揉”的语义实体“团弄”义是根据作用对象不同而设置的，只能支配带有[＋固体][＋柔软]语义特征的对象，如例证中多体现出与“面、软糖、泥巴”等搭配。另外，“揉”还有另外一个义项，语义实体为“用手来回擦或搓”，这要求根本的对象应该有[＋反复][＋被擦动]或[＋被搓动]的特点，例证中多体现出与“眼睛(擦)、纸(搓)”等搭配。

围绕语义特征搭配潜势，就可为不同义项语义实体设置体现不同搭配功能的例句群。再如，《商务馆学汉语词典》中：

【封】量，用于信件等。例：一封信，一封电报，我发了一封电子邮件。你的那封信我没有收到。

量词“封”的语义搭配对象，多要求有[＋密封]的语义特征，所以多为[纸媒]，至于电子邮件的量词用“封”，则是由普通纸媒用法的引申，但核心语义特征并没有变。量词是除动词外，最适合用语义搭配方法来进行释用和设例的，这一点在郭先珍等人编纂的《现代汉语量词用法词典》(语文出版社)中有典型的体现，这部词典揭示大量量词对搭配对象所要求的语义特征，如“条”需要搭配对象有[＋细长]特征，“幅”需

① 邵敬敏.“语义价”、“句法向”及其相互关系[J].汉语学习，1996(4).

要有[＋平面][＋软]特征等。

(3)语用搭配信息

语用搭配是一种心理搭配、文化搭配、交际搭配，侧重于主题内容的类型化并现特点，对于交际具有更重要的作用，所以受到了学习词典的高度重视。在学习词典中，一般可以用释义后括注的方式或补充释义的方式加以说明。例如《商务馆学汉语词典》中：

【娇嗔】(年轻女子)娇媚地嗔怪。例：她故作～地顶了他一句。

前面用括注表明，在正常交际中，此词语用搭配上只能与“年轻女子”搭配，例句中的主语“她”则体现了对括注信息的响应。再如：

【摆摊儿】②把东西摆开(做开展工作的准备)。

这一括注表明的是搭配对象的内容类型。再如：

【发达】形。(事物)已有充分的发展；(事业)兴盛。例：肌肉～　四肢～　工业～　交通～。

把并列两个相关语境义置于一个义项表达中，体现出不同的语义侧重，而不同的语义侧重则有固定的语用搭配对象。再如：

【分摊】动。分担(费用等)。例：聚餐的钱，大家～。

这个括注揭示出被释词的最小语境搭配应该是和一项具体的事物相关，根据例证提供的最小上下文语境，很容易找到类似的搭配词。

有的直接把语用搭配信息暗含在释义语句中，特别是“由于”这类揭示因果关系的释义用语的使用，往往能提供在该最小语境中可能出现的代表原因的其他主题内容，体现搭配并现规律。如：

【煞白】由于恐惧、愤怒或某些疾病等原因，面色极白，没有血色。

【发抖】动。由于害怕生气或受到寒冷等原因而身体颤动。

也有与括注结合的，如：

【恐怖】(由于生命受到威胁而引起的)恐惧。

另外，有的语用搭配信息用知识窗或用提醒区的方式单独解释。这主要是在学习词典中，如《商务馆学汉语词典》：

【忽而】副。忽然(发生变化)(书面语)：忽而说，忽而笑；他的态度忽而冷，忽而热。注意“忽而”常用在意思相对的动词或形容词前，有“一会儿这样，一会儿那样”的意思。

这个释义前面用括注，揭示语用搭配的对象一般是与“变化”相关的主题，而后面用“注意”框，明示该词在词语对举时的使用特点及语法意义。

另外，还有交际搭配与文化搭配等国俗性语用搭配，在学习词典中多用“注意”、“提示”等知识框的方式集中阐释。在此不述。

总之，词义的搭配功能一定是基于类型化的模因机制，从无限的同类型句子里提取共同的句法句型与句式、语义句模、语用句类以及固定搭配语块或词汇串（chunks 或 lexical bundle）。语言学习者在使用生成型词典时，可利用词典提供的模因机制进行句子仿造，从而快速习得。但要注意，搭配永远是功能性的，受制于一个词的语义实体，释好词义是揭示语义功能的基础。

2. 指称功能

语义实体概念义中的外延义部分在明确具体的语境中必然转化为相应的指称功能。指称功能是第二性的，是在言语语流中的具体指称，它可以将潜在的对应关系现实化。盛林[①]曾提出“具指义”的概念，将这种具指义分为具化义和类化义。外延义潜在对应关系到言语中实现指称的语境功能存在具化、泛化、类化、虚化四个过程。从我们的研究看，具化指言语义指称的范围只是语言义外延义的一部分，而非全部，对外延义潜在对应关系的演绎侧重点不同；泛化指语义在语境中指称时，会临时向现有外延义以外进行延展，把与之相关的事物也包括进去；类化指在外延义潜在对应关系中是指向个体的，而在语境中却指称具有相同或相似属性的一类事物；虚化是由外延义潜在对应的具体事类变成虚指抽象的事类。

词典的外延义来自于语境指称对象的归纳，也是处于不断变化之

① 盛林.论言语义的分类[J].南京社会科学,2002(2).

中的，因此在释义时要关注指称功能的变化：不同的语境中这些指称是可以转化的，如有时是类指，但在一些语境中可能转化为个指；有的是个指，但有的语境中却泛化和类指；有的没有关系，但在一定语境中，产生了临时的关系指，如临时反义词、同义词等。词典编者要通过语料库的手段及时观察这些指称功能的变化，并将个性的、修辞性语境的指称用法归纳为语境类型，然后再上升到词典释义的外延义，准确采用释义用语“指”、“叫”、“称”等来表现。

3. 动态修辞功能

词典词义的功能实现服务于语言交际。语义的动态修辞功能是与语义实体的附加义相对而言的，它是在语用过程中，基于语义实体，通过广义的修辞手法产生出的一些临时意义，形成对义项实体的各种补充意味。

通过语义动态修辞功能形成的词的临时色彩或意味与语义实体的附加义具有同构性。只是附加义是稳定的语言义范畴，而临时意味则是临时的言语义范畴。动态修辞功能在特定条件成熟的情况下，可以向附加义转化，随着使用频率及民众接受程度的增加，经过对使用状态的各种修辞义素的概括，如果这种活用已经规律化、模式化了，并在语言交际者中达成足够的共识，就会沉淀在语义实体中，转化成附加义，有时甚至会产生新的义项。现在一些新词语，如汽车术语“安全带”等、数学术语“拐点”等，通过隐喻方式从本专科语域进入普通语域或其他专科语域迁移使用，就是因术语动态修辞语用而产生的语义活动的结果。

因此在词典释义中，要高度关注语料库中出现的词的修辞用法，关注这些用法产生的新的动态修辞意味，对其进行归纳整理。这往往就是新词新义产生的来源，是对词典词义进行修订，对义项进行删减操作的重要材料来源。

四、小结

我们在辞书义项结构分析方法方面主要做了两方面探索：一是梳理学界目前关于义项的语义信息类型的界定，然后根据这些信息的功能，按语义、语法、语用三个平台，建构起一个语义信息原型范畴，辞书的义项描写可以与这一范畴进行有效的对应。二是对于辞书的义项，建构我们自己的语义信息分析模型，将义项分为语义实体和语义功能，再对二者进行更细致的划分，从而在一定程度上辅助解决现代辞书义项描写很难择定信息类型，以及语义信息进入辞书的义项描写缺乏标准和依据的问题。希望通过以上两项探索工作，提升辞书释义的全面性、针对性和操作性。

第十一章　辞书释义方法的发展

汉语辞书释义就是将词的各种意义信息用简洁的、概括度适中的语言描写出来。义项描写体现为易语释难词、通语释方言、今语释古语的基本模式。释语一般为共时，被释词则丰富多样，有共时的，也有历时的，而准确、简洁、完整、规范是释义的基本要求。

在古代辞书理论的奠定和发展完善期，汉语语文词典的释义以训诂学训释方式为核心，二者具有一致性；到现代转型期、成熟期，则结合词汇学、语义学中比较成熟的成分分析和关系分析思路，对传统释义方式进行改善、增补和深化；到当代二次转型期，认知语言学指导下的结合学习特点的释义方法受到重视。但从古至今，汉语词汇意义的分析方法及在词典中义项的描写方法都保持着基本的稳定性。

本章以汉语语文辞书为例，探讨释义方法的发展。

一、汉语辞书释义对训诂学、汉语史研究方法的继承

当前汉语语文词典的释义方式植根于训诂学的训释、考证与纂集三大基本研究范式中。到目前为止，普通语文词典的释义受传统训诂训释方式的影响还是最主要的，因此，以训诂理论为基点来寻求传统应用训诂学训释法与单语语文性词典释义法的结合，是提高现代语文辞书释义的规范性与准确性的重要途径。

（一）训诂学训释方法与词典释义方法有较强的对应性

胡明扬[①]将现代语文辞书的释义方式分为对释释义方式和定义释

① 胡明扬等.词典学概论[M].北京：中国人民大学出版社，1982：132.

义方式。对释释义方式又分为同义词对释、词语交叉对释、反义对释、限制词义对释;定义释义方式分为逻辑定义释义、说明定义释义。最近几年,释义方法数量虽有发展,但总体上看,近二十多年,并没有离开对释和定义释义两大方式,它们依然是从应用训诂学的义训方法发展而来的。

训诂学的义训方法中有直训和义界两种。

1. 直训

直训是以单词释单词,分为单训和互训。不论是两两互训,还是辗转互训,凡训释词和被训释词能够互易位置的就是互训。如《说文》:"玩,弄也","弄,玩也"。否则为单训,如《广雅・释言》:"供,养也。"至于两词同用另一词来释的同训(如《说文解字》,"迅,疾也","速,疾也")、多词递用为训的递训(如《说文解字》,"讥,诽也","诽,谤也","谤,毁也","讥"、"诽"、"谤"、"毁"四字递相为训),都可以看成是单训或互训的组合使用,是单训或互训的变体。

直训的方式是现代辞书对释释义模式的根源,胡明扬所说的"反义词对释"即"不+反义词"式,也是直训的变式。如《说文解字》:"涩,不滑也。"《现代汉语词典》:"动摇,不稳固,不坚固。"

单训、互训及其变式,现代词典继承得较多,而递训、同训用得较少。这些传统释义方式的价值还有待研究。胡明扬[①]认为:对释有两大不足,一是同义词一般都是近义词,对释不可能十分准确,并且还会引起误解。另一缺陷是往往形成循环注释,如"礼拜天:星期日"、"星期日:礼拜天",这是互训的循环释义。"稀薄:谓不浓厚"、"浓厚:谓淡薄之反"、"淡薄:不浓厚",这是递训的循环。

要解决这种问题,可行的路子就是系联同(近)义词。从《尔雅》开始,传统语言文字学对同义词的研究就很重视。汉语发展到现代,积累了大量同义词。同义词往往只是在某个义项上相同或相近(在非等义

① 胡明扬等.词典学概论[M].北京:中国人民大学出版社,1982:132.

的情况下都会有细微的义值差）。所以，根据词义引申规律、引申序列和词语使用实际，能找到相同的义项，就可系联出多个同义词群，可供选择的单训和互训词就会多些。因此要防止互训循环，应尽量用单训代替，或用义界终结循环。

训诂学中还有通训等其他对释方法，也是直训的变体，都会有启发意义。通训是“对多义词根据通常使用意义所加的解释”①，如“端”训“正”、训“始”、训“本”（大端）、训“末”，而训“正”是常见训释，这就是通训。“正”作为“端”的通训的认定，也是从大量语言运用实践和训释材料中比对统计出来的。其确定通训的方法对于词典义项使用频率的确定有指导意义。

2. 义界

辞书界的“定义释义”是从逻辑学角度提出的，往往与复杂的语言现象不相吻合。我们不否认词典释义中有纯逻辑学角度的定义释义，但大量的非对释方式不是定义释义能涵盖得了的，如比喻式、描写式等迂回描述模式。实际上，“定义释义”也好，“迂回描述”也好，都是从义界方式变化来的。义界是“用定义、描写、对举、嵌入等方法来表述词义的内容”②。与直训不同的是，义界是以句训词，由于其用语较多，描写性强，易展示细节语义特征，信息量大，易做到准确释义，所以也成为现代汉语词典释义的主要方式。义界可分为定义式义界（如《说文解字》：“稗，禾别也”）、比况式义界（如《说文解字》：“豹，似虎”）、嵌入式入界（如《说文解字》：“气，云气也”）等。其中定义式义界最为重要，比况式义界用比喻、描写等方法迂回训释词义；嵌入被释词的嵌入式义界，往往是因主训词难找而采用，在现代词典中也常用到，但应尽量避免，毕竟比起古汉语，现代汉语的普通词汇要丰富得多，找主训词也容易多了。

---

① 周祖谟.中国大百科全书·语言文字卷[Z].北京:中国大百科全书出版社,2001.

② 王宁.训诂学原理[M].北京:中国国际广播出版社,1996:62.

（二）训诂学的词义考释方法仍旧是辞书释义疑难问题解决的主要方式

现代词典释义中有很多疑难问题，比如古义语素，如果不加解释，就很难理解整个复音词义，这一问题的解决要从训释材料中，用训诂的考证方法进行推求。"考释指找出已经作出的训释的原始依据"，"证明则是提出有力的证据，证明考释结果的正确性"[①]。考证主要的方法就是考音和考义，也就是说必须使用训诂学中的以形索义、因声求义、比较互证的方法才行。

"不速之客"，《现代汉语词典》解释为"指没有邀请而自己来的客人（速：邀请）"。《现代汉语词典》解释"速"为"邀请"，并将其列为有"迅速"义的"速"的同音词。但"速"为什么会有"邀请"义？如不加解释，只能让学习语言的人死记硬背。经过考证，《说文解字·言部》有"諫"字，训为"餔旋促也"，"餔"是"日加申时食"，即下午四五点钟太阳快落山时吃饭，故须催请，"諫"就是"催请，邀请"，"諫"是"速"的本字。这里的考证实际用的是考音，通过音近的原则，考释出"諫"为"速"的本字。这样，一些疑难词汇释义就容易得多。

包含古义的语素很多，有很多都是在现代合成词中作为不自由语素高频使用。如《现代汉语词典》"寻常：平常（古代八尺为'寻'，倍寻为'常'，'寻'和'常'都是平常的长度）"。这说明《现代汉语词典》还是比较重视词的理据义。

但《现代汉语词典》对一些词的理据的说明不到位，反而带来疑惑。如"奥"的义项2"古时指房屋的西南角，也泛指房屋的深处"，它和义项1"含义深，不容易理解"的关系是什么？义项2的解释是从训释材料中考证来的，依据是《尔雅·释宫》："西南隅谓之奥。"如能再深一步，结合《释名·释宫室》："室中西南隅曰奥，不见户明，所在秘奥也。"如在义项2后追加上"后引申为隐秘难解"，引申义就明确了，词的理据也明

① 王宁.训诂学原理[M].北京：中国国际广播出版社，1996：73.

确了,使用者更好理解。

虽然现代语文词典释义不必拘于古义,不必过多收录古代汉语的义项,也不必逢词必考理据(实际很多词的理据不确定或无法可考),但有些释义却绕不开,既然要释清包含古义语素的词,就绕不开必要的简明的理据阐释,否则会使人看到释义后愈发糊涂。

训诂学训释方法对词典释义的影响是全方位的,比如训诂中的材料考证方法保证了词典释义及书证的准确性;训诂中的形、音、义关系研究成果是词典释义识别"假借义"的重要保证。名物训诂方法对词典百科词释义更是提供了诸多帮助。

(三)与训诂学相配合的汉语史的研究方法是现代词典释义可靠性的重要保证

狭义训诂学的研究主要针对文言,汉语史(词汇史)是一门新的学科,采用的是训诂学的方法,其研究对象除了文言语词,还重点关注古白话词汇。

现代词典中词语来源主要有三个:一是传承,特别是作为汉语核心的基本词汇(分为传承文言词和口语词两个方面);二是吸收,主要是词汇系统中的一般词汇,如吸收自方言中的方言词,吸收自各学科语域或社会语用领域的行业词,吸收自海外的新词语等;三是自创,这种词语多体现为新词语。既然口语词是重要的传承词之一,所以采用汉语史研究法探讨辞书释义,将提高释义以及词目、义项处理的理据性,提高词典的权威性。

汉语史的方法与训诂学的方式具有一致性,都是材料考证与溯源梳脉相结合。因此,辞书释义(特别是历时辞书)一定要高度关注汉语史的研究方法。

以下结合一个具体案例来进行探讨。

"猴急"、"喉急"、"喉极"三词均产生于近代,是方言词、口语词,在当代民众口语中广泛使用,在相关文学语体文献中也都有大量用例。其中"喉极"较为特殊,上海辞书出版社出版的《古代汉语词典》将其列为“喉急”的异形词。我们在此重点讨论“猴急”与“喉急”的差异。此二词在各种历时性语文辞书中均有收录。我们将此二词作为异形词处理，从历时使用、词源理据、共时的词汇意义三个角度对二词进行对比分析，以此探讨异形词的界定依据，探讨语文词典的释义对汉语史研究方法的继承。

1. 从历时使用上看

“喉急”、“猴急”不见于《四库全书》、《四部丛刊》所辑的经典文献中，也不见于《古今图书集成》所辑的事务型、实用型文献，多见于用古白话写作的文学作品或佛经译解中，在陕西、山西、山东等很多北方方言中使用较多，如在反映西北口语较多的陕西作家陈忠实的作品：《梆子老太》、《初夏》、《地窖》、《桥》、《石狮子》、《兔老汉》、《最后一次收获》中就有 7 处“猴急”的用例，可见二词均属典型的口语词、方言词。明代主要使用“喉急”，清代“喉急”、“猴急”通用，而现当代文献中，主要使用“猴急”，较少使用“喉急”。

“喉急”起源较早，大约在宋朝时就已经使用，明清沿用。向熹的《简明汉语史》专著以及《辞源》、《汉语大词典》、《古代汉语词典》（上海辞书版，基于《辞海·语词分册》）、《古代汉语词典》（商务版）等辞书的最早语例均列明清古白话小说中的用例，而经过我们测查，在宋代佛经译解中已发现有“喉急”的用例。例如：

“如前佛说唯备喉急”（《大乘集菩萨学论卷第九》），意思是要注重前面提到的佛的一些箴言，在紧急状况或急于做某事时，才能趋利避害。此书是日称等人奉诏所译。根据《中华佛教百科全书》的记载，日称是北宋译经僧，北宋仁宗庆历六年（1046 年）抵达汴京，奉敕从事译经。至和三年（1056 年），参与法护的译场，合译《大乘集菩萨学论》。这可将“喉急”的最早出现语例提前到北宋。

“喉急”在明清作品中用例较多。在我们测查的范围中，明清小说三言、二拍，《水浒传》、《镜花缘》、《豆棚闲话》、《七侠五义》中共 33 处用例，如：

(1)"阿婆！我出了力，不把银子与我，反发喉急，怎不要嚷?"(《醒世恒言》)

(2)同伴道:"我们也多是喉急的人……"(《二刻拍案惊奇》)

(3)婆子道:"你且莫喉急，老身正要相请，来得恰好……"(《喻世明言》)

(4)唐牛儿道:"我喉急了，要寻孤老……"(《水浒传》)

(5)走堂见他喉急，只得招别桌剩的冷糕凑了一盘送来。(《镜花缘》)

(6)迟先也去偷那豆腐，两个以手触手，登时便喉急嚷将起来。(《豆棚闲话》)

(7)蒋平笑道:"嫂嫂，你不要喉急，小弟情愿奉陪。"(《七侠五义》)

"猴急"在明朝文献中未见用例，我们发现的首见语例见于清朝文献。在《九云记》、《绮楼重梦》、《孽海花》、《风流悟》、《雪月梅》、《后红楼梦》、《海上尘天影》、《荡寇志》中出现19例。如：

(8)老虬猴急，因命小虬沿坑而上……(《九云记》)

(9)看毕了，还未开口，小钰猴急的嚷道:"自然两首的第一……"(《绮楼重梦》)

(10)郭掌柜还礼不迭道:"你别这么猴急！你且坐下，我给你说。"(《孽海花》)

(11)宝哥哥还正正经经猴急的很，叫我们学着这样回，太太准准的依定了。(《后红楼梦》)

(12)文玉笑道:"不用说了，燕姐姐猴急了。今日要举诗社……"(《海上尘天影》)

(13)知我的猴急，万一梁山上那厮们已到，爹爹同他们厮杀，却吃别个抢了头功去。(《荡寇志》)

在两亿左右字符的现当代小说语料中，基本不用"喉急"，仅发现茅盾和吴越作品中的两处"喉急"的用例：

(14)陈君宜笑了一笑，觉得周仲伟太喉急，却也十分同情

他……（茅盾《子夜》）

（15）这个人，平时只知道赌钱喝酒，什么营生也不干，实在喉急了，才到外县远地方去采一次蘑菇……（吴越《括苍山恩仇记》）

“猴急”的用例非常多，我们在同语料库中检索出86处用例，与“喉急”的使用频率是43∶1，而且越是年代新的作品，使用“猴急”的趋势就越明显。

但在网络上随机检索，“猴急”与“喉急”的基本使用比例约为3∶1，说明文学语料中所反映的使用比例只是二词语用的一个方面，而网络文本有全民创作、全语域、全语体的特点，口语性、民间性特色明显，反映出二词的使用频率相差并非想象中那么悬殊。但“猴急”的使用无疑占绝对强势。

2. 从词源意义上看

“喉急”和“猴急”的词源意义均取象于“着急”的情态，二者均为比喻引申的主谓式合成词。“喉急”主要是取象于在非常渴的状态下急于喝水时喉咙的感觉，体现“喉头急得冒火”的着急的心情。如：

（16）世局千腾万变，转盼皆空，正如下棋的较胜争强，眼红喉急。分明似孙庞斗智，赌个你死我活。（《醒世恒言》）

其中“眼”、“喉”生理部位对举，“眼红”、“喉急”尽现着急之态。

（17）倘有不达时务的，捉空摘了一花一蕊，那老儿便要面红颈赤，大发喉急，下次就打骂他，也不容进去看了。（《醒世恒言》）

其中以“面红颈赤”展示“喉急”的情态。而“猴急”，则是人们抓住了猴子着急时的表情而创造出来的词语，取猴子发急的形象。如：

（18）胡日鬼尽管是六耳猕猴转世，但也常被婆姨难为得抓耳挠腮上蹿下跳一脸的猴急相儿。（葛林《快乐人生》）

（19）见我猴急狗跳的样子，一职员才告诉我……（罗伟章《妻子与情人》）

（18）直接描写“猴急”的具体情貌，（19）以“猴急”和“狗跳”互衬体现“着急”的生动形象。

有时用“猴急似的”强调此词的形象化特点，用的不是比喻义，而是具体义或本义。如：

(20)“死老鼠”猴急似地插上电源，却不见出图像，急得直叫。(杜强《恋恋风尘》)

有时也用“猴急急”、“猴急猴急”的ABB、ABAB重叠式表示“着急”程度的加深，如：

(21)因为她接触的男人不谓不多，一个个见了女人都是猴急急的模样。(谭力、郭庆渝《情断枫桥》)

(22)师永正听完陷入沉思，他抬眼望向窗外，正看见叶千山猴急猴急地用手指头勾他呢。(胡玥《危机四伏》)

“喉急”的理据义取象于词素“喉”的科学意义。“喉”是喝水的通道，《说文解字·口部》：“喉，咽也。从口，侯声。”本义为嗓子，也叫喉头。从词素义的理据上看，这里体现的是科学理据，即生理专业知识成分。其实，“喉急”是基于一个错误的科学意义理据，根据《汉语大词典》的解释：“咽”，消化和呼吸的通道，位于鼻腔、口腔的后方，喉的上方，相应地分为鼻咽、口咽和喉咽三部分。通称咽喉。“喉”其实是人和陆栖脊椎动物呼吸道的前端部分，上通咽，下接气管，兼有通气和发音的功能，也叫“喉头”。因为“咽”是食物和空气的交叉通道，兼有“喉”的空气通道功能，所以古人咽、喉不分，且二者部位相连，所以有“喉急”一词。

“猴急”的理据义取象于词素“猴”的通俗意义。词典中的“猴”并没有类似“抓耳挠腮”的义项，只有从猴子的乖巧、机灵、精明、机警等方面的形象特点而提炼出的方言比喻义，如《现代汉语词典》“猴”的方言义项有：“③方言。乖巧，机灵。多指孩子。这孩子多～啊。”还有方言词“猴儿精”：“方言。形容人精明机警。这人忒～，一般人玩不过他。也指机灵顽皮的人。瞧这～，把他能的。”“猴急”的词源意义和“猴③”、“猴精儿”一样，反映的也是文化民俗理据，只是“猴”着急时的习性动作形象特点尚未形成比喻义，归纳为词典的义项。

3. 从词汇意义上看

"喉急"和"猴急"二词的词汇意义究竟有无明确差别，这是界定和规范异形词的核心出发点。我们认为，从理性意义上看，二者基本无差别，只是附加意义有微别。

词汇意义主要体现在语文词典的释义中。由于方言词、口语词身份，此二词《现代汉语词典》失收。很多历时性语文词典，大多只立目说解一个词，另一词不出条而仅在对应词的释义中用"也作"进行提示。如《辞源》只立"喉急"，不立"猴急"，《古代汉语词典》（商务版）同之，《古今汉语词典》（商务版）只立"猴急"，不立"喉急"，这几部词典基本都将二词释为"焦急"或"着急"。

但在台湾《新编国语辞典》中：

猴急：焦急。如：

(23)"你别这么猴急，等水开了再喝也不迟！"亦作"喉急"。

喉急：1.焦急。2.怒气。如：

(24)"倘有不达时务的，捉空摘了一花一蕊，那老儿便要面红颈赤，大发喉急。"（《醒世恒言》）

其中，"喉急"比"猴急"多出一个"怒气"的义项。但所选用例中的"大发猴急"释为"大发怒气"似有争议，笔者认为"大发喉急"应为"发急"的扩展形式，此处单列义项不妥。

《汉语大词典》对二词的区分最细：

喉急：着急。也指因发急而要赖皮。

(25)"今日不想输了哥哥的银子，又没得些钱来相请哥哥，喉急了，时下做出这些不直来。"（《水浒传》）

(26)"你先把腿养好再说吧。看你喉急得！"（欧阳山《柳暗花明》）

猴急：形容急欲做某事或焦急。

(27)郭掌柜还礼不迭道："你别这么猴急，你且坐下，我给你说。"（《孽海花》）

(28)他此时右手拿着帽子，左手臂弯上挂着西装上褂，站在密司李的桌子前，脸色很猴急。(茅盾《泡沫·第一个半天的工作》)

此处的解释体现了“喉急”与“猴急”的微别。在我们测查的明清文献语料中，“喉急”的33处用例，“猴急”的19处用例，在表示“着急”、“焦急”的状态时完全同义，只或多或少地存在一些语义侧重点的微别。但这种微别似乎可以忽略，因为所谓的微别点也可以用在对方身上。例如“喉急”的用例也都有“急于做某事”的语义趋向，因为“着急”、“焦急”的词义中本身就体现着“急于做某事”的心理趋势；而很多“猴急”的用例也有“因着急而耍赖皮”之意，如：

(29)黛玉面上通红了，臊得了不得，就使劲儿啐他一啐。宝钗恐怕他猴急起来，就笑道：“好妹妹，咱们不要闹了，有礼不打上门客，咱们且讨个凉茶儿。”(《后红楼梦》)

(30)阳伯踌躇了半天，忽然站起来，正对着郭掌柜，兜头唱了一个大喏道：“兄弟才短，实在想不出法子来。兄弟第一妙法，只有‘一总费心’四个字儿，还求你给我想法儿吧！”郭掌柜还礼不迭道：“你别这么猴急！你且坐下，我给你说。”阳伯又作了一揖，方肯坐了。(《孽海花》)

可见《汉语大词典》此处的义项归纳有抽象性不足、过于具体的问题，而且从二词所举的语例也看不出这种义项间细微差别的明确体现。

《古代汉语词典》(上海辞书版)只释“喉急”不释“猴急”。

喉急：“亦作喉极、猴急。着急，常形容因发急而不能自控。”释义中，“因发急而不能自控”是对“着急”程度的阐释，这是准确而贴切的。

从以上分析看出，“喉急”和“猴急”的理性意义是一致的，从义项描写的丰度看，上海辞书版《古代汉语词典》的解释可取。至于“喉急”亦作“喉极”的说法，也是一种客观存在。虽然“喉极”使用极少，但在我们所掌握的文献范围内测查，也发现了两处用例：

(31)敢怕独自个一时喉极了，做下了些不伶俐的勾当，方得这项银子也不可知。(《二刻拍案惊奇》)

(32)街坊远近人因昨日这番，都晓得赛儿有妖法，又见变得人

马多了，道是气概兴旺，城里城外人喉极的，齐来投他。（《初刻拍案惊奇》）

这两处用例基本可以排除因谐音而导致的传抄之误，“喉极”可以认为是“焦急”程度的加深、发展到极致。其他辞书均未见“喉极”词目，而独“上海辞书本”收录，可见词典编纂者对材料的把握非常全面。

“喉急”、“猴急”二词的附加意义有微别：

从二词的形象附加义看，二者都有鲜明的形象色彩。特别是“猴急”。“猴”的民俗理据形象色彩比“喉”的科学理据形象色彩要更通俗、更流行，可接受的范围广，合成词“猴急”的形象色彩、理据性、明晰性、可释性都高于“喉急”，所以现当代语料中大多由“猴急”取代了“喉急”。

从褒贬附加义的角度看，二词在明清或现当代小说语料中，很多用于两性关系的描写，所以自然都有俗文化的特色。从全语域、全文体来看，“喉急”偏中性，而“猴急”在民俗理据中是偏贬义的。其实，除“猴年”、“猿猴”等中性词外，大多以“猴”为词根的合成词都能体现贬义色彩，例如：猴儿跳（高利贷的一种）、猴儿、猴儿崽子、猴精、猴瘦、猴头猴脑、猴子搏矢、猴子救月、沐猴而冠、轩鹤冠猴、弄鬼掉猴、杀鸡儆猴、耍猴儿、尖嘴猴腮、猕猴面等，以及“山中无老虎，猴子称大王”等俗语。可见在民俗心理上，“猴急”确实是有心理贬义召唤性的。再如以下这个例子很有趣，能很好地反映这种贬义倾向：

(33)他找见物美里的药店，点名要盒“西瓜霜”。如你所知，如今店员都有推销新品的爱好，那天循例为之推荐另一新药：“喉急灵”。一阵劝说，他买了下来。回到教室，他手拿药盒，不急着吃药，却寻思起这药名来，最后越想越气，终于明白这一连串的诱惑，原来是要气气他。他把“喉急”想成“猴急”，最后得出结论：这伙儿孙子原来是想骂我。[①]

从以上三方面看，我们基本沿用训诂学、汉语史的考证与材料梳理

---

① 一个幻想迫害症患者. http://lostinbj.iblog.com/archives/6044/200603，2009 年 6 月 18 日查阅.

的方法对这三个词的词源意义、词汇意义、历时使用情况进行了全面的梳理与考察。得出结论："喉急"与"猴急"，从词汇使用角度看，二者只是出现时代有差异，而且清代至今混用无别，只是词频变化较大；从词源理据看，二词差别最大；而从最重要的词汇意义上看，二者差别甚微。如果以体现共时性的词汇意义为最主要的鉴定标准来衡量，此二词可以界定为异形词进行规范，保留理据义和使用面最广的主形"猴急"，弃用理据义不明的"喉极"和使用渐少且理据义学科性较强的"喉急"。

因此，从共时语文性词典立目的角度看，只须立"猴急"，而"喉急"、"喉极"于此目下用"又作"表示；在义项的描写上以上海辞书版《古代汉语词典》（上海辞书出版社）的解释为佳——"着急，常形容因发急而不能自控"。

这一结论和释义的可靠性来自于训诂学、词汇史考证方法的综合应用。

二、汉语辞书释义对结构语义学成分分析方法的借鉴和改造

在现当代辞书编纂理论的转型期与成熟期，结构语言学以语义场和义素分析的语义分析思路成为主宰汉语辞书释义的主要指导理论。

基于语义分析的思路，有两个基本方向：一是原子式的成分分析，二是系统观的语义场语义关系分析。二者互相结合，互相支撑。孤立地对词义进行原子式的成分分析比较主观，在语义关系系联基础上的成分分析则因为语义参考系增多，其客观性得到比较大的提升；而语义场内的成员是以共同义素类聚，以区别性义素互相区分，所以语义关系的关联分析也要以义项分析为基础。

（一）义素与义素分析法的发展及其与辞书释义的关系

莱昂斯（Lyons）①认为，每个词位的意义可以根据一套更为一般的

① Lyons. J. Semantics vol. I. Cambridge University Press. 1977：317.

“意义—构成成分”（Sense—Components）或语义特征（Sense Features)来分析，其中一些或所有的构成成分对于词汇中一些不同的词位来说是共有的，这就是成分分析法的理论基础和出发点。由于很多人将语义成分或语义特征称为义素，所以成分分析法也称义素分析法。关于“义素”术语的使用，张志毅[①]认为，严格意义上的义素就是辨义成分。美国多用“语义成分”，西欧和苏俄多用“义素”。义素分析法可对研究义项的构成和词义间的相互关系提供精确、科学的理论根据，“是一种试图把复杂的词义现象纳入量化分析的观念和方法”[②]，这一方法在辞书释义的义项描写中有重要的实践意义。

20 世纪 30 年代，俄国学者别塞科夫斯基提出词义可以分解为独立的成分的观点，40 年代，丹麦学者叶尔姆斯列夫就提出了义素分析的设想；50 年代，布龙菲尔德提出“义素”这一概念，美国人类学家郎斯伯里和古德列夫在分析亲属词的关系时，提出了义素分析法；60 年代初，卡茨（Katz)、弗多尔（Fodor)将这种分析方法用来为生成转换语法提供语义特征，很快受到现代语义学界的重视。目前，各语义流派都接受义素分析法的语义基本成分观点。

欧洲的语义成分分析是直接从语义分析中归纳出来的，不与语法纠葛，我们称其为典型的成分分析。波蒂埃提出了“义素”基本概念，指内容上作为区分性特征的最小意义单元，这一理论的提出可以说是义素分析操作方法的源头。格雷玛斯是义素成分分析的最主要代表。他深入地分析了意义的基本结构——义素、义素组、义素系统，义素与词位的关系，意义的表征程序等许多重要问题，这是对义素分析法最全面的论述。格雷玛斯将义素分为具象义素类、抽象义素类、情意义素类[③]。这一分类使义素不再是一个平面上的成分，而是形成不同类聚，体现出义素的系统性。

美国解释语义派和生成语义派的语义分析虽然都源于语法，但其

---

① 张志毅，张庆云．词汇语义学[M]．北京：商务印书馆，2005：20.

② 郭聿楷，何英玉．语义学概论[M]．北京：外语教学与研究出版社，2002：58.

③ 转引自李幼蒸．理论符号学导论[M]．北京：社会科学文献出版社，1999：272.

分析语义时采用的分析方法却体现着典型的成分分析特点。

解释语义学派的代表人物卡茨和弗多尔提出了语义学模式“KF模型”，后来，乔姆斯基吸收了二人的观点，形成解释语义学派。他们认为每一词项的语义部分由一系列语义标志刻画，在此基础上将一个词汇项(lexical item)的特征三分：词类(part of speech)、语义标示(semantic marker)和辨异特征(semantics distinguisher)。解释语义学派总结词项的三大特征的意义在于：在语义成分分析中，不将语义成分笼统对待，成功区分了系统义素(语义标示)和个性义素(辨义成分)。这一理论的问题在于：它是从转换生成语法中抽取的，以句法为中心，语义研究附庸于句法研究，最终目的是为句法服务。

以莱考夫(G. Lakoff)、罗斯(J. Ross)等为代表的生成语义学派[①]，反对解释语义学的成分分析，他们认为以语义为理据的结构可以用类似于谓语逻辑的形式由普遍的基础生成，用一套“谓语升格转换”的转换规则就可以描写语言的结构和语义。所谓谓语升格转换，就是将一个“低层谓语”和一个“高层谓语”结合起来，构成一个“词”，这个词的意义就是原来这两个“谓语”的总和。伍谦光曾举动词 kill 来说明这一规则[②]。

其实，在谓语升格转换中，其操作思路也是语义成分切分。高层谓语跟语义标示相似，本质还是语义成分，它们并不限于某一个具体的词，也可用来构成其他词的语义，这与他认为的不必依靠分析成分就可分析语义的初衷是相矛盾的。所以，生成语义学本质上也是一种语义成分分析法，其对成分分析的最大贡献在于：提出了语义生成的纵向关系，分清了低层谓语与高层谓语的层级关系，描写了义素成分生成语义的动态过程。

义素的类型研究对于词典释义至关重要，不同类型的义素反映着一个义项不同的语义信息侧面以及在义项原型范畴中不同的地位，所

---

① 对于生成语义学的综述可参看 M. Immle. Generative Syntax-generative Semantik. München. r. 1974.

② 伍谦光.语义学导论[M].长沙：湖南教育出版社，1988：45.

以我们在义界释义时不可能只使用一种类型的义素。

在1978年，周绍珩[①]将义素分析法介绍到中国之后，徐烈炯等(1995)出版的专著，把介绍西方义素分析理论作为重要内容，贾彦德(1986，1999)、石安石(1993)、符淮青(1985，1996)、张志毅(1994，2005)、刘叔新(1995，2002)等出版的词汇学、语义学著作中，不但侧重介绍，还结合汉语实际进行义素分析实践。其中贾彦德(1999)以大量篇幅对名、动、形各类实词的小类做了细致入微的义素分析，这是用义素分析全面分析汉语词义的一个尝试。

义素分析的结果是将一个义项分解为若干不同类型的义素。关于义素的类型，法国语义学波蒂埃[②]认为，义子可以分为实体义子和关系义子两大类。前者又分为一般义子、特殊义子和潜义子。实体义子是从词语的词汇意义中提取出的最小特征，关系义子是指从词语的语法意义中提取出的最小特征。美国语义学家顿・尼尔森(Don L. f. nilsen)、爱伦・尼尔森(Allen Pace Nilsen)[③]把英语的语义特征分五类：语法—语义特征、内在语义特征、谓语性语义特征、状语性语义特征、感受性语义特征。国内刘桂芳[④]提出将义素切分为表示概念意义的第一性义素和表示色彩意义、语法意义的第二性义素两大类。张普[⑤]从处理的实际需要将词语放在语义场中进行分析，分为核心义素、公约义素、区别性义素。仲跻祥[⑥]则认为义素分为范畴语法义素、词汇语法义素、范畴词汇义素、区分义素、潜在义素、语用义素。

对于结构语义派的纯成分分析法，莱昂斯有过批评，他指出：词义的构成成分并不像有的学者所说的那样是封闭和固定的；表示词义的构成成分不一定只是简单的组合，可能是一个有结构的序列；构成成分

① 周绍珩.几本关于语义学的新著[J]、欧美语义学的某些理论与研究方法[J].分别载当代语言学，1978(2)(4).

② 转引自于红.现代汉语义征研究述评[J].江海学刊，2005(3).

③ SEMANTIC THEORY. A LINGUISTIC THEORY，1975：55－89.

④ 刘桂芳.义素分析之我见[J].语言教学与研究，1996(1).

⑤ 张普.信息处理用现代汉语语义分析的理论与方法[J].中文信息学报，1991(3).

⑥ 仲跻祥.义素分析及词汇结构体系[J].中国俄语教学，1990(3).

分析由于追求概括经常做过了头而显得粗疏①。认知语义学的代表人物杰肯道夫(Jackendoff)、莱考夫(Lakoff)等也对纯粹的成分分析提出过批评②。国内的符淮青③和刘叔新④也都对纯成分分析提出过批评意见,还分别建立自己的成分分析方法,比如符淮青提出注重词义成分构成结构和顺序的词义成分—模式分析方法等。

现在很多学者认为结构语义学的成分分析法落伍,只提认知语义,反对成分分析,但我们认为二者是不可以互相取代的。在词典释义中,成分分析致力于把结构语言学的对比原则运用到词义内部,对词义进行分解,使对词义的笼统分析深入到词义的微观层次,实现了词义微观信息的可视化呈现,这一价值是巨大的。认知语义学理论具有强大的词义现象解释功能,和成分分析法各有所长,况且认知语义也并不反对成分分析,我们将在后文介绍。

另外,结构主义的义素分析法在辞书释义的操作性方面具有不可取代的价值。义素是对义项的"分",而义项描写是对义素的"合",它们是对立统一的。语言应用环境中的大量临时词义经过厘定、概括形成初步的义项描写,再用义素分析法进行分析,得出词与词之间的区别特征及内在联系,分解出义素,然后再进行进一步的归纳,择定其中的核心义素组配成辞书的义项,一个词的词汇意义的描写就相对完成。同时,对历时积淀下来的得到共认的义项描写进行义素分析,在分析基础上再行完善,这是修订已有义项使之力臻完美的基本操作方法之一。所以义素分析的分是为了义项描写的合,这是在辞书释义中运用义素分析的前提。

---

① Lyons. J. Semantics vol. I [M]. Cambridge University Press. 1977:322 - 335 转引自李红印.现代汉语颜色词词汇 - 语义系统研究[D].北京大学博士论文,2001.

② 李永秋,郭时海.Jackendoff and Langacker 的认知观点比较[J].成都教育学院学报,2005(4).

③ 符淮青.词义的分析和描写[M].北京:语文出版社,1996:60 - 64.

④ 刘叔新.汉语描写词汇学[M].北京:商务印书馆,1995:69 - 100.

（二）义素分析释义思路与传统训诂学释义思路的结合

中国传统辞书释义主要基于训诂模式，有时缺乏客观的标准，主观性较强。现代辞书释义引入西方的义素分析法，其规范性和可操作性有了明显的提高。但西方的义素分析法用于汉语还有许多不足。如对义素的界定是主观性的，义素的内涵、义素的数量、义素可不可无穷分解、分到哪一级等，都没有统一的标准，很多时候是靠研究者的研究目的和条件甚至是语感来确定的，往往削足适履，缺少客观性。所以必须能动发挥义素分析法的实用性，照顾汉语自身特点，结合传统训诂学方法在义项描写方面的成功之处，建立符合汉语词义描写规律的汉语词义义素分析法。

1. 二分的义素分析法

很多人认为训诂学一直把词义（义项）当作一个囫囵的整体，认为"训诂学家用一个词组、句子，甚至用一个以上的句子解释词义，也是把被解释的词义当作一个整体，而不把词义看作是若干成分组成的"，但同时也承认："当他们在用词组、句子解释词时，他们的释义实际上却包含了不同的成分"，"孕育了义素、义素分析法"①。传统的训诂工作已经有几千年历史了，它伴随着汉语的发展而发展，最能体现汉语词汇语义的本质特点和规律性，但由于古人重分析不重归纳演绎，导致几千年没有形成释义的系统理论，关于义项描写的理论和方法都闪耀在大量的故训纂集中。我们要重视对传统的借鉴和吸收，王宁在西方义素分析的基础上，结合汉语泛时性特点提出的"一分为二的义素分析法"②为恰当描写汉语词语的义项提供了一个有效的方法。

我们可将她的理论用图示的方法表示如下（图 11—1）：

---

① 贾彦德.汉语语义学[M].北京:北京大学出版社,1999:51.

② 王宁.训诂学原理[M].北京:中国国际广播出版社,1996:208.

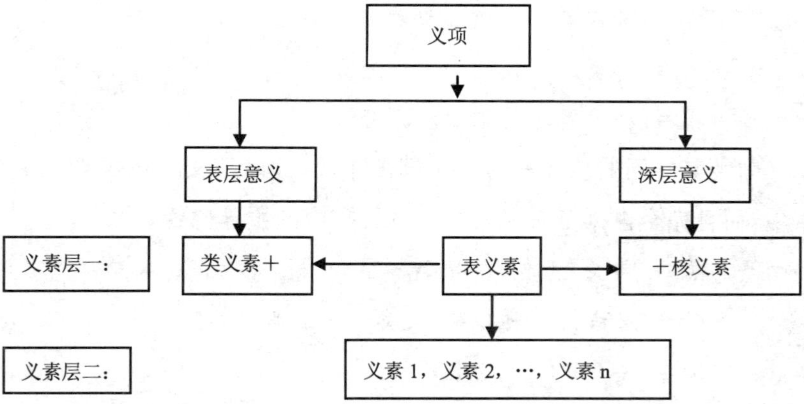

图11—1

一个义项两分为表层意义和深层意义，表层意义两分为类义素与表义素，深层意义两分为核义素与表义素。其中类义素用以指称义项中表示义类的意义元素，核义素用来指称同源词所含的相同特点，除了这两种有特殊意义的义素，其他义素都可称为表义素。表义素是典型的区别特征。这些区别性特征有属于基义义素的，如主要个性义素、次要个性义素、语义·语法义素等，也可以有形象义、语体义等陪义附属义素①。表层意义中，类义素通过表义素形成同类词中的区别，深层意义中，核义素通过表义素形成同源词的区别。换句话说，“词项之间表义素相同者为同义词，核义素相同者为同源词，类义素相同者为同类词”②。

类义素与核义素是确定的，表义素具有不确定性。表层意义与深层意义两个层次并不是截然分开的，而是融合的。由于核义素的隐含性和本质性，经常在释义时潜入表义素起作用，变成了表义素的一个部分，甚至全部。这时义项描写就成了“类义素＋表（核）义素”，有时会出现“类义素＋核义素”的情况。如：

稍＝/禾类/＋/叶末端渐小处/

艄＝/船类/＋/尾端渐小处/

---

① 张志毅，张庆云.词汇语义学[M].北京：商务印书馆，2001:26.

② 王宁.训诂学原理[M].北京：中国国际广播出版社，1996:210.

霄＝/云霞类/＋/顶端视之渐觉小处/

鞘＝/革类/＋/顶端而细小处/

梢＝/树木类/＋/末端渐小处/

归纳其共同的核义素为“/末端渐小/”，此时核义素已经融入表义素中，而且完全占据了表义素“义素层二”中的主导位置。

羔＝/羊类/＋/屈曲且小/

狗[2]（《汉语大词典》）＝/犬类/＋/屈曲且小/

驹＝/马类/＋/屈曲且小/

犊＝/牛类/＋/屈曲且小/

在这组词中，核义素都取家畜初生时“/屈曲而且形体小/”的意象特征，所以其共同的义项结构都可以表述为：义项＝类义素＋核义素。可以认为，此结构中核义素兼表表义素。

当然，义项的结构和具体的义项描写形式并不同，具体语言的表达方法可以不拘一格，但这些义素必须得以或明或显的体现。

在词典释义中，训诂学这一义素分析思路的改造，体现了由概括抽象笼统释义向精确化发展，基本奠定了共时词典的词汇意义义项分析的“表义素＋类义素”的模式。在此我们重点谈一下最能反映汉语辞书释义理论的创新的核义素在词典释义中的作用。

2. 核义素与历时词典引申释义

历时词典的引申义研究，我们曾经在义项的类型部分详细介绍过。大多学者承认多义词位内部各义项之间有传承关系或引申关系。很多学者用义素分析法来描写多义结构方面的研究：西方有“语义桥”（semantic bridge）的概念，是义项之间的有直接联系的语义链条，亦即共同义素，多义语义结构中各义项由语义桥连接成系统；郑述谱①介绍了俄罗斯语义学派对多义结构的看法，从义素运动变化的角度谈到了多

① 郑述谱．词的语义结构试析[J]．外语学刊，1989(3)．

义结构历时的义项关系和共时的义项关系；蒋绍愚[1]在分析词义发展变化时，以义项为单位，系统运用义素分析，界定了中心义素、限定义素和隐含义素，这些义素的增、减、消失、改变导致了词义的发展变化；张联荣[2]则分析了词义引申中的遗传义素。在这些学者的研究中，其实都有一个核心的义素，那就是一个带有历时桥接和遗传性质的义核的东西。在王宁二分的义素分析方法中，就是词源义素——“核义素”。

二分的义素分析法厘清了词汇意义与词源意义。词源意义指的是“构词理据”[3]义，如“谏”，《说文解字》：“谏，正也”，释的是本义，《战国策》高诱注：“谏，止之也”，“正”的最终结果是要止住错误的言行，所以可以归纳出[拒御使止]的义素，这就是“谏”的构词理据，是核义素。由于深层意义中的表义素常被省略或与核义素融合，所以很多时候词源意义就单指核义素。

这种“核义素”不同于后文讲到的格雷玛斯的“核义素”，格氏的核义素是相对语境义素来说语义本体核心义素。但在格氏眼中，核义素有如一个最小义素常量，语境义素是变量，由语境产生。意义效果，即为常量与变量结合的产物。而代表词源义的“核义素”是一个具有历时特点的概念，正是它的活性特点，加强了词内各义项间及不同词的义项间的意义联系。以往的辞书释义，特别是共时性辞书的编纂往往讳谈词源义素——核义素，担心丧失词典的共时性特点，这是不科学的。

在词义演变中，核义素是一个后台的决定性义素，在某种程度上可以支配词义的引申义列和引申形式、引申方向。一个词的核义素可以有不同的意象特征，会产生不同的引申义列。在每个引申义列中，核义素带有遗传性，在派生出的不同义项之间传递，成为沟通不同词位之间的语义桥、共同义素，是引申义列众义项的共同基因，同时在我们研究的普通义项和专科义项之间起到桥接作用，加强义项联系的理据性。从发生学上讲，它是从本义、语源义体现的意象中产生，带有经验性、形

① 蒋绍愚.词义的发展和变化[J].语文研究，1985(2).
② 张联荣.词义引申中的遗传义素[J].北京大学学报，1992(4).
③ 王宁，黄易青.词源意义与词汇意义论析[J].北京师范大学学报，2002 (4).

象性、具体性特点，在操作上是从后代同源词系联中抽取出来的。

可以说，新义项是在两方面动力作用下产生的，一方面是临时语境义素的运动产生过渡义素，表现为过渡概念，过渡概念在频率和认可度达到一定阈值的情况下，进入稳定的语言域，并生成新的义项；另一条思路是在词语语义结构的内部，靠核义素对原有义项的信息进行增加或损益、转移操作，通过隐喻、提喻、换喻等各种方式，最后形成新义项，使上一义项的核义素得到遗传。例如法律词语“绞”，《汉语大词典》前五个义项体现着引申关系。

绞①用两股以上条状物拧成一根绳索。如《礼记·杂记上》："小敛，环绖，公大夫士一也。"唐·孔颖达疏："知以一股所谓缠绖者，若是两股相交，则谓之绞。"

绞②引申指几种东西扭在一起。

绞③挤压；拧。北魏·贾思勰《齐民要术·八和齑》："生姜。削去皮，细切以冷水和之，生布绞去苦汁。"

绞④缠绕。唐·柳宗元《晋问》："晋之北有异材……根绞怪石，不土而植，千寻百围，与石同色。"

绞⑤旧时死刑的一种。缢死；勒死。《左传·哀公二年》："若其有罪，绞缢以戮。"《隋书·刑法志》："其刑名有五：一曰死刑二，有绞，有斩。"

从“绞”的语源意义特点看，“扭在一起”的语义特点是“缠绕”，[缠绕]就是“绞”的核义素，此义素一直在后台隐含状态下传承，经历了“绞②”、“绞③”，传承到“绞④”时，核义素得到显化，并直接提升为义项，此时已经不代表语源义特点，而是表层使用义。再遗传到“绞⑤”，是法律义项，语义内容是“缢死，勒死”，结果是罪犯[死亡]，方式是[缢][勒]。《汉语大词典》缢：勒颈而死；上吊。勒：捆住；套住；或捆、套以后再拉紧。

《中国古代法学词典》（高潮等编著）从专科的角度详细解释了绞的方式：

【绞】亦名绞首，绞颈，缳首，缢，古代死刑的一种。其法：用绳索或布帛等细长带状物环绕人的脖子，用力紧勒窒息而死，或用绞刑架将人吊起，活活勒死，和斩刑相比，是一种保全尸体完整的死刑。

从这里看出，细长的带状物（如绳索）最大特点是可以自由缠绕，而“绞”行刑的最大特点即是利用这种缠绕性，绕于罪犯颈部，用力拉紧，使罪犯窒息死亡。这个法律义项中的行刑工具、行刑方式的选择都和［缠绕］这一核义素相协调一致。

在“绞”由本义到普通义项，再到学科义项的引申过程中，我们都可以看出核在义项的传承变化中的运动轨迹，正是核义素的这种活性特点，加强了词内各义项之间及不同词的义项间的意义联系。

3. 词源核义素与义项描写的精确性、简洁性

不管是完整的“核义素＋表义素”模式还是省并的“独立核义素”模式组成的词源意义，由于没有具体的语境，所以是隐含的，缺少具体的义值，只是一个备用的构义单位，并不是一个完整的义项。词汇意义是词的概括意义，它是一个使用单位，是从具体语境中来，然后回到具体语境中体现其义值，是一个完整典型的义项。如果将这两个层次混同了，将义项描写变成进行专门的词源意义的描写，必然导致义项描写的不完整。而词汇意义的描写如果不重视核义素的内在作用，将大大损害词义描写的理据性和系统性，增加描写的盲目性。

所以，在辞书释义中，如果不是编纂严格的词源词典，我们不建议将词源意义与词汇意义绝然对立起来，也就是说，表层意义与深层意义两个层次并不是绝对分开的，而是有机联系的。这种联系成分靠的是核义素。传统的研究中一般认为核义素应该是稳定的、消极性的成分，它们被称为化石义素或遗传义素，但这种看法是偏颇的。与之相反，核义素经常在释义时潜入表义素起作用，变成了表义素的一个部分，甚至全部，这时义项描写就成了“类义素＋表（核）义素”，有时会出现“类义素＋核义素”的情况。

如《现代汉语词典》：“谏：〈书〉规劝（君主、尊长或朋友），使改正错误。”“改正错误”就是使之在错误的言行上止住，转到正确的言行上，体现出[止]的核义素成分，从这里可以看出，核义素的代入不是机械的插入，而是融入。核义素要能动地融入义值差中，也就是表义素中，与类义素共同构成一个完整的词汇意义义项。当然，我们并不是要在每一个义项的描写上都进行历时溯源，有些牵强的主观性强的核义素归纳并不适用于求稳求定论的辞书释义，我们只是将有把握的且在学术界得到认可的核义素带入义项描写。

另外，核义素能在整个义项的整体描写中得到体现，但不能从义项描写的字面上看到核义素，必须经过归纳。如：“扞”与“谏”音近义通，是同源词[①]。《资治通鉴》徐三省注：“扞，拒也。”《吕氏春秋·恃君》高诱注：“扞，御也。”从这些释义中可见，“扞”和“谏”有共同的核义素[止]。从《现代汉语词典》的解释：“扞①通‘捍’”，捍，即“保卫，防御”。这里是抵御进攻的一方，使之进攻的势头停止。“扞②”为粘着不自由语素，与“格”组成合成词“扞格”，《现代汉语词典》释为：“〈书〉，互相抵触”，互相抵触的力量相当时，是一种止的状态，可见，核义素是隐性的，须经过归纳。

从以上论述可以看出，在辞书的表层使用意义的义项描写中，通过核义素向表义素的渗透，将词源意义能动引入词汇意义的描写中，能直击词义的本质内涵，核义素在表层义与深层义之间的活跃运动轨迹对义项描写的精确性和简洁性意义重大。

核义素是通过多词系联归纳出来的，两个词无法系同源，因为两点之间可相通的路径太多，但三个或以上的词的共通处往往就是核义素产生之源，这样在多词的系联中，就有了意义的比较，能够丰富待释义项，并使待释义项的可靠性得到确证。能够在多词系统中抓住的词义特征，必然成为义项描写的核心，将核心描写清楚，释义必然是精确而简洁的。如“僾”、“箯”、“薆”并不是常用词，《说文解字》：“僾，仿佛也”，

---

① 黄易青.同源词义素分析法——同源词意义分析与比较的方法之一[J].古汉语研究，1999(3).

即所见依稀不分明的意思;《说文解字》:“籎,蔽不见也”,即隐蔽不见的意思;《尔雅》:“薆,隐也”,它们都与“暧”同源。所以当释“暧”这个常用词时,就可以将系联的同源词核义素“/隐而不明/”代入。《现代汉语词典》“暧:〈书〉日月昏暗”,这是个语素义释义。现代汉语中其多与“昧”合成,“暧昧:①(态度、用意)含糊;不明白。②(行为)不光明,不可告人”。可见这些释义都扣住了“/隐而不明/”的核义素,精确简洁。

从另一个角度看,义项中蕴含的信息非常多,描写一个义项究竟需要揭示多少信息才能做到精确性与简洁性的统一,一直没有统一的标准。义项描写的精确性是一个相对的概念,过于精细必会导致烦琐,而且主观性、争议性增强,最终无法把握整个义项。而过于简单又会损害词义信息的丰富性,将复杂多变的语义现象简单化。这两个极端都不利于词汇语义的研究。要找到合适的度,需要建立新的描写方法。类义素与区别特征表义素都是词义表象,不是事物间的本质联系与区别,核义素最能体现词义的本质属性,能拨开表象,进入词义核心。找到核义素,就抓住了词义的灵魂。这种义项描写是精确的,必然也是简洁的。

4. 核义素的系联与义项描写的系统性

在共时性单语词典中,词义的系统性虽然是基于共时层面的,但词义的系统性联系很多时候是靠体现着历时向度的核义素在起作用。核义素是潜伏的,但在多义词各义项寻求语义桥联系时,在不同词进行词际同源词系联时会被激活。在不同词之间同中求异或异中求同时也会被激活,抓住被激活了的核义素,能把握词汇语义的深层联系性,将看来毫无关系的词语系联起来,更能体现词义描写的系统性。

比如多义词词内义项的描写。多义词的义项必有联系,主要方式是引申,有本义直接派生引申的,也有的通过借喻、借代等方式间接派生引申,有的是近引申,有的是远引申。而核义素往往在各义项中起着语义桥的作用,归纳出核义素后,引申义的描写必须扣住它,这样才会加强多义词词内联想场的系统性。

例如“间(jiàn)”的释义:

《说文解字》："间，隙也。"造意取象于门缝，以明示两边相夹这个特征，相夹、相间而不相合，中间肯定有缝，有距离，核义素是"/相夹相距/"。当然，这个核义素是从别的同源词系联中得到，在此不涉及。我们看《现代汉语词典》是如何扣住这一核义素释引申义的：

①空隙。(释的是本义)

②嫌隙；隔阂。(是对本义的引申，实际也是着眼于相夹、相间的，隔阂了中间肯定有距离)

③隔开；不连接。(也有距离)

④挑拨使人不和；离间。(也有距离)

⑤拔去或锄去(多余的苗)。(也是从多余的苗离开土后形成距离引申而来)

可见，"间"的各义项都体现着核义素，都与核义素密切相关。

另外，不同词之间核义素系联，还可增加对比释义，找到其共同点，这里的"共同点"是一种词际意义间的内在隐性联系，这样就可将表面无联系的词的词义系联成系统来进行比照描写。比如：

"峡"、"狭"、"夹"在现代非词源类辞书释义时是不会想到三者之间有联系的。但它们音近义通，确实为同源词，核义素是"/挤压/"，由挤压可具体化为因挤压而窄的形象。《现代汉语词典》：

【峡】两山夹水的地方。

【狭】"窄"(跟"广"相对)。

【夹】从两个相对的方面加压力，使物体固定不动。

这三个义项都体现了两相挤压，最后形成窄的具体形象。"峡谷"是这样的。"狭"也如此，窄必是两物或多物距离窄，距离窄，必有挤压感。"夹"要使物体固定不动，也须有两物相挤压，只不过这个距离是由一个第三者物体所充塞，但所夹之物和相夹的双方一般情况下并不同质。

训诂学词义分析方法与义素分析法在词典释义中的结合应用，将植根于训诂释义传统的语文词典释义改造得更加全面和高效，为未来语文词典释义发展出符合汉语特点和释义传统的创新理论及方法提供了样板。

（三）义素分析与当前的生成型词典释义

一个词的义素从理论上说是无限的，单纯的对意义进行成分分析，最后只能凭主观经验选择所谓最核心的意义成分。在义素分析法进入词典释义操作时，其本身的这一弱点也直接带进了词典释义，给词典释义带来困惑。随着当前各种语言学理论的兴盛，一些新兴的语义分析思路被尝试引入学习词典的释义，带给我们新的启发。

1. 重视语境义素的广域分析思路

我们提到现代词典意义观要重视语境类型义。这种释义视角的转换必然带来对语境义素的重视。

(1)语境义素与“核义素”

义素分析法在当前得到了扩展应用，由传统的词义义素扩大到语境语用义素方面，用于语境言语义或语境文意的分析。

格雷玛斯(Greimas)的义素分析不仅用于语言义的分析，也用于言语义的分析，并探索到二者之间的关系，这使成分分析的应用范围更加扩大。结构语义学后来的发展正是要解决语义单元在不同语境中语义值确定的问题。格氏的义素分析法兼顾核心义素和语境义素。用我们的话说，核义素实际是词义义素，是处于贮存状态的备用义素，当其进入言语链时，即进入了具体的语境结构中，被充实进新的语境义素。换句话说，语境义中的具体义——文意，是由词义核义素与由语境渗入或压入的临时义素共同融合而成的。

在此基础上，格氏将词语意义的分析分为内在域和表现域。内在域分析的是贮存义、静态义，表现的是语言结构中意义单元关系，排除语境因素，从而保持词义分析的齐一性。表现域分析的是语境义、动态义，表现言语过程中的意义单元关系。格氏将这两种分析的层次和关系绘制如下图[①](图 11—2)：

---

① [法]A.J.格雷马斯，蒋梓骅译.结构语义学[M].天津：百花文艺出版社，2001：74.

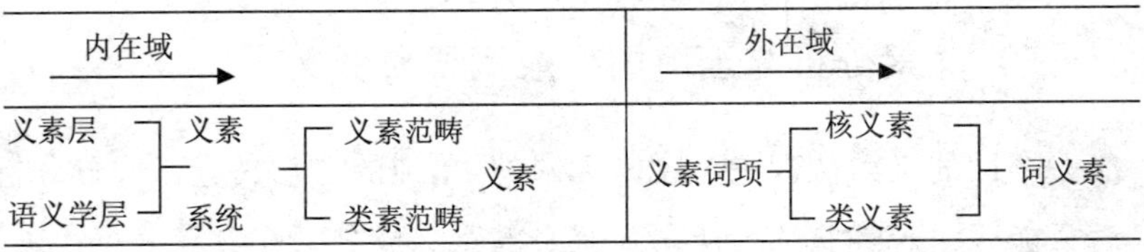

图 11—2

这张图描写了义素分析的框架，其核义素与语境意素、内在域与表现域的区分，厘清了词义义素与文意义素，用常量和变量结合的方式将语言义与言语义分析统一起来。

(2)语境义素与词汇背景义素

社会文化背景知识也是词义中积淀的重要语义特征。20 世纪 60 年代以后，苏联诞生了“语言国情学理论”，其核心是词汇背景理论①。该理论认为，词由词位(形式)和义项(内容)两部分组成。义项由数个义素组成，其中一部分直接参加对事物的分类，而另一部分与事物分类无直接联系。参加对词的分类的是概念义素，余者为非概念义素——词汇背景。背景义素又可分为多级下位义素。根据这一分类原则，可以建立如下的义素树。

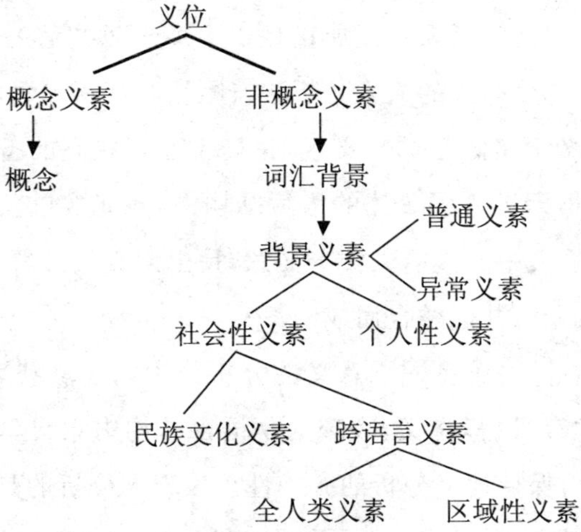

图 11—3

① 吴国华，杨喜昌．文化语义学[M]．北京：北京军事谊文出版社，2000：43－51．

这一义素树是基于文化语义的成分分析的思路，这种义素分析使用的方法虽然是形式化的成分分析，但更多地关注语境义中的文化的、民族的因素，其分析更具人文性和经验性；它对义素的分类和层次划分体现着对义素成分研究的深入，对民族文化背景等大语境义素的关注，比格雷玛斯更深入、全面，它关于跨语言义素的界定，还开创了不同语言的语义成分对比分析的思路。

(3)对词典释义的启发

以上两种分析思路特别强调言语中的意义单元的关系，强调词义中的表义素、类义素与语境义素、词汇背景义素的组合，从而形成从词义到语境义的义素群。对于学习词典的释义，这一义素分解思路第一次将语境动态义的意义成分进行了分解，纳入到词义描写的范围，对于例证、括注的设置，用法栏目的设置等都有一定的指导意义。

2. 框架分解分析思路与词典释义

菲尔默(Fillmore)的框架语义学与俄罗斯的语义配价理论分别提出了“框架元素”和“语义角色”两个概念。它是把意义，特别是动词的词义先界定为一个框架，而框架元素或语义角色就是黏附在这些框架上的一些语义成分，特别适合在学习词典中体现动词释义的完整性、具体性与表现力。

俄罗斯语义学派提出了语义配价理论[①]，体现着以情景为核心的语境分析特点。该理论的主要观点是：语义配价主要是一个针对谓词(动词，形容词或部分名词)语义单位而言的概念。谓词语义单位以情景为描写对象，其语义反映必需情景参与者的属性、相互关系以及与之相关的事件。情景参与者区分必需和自由的两种。特定组合的必需情景参与者是特定情景的标志，它们构成特定情景的充分必要条件。如“租赁”，情景的必需参与者是承租人、出租人、租赁物、租金和租赁期限。这些因素共同构成租赁的情景，缺少其中任何一项都会使情景发

① 转引自张家骅等.俄罗斯当代语义学[M].北京：商务印书馆，2003：28－78.

生变化：缺少期限变成买卖，缺少租金变成借用，缺少期限和租金变成转交等。自由情景参与者为各种情景普遍所有，不是情景的充分必要条件，例如，时间、地点、原因、目的、条件、行为方式等在多数情况下都只是情景的自由参与者。还以“租赁”为例，自由参与者既可以被“租赁”情景所容纳，又可以被读、写、唱、跳、坐、立等其他许多的行为所容纳。特定情景不因剔除自由参与者而改变。必需情景参与者在相应谓词语义结构中对应的抽象语义参数（主体、客体、工具、手段等）叫作该谓词的语义配价。

菲尔默①在格语法和认知语义学的基础上提出框架语义学，理解一个词的意义，就要把这个词放到有关框架中去理解。菲尔默认为，框架联系着场景，即特定情境或背景知识，框架为词语意义的理解提供内容。如一个普通的商业事件框架常反映了这么一个场景：存在着带着钱的人 A，拥有 A 想要货物的人或机构 D，双方就货物的价格达成一致后，A 把钱给 D 而 D 把货物给 A，交易的结果是 A 拥有了货物而 D 拥有了钱。并非框架中的所有成分都能现实化为语言，人们往往都是从一个特殊的透视域去考虑一个场景的，也就是说，只有经过透视域筛选的场景因素才能进入语言，与语义发生联系。

用法中心的学习词典的释义越来越关注这些框架语义信息的择取。这些框架语义信息突破了传统的逻辑式的“属＋种差”的释义方式。传统释义方式中的种差是来自于事物之间的对比而得出区别性属性，而属则是上位概念，这种逻辑性释义有好处，在传统的释义中处于核心地位。但在用法中心时代，就需要从词语的使用角度来看描写词义，尽量提供更多的语境类型的细节因素。从这个角度来看，框架就是语境类型，语境类型元素（框架元素）的展示，会揭示这个词的使用环境及注意事项，以及与其搭配的其他框架元素。

要在辞书中进行准确释义，就要对知识框架中的框架义素进行全

---

① Fillmore, Charles J. 1982, Frame Semantics. In Linguistics in the Morning Calm, Seoul: Hanshin Publishing Co.

面分析。俄罗斯"文本←→意思"语义学派[①]的"情景参与者"概念，突破框架语义学的成功之处在于确定了情景的核心参与者、必需参与者和自由参与者，体现了框架元素范畴的相似性、梯度性和原型性特点。下面结合这两种理论，以"指证"为例分析词典的释义模式：

核心参与者往往就是框架名，如〔指证〕框架：/指证行为/（指出并证明）是这个情景框架的核心参与者，缺少了它，框架不复存在，其他参与者都由其派生；必需参与者是一个框架知识构成中的必要成分，它们对框架具有依附性，对于一个框架的成立具有不可或缺性，缺少了它们，框架将产生变异，形成不了典型框架，如/证人//指证对象//指证内容/都是〔指证〕框架中的必需参与者；自由参与者是一个框架的可选框架元素，它们对框架的存在与否、典型与否没有根本影响，只是专科框架的细节元素，具有描写性和补充性，不具有专一性和不可或缺性，只起到丰富语义信息和语义细节的作用，如〔指证〕框架中的/法庭/等元素。

词典的释义必须解释出核心参与者和必需参与者，而自由参与者则可置于语例中。如对"指证"的词义试释如下：

【指证】主要指证人指出、证明嫌疑人行为事实的司法行为。

例 女儿在法庭上～其父非法销售濒危动物。

其实，俄罗斯语义学派的"情景参与者"理论忽略了隐含的参与者，这些参与者虽然进入了框架，但有时因其众所周知性而作为语义缺省值进行了省略或隐含，成为框架的后台语义角色，但这并不意味着它们不重要。如果完整解剖一个框架的结构，需要将其显性化或前台化。

还以新词"指证"为例，其在司法程序上与其下一环节"采信"关系密切，这两个新词紧密联系，"指证"的结果是言辞证据，对言辞证据可以予以"采信"，也可不予"采信"，决定权在于评判人——法官，所以，/言辞证据/、/对证据的认定/、/评判者/就是〔指证〕框架的隐含参与者，缺少了这三个元素，〔指证〕词义的解释显得不完善。但隐含参与者又不

---

① 张家骅等.俄罗斯当代语义学[M].北京：商务印书馆，2003：34－43.

宜在义项描写中显化，否则会增加义项描写的冗余度，可将其体现在语例中，如上文采用的语例可变为“女儿在法庭上指证其父非法销售濒危动物，但其证言法官未予采信”，这个语例除了体现隐约参与者，还点明了“指证”的下一个司法环节新词——“采信”，体现了动作性、过程性强的司法环节新词的语义特点。

3. 认知语义学中的成分分析探索与词典释义

认知语义学派确实对成分分析法、关系分析法有过严厉的批评，比如成分分析忽略语言运用的环境、社会文化信仰，在语言实际中有很多局限性；语言知识和非语言知识之间不存在明确的界限，语义是植根于百科知识体系之中的，不能完全在语言系统内部的横向组合和纵横聚合关系中求得解释，而只有在认知结构中才能被理解等。但这并不代表他们完全否定把自然语言分析成人工的语义成分的做法。他们中的代表人物也都提出过自己的基于认知的成分分析思路。

(1)贾肯道夫(Jackendoff)的分解理论与内部结构

贾肯道夫不但不反对形式主义的分析，反而认为“形式主义是一种可使理论得以检验的最好方法”①。比如他认为人生来就具备一些普遍性概念，即概念初始元素，而新的概念结构则由一组先天的概念初始元素(Primitives)和一些组合原则(Formation Rules)通过认知运作而形成。在他看来，无穷的概念必定由有限的概念原成分按不同概念的形成规则生成②。他还提出自己的语义形式研究思路。他以词汇概念为出发点来构建概念结构，和概念结构构建相关的理论有两条：分解理论和内部结构理论③。

他认为词项概念可分解为一级数目有限的原成分，这些原成分即

① Jackendoff, R. Language of the Mind: Essayso Mental Representation[M]. Cambridge, MA.:MIT Press. 1995.

② 转引自程琪龙.Jackendoff 的概念语义学理论[J].外语教学与研究，1997(2).

③ Jackendoff, R. Semantics and Cognition . MITT, 1983. 转引自沈家煊、雷·贾肯道夫.语义学和认知[J].国外语言学，1985(4).

成分分析法中的“语义成分”，而这些原成分组成的概念本身又有内部结构。这一观点实际就是认知语义派的成分分析思路。在词分解理论和词内部结构说指导下，他建立了题元结构。题元结构的词分解指的是词概念可以分解成有限的一级最小的原成分。有些动词或介词可以直接做原成分，如介词 into 的原成分是 INTO。所谓词的内部结构就是动词和介词相应的原成分可以派生出概念短语，概念短语就是这些词的内部结构。例如 throw 的原成分是 GO，GO 的内部题元结构是 GO([事物]〔途径〕)。

这种分解理论比义素分析还要细致和全面，类似于结构语义的元语言，但又有不同，它是基于“认知运作”而得出的，而且特别强调“概念初始成分”的“组合规则”以及最后生成的“词内部结构”。

贾肯道夫还提出了认知语义的形式分析模式——优势规则(Preference Rule System)[①]。

他认为一个词的意义能够被解构成有限的一组条件，而这组条件集中起来对于确定词的所指是必要而且充分的。他认为对于现实中的事物和事物的映射，其语义分析的必要条件是不同的，提出偏好规则系统，即优势规则，用以分析语义；认为词义的描写和确定至少需要三类条件：必要条件(Necessary Conditions)、中心条件(Centrality Conditions)、典型条件(Typicality Conditions)。比如，“红”的语义至少是“颜色”(Color)，这是其必要条件，这相当于我们所说的“类义素”；必须指出在连续体颜色上的红的焦点值(Focal Value)，这是它的中心条件，是原型条件，相当于我们所说的“表义素”；“红苹果”(Red Apple)对于“苹果”来说，则是典型条件。优势规则系统中这组条件，在一定语境中，优选某一条件即可完成归类判断。很多典型条件边缘到可以省略的地步，而优势规则系统也能解释缺省值(Default Value)。

优势规则系统为成分分析提供了创新的思路，它基于主观认知心

---

① Jackendoff , R. Semantics and Cognition[M] . Cambridge , MA: MIT Press. 1983. 转引自沈家煊、雷・贾肯道夫. 语义学和认知[J]. 国外语言学，1985(4).

理基础，将主观认知心理和客观事物的特征有机结合，它最大的成功之处在于区分了语义成分地位的层次性。

经过分析，我们认为，认知语义的语义成分形式分析虽然更符合词汇义的复杂性实质，但还处于摸索阶段，不十分成熟。它的分析更擅长于个案分析，而结构语义的义素分析法更擅长于系统分析。我们应在词典释义中将二者结合起来。

(2)百科分析法

这是一种带有实验性、探索性的分析方法。是随着近些年认知语言学对百科观的重视而发展起来的，基于百科分析法可细化不同学科或子学科语境类型，从而进行比较具体的类化释义。

百科知识是语境的重要组成内容，现代词汇语义学界越来越认为词汇语义研究离不开语境的百科背景。正如艾柯(Umberto Eco)[①]所言，语义分析问题不得不越出语言范围，确定词义的语义环境和系统是离不开社会文化本身的，这也要求重视侧重语言以外的世界知识领域的百科分析。

在艾柯之前，曾有普特南(Hilary Putnam)和佩多菲(J. S. Petofi)等的两种百科分析法。普特南的分析法是将一个词的意义描述为一有限序列或向量，其组成成分有句法标记(如名词)、语义标记(如动物)、固定附加特征、外延描述等。下面是他列出的"水"的词义的百科分析表[②]：

句法标记	语义标记	固定形式	外延
物质名词 具体	自然性 液体	无色 透明 无味 止渴	H_2O

纽鲍尔(Neubauer)和佩多菲于1980年为"氯"这个化学元素名词做了综合百科语义分析。氯是生活中常见的化学元素，但对它的知识可区

① 转引自李幼蒸.理论符号学导论[M].北京:社会科学文献出版社,1999:305.

② 艾柯.符号学与语言哲学[M].印第安纳大学出版社,1984:77.

分为普通和专门两种，在列出其普通语义常识的同时，更列出了化学、物理、生物、地质、历史、词源、工业等专门知识，而“氯”的意义按专业知识理解还是按常识理解，依赖于各自的特殊的语境类型。

艾柯认为，佩多菲的分析模型比普特南优越，他放弃了内涵和外延的区别，任何专门知识项目均可作为意义成分被理解，从而有助于确定在某些环境条件下该词的外延。艾柯赞同佩多菲的分析方法，同时提出了一种自己的百科全书式的语义分析法①。他的百科分析一方面否定了古典语义分析的简单直线性和二元选择性，另一方面采取了一种非决定论的、无限可能性的百科网状模式。在百科知识领域，每一语义网均可与其他语义网相连，因此范围无限。

百科知识分析法的理念是好的，但按照佩多菲和艾柯的分析方法，一个词往往可以从不同的学科来进行分析，这样理论上就形成了众多的学科义项。同一学科义项，词义对应的概念实体的性质、状态、关系、功用、效果、历史等种种方面均可纳入，意义成分项目无限扩大，节点联成语义网，子语义网又相交接延伸，形成一个无限的语义联系网络，这就使百科分析产生了极大的不确定性，其分析只有相对和暂时的价值。艾柯也承认，作为百科分析的语义学百科全书永无完成之日，只能作为一种调节性观念存在，人们只是根据此调节性观念才能实际抽出社会百科全书的一部分，只要它适用于解释实际话语的某些部分。

认知语言学家莱考夫(Lakoff)提出了一种他认为的“理想化认知模式”(ICMs)②。ICMs 分析概念范畴能揭示范畴中的百科全书式的丰富知识。比如他分析了“mother”。莱考夫认为，结构语义义素分析法将其分解为 mother ＝［＋parent］［－male］，这根本无法说明“母亲”范畴的丰富的社会文化知识，因此必须用一个基于一组认知模式综合起来的集合的 ICMs 来阐释它，包括生殖模式、遗传模式、养育模式、婚姻模式、谱系模式，完全具有上述五个模式特征的是原型。但这种原

① Eco，U：A Theory of Semiotics，Indiana U pr. 1976：84－85.

② Lakoff G. Women，Fire and Dangerous things. What Categories Reveal about the Mind. Chicago，Press，1987：614.

型是在这个特定的ICMs语境类型下选择出来的，不能要求现实社会中所有的母亲都符合五个特征，如符合三、五的是继母，符合三的是养母，还有人工受孕的母亲、生母、提供卵子的母亲等。

这种思路在国外的一些学习型或详解型词典中多有尝试，但汉语辞书还没有关注这一思路。例如《现代汉语词典》对“母”释二义：①母亲(母女、老母)。②家族或亲戚中的长辈女子(祖母、伯母)。《商务馆学汉语词典》增加了一条：像母亲一样跟自己有亲密关系的(母校、母语)。

我们不建议对词典中所有的词进行这种穷尽的百科分析法，ICMs对“母亲”的分析最终对应的词典释义就应该是五个义项，这种思路虽给释义的细致性和丰富性提供了保证，但明显放大了义项的数量，导致词典容量的膨胀。这种分析法在汉语词典释义中操作性和可控性不强。现代汉语词汇由于高度复音化，所以对基于百科类型学的类型意义，如果有相对应的复音词，汉语辞书多是采用复音词的方式来分别立目，用来分担这些语境类型义。例如“母”在古代可分出“亲、嫡、继、养、慈、出”等ICMs类型，《汉语大词典》立复音条目来分担解释“母”的各种百科类型义：

【亲母】生母。

【嫡母】妾生的子女称父之正妻。

【继母】父亲的继配。又称后母。

【养(母)】①被抚养人的非生身之母。

【慈母】古称抚育自己成长的庶母为慈母。

【出母】被父休弃的生母。

其实，如果从ICMs理论出发，还有更多的关于“母”的社会学或百科类型义可立，如“从母、寡母、后母、家母、老母”等复音词，这些都可以根据词典的规模等进行设置。

(3)义素配列与义素原型范畴

从以前对义素分类的研究看，对义素类别的研究基本涵盖了语义、语法与语用，但还缺少三个平面之间的关联性研究。根据上面介绍的认知语义学的理论，特别强调义素的组合规则，强调“概念初始成分”的“组合规则”以及最后生成的“词内部结构”。在学习词典释义中，我们同样关注义素组配的问题：义素在释义时如何类聚成组，又如何配列成一个义项？

我们认为，义素组配的前提是要建立一个义素群优势原则的原型范畴。关于义素的原型范畴，俄语语义学做了细致的描写①，把义素类型范畴分为由核心到外部重要性递减的六个层次：第一层是概括整个词类的上位语法义素，第二层是概括一个词类之中一部分词的语义·语法义素（词类次范畴），第三层是上位语义义素（一个义场的各义项的共性义素，也就是波蒂埃所说的“类素”），第四层是下位语义义素中的主要个性义素（义素常量）、主义素（义项的核心义素主要区别特征），第五层是下位语义义素中的次要个性义素（义素的变量，是义项的边缘义素，次要的语义特征），第六层是义项语义义素中的附属义素（即陪义）。这种层次分类原则实际是将义素系统思想进行了细化。张志毅②则认为，义项不是义素的简单组合，而是由不同层次的义素组成的义素体系。高层义素是概括性强的上位义素，低层义素是比较具体的下位义素。这一理论总结突破了传统义素的笼统分类法，使其与语义的系统性更贴合。

我们建议建立一个义素谱原型范畴。义素谱可以包括以下一些主要内容：

核心词义义素：词语类型义素、理据义素、聚合义素、区别义素（语境类型义素、框架元素义素）等；

中层为语法义素：词性义素、语义语法义素、句法义素、搭配义素等；

外层为语用义素：交际义素、文化义素、九大陪义义素、辨析义素等。

---

① 倪波，顾柏林．俄语语义学[M]．上海：上海外语教育出版社，1995：85—91．

② 张志毅，张庆云．词汇语义学[M]．北京：商务印书馆，2005：21．

然后根据不同的词典类型进行义素选择与组配，形成完整的义项。如历时词典的释义主要选理性义素组；现代共时规范词典选择“理性义素组＋陪义语用义素”等；学习词典应从“理性义素组＋语法义素组＋语用义素组”中进行尽量全面的选择。这样就会配列出三种风格的义项：一是提供语义知识的检查性、解释性义项；二是规范性的义项，规定基本词义、基本用法特征；三是积极性义项，在解义的基础上，提供全面的语法及语用用法信息。

每一个义素组也是一个小型的原型范畴，一些个性的意义因子游离于原型范畴的边缘，成为释义的备选义素，可根据词典的类型与规模进行选择。但这一义素组织义项的模式还带有一定的实验性，比较适用于动词释义。

（四）工程语义分析（释义元语言）思路与词典释义

语义学的目标是要找到足够的、必要的概念工具来描写自然语言，但要描写语言，只能像中国训诂学中所说的“以语言释语言”，这就把对象语言和工具语言相混同，语言具有了研究方法与被研究对象的主动与被动的两重身份[①]。在对语义成分分析的结果——义素的描写方面，欧洲的义素分析派提出了元语言。

格雷玛斯区分了对象语言和工具语言，并认为，对于对象语言而言，工具语言就是元语言，“具有转述和描写功能的元语言不仅可以用来研究任何一种符号集，其本身也可以是任何一种自然语言”[②]。张志毅将元语言定义为“记录语义特征并用来分析描写目标语言的更高层次的语言”[③]。对于元语言，维日比茨柯提出了“语义原语”（Semantic Primitives），认为一个词的意义就是语义原语的一种排列，因此一个词的意义并不依赖于词汇中别的词的意义，词的意义关系的一部分可以

① 李红印.现代汉语颜色词词汇—语义系统研究[D].北京大学博士论文，2001.

② A.J.格雷玛斯著，吴泓缈译.结构语义学——方法研究[M].北京：生活·读书·新知三联书店，1966：16.

③ 张志毅，张庆云.词汇语义学[M].北京：商务印书馆，2005：23.

分解成所谓的语义原语。

元语言分为哲学元语、教学元语、辞书元语。在此只研究辞书元语，也就是释义元语，它们表现为一个个释义用词，是义素的表现形式和载体。很多人都希望能用有限的元语言描写全部词汇意义。比如威尔克斯在研究计算机机器翻译的辅助学科"优选语义学"时，选出了80个义素，用来描写词义；《朗曼当代英语词典》用2000个常用词解释56000个词项；威斯特和因迪科特的数学词典（第4版）用1490个词解释240000个词项；法国的古根海姆词典解释中包含1374个"成分词汇"和55个下定义词。我国的梅家驹[①]根据其主编的《同义词词林》，采取语义成分分析法，对近5万个汉语词语（约67000万个义项）进行剖析和整理，梅家驹认为语义成分数量大约为5000—10000个。他进而认为，客观世界是有规律的，反映客观世界的思维也是有序的，语义系统的有序性，加上语义成分数量的有限性，就为用语义成分来形式化地表达语义提供了可能。李葆嘉、安华林等学者也分别对汉语辞书的释义元语言做了相关的研究。

20世纪80年代后，大陆的中文信息处理研究在字处理、词处理方面陆续取得突破，对语言系统的研究重点已经从语法研究转向了以语义为中心，以语法和语用为两翼的综合角度，出现了信息处理用现代汉语语义分类体系、现代汉语述语动词机器词典、董氏语义知识词典、现代汉语语义词典等有代表性的成果。在计算机信息处理领域所进行的语义分析，我们称为工程语义分析。在工程语义分析中，有很多类似释义元语言的成果可以借鉴。其中最重要的就是董振东的"知网"（HowNet）[②]。

"知网"用的"义原"术语不完全同于义素或元语言，但本质仍然是语义成分。在知网理论中，"义原"是用于描述一个"概念"的最基本的、不易再分割的最小意义单位。所有的概念都可以分解成各种各样的义原。"知网"希望用一个有限的义原集合，组合成一个无限的概念集合，

---

① 梅家驹，高蕴琦．语义形式化的研究[J]．外国语，1990(5)．

② 知网网站．http://www.keenage.com/html/c_index.html．2011年4月23日查阅。

为了实现这个目的，它借用了汉字平台，对大约六千个汉字进行考察和分析，来提取这个有限的义原集合，最终采用了1500个义原，分为基本义原、语法义原和关系义原三大类，再细分为事件、实体、属性（Attribute）、属性值（aValue）、数量、数量值、次要特征、语法、动态角色、动态属性十个小类。然后利用提取出的义原对概念逐一进行标注，通过概念的内在联系来揭示概念间及概念本身属性间的关系，从而动态地、综合地反映它们的关系网络，建构了一个义原层次体系，力图用有限的义原来描述无限的概念。

“知网”将成分分析理论应用于工程语义中，可以在对自然语言的大规模、全方位处理实践中验证成分分析的优点和不足，对传统成分分析也会有一些改进，而且这些义原本身就带有释义元语言性质，因此是词典释义元语言建设的重要参考。

以上这些尝试都是用元语言描写语义成分的具体实践。但语义元语言无法穷尽一部汉语词典丰富的词义，也无法将饱含经验等主观因素的词义完全用元语言表达出来。全部采用元语言进行义项描写，必然导致大型词典义项释义的雷同性和烦琐性，另外，大量的百科词、学科义项、二值变体等也并不是用三两千普通词能解决的。因此，在当前汉语词典的释义中，元语言只是将成分分析结果形式化的一个局部尝试，还无法用于全部词义的描写。

但释义元语言为词典释义提供了一个导向——释义词汇控制，这也是汉语词典最基本的释义原则——“以易释难”的体现。在词汇控制理论下，做好释义通用词表，在此基础上尝试建立一个释义基本元语库，作为释义词的首选参考，以期能解决大多数词的全部或核心义项的释义问题。

三、汉语辞书释义对系统分析法、关系分析法的借鉴和改造

语言是一个系统，其构成要素词汇、语法和语用都是一个个子系

统。收录这些语言信息的词典容器也具严密的系统性。语文辞书的释义针对的是词语个体，但其释义过程从来就不是独立进行的，总是要关联到其他同词汇场或同语义场的词，因此对这些语言信息的描写必须有系统观念，这主要体现为基于语义场的关联释义，它基于与成分分析相骈行的关系分析法。

（一）古代的系统观与词典释义的系统性

中国古代虽无明确的关于词汇语义系统的理论，但哲学上关于世界的分类研究却一直是古人思考专科问题的理论基础和核心方法。最能体现中国古代词汇语义的系统性的核心——类义关系，就是以此为基础的。

墨子在《经上》用“私”、“类”、“达”将“实”进行语义分类、分层。第一层是“私”，是最低语义层次，是个体之实，其特征在于“是名也止于是实也”，只用来反映唯一的实体，不用于反映别的实体，比如“月亮”；第二层是“类”，是特殊之实，“类”是对个体的抽象，是将个体对象的共同属性进行归纳而得出的，如“命之马，类也”。第三层次是“达”，是最高语义层次，反映的对象是无所不包的天地万物，最大范畴的“物”即是它的“实”。这一点与亚里士多德的实体论有相通之处，亚氏的第一性实体，就是“私”名所表达的实体，第二性实体就是“类”名所指称的，周建设[①]对他们的不同做了区分，亚氏在第二性实体区分了两个层次，种和属，种是比属低一层的实体。《墨经》虽没有区分，但反复提到最高的层次的实体——“达”名，亚氏却没有过多分析，所以《墨经》的语义结构更具有概括性。

荀子在《正名》中谈到词语和事物之间约定俗成的关系，同时他提到了“名”，并形成了“共名”、“别名”等成套的术语系。冯志伟认为，荀子的“共名”、“别名”理论构成了一个多层次的概念体系，这“可能是世

---

① 周建设.中国逻辑语义论[M].长沙：岳麓书社，1996：102.

界上最早提出的关于概念体系的观点”[①]。荀子将词语符号也进行了语义分层、分类，认为“故万物虽众，有时而欲遍举之，故谓之物。物也者，大共名也。推而共之，共则有共，至于无共而后止。有时而欲遍举之，故谓之鸟兽。鸟兽也者，大别名也。推而别之，别则有别，至于无别然后止”。荀子的“大共名”相当于逻辑学上的“范畴”，墨子的“达”；“大别名”相当于“属”，“别则有别”相当于“种”，二者合起来相当于墨子的“类”；墨子的“私”指的是专名。

在“名”的表达形式上，荀子还提出了“单名”和“兼名”的术语。王力[②]认为，荀子的“名”有时指词，有时指概念。荀子将概念分为简单概念和复杂概念，简单概念用词表示，复杂概念用短语表示，“单足以喻则单，单不足以喻则兼”，这是从语言形式上对概念进行了分类，将语义的研究视角扩展到了短语，类似于佩多菲[③]的语义金字塔的“词汇项”。

以上这些哲学上的分类观点，直接影响到训诂学为指导的古代汉语辞书释义。杨端志认为，“中国传统训诂学解词释义的最大特点就是‘类’观念”[④]。比如“马、牛、羊、豕”，《尔雅》都归入“畜”等，而训释时也能体现类义观，比如《说文解字》释“牡，畜父也”，“牝，畜母也”，义值差“父”、“母”是同一亲属层次类别中的对立成员。至于在具体辞书释义中进行的“察类”、“辨类”、“比类”、“推类”等操作，更体现着类义观。

（二）现代词汇学的系统观与词典释义的系统性

1. 对词汇语义系统的认识

“词义是成系统的，这一命题是较古老的假说”[⑤]。在我国，对词汇系统性的研究非常多。20 世纪 60 年代，周祖谟、王力先后提出词汇系统性问题，但这个时期人们对词汇系统性一直无法确定。后来，黄景欣

---

① 冯志伟.科技术语古今谈[J].术语标准化与信息技术，2005(2).

② 王力.中国语言学史[M]，上海：复旦大学出版社，2009：5.

③ 转引自李幼蒸.理论符号学导论[M].北京：社会科学文献出版社，1999：253.

④ 杨端志.训诂学与现代词汇学在词汇词义研究方面的差异与互补[J].文史哲，2003(6).

⑤ 张志毅，张庆云.词汇语义学[M].北京：商务印书馆，2005：131.

在《论词汇学中的几个问题》(《中国语文》1961 年 3 月号)中对词汇系统性进行大力肯定,刘叔新《论词汇问题》(《中国语文》1964 年第 3 期)则将国内对词汇系统的研究推到新的高度,词汇的系统性逐渐得到大家的公认。

20 世纪 80 年代很多学者对汉语词汇的组成及汉语词汇成分的分类做了具体研究,词汇系统从材料上得以初步确立。遗憾的是,“对词汇成分的具体研究并未同词汇系统的整体研究有机联系”①。90 年代以来,刘叔新的《汉语描写词汇学》、徐国庆的《现代汉语词汇系统论》、王军的《汉语词义系统研究》、王东海的《古代法律词汇语义系统研究》则是专门研究词汇系统的专著,对词汇系统的探讨尤以刘叔新的探讨最为全面、深刻。

近些年来,词汇语义的系统性虽然得到共识,但仍不能改变其假说的性质,证明工作开展得非常缓慢。以往对词汇语义系统的证明主要体现在共时词汇层面,而蒋绍愚②则从义位有无以及结合关系、词的聚合关系、词的组合关系、词的亲属关系(构词关系)来探讨汉语词汇共时类聚的系统性及其发展变化,体现着从共时和历时两个维度研究词汇系统的新高度。

汉语界对古汉语词汇语义系统的研究高度重视。从训诂学中归纳总结词汇语义系统论思想取得了很多成果,这方面王力等先生都有论述,其《同源词典》“从单音词和字形和字音角度(即同类词和同源词)说明词汇系统的存在”③。王宁认为,“语义中心论建立在语义独立的基础上。实现这一点的前提,必然是实词的词汇意义自成系统”。进而认为,“词汇意义的具体观点是:同一种语言的意义之间互有联系,或处于级层关系,或处于亲(直接)、疏(音接)的关系,词汇意义的演变牵一发而动全局,首先是自身的系统决定的”④。她从训诂学的角度认可词汇

① 谢明.汉语词汇系统:网络性 层级性 平面性[J].扬州大学学报,2001(6).
② 蒋绍愚.关于汉语词汇系统及其发展变化的几点想法[J].中国语文,1989(1).
③ 李润生.《齐民要术》农业专科词汇系统研究[D].北京师范大学博士论文,2006.
④ 王宁.汉语词汇语义学的重建与完善[J].宁夏大学学报,2004(4).

系统性的同时,在《汉语词源的探求与阐释》[①]、《词源意义与词汇意义的论析》[②]、《现代汉语双音合成词的构词理据与古今汉语的沟通》[③]三文中对词汇系统性假说用古汉语、古今汉语沟通方面的材料从共时的词汇意义系统、历史的词源意义系统、历时的引申意义系统三个角度进行了全面的论证,还从双音合成词与现代汉语单音词在表意功能上的分布和词汇分化两个方面证明词汇意义系统的存在。

从 20 世纪 90 年代以来,张志毅、张庆云从语义学的角度进行了全面的"词义系统"假说的证明研究[④],他们使用的是演绎与归纳结合的方法,提出了此假说证明的低谷阶段(运用低强度和一般强度支点事实)、走出低谷(发现运用高强度支点事实)、攀向高峰(义位的层级系统)三个证明层次,标志着从词汇语义角度全面刻画了词义的系统性的新研究高度。

词汇语义系统性证明研究远没有完成,近些年,越来越受到重视,蒋绍愚认为:"怎样认识一种语言的词汇系统?一种语言的词汇系统和另一种语言的词汇系统有什么不同,表现在什么地方?同一种语言的词汇系统的历史发展表现在什么地方?这是研究词汇和词汇史必须要解决的一个大问题"[⑤]。他提出了语言对比中的系统性、历时发展中的系统性两大待研究的问题,说明汉语词汇语义系统性的描写、分析、证明是古今汉语还要继续关注、加大研究的问题。晁继周在总结了 20 世纪词汇系统研究情况后,阐述了 21 世纪对此问题继续加深研究的思路:"首先建立现代汉语常用词的词汇体系,全面考察其内部组织结构,

---

① 王宁.汉语词源的探求与阐释[J].中国社会科学,1995(2).

② 王宁,黄易青.词源意义与词汇意义的论析[J].北京师范大学学报,2002(4).

③ 王宁.现代汉语双音合成词的构词理据与古今汉语的沟通[A],庆祝中国社会科学院语言研究所建所 45 周年学术论文集[C].北京:商务印书馆,1997.

④ 张志毅,张庆云.词汇语义学[M].北京:商务印书馆,2005:130－142;义位的系统性[A],载《词和词典》[C].北京:中国广播电视出版社,1994:85.

⑤ 蒋绍愚.两次分类——再谈词汇系统及其变化[A],载《汉语词汇语法史论文集》[C],北京:商务印书馆,2000:143.

建立起基本体系框架,然后再逐步扩展和完善”①。这一论断虽然针对现代汉语词汇系统,但对古代汉语、近代汉语词汇系统同样适用,对于专书词汇系统更具指导性,因为专书的词汇系统比较只是一个封闭的小系统,易于进行穷尽性测查。

对词汇语义系统的证明,“一靠理论论证,二靠实际验证”。② 而词典释义由于面向一种语言或词汇某种类聚的全量词汇,释义过程本身就是一个对词汇系统和词义系统进行验证的过程。

2. 语义分类思路在词典中的应用

人类对语义分类的成果具体体现为义类词典的编纂。西方语言这方面研究是近代才开始,最早受到关注的概念词典是罗杰(Peter Mark Roget)1852 年的《英语词库》(《分类概念词典》),发展到现代,义类是每一部现代辞书的核心之一,用英文 Treasures 表示,比如牛津、韦伯斯特、柯林斯等出版的知名辞书都有专门的义类系统,而目前词库研究中最热门的 WordNet 则将义类划分作为编纂研究的基础工作。

中国古代的《尔雅》可算是世界上第一部义类词典,其按释诂、释言、释训等 19 类依次编纂而成,每篇之内,将具有共同语义成分的词类聚起来。以后的《广雅》、《埤雅》、《尔雅翼》、《骈雅》、《通雅》、《比雅》等都是义类体例。相传为西汉史游所撰的《急就篇》③,属一种学习语言文字的初级读物,它的原则便是“分别部居不杂厕”,以类相属,其功用在于学习记识的“用日约少”。东汉刘熙,意欲探寻名称“所以之意”,“记叙指归”编撰《释名》,全书 8 卷 27 篇,以义类为纲,统领词语。《说文解字》因受制于详解的对象是文字,“据形系联”,但每部之下,则仍“以类相从”,如此精心构思,合理编排,使分散无序的单字类聚为相互关联的系统。

---

① 晁继周.二十世纪的现代汉语词汇学[A],载刘坚主编《二十世纪的中国语言学》[C].北京:北京大学出版社,1998:446.

② 张志毅,张庆云.词汇语义学[M].北京:商务印书馆,2005:130.

③ 王作新.类义系统的文化观照[J].华中师范大学学报(哲学社会科学版),1995(5).

当代中国的义类辞典主要有王安节编《简明类语词典》、林杏光和菲白编《简明汉语义类词典》、董大年的《现代汉语分类词典》等，还有既体现独特古汉语同义词辨析，又体现领属义类关系的如王凤阳的《古辞辨》、黄金贵的《古代文化词义集类辨考》等。而我国第一部有着严格体例，属于现代类义词典的是梅家驹等的《同义词词林》。

在具体语义分类中，西方的罗杰分出 6 类，(在《英语词汇宝库》第 3 版改为 8 类)，巴利分了 10 类，奈达(Nida)把希腊语版的《新约全书》分出事物、事件、性状、关系 4 个义场，卡拉乌洛夫 1976 的微型俄语义类词典分出 25 个义场，含 340 个小义场。在中国，贾彦德分为 3 类(对象，运动，性质)；《同义词词林》分出 12 类；《简明汉语义类词典》分出 18 类；《现代汉语分类词典》将 49000 条普通语词和百科词，分为 17 大类，143 小类，共计 3717 类词群；《简明类语词典》将 14000 余条词语分为 440 余类。应该注意的一点是，这些所谓的类义词典并不是单纯的属种分类，在大类别上总体体现的是属种划分关系，但在很多局部体现的是整体与部分的分解关系，准确地称应是"上下义词典"。

在这些国外和国内类义词典的编纂中，都对本民族断代词汇系统进行了全面的测查与验证。这种对词汇系统的全面描写，对于其他词典的选词立目以及系统释义提供了最重要的资料依据。

(三) 结构语义学的关系分析与词典释义

1. 语义场与关系分析

词汇语义系统性的核心表现是词项、义项间的语义关系，这种有层次、有组织的有序联系组成了词汇语义系统。要分析词汇语义的系统性，必须分析清楚词项、义项间的语义关系，这种分析思路即语义关系分析。

语义场理论的兴起带来了语义关系研究的成熟思路。语义场研究义位间的语义关系，分析各种语义关系的表现、成因及变化规律。美国学者格兰地通过对比构成成分分析法与语义场分析法后指出，前者强调的是词的意义的原子观点，而后者考虑的是词义的关系方面[①]。语义关系分析理论的基础是索绪尔的"值"理论。按照索绪尔的看法，词义除了有所指意义之外，还有系统值，它是由词义在词义系统（语义场）中的结构位置决定的[②]。到莱昂斯时代，语义场理论侧重研究词义关系，形成了典型关系理论。关系理论与索绪尔的"值"论相承，强调词在词汇系统中的价值或关系，而非词具体所指"意义"，词义分析应在更大范围即语义场内分析词的各种意义关系。在莱昂斯的理论中，意义关系和意义成分对立。

例如新词语"局域网"的语义界定，受制于其上下左右的其他同语义场词语：其上位词是"网络"，"局域网"传承了上位词的所有语义信息，同时增加自己的个性语义细节；在平行方向上，其根据网络的地理位置，与"城域网"、"广域网"构成同一语义场，其语义界定受制于这两个词的语义内容，既体现语义细节的相似性，又体现各自的本质区别；同时，该词语的语义界定还受制于根据速度标准分出的"百兆网"、"千兆网"等构成的语义场，与以物理材料为标准的"光纤网"、"有线网"、"无线网"等构成的语义场、与以网络拓扑结构为标准的"星形网络"、"环形网络"、"总线型网络"等构成的语义场、与以服务方式为标准的"C/S 网络"、"对等网"等构成的语义场都发生着联系……而这些词语根据不同的标准可以成为"局域网"的下位不同层级的术语，它们的语义必然也制约着"局域网"语义的界定。《新华新词语词典》用了近五百字的释文联系"城域网"、"广域网"两个词来解释"局域网"的概念。

2. 成分分析与关系分析的结合和释义的关联性

以关系理论分析词汇语义系统的结构以及词义间的相互关系，体

---

① Grandy .R.E. ,Semantic fields, Prototypes, and the Lexicon[M]. In Lehrer, A. & E. Kiitay (ed.) Frames ,Field ,and Contrasts. Hillsdale, NJ: Lawrence Erlbaum, 1992: 103－122 .

② [瑞]费尔迪南・德・索绪尔著，高名凯译.普通语言学教程[M].北京：商务印书馆，1980:157－169.

现了从孤立的原子论向有联系的系统论的转化，但纯语义关系分析忽视了词本身相对固定的所指意义，也就是词的概念义内容的相对独立性，这种分析是不完全的。但就分析方法来讲，李红印认为成分分析和关系分析二者没有绝对的优劣之分，关系论和概念论，都只是分析词义、解释词义的一种方法、思路，只是一个是否最优方案的问题，没有对错①。后来发展到福多尔(Fodor)等提出的词汇不可分解论，认为语义分析不可行，所有词汇都是作为一个整体被学习和讨论的，这就走向了极端，而维日比茨柯对所有词语都要分解出原语成分，走向了另一个极端②。

如果说早期词汇语义系统分析方法是原子主义和关系主义并行不悖的话，那么现代词汇语义分析方法则看到二者的优点和不足，扬长避短，在以关系分析为主的同时，将成分分析整合进来，成为语义场理论的又一基石。

关系分析应与成分分析结合互补，而非排斥。在语义场中，关系分析的操作基础是成分分析，关系靠共同义位和共同义素来确定，共同义素是靠成分分析得出的。如果像莱昂斯所坚持的语义研究不以义素而以词项为最小分析单位的话，很难切中肯綮，因为词项是形、音、义的集合体。从另一方面看，关系分析则是成分分析的最终目的，为了切分而切分的做法将贬低成分分析的价值，如果将关系分析作为成分分析的目的，那么成分分析将成为一个核心的基础性分析方法。

现代语义场理论也证明了这种结合分析的有效性。“(词场，语义场)可以用成分分析法和语义关系予以描写”③。在现代语义场理论中，语义场是由义位形成的集合体，在场形成前先要对不同词的义位进行考察分析，以得到共同义位或共同义素，这是语义场形成的一个重要

---

① 李红印.现代汉语颜色词词汇—语义系统研究[D].北京大学博士论文，2001.

② Wierzbicka, 1992. Semantic Primitives and Semantic Fields. [M]In Lehrer, A. & E.kiitay (ed.) Frames, Fields, and Contrasts. Hillsdale, NJ: Lawrence Erlbaum.

③ [德]哈杜默德·布斯曼著，陈慧瑛等编译.语言学词典[Z].北京：商务印书馆，2003:607.

基础。奈达称语义场为语义区域,“由一组有关联的词形成的范围,可以确定的文化经验的区域。决定语义区域的特征,由这个区域内有关词的共同意义成分表示”,词汇场则是“具有一个相同的重要意义特征的词的集合”①。张志毅认为,共性义位的发现是无须成分分析的,它一指上层义位,如男、女之上的“性别”,二指整体义位,如树根、树干、树梢的整体“树”②。

我们认为,共性义素的发现必须建立在义素成分分析的基础上,它往往是类义素,表现形式很多时候是上位词,如“猪”、“牛”等共同类素[+家畜],既是类义素,也是“猪”、“牛”的上位词。另外,在义素成分分析中还要找到义位中的本质特征义素,即区别性的辨义成分,如果找不到这种义素,语义场内成员必然有重合,但词汇系统中完全同义的异形词或等义词是极少的。通过共同义位或义素的分析还可以看到词语类聚的层次性,大多语义场具有层级关系,大的语义场中可划分或切分出小的语义场,形成层级。大语义场对小语义场来说是母场,小语义场是子场。

通过以上分析可以看出,语义场的义位以共性义素相聚合,以个性义素相区别。在此基础上,重新审视对语义场的界定,贾彦德认为,“如果若干个词义位含有相同的表彼此共性的义素和相应的表彼此差异的义素,因而连结在一起,互相规定,互相制约,互相作用,那么这些义位就构成一个语义场”③。张志毅认为,“语义场就是以共性义位或义素为核心形成的相互制约的具有相对封闭域的词或义位的集合”④。这些界定都体现着关系分析与成分分析的优势结合。

但二者的结合也有一点局限,美国生成语义学家奈达在谈到义素分析时说:“要确定一个词的某个意义的构成成分,必须将这个词和同

① 转引自陆尊梧.语义场浅谈[J].中国社会科学院研究生院学报,1981(5).
② 张志毅,张庆云.词汇语义学[M].北京:商务印书馆,2005:63.
③ 贾彦德.汉语语义学[M].北京:北京大学出版社,1999:150.
④ 张志毅,张庆云.词汇语义学[M].北京:商务印书馆,2005:77.

一词义场内的词或邻近场内的词的意义进行比较①。"不难看出，语义场的确定要以一群词共同具有某一义素为前提，而义素分析又依赖于语义场的首先划定。两者互为存在的前提，缺乏一个参照标准来对它们做严格的规定，但这一局限并没有影响到二者在语义分析中操作性的优势，依然还是结构语义学和词典学进行词义客观分析的首选和核心方法。

3. 语义关系类型研究

语义关系分析是基于义项之前关系的类型而来的。因此要进行关系分析，必须详细界定语义关系。

俄罗斯语义学派基于机器翻译工程语义的需要，基于语义网络，使用词汇函数对语义关系进行尽量穷尽性的测查。词汇函数理论认为，一级词汇语义单位 X(X1，X2，…，Xn)与表达特定抽象语义类型 f 的另一组词汇语义 Y(Y1，Y2，…，Yn)之间的对应关系：Y = f(X)。f 是词汇函数的名称项，代表特定的抽象语义类型，如同义、反义、极端特征、开始、"使不存在"等 ②。他们以此模式对俄语词义进行分析，得出结论：尽管词与词之间的具体语义关系繁杂，但是它们之间的抽象语义关系类型却是可以列举的，已被揭示并加以研究的有 70 余种。

"知网"(HowNet)中归纳了上下位关系、同义关系、反义关系、对义关系、部件—整体关系、属性—宿主关系、材料—成品关系、施事/经验者/关系主体—事件关系、受事/内容/领属物等—事件关系、工具—事件关系、场所—事件关系、时间—事件关系、值—属性关系、实体—值关系、事件—角色关系、相关关系等，这是基于大规模真实文本基础上的测查，其成果是对普通语义学重要的补充和验证。

这些语义关系虽然有些琐细，但它使词义关系由简单化的几元论一下子丰满起来。随着现代计算机工程语义的语义分析形式化极端倾

---

① 邹玉华.语义场研究述评[J].湘潭大学社会科学学报，1987 年(S1).

② 转引自张家骅等.俄罗斯当代语义学[M].北京：商务印书馆，2003：46－57.

向的出现，被发现的语义关系更加丰富起来，但有一些明显不适合进行形式化描写与分析的语义关系也被牵强地套进这一语义关系符号模型中去，这些苗头都应该引起注意。WordNet 已经注意到这一点，其对语义关系的测查并不过分注重语义关系数量，因为过多过细的语义关系只存在于研究领域，不利于操作，所以他的语义关系测查只限 See Also、Anagrams、Type of、Types、Parts、Part of、Synonyms、Antonyms 等常用的骨干语义关系，将十几万义项进行全面系联，组成了一个完整而不间断的词汇语义网络，并且基于语义网进行了很好的成果化、商品化。

4. 词典中基于关系分析的释义

在词典释义中，黄建华[①]把释义分为语法性释义和非语法性释义。非语法性释义可称为真正意义上的释义，因为它为词目提供的是语义信息，而非语法信息。非语法性释义又可分为实质性释义和关联性释义。实质性释义中的同义词对释、反义词对释、定义法都是关系分析法的应用。例如定义法中的属概念就体现的是词汇系统上下义关系的上位词，而种差则是在语义场通过同场成员对比而形成的区别性语义特征。对释释义，则直接体现出用同义词或反义词进行释义，释语和被释词之间存在着最接近的同义、反义关系。这里面需要注意另外一种基于关系分析的释义，即用括注的方法将语义关系进行明示，引导读者实现参照查找。如《现代汉语词典》中：

【好】hào ①喜爱（跟“恶”wù 相对）

【公开】①不加隐蔽的；面对大家的（跟“秘密”相对）

【权利】公民或法人依法行使的权力和享受的利益（跟“义务”相对）

【胜利】①在斗争或竞赛中打败对方（跟“失败”相对）

【片面】②偏于一面的（跟“全面”相对）

---

① 黄建华.词典论(修订本)[M].上海:上海辞书出版社,2001:112-113.

【淡月】营业不旺盛的月份(跟“旺月”相对)

据不完全统计，这种释义方式在《现代汉语词典》中约有1000组左右，体现出《现代汉语词典》释义严密的系统性。

(四) 当代语义分析的新理论对词典释义的影响

在当代辞书理论的二次转型期，各种语言学理论空前繁荣，百家争鸣。一些前沿的特别是外语界的词典译介研究成果不可避免地进入汉语辞书编纂领域，用演绎的思路探讨这些理论在汉语词典释义时的应用。我们认为这其中最有实用性和可操作性的就是以知识本体(Ontology)为代表的语义网技术以及原型范畴理论。

1. 知识本体(Ontology)理论与词典对语义关系系联资源的利用

工程语义学的分类研究是基于语义网络和知识本体的，它对于分类的语义关系类别、继承性等方面的研究深入而细致，揭示了很多新的有普适性的规律。知识本体的研究最近成为热点，在为工程语义学提供形式化、方便共享的专科词表的同时，也成为全面揭示词典中词义语义关系的重要工具，并且逐渐成为语义网的最佳操作工具之一。

计算机信息处理的工程语义界提到的知识本体(Ontology)，比较公认的定义是“本体是对共享的概念进行形式的显示和规范说明，即要用形式化的方法规范地说明关注域中的概念术语与概念术语之间的关系”[①]。冯志伟界定为：“知识本体通常是指对一个领域或微世界进行分析而获得的概念系统的规范说明”[②]。斯丢德(Studer)对本体的诸多定义进行概括后认为，本体论的概念包括四个主要方面：1.概念化；2.明确性；3.形式化；4.共享性。[③] 冯志伟进行了诠释：如果我们对于一

---

① 何飞，罗三定，沙莎.基于领域本体的知识关联研究[J].湖南城市学院学报，2005(1).

② 冯志伟.词汇语义学与词网[Z].烟台师范学院讲座，2005年6月。以下几处引用均出自此讲座。

③ 李健康，张春辉.本体研究及其应用进展[J].图书馆论坛，2004(6).

个领域中的客体进行分析，找出它们之间的关系，获得了这个领域中不同客体的集合，这一个集合可以明确地、形式化地、可共享地描述这个领域中各个客体所代表的概念的体系，这样的概念体系的规范就可以成为这个领域的知识本体。

冯志伟在介绍知识本体时，将知识本体分为通用性知识本体、语言知识本体、形式知识本体。语言知识本体常常表现为一个词表，要描述概念和术语之间的关系。具体地说，如果我们把每一个知识领域抽象成一个概念体系，再采用一个词表来表示这个概念体系，在这个词表中，要明确地描述词的含义、词与词之间的关系，并在该领域的专家之间达成共识，使得大家共享这个词表，那么，这个词表就构成了该领域的一个语言知识本体。

知识本体可以清楚、全面地揭示词语之间所蕴含的语义联系。一个知识本体基本是由纵向的有上下义关系的词项系统和横向的有平行类义词项系统结合起来的语义网结构，能全景地展现词汇语义系统的多层嵌套式的上下义骨干结构及每个层次的平行节点的结构，而这个网络正是我们所需要的——它们本身就是一部概念词典、义类词典，虽不能等同于普通辞书释义，但其词义分类以及建构的义项之间的线性和非线性的明示化复杂联系，却为词典释义中的系统释义、关联释义提供了丰富的材料和依据。

2. 原型范畴与词典释义梯度原则

传统的语义场理论是基于共有义素而类聚的，共有的义素决定语义场成员的地位，识别某些义素的存在与否即可决定其是否处于同一语义场，因此语义场之间有明显的边界。一个词项或者属于这个义场，或者属于那个义场，同一义场内的成员地位平等。这种语义场所依据的亚里士多德的经典范畴，容易抹杀语义场中成员的复杂情况，要全面如实反映语义场内成员的语义关系，必须适当借鉴原型范畴理论。

原型范畴理论关注到了同一义场内各成员有时共同特征并不止一个，各成员按共有义素的多少从中心向边缘呈梯度排列，语义结构是以辐射性的形式出现的，具有连续标度的性质。同一语义场的成员地位不相等，具有等级差异。一个非线性的复杂系统语义场的边界是模糊的，不固定的，重叠的。这种把语义场视为一个原型范畴的做法，是符合语义场特点的，也符合人的认知规律，是对传统结构主义语义场理论的发展。

原型范畴理论对词典释义的价值主要有以下三个：

(1)词汇系统成员按语义相似度有梯度排列。这对于义类词典的编纂有指导作用。例如：义类词典内部的词条可不再按音译排列，可按语义相似度排，由等义、同义、同类这个序列分别对应核心、一般、边缘三组成员。同一部辞书的收词也要分出层级，按核心词、基本词、常用词、偏僻词排列。

(2)在共时生成型词典中，多义词内部各义项构成的词义系统成员义位按语义相似度也有梯度排列，可以按基本义、常用义等频率梯度进行排列。

(3)一个义项内部的义素成分也可按梯度排列，可分出核心的词义本体义素群、外围的语法功能义素群、边缘的语用义素群的梯度，也可分为核心的类义素，表义素再按区别性特征的区别度大小的梯度递减原则排列，边缘则是游移的个性义素，最后由编者根据词典类型以及编纂宗旨和定位进行选择，组配成完整的义项。

原型范畴的研究思路可以解决词典编纂中的很多传统难题，比如词典兼类义项的界定难题，用原型语义场理论就可以较圆满解决，可以将一个多义词的多个义项分出典型成员、一般成员，而一些词类活用问题则是边缘成员，活用只是词语运用的一种量变，等到一定程度，活用功能被交际者所接受，就会产生质变，质变的标志是其由范畴的边缘成员转变为一般成员。通过对原型范畴的观察，可以较清晰地把握量变的词类活用到质变的兼类义项的临界点，为新义项的分立提供依据。

再如，认知语义学的原型范畴理论对词典释义也有重要的影响。原型范畴是词汇系统的一种体现，只是不同于结构语义学的语义场系统：语义场是基于词与词之间共同语义因子与区别因子而系联的；原型范畴基于共同因子的数量，数量越多，语义相似度越高，越是典型成员，然后向边缘逐级减少，到边缘成员时，共同的因子很少，而且这些位于边缘的成员往往具有与别的词汇小系统的边缘成员的交叉性，拥有别的词汇系统成员的因子，所以其词义往往是综合的。因而这些边缘成员虽然针对原有义场典型成员来讲是边缘的，但本身的属性却又是最丰富的。这种边缘成员义项在描写时需要词典编者给予更高的关注，处理好其与其他范畴的交叉特征的描写问题。

四、小结

总之，在释义指导理论方面，我们认为仍要肯定成分分析和关系分析在词典释义中的可操作性。

结构语义学派的成分分析与关系分析有利于全面探讨词汇语义的宏观和微观系统，最具操作性，所以必须以此为核心研究方法。但近些年，随着认知语义学派的兴起，有人觉得词汇系统研究法、语义关系研究法有些落伍，这一点，要消除两个认识误区：

一是不能因为结构语义派成分分析和关系分析的不足而否定它，后期的成分分析走向了与语义关系分析相结合的成熟发展道路，已经弥补了很多不足。它把结构语言学的对比原则运用到词义内部，对词义进行分解，使对词义的笼统分析深入到了词义的微观层次，实现了词义的微观程度的可视化呈现，在此基础上，探讨词义之间的有机联系，建构词汇语义的层次系统，这一价值是巨大的。

二是正确处理与认知语义派的关系。很多人害怕提结构语义派的方法，怕被人认为落伍，而提认知语义就代表时髦，这种认识是极其错误的。认知语义的语义形式分析思路确实有很大的合理性，但作为一种主流的操作性强的分析方法还欠成熟。例如将“母亲”根据社会性和百科性，详解为生母、继母、养母等多个义项，虽然符合认知规律，但这种释义理论上是无限的，因此语境类型是无限丰富的，无法具体把握其概括度，仅限于一些小型的收词量有限有探索性词典，在词典释义中并不具有普适价值。

结构语义的成分分析法和关系分析法已经发展得非常成熟，操作性强，在工程语义学、词典释义等方面具有不可替代的作用。词典是工具，工具需要有明晰性、易操作性。对于词典释义，成分分析和关系分析可以直接将义位的义值和义域显化和明晰化，将其语义特征提取出来，实现词义间的对比系联，系统描写词义，而单纯使用认知语义学的方法很难实现这一效果。结构语义的分析法和认知语义的分析法应该是互补的，而不是互相替代。

在当前的辞书理论二次转型期，我们更关注基于计算机信息处理应用的知识本体等语义网理论、原型范畴理论与辞书释义的紧密结合，更关注智能检索、数据挖掘等计算机技术在处理大数据语料等方面的优势——往往能辅助辞书编者发现传统人工无法发现的语义、语法、语用规律和特点，大大提升词典内容的丰富性及新颖性。

下编　当前辞书理论热点研究及展望

在本编，我们选择当前辞书理论研究中的编纂技术、出版、管理、应用、人才队伍五大热点，采用个案为主、深度剖析、模式构建等思路，探讨在当前及未来汉语辞书理论，缩短与海外辞书强国差距的方向。其中，我们把辞书编纂现代化作为最重要的热点，分别从电子词典规划、语料库辅助辞书编纂、语言知识库开发与辞书编纂、开放式辞书编纂模式、词典编纂工作流五个方面进行深入研究。

第十二章　技术热点：辞书编纂现代化的现状与发展

辞书现代化是近些年随计算机技术和网络技术的兴起而发展起来的。在本章，我们以个案研究的方式，探讨当前阶段或未来发展中辞书现代化的五个热点问题。

第一节　个案1：基于辞书规划的电子词典发展研究

电子词典是近些年随计算机技术发展而迅速发展的一个词典门类。在传统词典编纂方面我们只是编纂大国，与英、法、俄、日等词典强国有着不小的差距；但在电子词典方面，我们和这些强国是处于同一起跑线上，这是一个迎头赶上的契机，不但要大幅度提高电子词典编纂的质和量，还应产生原创性的电子词典理论。

我国（本节的研究范围主要侧重于内地）电子词典经过了八十、九十年代初始阶段的硬件芯片词典的蓬勃发展，成功入局，但在编纂出版方面，由于盗版等各种原因，这二三十年未能实现转型，被其他词典强国远远甩在后面，国内市场也遭遇极大萎缩，陷入迷局。如何变局与破局？这是一个紧迫的问题。

辞书规划要在电子词典规划与发展战略上进行具体、深入的研究。只有扎实可行的实态调研和理论研究，相关部门才能科学布局，合理规划，促进我国电子词典产业健康而有创造性地发展。

本节描写我国目前电子词典编纂和出版方面的迷局，探讨迷局的成因，并提出变局与破局的建议。同时我们从电子词典使用的角度，重点探讨图书馆电子词典集中利用方面的方法和原则。

一、迷局——电子词典发展现状及存在问题

（一）从内容和使用方式上看电子词典的发展现状与存在问题

1.传统型

传统型电子词典采用数据库和多媒体化技术将纸媒词典文本电子化，并辅助以电子索引和检索功能，是比较初级的电子词典类型。这种类型的电子词典可分为单语和双语两种。

(1)传统型单语电子词典

传统型单语电子词典制作技术难度低、制作周期短、用户使用方便，本应在我国得到最快的发展，但事实却有差距——我国已有的电子词典虽然反映了我们取得的一些成绩，但相对于我国广泛的需求市场，还显得过于单薄，最大的问题是缺乏权威性词典的电子版。目前大陆除带有公益性工具书《中国大百科全书》有电子版，权威性语文词典转化为电子版的极少(《汉语大词典》是由香港商务印书馆出版的)。知识产权和盗版影响到出版社的经济利益，使出版社在这项工作上缺乏主动性与积极性，更谈不上有创新性的研究。例如我国商务印书馆多年前就开发过《现代汉语词典》电子版及《辞源》电子版，但惮于盗版，一直束之高阁。这与海外大型纸媒词典的电子版全面开花的情况大相径庭，欧美六大词典家族的权威词典大多有与纸媒对应的电子版，如Oxford Dictionary、Longman Dictionary of Contemporary English、Collins CoBuilder 等。如果出版社在最基本、最主流的传统型电子词典的出版方面没有动力、缺乏魄力，我们将无法在未来国际辞书界占有一席之地。

(2)传统型多语电子词典

传统型多语电子词典是翻译型词典。主要分为两种：

一是面向专业应用的机器翻译后台词典。专业翻译的基础是词级对应，作为这类应用的电子词典可分为源语词典、目标语词典及中介规则词典，多作为机器翻译的后台知识库，并不体现用户界面。使用时，

将语篇或语句录入，根据源语词典切词分析，再按双语推导的语法、语义、语用规则，抽取目标语词典中的词，根据目标语规则组织翻译并输出对应译语。信息处理界对这类词典的开发与编纂提出了很多新的想法，如平行对齐技术，由词级对应向短语级、句子级对应转化技术，翻译记忆技术（如 Workbench 技术）等，集成这些技术较多的专业翻译软件有海外的 TarDos、我国的“雅信 CAT”等，这些软件提供的专业、复杂、强大的翻译功能模块都依赖于后台的双语或多语词典。

二是面向广大普通用户的桌面型翻译词典。专业翻译中的后台电子词典技术启发了很多面向商业和普及的 IT 软件公司，他们将这种后台词典前台化，将主要功能定位于双语或多语词级对译和查询。其界面、操作与单语传统型相类，但更能体现电子词典智能化特点，如分词典自由挂卸、多词典联合检索、即指即译、划屏取词等，还可与 Word 文书软件以及浏览器软件集成，实现即时翻译，真正把词典的储存功能和词典的应用结合起来，深受普通用户欢迎。由于翻译词典在英语学习中的不可替代性，这种电子词典成为目前使用面最广、装机量最大的电子词典，代表作品主要有“金山词霸”、“译典通”等。

目前，我国多语电子词典发展的瓶颈问题是翻译的准确度。例如：任何一种语言中的多义词都占有很大比重，在语流中使用时，需要根据语境判断用的是词的哪个义项，否则就会造成歧义。电子词典的划屏取词、即指即译等是先进的智能化功能，但在语流中取词时，目前无法根据上下文语境判断词的义项所属，只能推出一个多义词对应的译词的所有义项方式，由用户对比判断在当前语境中所用义项，不仅浪费时间，而且需要用户有足够的语言文字知识储备和辨别力。这些都使翻译的准确性以及使用的简便性受到影响。

2.研究型

研究型电子词典也可称为实验型电子词典，其技术多带有实验性和探索性。电子词典要体现智能化，需要很多高精尖技术的应用，普及层面词典功能的每一次革新与提高，都基于研究型词典的实验技术成熟后的应用。但高技术往往会带来学习和使用成本的增加，不利于普及应用。因此新技术不宜在用户缺乏足够知识储备的情况下仓促移植到普及型词典中。

研究型电子词典多用于中文信息处理领域，也称语义知识库或语义知识工程，尽量统括全民族词汇和词义，以大型数据库和语义网络的形式存在，如英语方面的 MindNet、WordNet、FrameNet、ILD 等。不过，源于中文信息处理领域的电子词典多为带有学术性、实验性的专家产品，并非面向普通民众，有的甚至只是一个词表或数据库，没有电子词典所需要的与用户交互的人机界面。

但这些知识库的数据内容、存储方式、载体技术等与电子词典具有一致性，所以很多面向普通用户的电子词典是从知识库技术上发展起来的。由北京大学俞士汶、陈力开发的《现代汉语语法信息词典》就是典型代表，它最初是为语料库词类语法标注而设计的数据库，后来转换为一部出色的专类电子词典，最终还出版了纸媒版(《现代汉语语法信息词典详解》，清华大学出版社，1998，4)，体现了目前词典出版的多载体化特点。

我国研究型电子词典分为两种类型：

(1)模仿派

紧跟海外的著名知识库，依照他们的思路和规则开发汉语的知识库(词网或框架网)，如山西大学仿 FrameNet 的汉语框架知识工程，北京大学仿 WordNet 的概念词典 CCD 等，这些工程尽量保证与国际惯例的一致性，方便知识共享与交流。

(2)自主创新派

如董振峰的知网(HowNet)和黄曾阳的 HNC。这两个系统均立足于汉语的独特性，最符合汉语本土特色。这种本土特色并不影响其在世界科研中的地位，因为衡量一部研究型词典或词库的价值，关键看其有无创新性的理论支撑。如 WordNet 依托语义网理论，FrameNet 依托框架语义学理论，这些都是前沿的语义学理论。再如俄罗斯的电子词典、词汇知识工程，不但有配套的“意思←→文本”语义学理论做支撑，其依托的词汇函数操作理论将词义间的关系细分到七十多种，与之配合的语义配价、语义角色理论不但在语义学研究中居于领先地位[①]，而且在电子词典的编纂中也体现出突出的前沿性，足以与 WordNet、FrameNet 等著名的知识工程相比肩。我国 HowNet 的字本位理论（字原）、HNC 的概念本位理论（概念元），在这些方面迈出了可喜的一步。

研究型电子词典很容易转化为民用的普及层面的电子词典，而且也应该进行及时转化，这样才能体现研究型电子词典的价值。海外这方面的一些实践值得我们学习。例如基于 WordNet 词库技术的研究型词典已经进入成熟的商业化运作，甚至进入学习型编码词典层面。如电子词典 Thinkmap Visual Thesaurus，不仅完全基于 WordNet 语义网的全部词项、义项以及义际关系，而且融合普通用户的认知心理及学习理论，对词汇进行了分级，可以由用户进行语义网节点规模的等级择定，体现了先进的学习词典编纂思路，也是研究型电子词典向民用转化的重要成果。这部词典还采用动态生成拓扑图形的方式进行演示，在电子词典的界面上实现了变革，提高了学习的系统性、趣味性和直观性（图 12—1）。

目前我国的研究型词典与普通词典之间的转化和交流较少，基本处于脱节状态，这使研究型词典已经探索出的成熟技术和经验无用武之地。例如“知网”的字元属性或 HNC 理论的概念元属性已经把汉语语素和词汇研究得细致入微了，固然不能完全转换为普及性的语文词典，但抽取的一些精要的义元、概念元属性直击词义核心特征，如果我们的语文词典编纂者能借鉴这些义元、概念元，将使语文词典的释义更加精确、系统和简练。但现在的语文词典编纂中，个别团体和编者还停留在卡片式的手工作业水平，在释义上还是以经验主义为主，以内省的方式来描写义项。随着语料库语言学的发展，虽然很多编者已经走上了利用语料库支持平台辅助词典编纂的层面，但多限于从语料库中提取例句，或根据例句提供的语义环境归纳义项，对研究型词典中已有的

---

① 张家骅等．俄罗斯当代语义学[M]．北京：商务印书馆，2003：34－43．

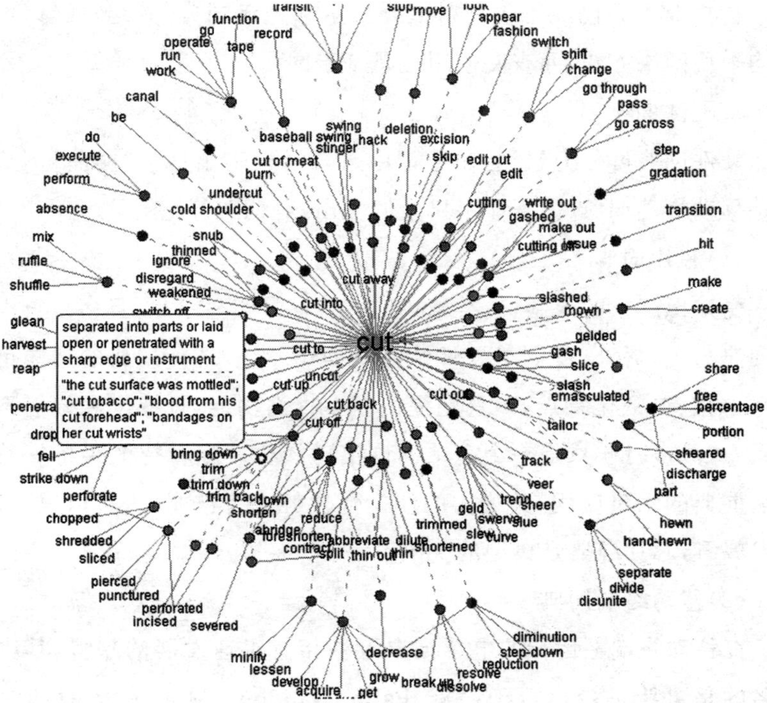

图 12—1

词义分析成果也缺乏吸收和借鉴。这种现象产生的根本原因在于自然科学与社会科学、人文科学从业者之间的知识隔阂，因此，加强知识交流，实现知识共享是现代电子词典编纂中的一项重要工作。

（二）从载体的角度看电子词典的发展现状与存在问题

根据载体形式的不同，电子词典可分为光盘词典、硬件词典和网络词典。前二者的内容、载体形式以及使用方式是传统型的，着眼于单机，而后者代表着当前的电子词典的主流方式及未来的发展趋势。

1.光盘词典

虽然光盘词典具有发音、动画甚至视频等多媒体优势，但由于其无法摆脱对计算机硬件的依赖，所以暂时无法取代纸媒词典。随着网络信号覆盖面的扩大、上网设备的普及、上网资费的降低，未来光盘词典必将被网络词典取代。目前一些带有海量知识资源的工具书（如《大不列颠百科全书》)已经不再发行纸媒版本和光盘词典,其编纂、修订、更新均采用网络方式,而查阅使用也是基于网络。

2.硬件词典

硬件词典可分为两类:一是芯片词典(如“诺亚舟”、“文曲星”等),二是移动终端词典(如智能手机上的“Mdict”词典等)。

(1)芯片词典

受知识产权的限制,这类词典的内容容量明显不足,且多以英汉双语词典为主;另外,受制于硬件性能及操作系统,芯片词典的功能也呈现基本化、单一化特点,多只能提供基本查询功能,且速度和效能不尽如人意,很多时候只是一个简单的词汇对译机。随着智能手机等移动终端词典的大量应用,其最大的便携性优势也将被取代,所以,从未来的发展看,芯片辞典是典型的夕阳产品。

(2)移动终端词典

在移动终端上运行的电子词典近些年有迅速发展的趋势,其中最著名的是可跨平台运行于塞班、Palm、Windows Mobile、安卓等智能手机操作系统的 Mdict、Zdict 等免费电子词典。但目前这类词典也处于无序、初级状态,主要问题如下:

一是错误率高。由于运行于终端的电子词典的数据文件的制作大多属于个人行为,其中的谬误、重复、数据格式不统一而导致的显示混乱等问题经常出现。

二是知识产权争议大。终端词典挂接的词典数据多来自正规纸媒词典,或对正版光盘词典数据进行反编译,这些行为均未获得授权,因此侵犯知识产权的现象比较严重。

三是智能功能及使用方式还比较初级。由于移动终端速度无法与计算机相比,操作系统的功能受限,所以电子词典的智能化功能有待提高,这些都干扰着终端词典价值的体现。

3.网络词典

网络词典主要是以网络为载体的共享性电子词典。

这方面的共享词典主要包括两种:一种是由带有政府背景的学术

机构开发，如教育部主管的“清华同方知网”的“工具书馆”栏目①，目前拥有4000余部工具书，1500万词条，实现了词典使用的集群效应。但除使用面比较狭窄的专科和百科类辞书外，缺少主流权威的语文词典，另外也并非完全公益共享的模式，只有词目检索免费，阅读释文还是需要交费。另外一种是由商业机构开发，如“金山词霸”在发行非免费单机版的同时，还推出了在线网络版——ICIBA②（目前还是免费共享的）。但出于商业考虑，网络版的功能和内容比商业零售版都有缩水，另外，其挂接的词典主要是双语词典，缺少权威性单语语文词典。单语语文网络词典做得比较有特色的是《汉语大词典》（在线版）、《古汉语词典》（在线版）、商务印书馆“工具书在线”词典群③，但均未免费共享。

我国的汉语网络词典的发展还存在一些问题：已有辞书的网络共享化、公益化严重不足。本着共享精神的权威语文性词典资源几乎没有，这也就意味着我们的民众对权威词典资源的利用主要依靠传统纸媒，这不符合目前资源发展的潮流，不符合资源的本质特点——共享。海外很多网络词典不但免费，而且由于可以保持实时的更新、补充、完善，其内容比纸媒还要丰富和实时。如dictionary.com、thesaurus.com、reference.com网站，就免费提供了几百万单词的详尽的词目释义以及同义词、同类词系联。六大英语词典家族也都有免费的大型网络词典回报用户，还增加了很多传统纸媒词典不具备的网络智能功能。

二、破局——电子词典发展的规划与布局

（一）国家相关主管部门要重视电子词典产业战略布局及协同合作

目前我国电子词典产业的发展缺少对电子词典的特点、重点、布局、突破方向、产品分布、产品调查、产品售后等战略问题的有针对性的

① CNKI工具书馆. http://gongjushu.cnki.net/refbook/default.aspx，2011年2月11日查询.

② 金山词霸网络版·iciba. http://www.iciba.com/，2011年2月11日查询.

③ 商务馆工具书在线. http://www.refbook.com.cn/category/home.do，2011年2月11日查询.

研究，各部电子词典的发展不是系统布局中的点，而是离散性的个案，整个电子词典产业处于无序的、自组织状态，缺少产业意识。要解决这一问题，政府相关主管部门必须高度重视，密切合作，做好战略布局。

涉及电子词典产业的国家主管部门主要包括新闻出版部门和信息产业部门、语言文字管理部门。

电子词典作为电子出版物一直受到新闻出版部门的监管。新闻出版总署在 2007 年 12 月 26 日第二次署务会议上通过了《电子出版物出版管理规定》(中华人民共和国出版总署令第 34 号)，自 2008 年 4 月 15 日开始实施。其中涉及电子出版物的界定、出版单位资质要求、出版管理、进口电子出版物管理、非卖品管理、委托复制管理等。电子词典属于电子出版物，在这份文件的适用范围之内。但这份文件只是一个面向全行业的原则性的管理规定，并没有针对某一类型的出版物进行细致规定，缺少执行细则。而且从其对电子出版物的界定看，强调的现实产品，是“存储在固定物理形态的磁、光、电等介质”上，将最重要的电子词典类型——网络词典置于管理范畴之外。

语言文字部门主要负责管理语言文字的规范建设及应用，应对电子词典语言文字内容的形、音、义、用的准确性与规范性进行把关审核。

电子词典本身为软件程序，也适用于信息产业部门的软件管理条例的规定，在软件反盗版中也应受到明确的保护。但事实上，因为有很多大型商业软件的管理牵扯精力，相关部门对这种带有一定公益性电子词典软件的管理投入精力少，管理力度比较弱。

如果新闻出版部门在电子词典出版方面缺少系统、明确的法规条文，语言文字主管部门对词典内容的规范缺少必要的干预，信息产业部门对电子词典的盗版问题管理欠彻底，这些管理上的不到位再加上出版社偏重追求经济利益，用户鉴别、选择词典内容的能力不具备等出版使用环节的具体问题，电子词典产业的发展必然会受到损害。

主管部门在电子词典规划方面既要通力合作，又要明确各部门的主职，以各司其职。例如，新闻出版部门负责电子词典的布局规划与出版管理，要基于词典类型学理论和市场具体需求进行合理布局，对电子词典的无序混乱现象有一个及时引导。目前，国家新闻出版广电总局正在实施第三次辞书规划，要把立项辞书项目的配套电子词典研发作为重点工作来抓。国家语言文字部门要把规范性电子语文词典上升到语言文字准规划的高度，对词典中语言文字内容进行严格审核，并勇于厘定作为准规范的电子字典和词典向社会和教学领域推荐，勇于否定在语言文字方面有问题的电子词典。信息管理部门要把电子词典作为软件工程产品，对知识产权进行严格保护。总之，电子词典产业的发展没有政府部门的布局规划、大力扶持与保驾护航是不可能健康蓬勃发展的。

（二）出版社要转换赢利思路，做到经济效益和社会效益双赢

当前，因盗版的存在，许多出版社认为电子词典的出版无利可言，这是一种误解。这一问题主要存在于传统光盘型电子词典时代，随着通信技术和网络的发展，电子词典的赢利模式在海外早就实现了转型。以下提出几种电子词典赢利模式：

模式一：电子词典产品系列化、多样化、差别化

电子词典的数据具有复用性，可把数据条目按不同的编纂宗旨和定位进行不同的组合，以满足不同文化程度和不同使用目的用户的需要，这就是电子词典产品的系列化工作，系列化工作可以保证同一词典数据效益的最大产出比。在纸媒词典系列化方面做得较好的是上海辞书出版社，他们从《辞海》中扩展出不同的专科词典，如法律分册、历史分册等，还专门出版了语文性词语的“语词分册”以及《古代汉语词典》等，获得最大收益率。电子词典的系列化工作比传统纸媒词典更方便，而且整合力度更大，例如“中国大百科全书”就出版过图文并茂的“完全版”以及以文本内容为主的“简明版”。

多样化指电子词典的类型要多样。海外电子词典中的图解词典、学习词典、对话词典、短语词典、类义词典等都有不同的细化分支和种类，这些种类依靠的内容大多具有同一性，但可利用语料库等计算机技术，按不同的原则和体例进行重新整合与加工，形成同一民族语言的词

汇系统、语义系统的不同类聚，进而生成不同类型的电子词典。对比海外的电子词典，我国电子词典的总数不足，更谈不上类型的多样化了。

差别化即是特色区别化，与其他出版社或本出版社的同类型词典形成互补分布，而不是重叠竞争。例如，同一部词典的纸媒和电子版是重叠度最高的，很多出版社担心电子词典会抢占纸媒词典的市场份额，其实这完全可以通过对电子词典进行多样化功能开发形成差别化出版。例如：《牛津同义词词典》(*Oxford Learner's Thesaurus*)有纸媒版也有电子版，虽然主体的内容基本一致，但电子词典中增强了用户加笔记(note)、练习(exercise)和游戏(game)等功能模块，还有类似“拼字”、“连连看”等同类词系联小游戏及其他互动练习(图12—2)，这些都是纸媒词典所做不到的。由于不同的展示和使用方式，二者具有不可替代性，从某种角度来讲，已经成为同源不同类的词典。这种多样性开发，既满足不同用户的需要，也带给出版社新的利润增长点。

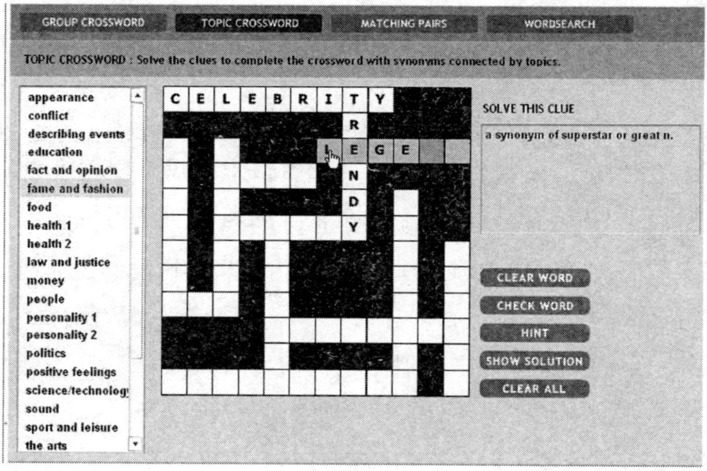

图 12—2

模式二：纸媒词典搭配免费光盘词典

海外出版社多采用纸媒词典免费搭配电子词典的营销方式。上文提到，电子词典与纸媒词典在功能上具有互补性；在使用习惯上也有明显的差别化特点——电子词典先进的检索和多媒体功能，纸媒词典的计算机设备无关性、与传统阅读习惯的协调对接性，都使二者在使用环境、使用方便性上互补分布。

调查显示，随书电子词典都没有影响到纸媒词典的销路，也未减少出版社的利润，电子词典的使用反而会增加用户对纸媒词典品牌的忠诚度。另外，搭配光盘词典的方式也进一步提高了词典的附加值和性价比，带动纸媒词典的销售。

当然，这一赢利模式的成功还得益于海外严格的知识产权保护，基本可以做到一部免费光盘电子词典对应一部纸媒词典，用户不购买纸媒版词典便无法获得电子词典的使用权。我国电子词典的非法复制使用目前还无法完全限制，需要相关部门在软件版权保护上多下功夫。

现在我国一些有实力的公司和机构逐渐重视这一领域，最成功的应用是 2009 年修订的《辞海》第六版，不但开发了自己的移动阅读终端，还实现了手机查询与检索，通过这些方式，出版社获得了可观的利润。在这种赢利思路的影响下，很多词典出版社都已经开始了这类规划。

模式三：有偿网络词典模式

海外的网络词典多为全功能免费服务，我国在有偿使用网络电子词典方面做了较多的工作，但收费对象较少针对个人，多针对集团用户，如高校科研部门及大型单位的图书馆、图书室等，然后用内部网 IP 限制或账号限制的方式供内部人员个体使用。由于中国市场大，这类有偿形式也会有不少的利润，但前提是其提供的内容得到用户认可。

出版社如果要打造有偿网络词典模式，应做好以下几点：(1)必须抓住一部或几部权威词典，建设符合用户需求而又无可替代的词典。目前，内容资源最有市场号召力的是面向中等语文水平用户的语文字词典——《现代汉语词典》、《新华字典》，百科词典——《辞海》，还包括一些权威双语及多语词典。(2)词典的数量和门类上要有保证，功能上要能保证多词典联检，把网络词典打造成一个词汇信息中心，这样才能确保用户查询的查全率，提高其满意度，才会让他们觉得缴费是物有所值。(3)收费模式必须采用低廉的年费制，靠我国庞大的用户基数来取得规模效益。(4)要有方便的付费方式，目前已经成熟的付费方式是支付宝、网络银行以及手机卡代扣等。

模式四：电子词典数据与硬件捆绑

虽然单纯的芯片词典濒临淘汰，但由于其将词典内容固化在芯片中，便携性和反盗版性比较突出，如果芯片能与电子书、掌上电脑等移动终端结合集成，则可扬长避短。如果能进一步保证词典数据与操作系统的不可分离性，则可淘汰硬件芯片，最大程度降低成本。此模式可采取收取预装费或定点生产（OEM）的方式来实现赢利。

模式五：与应用软件集成

为提高电子词典使用的方便性，很多文书处理软件和资源库软件都采用内置电子词典的方式。例如"四库全书"电子版内置《古代汉语词典》；使用面最广的 Word 等办公软件内置了英汉双语词典、英语同义词典，但尚无汉语语文词典；著名的电子文档制作和阅读软件 Acrobat 等也迫切需要在阅读文档中内置双语或单语词典；最有影响的英汉翻译词典"金山词霸"推出了与 google 的合作版，与搜索引擎集成，而 google 本身也集成了自己的多语词典，方便实现搜索网页的即指即译以及在线翻译。这些软件有着巨大的销售量和足够的利润率，其支付的词典集成费可成为出版社重要的利润来源，并且不影响纸媒及单机版电子词典的销售。

模式六：植入广告及附加增值业务

不靠网络词典或电子词典本体赢利，将词典作为一种免费的服务内容，靠提供丰富的内容和查询服务吸引使用者，提高网站的点击率与吸引力，从而引起第三方风险投资商的注意，以广告投放及附加的其他增值服务保证利润率，这是最有推广价值也是最易让消费者接受的赢利模式。做好这种模式要注意以下几点：(1)思想上要高度重视。如果说前五种模式还有些传统思路的话，这种模式就需要出版社解放思想，更新观念，而且需要一定的魄力。哪家出版社在共享性的电子词典领域首先实现突破，哪家词典的市场占有率将大幅度提高，从而产生品牌效益，不但会带动纸媒词典的销售额的激增，而且网络广告及其他增值业务的收入也将撑起出版社营收的半壁江山。(2)要建立一套得体的电子词典植入广告策略，在保证词典的主功能的基础上，最大程度扩大电子词典的利润。

（三）编者要了解多种新型编纂技术，提升电子词典的智能化水平

电子词典的内容编纂与纸媒词典是一致的，但要在使用功能上体现电子词典独特的智能化、创新性、区别化特征，因此编者需要了解和掌握以下四方面技术：

1. 电子化编纂平台与网络编纂协作技术

传统的词典编纂是以主编为中心的，一切编纂行为都由主编安排，编者多集中在一起进行沟通合作。而在网络社会，词典的编纂已经可以跨越时空限制，在基于 B/S 模式的网络工作流编纂系统中，可以让相隔万里的专家共同编写修订一个词条。在网络上协作编纂的词条也可直接绕过纸媒出版系统，先行在网络发布，并通过网络的在线反馈或“挑错”模块的设置，保证释文内容的准确性，提高后期发布的纸媒版的质量。

目前基于网络协作的词典编纂平台的初步应用主要集中在出版社内部，如商务印书馆采用自建的方式，外语教学与研究出版社采用引进的方式，都在尝试将词典编纂由个人离散行为平台向集约化的协作行为平台迁移。但海外引进的平台有改造吸收的问题，我国自己开发的平台也有适用性和实验性问题，什么样的平台最符合汉语词典特点，平台的构建原则、方法、工作流模式是什么，这些都是目前面临的迫切需要解决的问题。

2. 基于语料文本和词典内容文本的知识挖掘技术

词典编纂所依靠的大型语料库以及已出版词典的本体内容都是规模宏大的语言文字知识工程，可以对知识工程的隐含信息进行有效的数据挖掘，提升待编纂词典的价值。

电子词典编纂过程中的知识挖掘主要有两个方面：

一是在词典编纂过程中，采用关键词检索技术，对语料库中的海量语料文本进行挖掘，发现词的新义、新用，归纳词的义项、用法，提取例

证等，这对提高释义的准确性和丰富性有极大的帮助。这一方面语料库语言学研究成果比较多，在此不述。

二是对已有词典数据的挖掘。这方面的挖掘结果更多体现的是语言文字属性之间的隐性联系，这种联系是动态生成的，是从无序的知识内容中自动发现和提取的，这就提高了词典原有知识内容的附加值。通过知识关联的自动发现，最大程度满足用户对工具书内容的认知心理和查阅心理，这是内容固定、查询行为预设、查询路径线性的传统纸媒词典及传统型电子词典所不具备的智能化技术。

3.新型多媒体技术——虚拟现实技术在电子词典中的应用

传统的汉语电子词典的多媒体技术主要包括词汇发音的音频、二维平面的图示和照片；限于存储空间，较少采用视频；由于开发周期长，二维动画使用也较少。这些传统的多媒体技术缺少交互性，智能化程度低。现在，新型多媒体材料——虚拟现实（VR）材料已经逐渐兴起，未来必将在电子词典中得到广泛应用，电子词典编者应该抓住这一先机。

VR 技术在百科类电子词典中有着广泛的应用前景。百科词典本身就是知识的宝库，担负着科普及教育的功能，“以知授人”是其核心特点。在百科类电子词典中，一些专科术语或专名事物可用 VR 技术解释得更直观形象，例如电子词典用交互 VR 可以让用户体验什么是“海市蜃楼”，让用户直接点击打开一部“手机”的各个组成部件，了解其构造。因此可把 VR 技术的多感知性，即视觉、听觉、力觉、触觉、运动的丰富感知功能集成在百科词典中，让用户接受全方面的直观和抽象的信息，真正体现“快乐词典”的理念，同时扩展用户的联想空间，增强联想能力，拓宽人类认知范围，这样的百科电子词典是理想而成熟的。

VR 技术是新兴技术，我们与海外在同一起跑线上，从现在开始起步，为时不晚。电子词典在开发 VR 媒体时，必须考虑以下两个问题：

一要量力而行。VR 技术门槛很难跨越，软件价格昂贵，开发周期长。VR 开发可先把视觉三维化、听觉现场化及行为交互化作为主攻目标，这些是较易实现的技术，开发速度比较快。触觉、力觉方面的技术虽然现在已经广泛地运用于游戏及产品介绍等方面，但对于收录大量百科条目的电子词典来讲，开发时间成本和技术成本比较高，大规模开发更具智能化的 VR 材料不现实。

二要按需制作。一部电子词典中的名物或百科词条不可能全部采用 VR 技术，传统的多媒体技术不可替代。一些很难凭文本或传统多媒体技术得到真实、全面展示的名物词条才适合 VR 技术展示，如"海市蜃楼"等，而一些能用传统多媒体充分展示的，则不必采用 VR 技术。最好选用面向儿童的小型电子词典为建构样本，VR 条目不宜超过 500 个。另外，要建立统一的开发流程和技术流程，最好以积件的方式建立 VR 部件库，可以在编纂团队或出版社的其他词典中根据需要组装和共享，从而减少开发成本。

4.反盗版技术

电子词典的盗版问题一直是制约电子词典健康发展的重要因素。编者和出版者可从以下三方面着手：(1)制度先行，前面已经提到，这需要相关部门联合执法，制定法规，加大执法力度。(2)要继续开发高精尖的加密技术，对电子词典的后台数据库文件进行专业的、高强度的加密。(3)尽量使用网络电子词典的形式。

（四）电子词典的使用要区分三种方式，促进电子资源的高频高效利用

电子词典的使用分为离散使用、网络使用和集中使用。离散使用主要是个人手中备查；网络使用是网络共享利用；集中使用资源集中、使用地点集中。一个普通用户不可能拥有所有需要的电子词典，出于经济利益考虑，网络上也不可能共享足够的权威电子词典，图书馆的电子查阅室依靠其资源的丰富性、集成性和不可替代性，成为电子词典使用最集中的平台。在此重点探讨集中使用问题。

工具书一直都是图书馆最重要的馆藏品种，一般采用样本不外借的方式，只供在图书馆内部查阅，用户使用多有不便。近些年，随着计算机和网络技术的发展，图书馆的电子词典也越来越多，大型词典再也

不是摆放在书架上蔚为壮观的、体现馆藏实力的面子文献，它们以虚拟资源的方式被集群在服务器上供各个终端计算机调阅。电子词典本身的独特特点对传统图书的纸媒词典管理和使用流程提出了挑战，因此需要重新审视图书馆对词典的购置、存储、利用等方面的策略。图书馆在集中使用电子词典时要注意以下四个问题：

1.转变观念，大量采购电子工具书，建设全面的古今中外电子词典资源集群，形成工具书特色分馆

工具书具有广泛的用户群，是图书馆用户必查的书籍。电子工具书具有更有效的利用优势，其载体形式小，一部硬盘可以放千千万万部电子词典，使用方便。可建立图书馆内部工具书网站进行集群，在馆内可用局域网或无线网络检索，也可集中于电子阅览室集中使用。目前在各大高校图书馆的电子文献目录中，几乎看不到工具书资源，因此，以纸媒和电子工具书相组合建立工具书特色分馆是图书馆工作体现差别化优势的重要思路，将是图书馆工作的一个新亮点。

2.自建馆藏珍贵纸媒工具书的电子版，营建特色电子词典资源

珍稀工具书由于历史久远及载体的易损性，一般都是馆藏珍品，较少供用户自由使用，这极大地影响了其价值的实现。对这部分工具书，可采用照相或扫描的方式对其进行电子化，然后将图片按词条进行切分，设置字头检索或书签标记索引，建立自己的传统型电子词典。用户查找字头或条目后，可直接定位于词条的图片。前面介绍过的书同文公司的《康熙字典》电子版、网友共同制作的《汉语大字典》电子版、台湾“教育部”网站的“异体字字典”、网络资料库“龙语翰堂”推出的民国版《国语辞典》电子版均采用这种思路，收到了很好的效果。

3.建立知识联盟

知识的价值体现在集群和共享。各大高校的图书馆可按统一的格式与技术规格将各自馆藏的珍本工具书制成电子词典，然后高校之间通过互相开放 IP 地址，建立电子词典联盟，这样可以最大限度地体现资源共享意识，提高电子词典的使用效率，也可最大程度地减少电子词典制作中的重复劳动。

4.加强用户使用技能培训

影响电子资源使用效率的最大制约因素有四个：一是资源的完备性，二是硬件的效能，三是网络的覆盖面，四是读者的电子词典使用技能。前三者可依靠财政购买解决，而使用培训至关重要，是电子资源投入产出比中最关键的因素。要采用网络、座谈、培训等方式，对用户进行电子词典使用技能的集中培训，以提高其利用知识资源的意识和能力。

三、小结

目前的电子词典从传统型到研究型，从光盘型、芯片型到终端型、网络型，其发展都已呈蓬勃之势，随着未来无线网络和移动终端的进一步普及，人们对电子词典的迫切需求将促使这一产业得到更迅猛的发展。我国应该将电子词典产业的发展作为文化经济战略的一部分来进行规划与布局。在具体规划与执行过程中，政府相关主管部门、出版社、编者、用户都应有不同的工作职责和重心，各司其职，又互相配合，从自己的角度切实做好电子词典的管理、出版、编纂、使用等方面的工作。未来汉语电子词典的发展必然大有前途。

第二节　个案2：数字资料库建设与语文词典编纂结合研究

本节以古籍资料库建设与语文词典编纂结合为解剖案例。

古籍资料库资源的建设更多地服务于文史研究，必须紧跟用户的需求，在进行充分的用户需求分析后，再有的放矢地建设，这样才能提高古籍资料库的针对性和应用价值。

随着计算机技术及古籍整理工作的发展，古籍数字资料库建设的目标和原则都发生了很大变化，要满足不断发展变化的使用需要，就要进行改革与创新；另外，当前古籍资料库的重复建设情况比较严重，互相抄袭拷贝文本数据的情况大有泛滥之势，缺少古籍数字资料库建设明确的评价鉴定标准。

本节拟从工具和技术的角度，以语文词典的编纂对古籍资料库的需求为解剖对象，探讨当前古籍数字资料库建设和质量评价的八个问题。

一、服务于词典编纂的古籍数字资料库定位

历史语文词典的编纂需要什么样的语料库？

首先要区别开第一代语料库和第二代语料库：第一代语料库主要是生语料库，即将纸质印刷文本电子化，提供各种全文搜索功能；第二代语料库是利用计算机技术给生语料自动加上分词、词性、语义特征、句法、语篇、语用等属性标记（目前做得最成熟的是词性标注），基于这些语言学标记，可进行各种数理统计、形式分析，例如自动统计文本字频、词频，对词语搭配进行数据挖掘和知识发现，自动提取文本常用句树（句型形式树）、句型（常用搭配角度）、句模（句义角度）、句类（语用角度）等。当前流行的古籍数字资料库属于第一代语料库。

词典编纂是一项实用性很强的工作。当代词典由于所编纂的内容都是活生生的使用态的语言，所以对语言事实和规律的描写要求细致全面，因此有各种语言属性标记赋码的第二代语料库就是首选。而历史性语文词典的编纂核心是词义的引申变化，对语料库的要求有所不同。

第一，目前在古籍语料库计算机技术方面，除了少数古文今译方面的应用需要建立古今汉语对齐平衡语料库（即文言文本和白话翻译的对齐）外，其余资料库的开发重心都集中在古籍资料文本化、版面还原、文本版面与原籍版面的对应保真、检索关键词异体字关联、大型数据库索引与检索技术五大方面，并没有向二代语料库过渡。这一思路是对的。对于中文信息处理技术来讲，古籍历史文本历时跨度大，绵延几千年，难以用一套定型的分词和词性标注标准进行统一标注，所以进行赋码的难度较高，可操作性较弱。

第二，历史语文词典的编纂中，词义和词用信息的厘定与释义主要

依靠词典编纂者的主观经验。即使在语料库大行其道的今天，人们也不能否定主观经验在词典编纂中不可替代的作用。历史词典的编纂要求主观推断和客观验证紧密结合，“语料库至上论”在历史性语文词典编纂中是行不通的。

第三，历史词典编纂要归纳词义的引申变化，最关心的是词用语境的时间属性，而这一属性是靠资料文本中的书证进行标记的，编纂者对于文本分词、词性标注等赋码没有太多要求。

第四，即使有人做过古籍文本的赋码工作，也只适合个别词的个案分析，不适用于大范围的词典编纂工作，因为随着语料库文本赋码的增多，有时不但不会引导形成正确的结论，反而会形成很多不必要的干扰信息，而且还影响到检索效率以及检索结果呈现的简明性。

结合以上四点意见，作为第一代语料库的古籍资料库基本能满足历史词典编纂需要，目前无必要也无可能将历史语文词典的编纂所依据的古籍资料库提升到二代语料库水平，但这并不意味着现在的古籍资料库就能很好地满足历史语文词典编纂的需要。

国内历史性语文词典编纂中使用比较多的是四大综合性数字资料库——“四库全书”、“四部丛刊”、“国学宝典”、“中国基本古籍库”。一些新的文本化数据库工程还在不断开发过程中，旧有的数据库工程也在不断完善与扩容。这些数据库工程在文史哲的研究和应用方面提供了重要的材料支撑，根本性地改变、甚至颠覆了传统史料学的存在形态及使用机制。不过其中也存在不少问题，如重复性建设、互相抄袭数据等。

数字资料库最大的价值体现在两方面：一是内容，二是服务。以上这些资料库的建立定位并不是为语文词典编纂服务，而是以服务于知识主题检索为主，所以大都追求扩大收录文献的篇目数量和文字字数，而在内容的平衡性和服务的多样化方面做得还不够，特别是用户需求分析不够，缺少针对性，同质化现象严重，这是最大的问题。

古籍资料库的建设工程浩大，仅为词典编纂这一单一用户服务的思路是不切实际的，但将资料库的建设与词典编纂需求紧密结合，适当增加功能，在技术上是完全可行的。

二、内容平衡性分析

对于词典编纂来讲，必须优先考虑语料库内容的平衡性。库内文本没有平衡性就没有代表性，历史语文词典的编纂要基于平衡性的资料库，其释义才能准确客观，符合历史语言事实和语言规律的原貌，否则就会犯以偏概全的错误。具体要求如下：

1. 语篇内容主题类别的平衡(语域平衡)

语文词典的编纂对义项的语域使用情况比较关注，例如“保辜”一词是法律术语，如果法律语域的语篇数量不足，则其释义难免偏颇。因此，建立一个库中语篇的主题分类知识本体（Ontology）至关重要。建库者从主题分类树上即可观察：哪些分支的语篇量不足，哪些叶子节点出现空位等，然后进行适当的补充。

当前的古籍分类主要依据的是“经史子集”四部法，例如“四库全书”电子版。从保真性、还原性的原则看，这一分类是必需的。但这一传承自古代的分类体系颗粒比较大，相对粗疏。例如，在“四库全书”电子版中，很多“四部”总目下只有一两个分类层次，而更多语篇的主题内容则没有做类别标记，这直接导致定向检索范围过大，检索结果过多，冗余数据影响词典编纂的效率；另外，分类标准混杂，集部下层分类分为“楚辞”类和“别集”类，而二者的下位，一个是直接列专书，一个是按照时代标准再次分类，不同的分类标准存在于一个分类体系中，不利于观察平衡性。

可以适当借鉴现代图书馆分类索引使用的叙词表、主题词表的分类模式来建构古籍分类体系，由于古今差别，具体内容不能照搬，但如果能够建立一个古籍主题词知识本体，各类文献都可以根据这一分类体系进行比附，形成语篇分类树，即可评价各语篇所占比重，较易实现语篇内容的基本平衡。

2. 成书年代属性的平衡

历史语文词典编纂的一项基础工作是根据提取书证的源语篇的年代属性来确立义项的排列顺序，因此资料库中语篇的成书年代属性是最为关键的影响因子；另外，历史语文词典一般需要列出首出书证，这也需要对语篇的年代属性进行准确认定。缺少一个时代的资料，义项的引申义列中可能就会出现缺环，同时也无法保证例证的首见性。所以，标注语篇的年代属性对古籍资料库建设尤为重要，要根据年代属性进行语篇类聚，衡量哪些年代的古籍资料有所缺欠，然后积极开展搜集、文本化等工作，对其进行完善。

古籍资料库年代属性的确定不同于现代语篇，这要求做好两方面工作：

第一，在浩瀚的古籍资料中，古籍的伪造、损毁、亡佚等现象都会直接影响到成书年代的确定，所以文献资料索引入库前，一定要仔细鉴伪。可结合已有《四库总目提要》、各种藏书索引等资料对成书年代进行考证，做到资料库中的每一古籍语篇的成书年代都有确考，还要将时代属性落实到具体朝代年号上，并换算成具体的公元纪年。

第二，对古籍的内容文本的时代属性进行鉴别。这主要是针对一些类书、政书、资料长编等辑佚类古籍，其中辑录的文本本身就是泛时性的，并非都是一个时代，如果根据类书的成书年代来判断文本或书证的年代，只能是贻笑大方。另外，还要关注训释类文本的时代属性鉴别。原文和注释的作者并非同一时代的人，所以成文年代不同，但在语篇中，它们却是共现的，提取书证时极易出错。很多已有资料库已经关注到训释类语篇的特点，将原文和注文用大小字或单双行排版的方式进行区分并分别检索，如果能进一步标记原文与一度训释、再度训释材料的时代属性，效果更好。

如果无法对语篇内泛时文本进行全面的时间属性标注，一定要对这种类型的古籍语篇设置提醒标记，以防止国学基础薄弱者将文本年代属性与成书年代相等同，从而误用语料导致词典内容错误。

做好这两方面工作，还有助于完善资料库检索功能。根据年代属性测查是每个历史性语文词典编纂者使用最多的基础检索，但现在的资料库大多没有提供这一功能。

3. 语篇典型性的平衡

当前已有的资料库大多崇尚收录经典文献，甚至追求经典版本，有的资料库将所有能够找到的版本都进行录入，因而产生资料同质化、相似性过高的问题，这将古籍资料库的建设囿于文献学研究的范围。

词典编纂对资料库的要求是词义的使用语境要有丰富的类型，词汇语用特征要有多样性，经典文献并不都能全面准确地反映当时的主流语言现象，一些非经典文献可能对当时的语言事实和重要规律反映得更加明显。因此词典编纂要求的资料必须是全面的，要将经典文献与非经典文献、主流文献与非主流文献的收录按照一定的比例初步平衡起来。

可以根据文献的影响面、流通度、知晓度、重要性等因素建立一个评价标注体系，最好等级化和参数化，这样可以允许用户根据语篇重要性的阈值设置检索参数，进行对比检索，以保证被释词的义域的广度、释义的丰度以及例证的代表性。

4. 语体色彩的平衡

很多资料库排斥古白话作品，认为其不登大雅之堂，这种做法是不可取的。

历史语文词典侧重描写历史词汇历时发展演变或历史上某一时期的词汇情况，观察和描写的范围应该包括所有的词汇，文言词（雅言）、口语词、方言词、语法功能词等类型都应按照一定的收词标准进行适当收录，这是词典收词平衡性的体现，这就要求使用这些词的古籍文本不能在资料库中失衡。

如果只收录经典文言作品，由于其以模仿上古语体风格为荣（如唐朝的古文运动文风、乾嘉学派文风、清朝桐城派文风莫不如此），文言词居多，与当时的共时语言现象疏离，如果仅依靠文言语体风格的文本，历史词典就无法准确、客观、全面地反映词义的发展状况。

5. 难易度的平衡

词汇学中测量现代语篇传播度和难易度的常用方法是词汇密度法。语篇的词汇密度通过一个语篇或语句中实词数量占整个语篇或语句总单词数的百分比来表示[①]，如果比值高，说明其所含信息丰富，如果比值低，则信息量较低。一般信息密度高的文本较难解，而信息密度低的较易懂。现代文本中，科技语篇的词汇密度是最高的，而日常交际口语语篇的词汇密度则最低。

仿照这种方法，也可对资料库语篇的难易度进行测查并标记。由于古代汉语中很多字、词有同形同体的特点，所以可用每个古代语篇所用的僻字字数除以全文总字数的比值来标记语篇的难易度。如果僻字占比大，文字密度就高，文章难解度就高，使用面就比较窄；而僻字占比少，文字密度就小，就较易解读，流通面也相对广泛。

词典编纂需要的资料库要求难易度平衡，也就是文字密度属性平衡。这可以辅助考察词典被释词在平易性文献、中等难度文献、高难度文献的分布度，提供更多的词汇信息。例如一个词在难度高的文献中分布度过高，说明这个词的文雅度比较高，一般可以设为雅词；而一个词在平易性文献中分布度高，说明此词可能更为通用，有可能是当时基本词汇中的一员。

这项工作可利用计算机自动完成，在索引每个语篇入库时，系统可自动提取字表，并提供字种与字频、总字种数与总字数等方面的信息，最后计算出每个语篇的文字密度。所有的语篇进行文字密度标注后，还可以衡量古籍资料库整体内容难易度，成为评估资料库的一个重要参数。

---

① Suzanne Eggins. An introduction to systemic functional linguistics. London & New York. Continuum International Publishing Group Ltd. 1994.

三、服务性分析

资料库的服务不是指产品的售前或售后服务，而是功能服务。词典编纂需要古籍资料库能提供多样化的定向检索服务。大一统的检索模式只能造成检索结果的混乱芜杂，给人工排检、聚类带来麻烦。当前资料库大多将古籍以文本数据存储，辅以主流的关键词检索，有些提供表达式检索功能，但这些检索服务同质化现象比较严重，也没有关照到应用的个性需求，还需要做好定向检索技术的开发。定向检索技术可分为主动型检索和自动型检索两种。

1. 主动检索服务与立体语篇特征标注法

主动型检索由用户主导，按自己感兴趣的关键词检索。这种检索也是一种主动创造。因为检索结果不是预期的，当出现大量检索结果超出自己的预期，就将产生“发现”的喜悦。在词典编纂中，这些检索结果将极大地超出用户原有经验，大量的语言事实不断丰富完善词典编纂者的经验，同时也使词典的释义信息更加丰富。

基本的主动定向检索服务就是关键词检索，这是资料库提供的基本功能。有些数据库提供了一些可选择的定向检索服务，如允许用户在指定作者、指定著作、指定分类中进行定向检索，这是非常符合用户需要的，能使检索的指向更集中，检索结果更具针对性，但能提供的定向条件太少了，这也成了当前资料库的最大应用“短板”。

衡量一个资料库检索服务的水平，重要的标准是其定向检索条件的多样性，这需要采用语篇属性的多维度、多角度、多特征的立体标记法。

多维度主要指的是用户维度。要建立多用户观念，分清文献研究用户、古代文学研究用户、古代史研究用户、汉语史研究用户、文字学研究用户、历史性词典编纂用户等，这样可以保证一库多用，在增强资料库用户群适用面的同时，又不影响其服务的针对性。维度在检索时可由用户自主选择，而各维度中和用户无关的角度及属性标记则忽略不计，这样可以实现检索的精确化。

每个用户还可根据需要，设定语篇标注角度和具体的语篇属性特征群，如语篇载体角度，要建好语篇名、内容的主题分类、文体类型、版本、总字数、字种数、难易度与文字密度、语体风格属性、文献典型性等特征群；时间角度要建好成书年代、朝代及年号、公元纪年、文本内容年代属性等特征群；作者角度要建好作者名、作者时代、性别、籍贯等特征群……这些属性特征要以关键词的形式确定，最后形成关键词表。有了词表，就能初步体现主动型检索的定制性和多样性的特点。例如根据基于内容主题分类标记就可以类聚同语域文献，如选择“立法文献”，则《法经》、《唐律疏议》、《宋刑统》、《通制条格》、《大明律》、《大清律例》等材料就会自动类聚成一个小型立法法律法规资料库；选择“司法文献”，则《龙筋凤髓判》、《棠阴比事》、《折狱龟鉴》等材料就会自动类聚成一个古代司法资料库，为历史语文词典中的法律百科词的编纂提供帮助。

有了语篇属性的立体标记群，还可进行跨类系联检索。例如查找“凌迟”一词时，除了在前面所说的法律文献子库中进行查询，也可自动跨库系联二十四史中的“刑法志”、类书《文苑英华》中的判词等材料进行扩展测查，提供这些法律词语在司法语境中的使用情况。目前，“北大法宝”①最新的技术就是开发了法规条文和相关案例、裁判文书、法学文献等信息之间的关联功能，不仅能直接查找到目标关键词，还可链接与此相关的其他法律、法规、司法解释、案例、裁判文书、法律释义、实务指南和法学论文，能快速、全面、准确地提供使用者所需要的相关法律知识。但在古籍数字资料库中，这种自动的跨类检索还没有做过探索和尝试。

另外，有了多维度的特征标注集，还可以实现自由的组合检索，不同的组合检索将产生不同的检索结果，从而以材料的独特发现保证词典内容的新颖性，这样编纂出来的词典与同类词典相比创新性更为突

---

① 北大法律信息网. http://www.chinalawinfo.com/bdfb/Lib_02.asp. 2009 年 8 月 24 日查阅.

出，更具竞争优势。

2. 自动型检索与语义联想

主动型检索是检索的主要方式，但毕竟是有目的的检索，需要用户有充足的预备知识，而且有既定思路。这一思路有时会因检索者知识储备的不足或盲区，遗漏一些重要的语言事实和语言现象，自动型检索可很好地弥补这一缺陷。

词语处于一个复杂的语义网络中，词和词之间通过类义、同义、反义等多达几十种语义关系进行复杂的线性和非线性联系。近些年已经建立了很多大型的"语义网"知识库，如词网、知网等。基于语义网的检索在词典编纂中尤其重要。

词典编纂是一个系统工程，词条的释义并非个体独立的，词和词义处于一个复杂的网络中，任何一个人都不可能凭个人力量掌握所有的已有词汇信息。而有了语义网，就可以对海量文本数据进行自动的知识挖掘和数据挖掘，将搜索到的与关键词有语义关系的其他词的用例全部类聚出来，从而使检索拥有了"语义联想"的功能。这一自动型联想机制所形成的扩展检索不是由用户控制的，而是由计算机自动提供的，既可为用户提供重要的二次检索的线索，也可为用户提供大量知识储备以外的检索线索，从而弥补用户知识面的不足。如果与主动检索的方式相结合，效果会更好。

对于古籍资料库，建立这样的语义网络是有基础的，因为现在已经有大量的纸媒知识库，如人名词典、地名词典、职官名词典、文化词典以及雅书等类义型资料汇编和辞书，如果能用现代知识本体理念整合这些已有的历史语言知识工程，建立一个全面的、层次清晰的古代词汇语义网是可能实现的。谁先拥有这样一个知识工程，谁将领导下一代古籍数字资料库的发展方向，吸引词典编纂者。

目前，李铎在这方面做了一些研究①，如在《资治通鉴》中，结合扩

① 李铎.从检索到分析——计算机知识服务的时代[J].文学遗产，2009(1).

充的正史、墓志、地方志、家谱、年谱、笔记等文献，可以要求计算机自动报告唐代皇族世系关系，生成一个以李渊为根的大型树状结构，不仅如此，再由母系"戚"的关系联络到李氏以外的人物，一个唐代社会结构图也会由此而产生。这一研究为服务于词典编纂的古籍数字资料库的建设提供了借鉴的样板。

3. 全面的辅助检索功能——以生僻词和常用词的检索为例

主动型和自动型检索可以称为用户的主检索行为，要提高一个古籍语料库对词典编纂的服务水平，还要设计全面的辅助检索功能。例如，历史语文词典收词包括常用词和生僻词，这两种词的处理对资料库检索功能的要求是不同的。

在资料库中检索生僻词时，结果不会太多，处理起来较容易。但要保证两方面目标的实现：

第一，查全率。即资料要全，词典所收录的生僻词尽量都能在资料库中检索到用例。

第二，查准率。古汉语字、词多同形，生僻词在文字层面很多时候指的是生僻字，生僻字的最大特点是异体字多，与其他字之间的"通"、"同"等字际关系比较复杂，所以常出现查错现象。为此，我们曾经做过专门的研究①。很多资料库在检索时都建好了字际关系整理表，查找一个关键字时，其异体关系也都在检索范围之内，这是一个很好的解决思路。

但字际关系是很复杂的，现在的系联工作还不够全面和细致。其中有一点至关重要，那就是一个字往往是多音、多义、多用字，而字际关系往往发生在某一个具体的义项上，所以系联时不能简单化地以词位来对应，而应该落实到词项，即以音带义、以义定用，严格按照这一原则建立一个字际关系网络，对于提高古籍检索的查准率和查全率都不无裨益。为实现这一目标，我们研制了基于 Unicode 大字符集的"字网"

---

① 王东海．古文献数字语料库的异形字处理[J]．语言文字应用，2005(4)．

(见本章第三节)。

古汉语常用词的数目大体是固定的,几千年来基本词汇因其稳定性特点,词种变化不是太大。在一个巨型资料库中检索常用词,常会出现几万甚至几十万条数据,而一般手工处理检索结果的数目最高阈值在2000条左右,这使常用词语例的利用反而更困难。这种不足主要由两种原因造成:

第一,重复用例。例如后世古籍经常会引用前世古籍,就会产生大量重复的例句,即使不是原句的重复,固定搭配字串的重复率也非常高,所以检索结果重复率的控制以及重复检索结果的有效过滤一直是资料库所要面对的重要问题。

第二,呈现方式。当前资料库检索结果的呈现方式一般是采用篇目呈现,而不是例句。使用检索结果时需要逐一打开才能看到例句及其上下文,这种呈现方式当然也就无法应用"关键词居中"技术。另外,这种显示方式整体性差,无法对检索结果产生直观的印象,而词典编纂有时特别倚重语感,语感往往就是由这些直观印象触发的。

对此,可有针对性地采用以下措施对检索结果进行限制:

第一,过滤重复结果。如果古籍文献有句读,可以顺利地过滤掉完全重复的例句,如果没有句读,根据古文献短句多的特点,将检索跨距设置为5—8个字符(5字串以下词汇单位所占比例较大),然后类聚相同的词汇串,最后过滤重复的词汇串用例。

第二,抽样提取。如果检索结果数量过大,用户可设定例句提取的间隔行,如每n行提取一条例句,这样虽可能有遗漏,但便于词典编纂者了解一个常用词的大体使用情况,根据一些抽样出来的线索,再进行二次定向检索。

第三,二次检索。可根据语篇属性的立体特征群对海量检索结果进行二次检索。二次检索常用到组合检索方式。词典编纂者大多是文科出身,所以最好将多特征组合检索所要用的表达式直观化,设置好窗口界面的编程控件,让用户通过简单的点击操作就可完成合取、析取、排除检索、跨距等方面的设置。

第四，检索结果以例句的形式显示。例句及其前后语境是词典编纂的第一关注点，一屏显示多个例句并减少操作步骤，这本身也是约束常用词检索结果过多的便捷处理方式。

四、小结

我们提出了古籍数字资料库服务于语文词典编纂的建设方向，即内容方面要满足五个方面的平衡性要求，服务方面要满足主动检索、自动检索、辅助检索的功能需要。围绕这一建设方向进行古籍数字资料库的开发和应用，才能形成开发者和词典用户双赢的局面。同时这八方面的要求也会成为评价古籍数字资料库质量的重要参数或参考标准。

第三节　个案3：语言文字知识库（“字网”）开发与辞书的编修

目前的编码字符集中，GB2312 有 6763 个汉字，GBK 有 21003 个汉字，GB18030—2000 有 27533 个汉字，而 UGB18030—2005（Unicode5.0）有 70244 个汉字，如果不算兼容区，目前有 70217 个汉字，因此 IRG 组织的 Unicode 字集成为目前收录汉字最多的国际通用字集。IRG 各会员体所提出的汉字都源自中国，且在制订编码时采用表意文字认同规则，凡是依规则应予认同的汉字，一律合并成一字赋予一个编码，但这些汉字仍然体现了中、韩、日、港、澳、台等地区的使用差别，需要根据“全面化、高效化、条理化、系统化、标准化、可视化、智能化”的“七化”标准，建构一个平台对复杂的汉字属性进行整理与描写。

为全面描写汉字属性的复杂联系，探讨汉语辞书借鉴语言文字知识工程的做法，我们针对 Unicode 大字符集的 7 万多汉字，基于语义网络的模型，开发了“汉字属性整理与展示平台”——字网（Character-Web）。目前已经完成带有 20902 个汉字属性的实验版的开发（图12—3）。

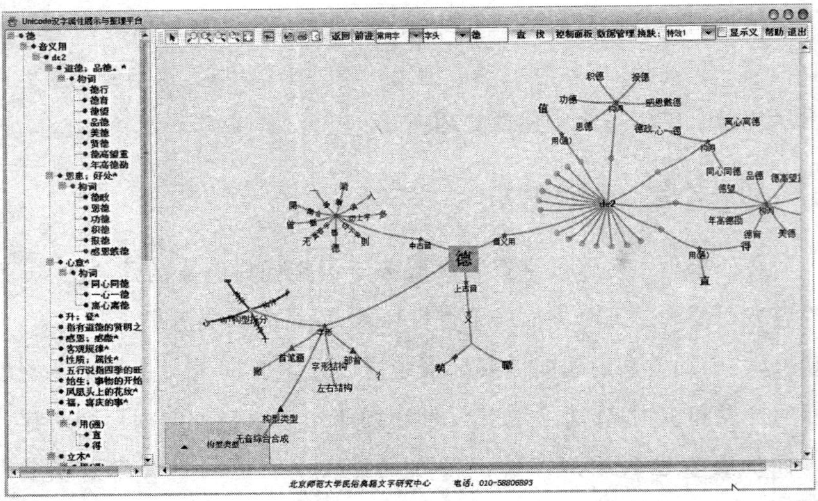

图 12—3 “字网”界面(实验版)

一、“字网”的建设基础——梳理已有汉字属性材料

汉字属性整理的核心是基于形际、音际、义际关系的字用关系整理,前三者为后者提供理据。这需要对汉字进行尽量全面的属性标注,尽可能全面地搜索汉字属性信息。另外,“字网”基于数据挖掘(Data Mining)技术为核心的语义网络机制,也要求有海量的属性知识仓库作为支撑,数据量越大,可挖掘的价值就越大,越易发现汉字属性间复杂的显性和隐性的联系,为字符集编修提供尽可能多的准确的关联信息。

(一) 继承历史上汉字属性研究的资料及方法

汉字属性的研究自古就已开展。现代汉字属性都传承演变自古代,汉字的历史性属性材料可为现代汉字属性整理提供理据,也是研究汉字属性关系的基础。古代汉字属性信息主要集中于各类字表、字书、韵书等语文性辞书中,与语文辞书的发展相同步,各种辞书不但体现汉字的形、音、义、用等方面的属性,其规律化的编排体系也是汉字属性秩序化整理与描写的一种方法。现在的汉字属性整理与展示也应该继承这一优良传统。

查检与教学是古代辞书的两大核心功能：前者侧重于收字全面，较看重查全率；后者则需要厘定常用、基本的汉字集，适应童蒙学习、科举考试等的用字范围。最早对常用字属性进行初步描写的是“三仓”字表。“三仓”的字种选择原则、“无复字”的编排理念为我们提供了历史上汉字的字种和频率属性整理的方法和信息。虽然古代的频率属性及常用性认定主要是根据主观感觉进行判断，缺乏客观的定量分析方法，但这些属性值反映了上古时期常用字的面貌，是后代常用字属性研究需追溯的源头之一。

但字表对汉字属性的类型化和秩序化描写还未形成明确的思路，到第一部字书《说文解字》的诞生，才树立起汉字属性整理与描写的丰碑。《说文解字》以严密的“六书”体例描写 9353 个汉字字形结构属性，用以形索义辅以声训、义训的方法描写了字形与本义之间的联系，以声训、读若等方法描写汉字读音属性，这是历史上对汉字属性进行的最重要的系列化、秩序化工作。以后的字书基本延续和发展了这一思路。另外，《说文解字》的 540 部部首既是字形系统，也是字义的义类系统，每部字内汉字的排序方式，又将字形系统和义类系统进行了更小的聚类与细化，为汉字属性系统化整理与表达进行了方法上的探索。

随着字书编纂的发展，汉字属性的描写围绕形、音、义三个核心进行细化、精化。《玉篇》突破汉字字义描写系统中的本义系统，系统地整理了使用层面的汉字字义属性，从字源意义走向更多关注共时词汇意义的描写路子。后来，经过《类篇》、《字汇》、《正字通》的发展，《康熙字典》成为汉字字种、字量、字形、字音、字义、字用等方面属性的集大成者，且被“奉为典常而不易”（《康熙字典・序》），自觉地表现出某些汉字规范方面的属性。

《字汇》将《说文解字》的 540 部文字学形义部首简化为 214 部、以检字方便性为特色的检字部首，这是秩序性方面的一大创举，经过《正字通》的沿用，214 检字部首的观念逐渐被广泛接受，《康熙字典》以官方的形式将其确定，树立了汉字属性秩序化整理表达的另一丰碑。

此外，《康熙字典》释义上用“又”字例对不同的义项进行分界，体现字义属性描写的单元性和层次性;《字汇》卷首设立本卷各部索引;《正字通》对不同音而意义相通的两个字采用释一字、另一字参见的方式,体现了汉字字际关系描写的思路;《康熙字典》单列“检字”模块,直接针对 4000 左右疑难字。“凡疑难字,不得其部,仍照画数,于此检之”(《康熙字典·检字》),对僻难字的检字属性有了进一步的关注;《四声篇海》采用同部内按笔画排序的方法,使同部首内汉字的查检属性和字形属性得到进一步的秩序化。

同时,《康熙字典》为汉字属性的有序表达设立了 18 条凡例,涉及了收词、编排、字体、字音、书证、释义等方面完善的汉字属性信息,突破了以前字书序中夹例的局限,将汉字属性整理与描写以规则的方式明确出来,上升为一种自觉的操作理论意识。

20 世纪初的《中华大字典》以现代字典学理念对汉字属性的秩序化表达进行了新的探索,使汉字属性整理进入材料、方法的现代化阶段。《中华大字典》在字种属性上收录了许多翻译新字和科技新字,使汉字的社会化属性受到关注;开创了“音义并异,另为一字”的字头分列原则,将汉字多音多义属性从笼统、混沌状态中厘析出来;义项的数字标示是对《康熙字典》“又”字例的推进,体现引申义列的顺序,使字义的描写与展示更加清晰、条理化。

同时期的《辞源》虽为词典,但也以字立头,且确定了单字字头带出复音词的体例,这一萌芽并发展于《佩文韵府》(倒序)、《骈字类编》(正序)的体例在现代语文辞书中得到确立,可让我们了解到更多的汉字构词编码方面的属性信息。

另外,被称为“同音字典”的韵书编纂历史悠久,能更全面地揭示汉字的语音系统性属性及系统化的描写思路。普通的字书一般只列反切,或用读若、直音之法,而韵书已经细化描写了汉字字音的声、韵、调,等、摄、呼等更为细致的信息,聚类后能体现不同时期汉字语音的严密系统性。例如在我们的“字网”中,可以自动系联《广韵》中所有的反切上字、反切下字、同等字、同摄字、同呼字等,这就是根据《广韵》中严密的语音系统来进行系联的。

另外，字形属性方面，中古时以《字样》、《干禄字书》、《五经文字》、《新加九经字样》等为代表的“字样之书”为确定汉字的正体、俗体、或体等属性确定了原则和标杆；后代很多字书专门附录字形辨似、辨误的内容，提供了形近字属性辨析的思路和方法；而一些能体现用字属性的字书、雅书（如《龙龛手鉴》、《别雅》、《碑别字》）中，关于异体属性整理的方法也非常完善。

以上这些都是汉字历史属性的继承源，构成了汉字属性历史层面的属性信息群，成为“字网”建设的一个重要分支。历史上属性整理与描写的方法也为我们“字网”建设所继承和借鉴。

（二）搜集当代关于汉字属性的材料

当代关于汉字属性的研究呈现全面开花的状态，汉字属性采集源较历史上单纯的辞书要广泛得多。这方面的属性材料可分为如下几类：

1. 全面描写汉字古今属性的大型字典

在《康熙字典》和《中华大字典》之后，对汉字古今属性搜集最为全面，描写最为秩序化、系统化的成果当为《汉语大字典》，从中不仅能查到全面的形、音、义方面的基本信息，而且流传的典型历史字体也都能查到，如甲骨文、金文、汉碑等；语音方面，上古音、中古音、现代音罗列清晰；字义方面，据音定义，字义以引申顺序排列，义下列首出书证，每个义项上标志字际关系。汉字古今属性的展示既有条理性又具理据性。从《汉语大字典》的编排上还能看出汉字形、音、义各属性间的隐性联系，如引申义列与书证中体现的时代属性等，这些隐性联系将成为新的汉字属性，可利用计算机数据挖掘技术对这些联系进行知识发现，从而为生成新类型的属性类型做好材料准备。这种类型的中型本字典还有商务印书馆、上海辞书等出版社分别出版的《古今汉语字典》等。

2. 承载规范性属性信息的语言文字规范和规范类字典

汉字的法定性规范信息主要表现在国家相关部门制定的规范中，这些规范的制定大多是对汉字常规属性值进行法定规范，从形、音、义、用、码的众多属性中规定一种作为规范属性。主要包括：字种方面的

《简化字总表》、《现代汉语常用字表》、《现代汉语通用字表》、《第一批异体字整理表》；字音方面的《普通话异读词审音表》；字形方面的《印刷通用汉字字形表》；检字方面的《GB13000.1字符集汉字部首归部规范》、《现代汉语通用字笔顺规范》、《GB13000.1字符集汉字笔顺规范》、《GB13000.1字符集汉字折笔规范》、《GB13000.1字符集汉字字序（笔画序）》等；测试方面的《普通话水平测试等级测试标准》、《规范汉字水平测试等级标准》、《汉语水平词汇与汉字等级大纲》等；字用方面的《现代汉语字频统计表》等。另外，2013年发布的《通用规范汉字表》整合了前面几大字表中的信息，理顺了各字表不统一、甚至矛盾之处，根据用字形势的变化，对字种、字量进行了更为细致的厘定与整合。这些规范中承载的各种汉字的属性值无疑是“字网”中的正体、核心属性。由于IRG组织的汉字编码集在制订时并未严格按国家相关部门的规范进行处理，因此理顺汉字国际编码与语言文字规范之间的矛盾或不一致之处是当务之急。

另外，还有一些规范是原则性、可类推的，如《中华人民共和国国家通用语言文字法》、《汉语拼音方案》、《汉字部首表》、《新旧字形对照表》等，应该根据这些规范对所有汉字的语音、字形、部首等属性进行规范性描写，特别是法定规范中没有涉及的汉字。

汉字的法定性规范属性一方面集中于上述各种语言文字规范中，另一方面也存在于各种为推广规范而编纂的辅助性字典中，如《汉字正字小字汇》（文字改革出版社）、《3500常用字字典》（王仲豪）、《现代汉语通用字字典》（傅兴岭）、《简化字繁体字对照字典》（江蓝生等）、《汉字写法规范字典》（费锦昌）等。最近出版的针对《通用规范汉字表》的《通用规范汉字字典》，对字表中规范汉字的形、音、义、用属性做了更权威的阐释。虽然国家规范和与之配套的字典的字种覆盖面有限，但基本能满足教学领域和社会用字的核心需要。

另外，规范性语文字典本身也是语言文字的准规范。一些权威性的、经过多年使用的语文字典所提供的汉字属性信息，可为厘定国家规范覆盖域以外的汉字的规范属性的参考。这方面以《新华字典》为代表。这部字典历经11版，有近六十年的使用历史，每次修订紧跟国家语言文字规范及文字改革的相关规定，其中描写的汉字属性的规范性、准确性非常高。《新华字典》收有一万多字，覆盖面要远高于国家语言文字规范的内容，由于在一万多汉字外主要是认同关系，所以这一万多字可作为我们准确厘定汉字基本属性的重要参考。此字典中字形的繁简、异体字标注明确，“本”、“转”、“喻”等字义义项标记方法将字义之间的历时和共时关系表现得非常清晰，补充了法定规范涉及的字义属性。另外，《现代汉语词典》经过6版，其字头中的释文以及属性编排体例，也是“字网”建设所要倚重的规范性属性信息来源。

3.全面反映汉字专项属性的专项字典

追求积累汉字属性全面性的字典大多具有综合性，为顺应字典的规模、编纂体例要求以及用户群的使用需要，汉字单项信息展示的广度和深度都受到限制。“字网”的建设需要就一个汉字的每一专项属性及这一属性与其他字甚至与本字其他属性之间的关系进行全面深化整理，这方面的既有信息主要集中在专项字典中。如偏重纠正字形、字音的正字字典、正音字典等，侧重揭示多音、同音属性的多音字、同音字字典，侧重揭示字用的异体字字典，侧重揭示汉字语素编码能力的构词字典等。这类专项字典对汉字的某一类或某几类属性描写的深度和广度都较一般的综合性语文字典大为提高。

为我们提供汉字字义历时演变属性的专门字典主要是形义类字典。形义类字典大多据形释本义，再从本义梳理引申义列，一直梳理到当今用法，是《说文解字》及《说文解字注》等古代形义演释类辞书的重要补充。这方面的代表性字典有曹先擢、苏培成的《汉字形义分析字典》(释7000个通用字)、王朝忠的《汉字形义演释字典》(释1210个常用字)，特别是谷衍奎的《汉字源流字典》，收录了包括《现代汉语通用字表》7000通用字在内的一万多汉字，覆盖面广。每字下列古文字字形，根据字形对汉字构造进行分析，进而归纳出字的本义，再解释字义的变化并梳理义项之间的关系，最后列出该字作为偏旁构成的其他汉字。这些字典提供了更多的字义历时演变信息。

提供僻字、难字信息的字典除了《汉语大字典》等大型辞书外，还有专门的疑难字考释字典，如《中华字海》把《汉语大字典》淘汰的字做了初步的沟通，杨宝忠的《疑难字考释与研究》做了进一步的考证和扩充，张涌泉的《汉语俗字丛考》对历史上的疑难俗字进行了系统清理，首次得到正确释读的疑难字三千多个……这些方面的考释成果对于大字符集的字际认同系联至关重要。

此外，还有很多提供历史属性的专项辞书。例如，如果考查字音属性的历时发展，除了利用韵书系书籍，也可利用今人李荣、唐作藩、郭锡良等人的"古音手册"进行属性标注。考虑到本义的重要性，也可系联入《说文解字》等的释文。

这其中，要特别关注致力打通汉字与汉语的沟通界面的构词词典。"字网"对汉字编码属性关注主要体现在两方面：一是汉字作为一个构件或偏旁在字形上组码成其他汉字的能力，这可依靠构件或偏旁部首自动系联的方式在"字网"中展现；二是汉字转化为语素后的构词编码能力。

根据原型范畴的特点，在汉字与汉语之间存在模糊地带。以前研究汉字一直偏重于汉字的形、音等客观形式方面的原型属性，而较少关注模糊地带的字义与语素义之间的混沌关系，因此很多字典与词典的字头释义都未能体现足够的区分度。其实汉字转化为语素的能力以及构词编码能力是汉字重要的属性，能揭示汉字在由书写符号系统转为汉语编码符号系统之间的特点，根据其编码能力也可准确厘定教学用字、社会用字等应用汉字子集的字种。

这方面的属性信息主要由各类构词词典承载。如傅兴岭等的《常用构词词典》，这部词典依托于1964年在吴玉章领导下整理的《现代必读汉字》编纂而成，收录3994个必读汉字构成的9万个词、词组、成语和熟语。周士琦的《常用释义组词词典》则是一部提供更多细致而专业编码属性信息的构词词典，最大特点是"在分义项解释单字字义的基础上，将常用词语分别列入与其中各个单字的使用意义相对应的义项之下"（词典"说明"），共收单字7000个左右。这类词典着力打通字、语素、词、固定语之间的界限，沟通文字与语言的关系，为从汉字字义、语素义角度探讨词语构词理据、构词法等方面的研究提供重要参考。

4.承载查检性属性的字典检字法

查检性属性是汉字属性中形、音属性的类化、秩序化表现，常体现为将汉字形、音方面的属性类化为有限数量的部首、音节、音部等来归类整理汉字。将这方面的信息纳入“字网”中，可以根据属性值进行自动系联聚类。这方面的属性主要来自各类字典的检索、索引部分。检索法虽然历史上出现较多，如民国时就出现大量的检索法，有“万法奔腾”之势，但没有形成有影响力的能广泛流传后世的工具书，因此不必关注，而常用检索法如部首、笔画、韵部、注音符号、汉语拼音、义类、四角号码等则是关注的重点。这些属性的进入，可提高“字网”的工具性应用价值。

5.承载信息处理属性的汉字知识工程

新时期，随着汉字计算机信息处理的兴起，汉字圈掀起了汉字属性库建设的热潮，出现了多个汉字属性数据库，也同时推出了多部汉字属性字典，如傅永和、北京图书馆等分别推出的《汉字属性字典》，它们针对 GB2312 的 6763 个汉字，将汉字信息处理需要的部首、笔画、字集编码、输入法编码等属性进行整理。此外，北京师范大学制作了 GBK 字集的 20902 个汉字的构形数据库，在汉字字形历史属性方面建立了“汉字构形史数据库”。另外，各家 OCR 公司建立了完备的基于不同字体的汉字字形属性库(包括手写汉字)，字种的覆盖量主要针对 GB2312，只有清华文通等少数产品可识别 GBK 的 20902 个汉字。值得一提的是输入法“逍遥笔”，针对 Unicode 字集的 7 万多汉字的字形建立了字形识别库，用于对鼠标手写字迹进行识别。“国学网”推出的“国笔字算”小软件对 Unicode 字集 7 万多汉字做了初步的形、音、义、用的解释，虽然还比较简略，汉字属性的丰富性有待提高，但这些已有的电子化属性材料均可整合利用，加快“字网”的建设速度。

6.对汉字属性做了初步整合的多功能字典

近些年出版的一些多功能字典对汉字的常用属性进行了初步的整

合,其整理方法有借鉴意义。如曹先擢等的《新华多功能字典》,收字头14245个,采用板块结构安排字典内容,列出篆、隶、草、楷等字体,还有笔画数、部首、结构、字级、四角号码等汉字属性,并进行注音、释义,还从一般词语、百科词语、新词语三方面选收词汇,反映构词能力,用知识窗介绍有关汉字形、音、义及汉字文化方面的知识,辨析形近字、义近字的不同用法。类似的还有各种多用字典(如"十用字典")等。这些字典都从不同方面丰富、深化和发展了汉字属性的内容。

除以上介绍的六大类属性信息集中采集源外,还有一些边缘性的属性也可纳入备选范畴,如心理学领域建立的汉字字形、部首、语音、形声字等方面的心理识别与认知习得数据库,《中国汉字文化大观》等工具书中集成的汉字文化方面的属性等。

(三)当前汉字属性整理中的问题

虽然从历史到现在的大量字典类辞书都集纳了大量汉字属性信息,而且当前很多学者专门做的汉字属性研究也取得了很多成绩,但仍存在一些问题,需要我们在利用这些材料进行"字网"建设时加以注意。

1.汉字属性研究比较集中,重复度高,缺少对汉字全属性描写工作的关注。虽然大型辞书(如《汉字大字典》)集纳了较全的属性信息,但所搜集整理的材料依然只是主流的汉字属性,并不是全属性的整合成果。多用、多功能字典也主要针对常用字、通用字,涉及的属性是最常用、最重要的属性,虽可应付汉字教学等普通使用层面的需求,但对于大型辞书编纂、汉字计算机大字符集处理来讲,还远远不够。另外,这些字典的编者大多把精力集中于常用字、通用字,也造成属性描写集中度和重复度过高的问题。

2.未形成系统化、层次化的汉字属性表达方式。囿于体例,字典中汉字属性的展示大多采用的是平列式,缺少层次性。汉字的属性群是一个复杂的系统,要有足够数量的成员节点、足够深广的层次、足够复杂的联系为基础,在这方面,字典的表达载体受到限制。

3.字种覆盖面窄。除大型辞书外,目前的字典和属性平台建设一般都集中于6763个汉字，以常用字、通用字为核心，适度扩展到一万汉字的上限，与大字符集的7万多汉字的字量相比，汉字属性描写的空白点还很多。

4.缺少统一的整合与展示的平台。目前的汉字属性工作成果多由各类字典完成，但不同的字典有不同的规模以及编纂宗旨和定位，我们所需要的汉字属性信息散见各书，各自为政，迫切需要建立一个全字符集、全属性的整理平台，在这个平台上对各种来源的汉字属性进行甄别、去重、合并等操作，最后用一套动态、直观、智能的方式展现出来。

"字网"的建设正是针对以上四个问题展开的。

二、汉字属性的整合——建立多维度属性标注集

1. 汉字属性的泛时性特点

汉字由于几千年的传承使用，具有一定程度的泛时性特点。当进行海量属性值标注时，必须在理论上明确这一点。

在"字网"建设前，一些易于区分的属性，主要是语音、字形等客观属性，具有相对明确的时间刻度，我们就区分其时间属性。例如，尽管《广韵》不都代表中古音，也有古音、方音的沿袭、杂入，但学界一般还是将其作中古音的代表，语音部分我们就不再细究其微别，特设了上古音、中古音属性群，以与现代音属性群相配套。字形部分有了北京师范大学所做从甲骨文到清末的断代汉字构形史成果，包括了各个时代的有代表性的字样、字种、构形、变异等的资料，可以进行时代属性的初步确定。而字义、字用方面的属性则很难区分共时与历时层面，以首出书证来进行时代属性的辅助性、参考性标注。

2. 多维度属性标注

经过穷尽性的测查，我们把需要整理的汉字字量和字种比附于Unicode大字符集，同时穷尽性地搜集集外汉字，包括各种俗字、僻字，然后建立"集外字"集，与大字符集并列。字网所涉及的属性初步设定为50个左右，可将其先按时间标准分为历史、现代两个维度，每个维度

下设立形、音、义、用、检索五个属性群。历史维度的设立主要是保存汉字的历史信息、文化信息，并从音、形等角度为现代汉字提供理据性信息。由于我们尊重某些属性值的泛时性特点，字义和字用这两个难以界定时间平面的属性都放在现代维度上(图 12—4)。

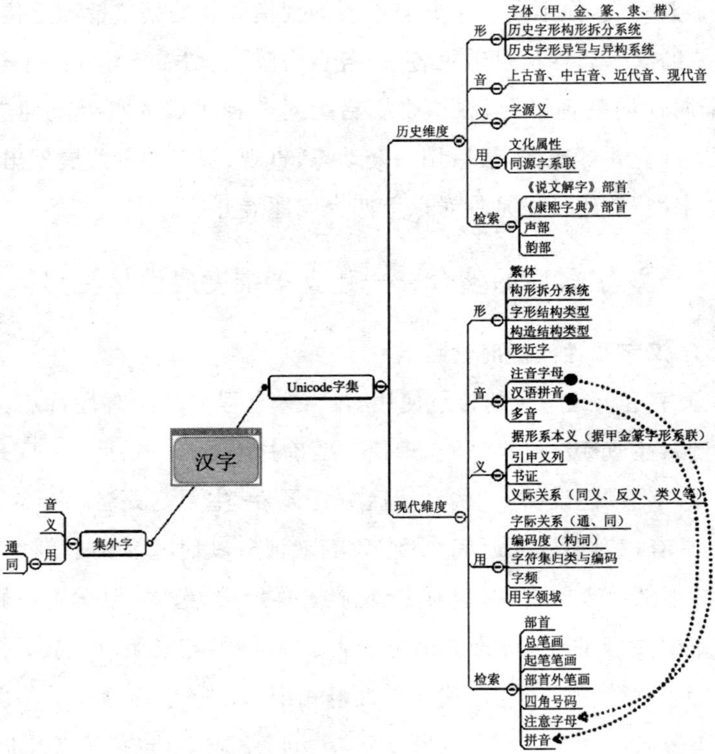

图 12—4 “字网”多维度属性标注体系

由于生僻汉字属性整理的核心任务是字际关系的沟通，所以集外字主要标注音、义、用三种属性，如果在历史辞书中有历史属性，也作标注，作为字际沟通的依据。已经能够明确字际关系的，可以建立知识链接，还没有明确的为待考字。

经过两个字集、两个维度、五个属性群近 50 个属性字段的设置，建立相应的数据表，录入各种属性值，这些属性值像叶子节点依附于枝干一样，形成一个汉字属性的全面的知识本体树(Ontology Tree)。从这棵树中可以观察属性设置和属性值的空白节点，然后进行实时的调整。

3. 属性的设置与展示效率相结合

在“字网”实验版本中，我们发现属性并非越多越好，要考虑到实用性与演示效率的紧密结合。我们目前已经完成的 20902 个汉字的实验数据，只设置二十个左右实验属性，数据量已经达到了 14 万条。虽然后台采用了 MySQL 企业级数据仓库存储数据，前台采用高效的 Java 程序来实时生成动态字网图，但如果针对 7 万汉字的大字符集，每增加一个属性项目，就意味着几万甚至十几万条数据量的增加，此时用动态系联的方式生成汉字属性拓扑结构图，图像的显示区域及显示速度都会受到制约。

为兼顾属性的全面性与系联、显示性能的统一。我们采用三种方法进行解决：

首先，属性的选择以典型性为主。汉字属性项目的重要性并不平等，每个维度的每个属性群中有核心属性，即汉字字符集建设及字典编纂所必需的属性，另外一些属性称为边缘属性。由核心属性到边缘属性有一个重要性减少的梯度特点。据此，我们对所有的属性项目先标注核心属性和边缘属性两级标记。例如整个历史维度都被标记为边缘属性，而在现代维度的“检索”属性群中，“部首”是核心属性，“四角号码”是边缘属性……“字网”默认只显示核心属性，以提高系联和显示速度。但使用者可在“字网”中自由选择需要显示的属性，还可采用属性组合的方式选择要显示的属性，如可组合字的本义属性 +“通”、“同”属性 + 同源属性，以显示大字符集中汉字字际关系之间的理据性，满足用户的使用需要。

其次，标注汉字的字集属性。用户使用“字网”的目的并不相同，关注的字符子集也不相同。例如教学用字更多关注常用字的属性，最多扩展到通用字；中型语文字典编纂关注到通用字集，再扩展 3—5 千汉字；而人名、地名、出版等社会用字中的僻字可能需要扩展到 GBK 子集或 GB18030 子集；古籍整理及学术用字可能会扩展到整个 Unicode 字集，甚至集外字。我们给汉字标注了详细的字集属性，主要包括常用字、次常用字、通用字、GB2312、GBK、GB13000、GB18030、BIG5、Unicode、HSK

等级字表、汉语汉字水平考试等级字表等，在汉字属性系联时提供“字集限制”功能，可将系联结果限制在不同的子集中，当然也可组合多个子集进行显示，在信息全面性和操作的效率性方面达到平衡(图 12—5)。

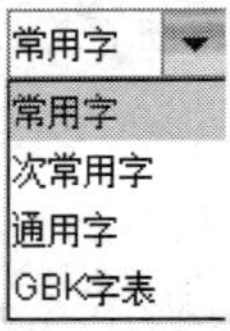

12—5A “字网”实验版的子集设定

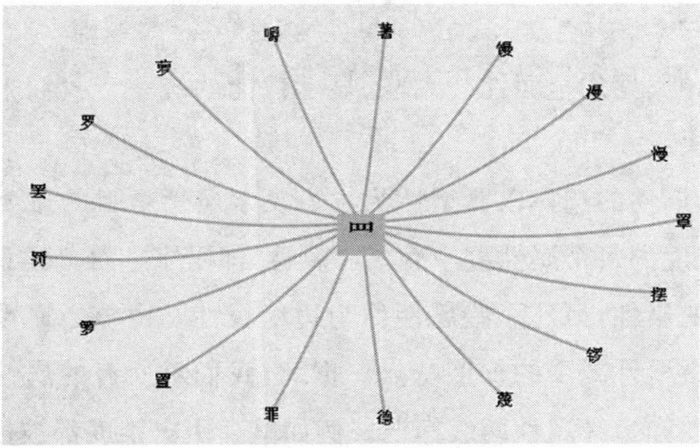

12—5B 在“常用字”字集中有“罒”构件的字，共 17 个

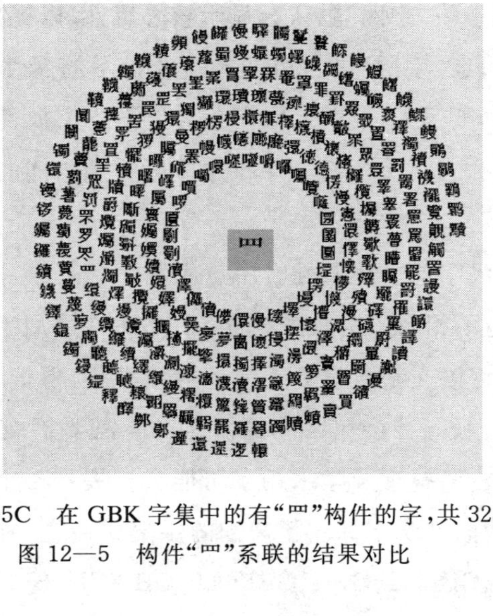

12—5C 在 GBK 字集中的有“罒”构件的字，共 328 个

图 12—5 构件“罒”系联的结果对比

最后，设置义项显示开关。当一个常用字的义项较多时，显示义项的内容会使整个字网的界面凌乱。所以我们设置了“显示义”开关，默认隐藏，鼠标经过时自动激活义项提示框。针对义项较少的通用字或僻字，可将“显示义”开关强制打开，义项在“字网”上将得到完整显示；针对一些义项多的常用字，则可关闭此功能。这样可以保证字网的运行速度和界面的清晰有序（图 12—6）。

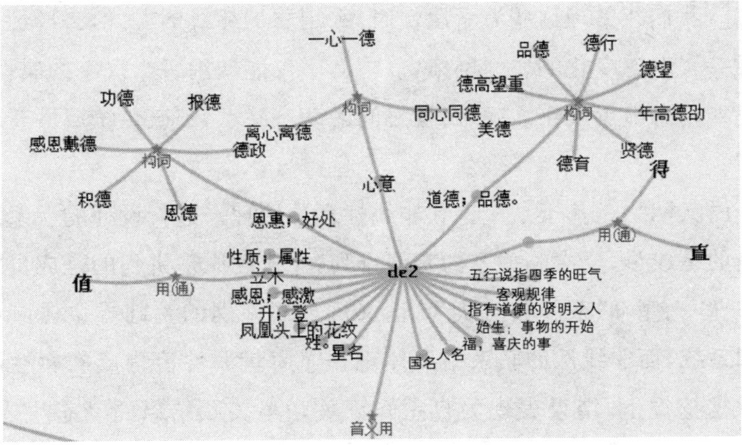

12—6A 显示义项的“德”字构图

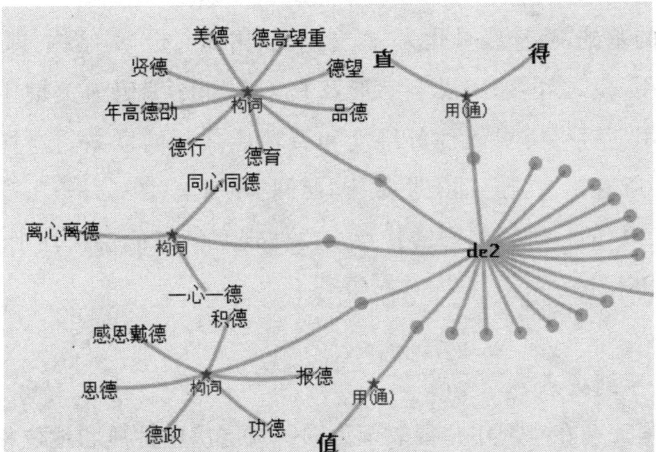

12—6B 不显示义项的 4A 的“德”字构图

图 12—6 “德”的义项显示对比

三、汉字属性的系统化、秩序化展示——规则网络建构

海量的汉字字种、属性值、属性关系构成一个巨大的知识内容库。在建库录入属性值过程中，数据以一个个字段为经线，按 50 个字段属性做了初步归类。这些属性值纵向上有有序的联系，但横向的联系以及层次性并没有得到体现，也就是说没有形成由纬线串联形成严密的系统。我们在整理这些海量属性时，采用添加纬线的方式，将属性值编织成一张动态变化的属性网络，以求其不仅能展示每个汉字的属性值，而且能动态显示汉字之间、属性之间的动态联系，突破传统属性整理的局限。

语义网络是基于系统论和非线性理论原理来进行设计的。系统论讨论的是成员、层次和关系的有序排列，非线性原理讲到的是成员之间的隐性"无序"联系。我们认为，语义网或属性网的基础或主体应该是规则系统，而非线性的联系主要体现在对海量属性值构成的属性网络的数据挖掘上，结果表现为自主知识关联与关联结果的动态生成上。非线性部分我们将在本章第四部分讨论。

我们首先开发汉字属性的层次化展示方法，这也是汉字属性秩序化表达的基础，将经线具化为"以音定义，用随义走"的结构，即"音——义——用"模式，再采用汉字字形及其 Unicode 编码为关键字建立起音、义、用、字形、历史属性等维度和属性群之间的联系。这样检索一字，该字所有属性就会动态生成于"字网"界面上（图 12—3）。

"字网"的规则性网络的特点主要体现在清楚的层次性上，分为平列关系和上下关系。

1. 平列关系

平列关系在字网中主要表现为同一级层次中性质和地位相类的成员，如多音字的多个读音，它们之间是严格的平级兄弟关系。但每个音下如果有多个义项，各个义项之间却有着复杂的关系：首先，各个义项按历时顺序构成的引申义列有链式、辐射、混合等拓扑结构关系，义项

之间多具相生的父子关系，虽然从性质上讲，它们都是平列的兄弟关系，但下位成员和上位成员之间的距离并不是等距的。要形象表现这种关系，就必须采用纵向经线延伸表示法，但一些常用字的义项较多，会无限延长经线长度，网络无法全面展开，所以，我们最终采用1、2、3、4……序号法表示这种引申关系。

2. 上下关系

上下关系分为属种关系和整体部分关系。属种关系更多体现的是事物分类思路。由于“字网”以单个汉字为系联中心，较少使用属种关系进行分类，个别的属种关系因上位概念更多采用的是维度名、属性群名、字段名的方式，浅显明白，无须更多探讨。

整体部分关系是语义学上的概念和方法。描写语义学家克鲁斯①认为，表示部分的词项与表示相应整体的词项之间的语义关系叫作部分—整体关系。克鲁斯还指出典型的部分的三个特点：部分应是自成实体，非任意分界，对整体有确定功能；部分的分界是有目的的，一个部分通常以某种方式跟其他部分相对分开，因此，装配起来的整体一般可以指出各个部件；部分对整体有确定的功能，有时候没有明显的间距，功能就成为部分的分界。

在“字网”中，最能体现整体部分关系的是汉字字形的构形系统。王宁的汉字构形学理论②是“字网”中构形网络建构的理论基础。以往的汉字字形分析采用的是一个平面的结构拆解，如“语”分解为“讠、五、口”三个部件，没有体现切分的层次性关系。汉字构形学理论清楚地表明了整体与部分之间的自上而下的分解性和自下而上的生成性关系，层次性、动态性得到鲜明展示，能形象直观地反映出汉字构形的理据与规律。这种构形模式最适合使用字网的方式进行表达，如“器”的层次拆分显示（图12—7），再如“品”的平列拆分（图12—8）。

---

① D.A.克鲁斯.词汇语义学[M].剑桥大学出版社，1986.中译本见汪榕培等编译.八十年代国外语言学新天地[C].沈阳：辽宁教育出版社，1992.

② 王宁.构形学讲座[M].北京：中华书局，1983：25.

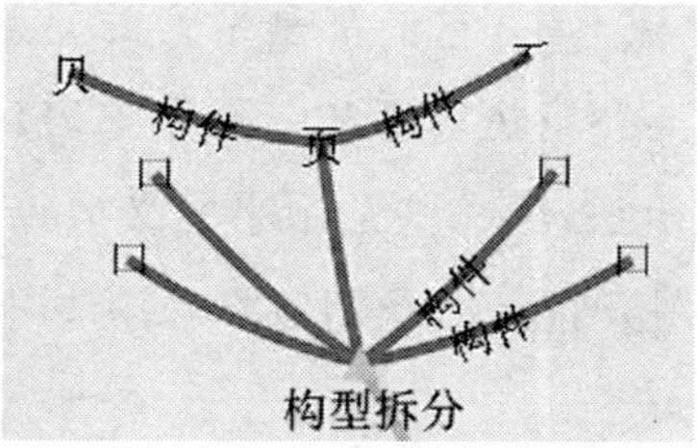

图 12—7 “器”的构形显示

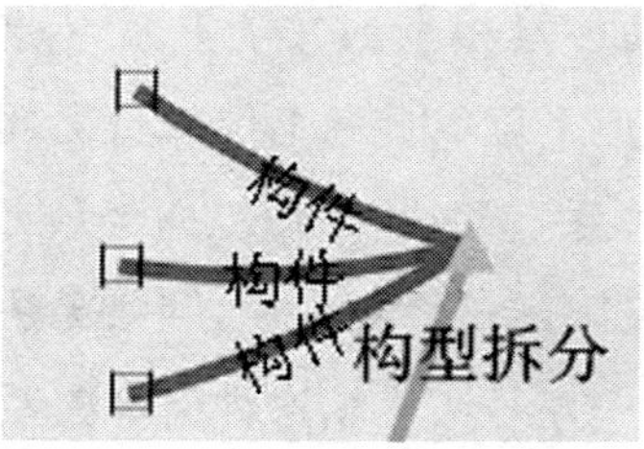

图 12—8 “品”的构形显示

上下层次关系具有自上而下的分形性与自下而上的生成性和递归性特点。

分形理论①的自相似理论反映的也是部分与整体的关系。分形元是构成整体的部分，系统的要素与整体相似，它反映和含有整个系统的性质和信息，即要素映现系统，但整体系统的复杂性远大于分形元。分形理论指出了分形元构成系统所遵循的原则和规律，因此是对系统论的重要补充。

汉字整体分解关系最为突出的特点是自上而下、自整体到部分的分形性，从这个角度，整体分解关系构成的字形树就是由分形体层层分解出分形元的字形分形系统。我们可以把整体切分出的每一节点称为构件分形元，级别最低的构件分形元称基本分形元或零级分形元，在字网属性树上就是叶子构件、终端构件，比如“口”、“贝”、“丆”等，级别最高的是分形整体，即当前呈现的汉字（比如“器”），中间存在着尺度各异的分形依次生成体（比如“页”）。这种由分形元到分形体的演变就形成了上下层级体系，是分形整体中存在的等级不同、规模不等的次系统、亚系统、子系统。

除了叶子节点，分形体是两属的，如“页”构件，对下级分形元而言是分形体，而针对上级是分形元。每个分形元都承担了上级分形体乃至整个汉字的局部拓扑结构，这使整个字的拆分动态展示出来（图12—8）。

自下而上看，汉字构形系统从构件分形元到分形体再到汉字整体

① 张国祺.分形理论的科学和哲学意义[J].哲学动态，1998（6）.

具有生成上的递归性。递归性就是结构之中存在着结构，递归体现着分形体之间生成上的层次性①。在“字网”的字形分形系统图中，从外向内看或从下向上看，就是这种生成性和递归性的体现。

四、用数据挖掘发现属性间的隐性联系——非线性联想网络建构

海量的汉字和属性值构成一个大型知识内容库，需借助计算机的数据挖掘技术进行内容管理。

1. 知识管理与数据挖掘

知识组织②的理论基础是：对知识进行的任何组织都必须建立在知识单元的基础上，而知识单元无非就是概念。概念由概念元素组成，概念元素也叫概念特征。依靠这些因素，可以构建概念系统。

“字网”中我们把每一个汉字作为一个知识单元，各种属性则是概念特征。知识不能靠自己组织和表示，在传统的操作中，对知识的管理是靠人工系联，建立各种知识体系，最终多以不同类型的字典体现出来。现在有了计算机的数据挖掘技术，则可以通过自动系联的方式进行处理。数据挖掘（Data Mining—DM）被定义为：从大量的、不完全的、有噪声的、模糊的、随机的数据中，提取隐含在其中的，人们事先不知道的但又是潜在有用的信息和知识的过程。数据挖掘提取的知识可以表示为概念、规律、模式、约束、可视化。数据挖掘的任务是从数据中发现模式③。

数据挖掘技术可充分体现“字网”作为联想激活网络除规则性特点之外的非线性特点。

---

① 张国祺.分形理论的哲学沉思[J].烟台大学学报，1998(2).

② Dahlberg，I. A Referent - oriented Analytical Concept Theory for NTERCONCEPT. International Classification，1978，5(3)：142～151.

③ 唐晓萍.数据挖掘与知识发现综述[J].电脑开发与应用，2002(3).

2. “字网”中的非线性操作与非线性联系

前文已经介绍，“字网”在数据库中进行属性录入时，依靠字段处理，已经有了初步的分类，是初步整序的数据，这是数据挖掘的入门阶段，但具有重要的作用，因为非线性系联法是对层次性的数据进行跨层次的系联操作。

海量的汉字属性值从纵向看是由属性字段来分类的，是清楚的，但从横向看，则是杂乱的、不完全的、有噪声的、模糊的、随机的，要让计算机提取隐含在其中的有价值的信息和知识，这样可以提高汉字研究的深度。我们在“字网”上增加了自动系联的知识发现机制，突破了规则网络按层次进行操作的方法。

“字网”中，如果以每个字为中心节点，通过纵横方向不同的关系线产生的属性路径可以联起大量的属性值，这个动态的网络随着使用者查询焦点的转移，会不断有新的焦点汉字居于中心，整个网络就一直在动态地展示。如果将此属性网络进行单向式属性链追踪，理论上会形成一个没有终点的线程。这一操作模糊了规则网络系统的纵、横层次体系，体现了语义网络的非线性系联特征，带有一定的混沌网络特点。

具体来说，在“字网”上，点击每一个节点，可以实现以该属性值为模糊值的所有汉字的自动聚类(图 12—5 显示以构件“罒”的聚类)。数据库中的数据可动态类聚成一系列有意义的子集。这种聚类是根据属性相似性进行的，虽然这种操作类似传统数据库技术中的关键词检索，但却有着观念上的根本改变，是查询的目的性与数据随机生成性的结合。点击图 12—5C 上的任何一个汉字，都可自由跳转到以该操作焦点为核心的汉字知识单元，整个类聚结果和操作思路都呈现出传统线性思维不同的非线性特点。还可通过“通”、“同”等属性关系进行相关的汉字知识单元系联，实现汉字之间的自由跳转。

为了继承规则系统的优点，我们仍然保留了传统的关键词检索功能。例如在“构词”项中输入一个汉字，可以检索其构成的所有词汇，但检索结果呈现方式不同于传统，它带出了该构词的宿主汉字，可以方便跳转到相应的汉字知识单元中去，重新进入网络循环中，最终还是落脚在非线性网络操作上。这种操作除了对字典、词典的复音词设目有帮助，还可方便用户以构词场的方式集中进行汉字习得（图12—9）。

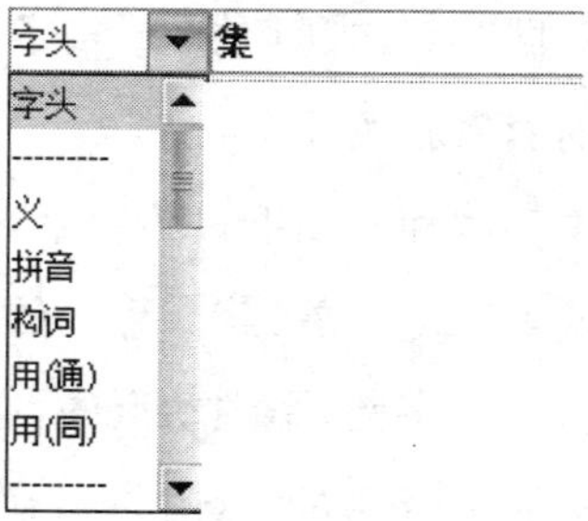

12—9A　传统关键词查询方式

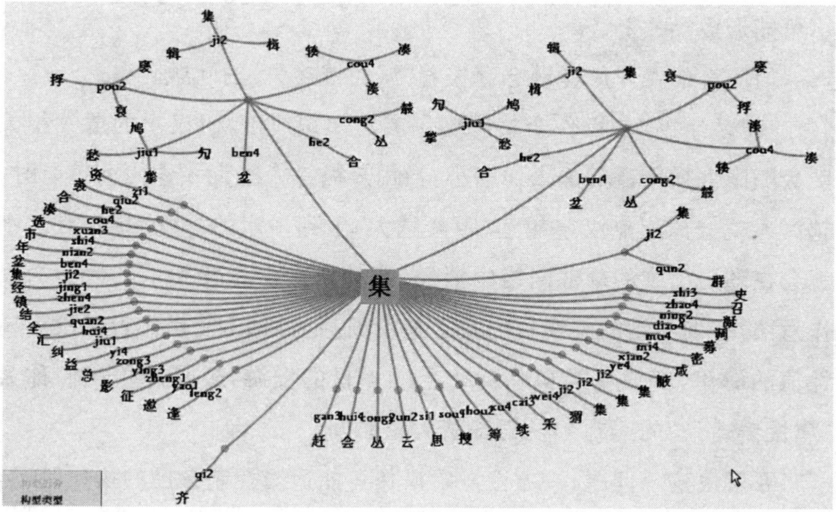

12—9B　以“集”为关键字检索构词

图12—9　传统操作与非线性操作的结合示例

3. 系联操作中的隐性属性链

“字网”不但提供了汉字属性的网络建构，还将属性以动态的互动方式呈现于操作者或使用者面前，与使用者查阅心理同步。“属性网”的系联操作主要通过属性链控制。这种属性链有自己独特的使用心理机制。

属性链分为显性与隐性。显性属性链是汉字属性本体的，以显性的方式显示于用户面前。隐性属性链也称为操作属性链，完全是由“字网”使用者的操作记录形成。由于操作者的不同操作指向，在不同的局部网络或同一网络的不同节点之间切换，形成了一条操作路径，这一路径和操作者的查阅目的紧密相关。

查阅行为可分为主动型和被动型。传统字典的查阅多为被动型行为，指向目标单一，只检索一个对象，获得想要的信息后，操作过程即停止，接受信息比较被动。而“字网”是主动型的，有选择地显示语义关系属性链，查阅一个目标字或属性，可以附带对比关照更多的汉字或字群，理论上无终止。被动型地使用字网只会形成一个操作点或操作段，不可能形成操作链。

但隐性的操作属性链会存在着“属性链迷失”的问题。

虽然“字网”的操作会拓展操作者的知识广度，但汉字的属性相关度会随隐性操作链的深入而缩小，当用户循一个查询线索向下扩展时，越深入就会离起点汉字越远、距离越大，走到一定的深度后，起点汉字就会在随后出现的局部网络中消失，这就使操作者背离了其原始的操作意图，查询活动的鲜明目的就逐渐模糊甚至消失，使操作者淹没在属性值的海里，变成了类似在网络上的无目的漫游，极易产生我们称为“属性链迷失”的问题[1]，从而浪费大量时间。

要解决这一问题，一方面需要操作者能适当控制自己的操作路径，适可而止，或利用传统数据库的关键字检索技术强制回到起点汉字单元；另一方面也需要“字网”在二期工程中针对操作者的查询心理进行功能优化，如将隐性链显性化，在屏幕的界面上设置一个操作路径提示，当原起点汉字从操作界面消失时，出示警示标志，同时给路径上的每个节点汉字加超链接，操作者可随时用鼠标点击相应的汉字，以进行回溯或非线性跳转操作。

---

① 王东海，张志毅，王丽英．电子词典编纂中的语义网与义链研究[J]．长江学术，2007(4)．

五、“字网”的特点及在辞书编纂修订中的应用

（一）“字网”的特点归纳

通过上面的介绍，可以看出“字网”的特点主要有以下四点：

1.建构了一个全字集、全属性的汉字信息库

搜集古今的汉字属性材料，采用多维度、多属性群标注法，力求汉字属性信息最大化存储、显示。

2.建立了一个高效的汉字属性整理平台

在继承了传统规则系统操作优势的基础上，采用语义网技术，建构新型的联想式属性网络操作模式。

3.建构了新型的动态演示平台

突破传统的平列化字典式的汉字属性展示方式，采用自动系联技术，动态生成和展示汉字之间的显性和隐性的联系。

4.建构了智能化网络，创设汉字整理新思路

采用数据挖掘知识尝试自动发现新的汉字关联属性，并靠属性操作链将这种联系显示化，体现汉字属性整理方面的智能化特点。

从以上内容可以看出，“字网”以汉字属性群系统建设为核心，全面系联起汉字各个方面的相关信息，是当代汉字各种属性的大集合、大展示。在内容方面，字网涉及的属性内容涉及汉字的方方面面，不但将汉字本体、汉字应用与汉字文化三个研究平面紧密结合，还将汉字形、音、义演变与汉字的教学、计算机处理、规范等应用进行紧密结合，体现了学科覆盖面的广泛性。理论思维上体现了字际关系、字用功能两大核心主题，用全新的“字用网络”的理念融合、统帅整个属性群，为汉字研究打开一个新视角。在方法论方面，多维度的属性集群标注体现了属性整理的新颖性，既能反映出经验方法所侧重的考据思路，又有历史方法所看重的古今演变思路，结构方法所看重的汉字字形、字义分形思路，还有神经网络的复杂系联思路；“字网”的层次化展示、自动系联、数据挖掘三大智能化操作，体现了汉字字际关系认定及字种认定的智能化与高效性。

（二）"字网"在辅助辞书编纂方面的应用

"字网"在大字符集汉字编码、汉字教学、汉字文化交流方面具有重要作用，在此不细论，而着重讨论其在辅助辞书编纂方面的应用。

1.辅助辞书的编纂修订

汉语语文性字、词典虽然在释义、例证等方面侧重点不同，但同等规模的字词典在选词立目方面有一致性：多以字头立目，正序字词典下列首字为该字头的复音词，逆序字词典则下列尾字为该字头的复音词。辞书的字头立目要从汉字属性出发，但在汉字几千年的本体发展和字用历史中，历时和共时属性纷繁交错，呈现复杂的态势，确立字头时面临巨大的汉字属性系联工作，这就需要建构一个动态呈现的、可视化的汉字属性网络来进行理据化的整理。而"字网"可以在某种程度上实现这一目标，可作为资源整理和支撑平台，一方面为辞书编修提供更全面、更准确、更新颖的汉字属性信息，另一方面服务于字典编纂时厘定立目字头、设定参见关系的基础性工作。

辞书字头立目必须从汉字属性出发。例如异体字是否要单独立目，一直是辞书编纂中的难题。从历时层面看，绝对的形、音、义、用全同的异体字是很少的，如果存在不同，理论上讲就有单独立字头的需要。但如果这样处理，汉字字头的量会极度膨胀，字词典的规模很难控制。辞书规模的大小不能影响其功能的发挥，因此要对异体字立目的数量进行限制，这一工作可借助"字网"的汉字属性整理成果：既可通过"通"、"同"属性进一步扩大范围厘定异体字，也可通过形、音、义的属性来对比几个汉字是否为严格的异体字，还可利用属性值确定字际关系的典型性程度，进一步约束立目字，控制字典的规模。

总之，字头确定，则辞书的大骨架大体就可以确定；代表字际关系的"参见"既明，则为辞书大框架添加了增强系统稳固性和科学性的筋骨，而具体条目的解释则是扩展深化节点、添加血肉的过程。

2.探索字典的自动生成模式

国外已经有基于"词网"的可视化电子词典问世，如 ThinkMap

等。国外很多出版社在编纂完成大型辞书的同时，会生成一个完整的大型资料库，再通过计算机自动系联与辅助抽取的方式确定中型本、小型本的粗坯，形成辞书出版的系列化，追求效益的最大化。而国内还很少涉及这方面的研究。有了“字网”，我们也可开展这方面的尝试。

字典不同于词典，其系统性和层次性要相对清晰，所以可以利用“字网”，根据不同的设定来自动生成字典的“粗坯”，例如自动生成形、音、义方面的专门性语文字典的基础模型；根据条件自动生成教学词表，进而编纂学习字典；利用用字属性标记，把科技用字、人名地名用字、宗教用字等社会用字类聚起来，生成专门字典的“粗坯”；还可综合多种属性群，自动生成多功能、多用途字典的“粗坯”。但应注意，字典编纂有明确的编纂宗旨、定位及体例，“字网”不能自动生成完全意义的字典，它只是借助汉字属性提供字典的选字立目、释义等方面的参考材料，再按音序、义序、形序等方式进行初步整合、有序输出，作为字典的材料基础。

所以，“字网”仅仅是辞书编纂的资源平台、粗加工平台。

六、小结

本节探讨 Unicode 大字符集汉字属性整理与展示平台“字网”的建设，梳理了需要整合的已有汉字属性材料，指出当前汉字属性研究与整理中的问题。针对这些问题，提出多维度属性标注集标注法的应用方法，探讨了汉字属性系统化、秩序化展示的规则网络建构原则，以及用数据挖掘发现隐性联系的非线性联想网络的建构原则，最后讨论了“字网”在辞书编纂、修订中的应用。从这一知识工程的开发、建设及应用过程中，能清晰看出语言文字知识工程与辞书编纂的互相支撑、互相发明的关系。

第四节　个案4：基于网络的出版社词典编纂工作流研究

新中国成立后相当长一段时间，辞书的编纂多被认为是专家层面的工作，一般由科研机构（如中国社科院语言研究所词典室）、自由作者（包括合作模式与单人模式）完成编纂，出版社仅仅是在作者向出版社提供稿件后介入编辑、出版流程，各大出版社并不十分重视自编辞书。随着辞书的社会效益和经济效益的日益突显，出版社逐渐开始转换角色，由编辑出版辞书慢慢转向自主编纂辞书。中国大百科全书出版社、汉语大词典出版社当时就是因为组织、编纂、出版这两部大型工具书而成立，词典编纂是其强项，湖北辞书出版社和四川辞书出版社所承担的核心工作也是《汉语大字典》的编纂、修订，上海辞书出版社承担《辞海》的编纂与修订，这些都是编纂任务集中明确的出版社。而商务印书馆的汉语辞书、外语教学与研究出版社的双语辞书，也都有悠久的自编辞书的传统。现在高等教育出版社、人民教育出版社以及其他多家出版社也逐渐设立独立的辞书室，承担编辑和自主编纂两大任务。这些出版社的词典编纂力量专业而集中。在未来中国的词典编纂中，出版社将承担编纂量的半壁江山，而另一半份额中大部分可能是由出版社委托相关科研机构或团体进行编纂，自由作者编纂的辞书比例会越来越少。这一编纂模式符合出版社在财力、人力、资料等方面的集群优势特点，是一种高效的、能保证词典编纂和修订质量的工作模式，符合辞书这种既重视社会效益、学术效益，又重视经济效益的工具类书籍的本质特点。

出版社编纂辞书的方式主要有独立、合作、网络三种①，前两种在我国都有不同程度的开展，网络方式代表着未来词典编纂模式的发展方向，在西方已经走过了试点阶段，进入良好的运行阶段，但在我国还未展开，远远落后于国外。其实，我国出版社的网络和硬件设备并不落后，甚至优于国外，落后的是缺乏运作大型网络项目的管理经验和管理模式，在词典编纂中还远未建立起先进项目管理意识。

据资料介绍，外语教学与研究出版社曾经与牛津大学出版社合作，开发了一套基于网络的词典编纂协作系统。这套系统在外语类辞书的

---

① 章宜华，雍和明.当代词典学[M].北京：商务印书馆，2007：377－402.

编纂中有其适用性，但并不一定符合汉语词典编纂的特点和模式。汉语词典编纂有悠久的历史和成熟的编纂方式，应该结合汉语汉字的本质特点、汉语辞书编者的工作特点和方式、汉语辞书出版的流程，开发一套实用、高效的词典编纂系统。

工作流“是一类能够完全或部分自动执行的过程，它根据一系列的过程规则，使文档、信息或者任务能够在不同的执行者之间进行传递与执行”[①]，它是在20世纪80年代开始兴起的、涉及计算机及管理领域的新兴技术。

工作流技术是针对具有固定程序的常规、例行性工作提出的，其中的一些具体事务长期以来形成一种相对固定、统一的模式，较少有例外情况出现。引进工作流技术后，将一个常规工作流程分解成定义明晰、界限清楚的任务，用计算机程序固定下来，建立工作者角色、管理账户、组织单位、用户之间的工作关系，并通过网络形成各个客户端的连通，形成一条生产线，按照一定的规则和过程来执行任务，并对它们进行实时监控和及时反馈总结，达到减少重复工作、提高办事效率和管理水平的目的。

工作流其实是对工作中的资源、任务、过程环节的有序、有效控制，这一运行原理与我们正在研究的基于网络的词典编纂工作模式的特点是一致的。

本节采用网络工作流技术，采用任务驱动模型，整合语料库资源及编者人力资源，将复杂任务进行分解，将编纂工作流分规划中心（下设需求分析、方案设计两个子环节）、资料中心（下设语料库建构、既有辞书资料分析）、勾乙中心（下设选词分析、立目分析环节）、编写中心、排版输出中心五大环节。各子环节环环相扣，建立计算机辅助词典编纂系统，探讨出版社词典编纂的新型工作模式，全面提升词典编纂的效率。

---

① 孙满囤等.工作流模式支持语言YAWL可视化设计环境实现分析[J].微电子学与计算机，2006(3).

一、规划中心

规划主要包括需求分析和方案设计两大内容。

1. 需求分析

需求分析具体体现为词典编纂的选题研究。选题关系到一部词典的定位、宗旨和功能,是词典整体架构的基础和指导思想。需求分析的结果是形成一份完整的、论证充分的选题报告。选题一旦确立,以后的各个环节必须严格围绕这个指挥棒运作。

需求分析具体从以下四方面展开:(1)用户需求分析,分为年龄层次、文化层次、行业特点、用户对本词典的细化要求几个方面。(2)人力资源分析,分析工作中每个参与者的专业特长和技能特长,厘定在词典编纂中可以承担的具体工作,如资料分析、专科术语释义、同义词对比、校对等。(3)资源需求分析。各参与人员提供资源需求,核心是语料资源。(4)市场分析,主要围绕词典的营销、经济效益、社会效益、学术效益等方面进行分析。

需求分析需要主编和责编给出主导意见,再采用面向内部人员和面向外部专家两个征求意见模式,技术上建构基于 B/S 模式的网络征求意见模块。一些民众最关注的普及性的词典容易引起普通民众的关注和参与热情,如新词语词典、流行语词典等,如果条件允许,可通过网络征求意见,如《新华新词语词典》(商务印书馆,2003 版)的编纂就有限制地使用了这种集思广益的做法。

内部人员、专家和公众三个层次的意见收集齐后,须在工作流中建立讨论模块,公示词典的题目、宗旨、定位、收词等基本信息。征求意见的类型分三种:一是支持、反对意见,二是修正意见,三是补充意见。征求意见的途径可以多样化,例如可以编写几种风格、功能类型不同的样条置于网络上,让内部和外部参与人员进行评论和修改完善,这样可避免征求意见时笼统、无目的的问题。

在集思广益的基础上,需要形成一个完整翔实的选题报告。选题报告在线提交给主编审阅。工作流系统的最大特点是可以设置工作追踪，在审阅追踪器中，可以由责任编辑发起审阅邀请，邀请主编、相关专家等加入审阅，而在审阅追踪器中可以动态观测审阅进程，并有催请提示功能。选题通过后，该选题会以群发的方式发送给编写组所有相关人员，并提供审阅注释的及时反馈。这一过程贯穿整个词典编纂流程，是一个开放的环节，允许随时提出修改意见。

2. 方案设计

方案设计环节主要根据前一环节的选题报告设计词典的体例，形成编纂细则。细则是写给编写组成员作为编写参考的，所以要求能细则细，细到标点、符号也要做出统一的规定，同时细则的每一条要具有共性，这样才能增强可操作性，细则一旦确定，全体编写人员必须严格遵照执行。例如《现代汉语词典》的编纂细则就有180条，分为总则、语汇、条目、字形与词形、注音、释义、举例七个核心部分，最后还特别规定了标志、标点、搭头字眼以及释义程式用语等细节。

细则中内容分为强制规定性内容和推荐参考性内容。

前者多为易于统一处理的问题。应将这些问题的处理方法明确规定下来，所有编写人员可积极提供修改意见，一旦确定下来，就须无条件执行。如有例外情况，编者可通过工作流的在线反馈系统提交主编讨论，主编针对例外情况修订，不允许编者自行处理。例如，释义方面用语的使用就需要统一规范，如“形容”、“比喻”这样的搭头字眼，“见”、“参见”、“即”、“称”、“同”等体现中观参见系统的释义用语，我们称之为词典释义功能词。当前词典编纂中存在这些功能词使用上的不统一和混乱的情况，这方面不做出统一规定，必然加大主编统稿工作的负担。要严格界定这些功能使用的不同情况及所承担的不同意义描写功能，然后在细则中进行明确规定。

后者多为有争议的问题，主编一定要集思广益，在工作流的交流板块与所有编者和顾问专家进行讨论，内部人员一起斟酌统一解决方案。例如，词典立目方面最难把握的是无法清晰区分词与语的界限、同形词与多义词的界限；功能标注方面难点在于词类标注中兼类词与词类活用、词义活用的分界，这方面原则的把握需要以主编为主导，以专家意见为重要参考，最后发挥所有编者的判断力，求得共识。

另外，方案设计过程碰到的一些难题，难保词典体例一致的地方，细究其原因，大多都是理论问题没有阐释清楚，例如选词中各子类词汇的范围分界问题。认知语言学提倡词汇类聚时的原型范畴，反对类别之间的截然分界，这一理论虽然有高度的解释和描写性，但却缺少可操作性。因为词典编纂是一项操作性、技能性工作，一些词选择与否涉及其所属的类别，必须按照经典范畴的方法果断界定。所以词典的收词永远无法做到圆满，只能做到相对完善。要处理好这一问题，工作流中的所有参与者都要做好相关理论问题的论证，拿出一个相对圆满的解决方案。例如《现代汉语词典》的编写计划中就提出："词典编纂室应与词汇及例句搜集工作同时期内完成下列专题研究并做出报告：'普通话词汇和方言词汇的区分'，'现代汉语的重音'，'现代汉语中的古汉语成分'，'外来语的汉化问题'，'词的定型问题'（包括儿化）。"

最后，细则是逐步完善的，直到最后出版，细则才能最终完善起来，并从中提炼出置于词典中供用户使用的"凡例"。所以，工作流系统中的在线讨论应该在词典编纂过程中全程开放，关注编者即时提供的意见是主编的例行工作。

二、资料中心

在基于网络的词典编纂工作流中，资料中心是最重要的资源环节，核心工作是动态组合语料库建构。

早期词典编纂者使用的语料库以追求语料库中文本数量为目标。语料库建设在资料收录方面坚持人无我有、人有我优、人优我特的原则，并作为目标追求，这是无可厚非的。但词典语料库的建设往往忽略了一个根本问题——语料的针对性。每部词典的编纂宗旨和定位是不同的，它们对语料有不同的要求。例如历时性词典需要古今语料平衡，而且能按年代属性进行排序，而共时性词典需要关注各语体、各语类的语域平衡、语体色彩平衡甚至语篇典型性、难易度的平衡①，各种不同的专项词典对语料的要求更具个性化。语料库动态组合是为了体现语料库的平衡性，而语料库的平衡也是选词立目、释义平衡的保证。因为库内文本没有平衡性就没有代表性，历时性语文词典的编纂要基于平衡性的资料库，其释义才能准确客观，符合语言事实和语言规律的原貌，否则就会犯以偏概全的错误。

网络合作模式的后台语料资源应该是动态组合的。语料库组合的基础单位是语篇，组合的依据是不同定位的词典编者提出的要求组合，完成组合的条件是对语篇进行详细的多维度的属性标注，根据不同的属性标记在工作流中动态组合成各种语料资源集。

三、勾乙中心

勾乙是词典编纂工作流前端最重要、最有针对性的材料搜集和初步分析环节。主要承担三项任务：一是在动态组合的语料库中，根据选词原则选定词目；二是为具体词条的编写从语料库中提取词条的最小语境集；三是针对语例集进行初步的分析和加工标注。工作成果是词目初表、有标注的词条用例表。

选词是词典编纂的重要环节，首先要根据词典的规模、定位和宗旨设定明确的选词标准。设定选词标准时首先要研究好收录对象的分类，再按词典类型，设定各类词的收录比例。例如语文词典要设置好基本词汇、方言词、古语词、历史词、行业词、百科词等的选录原则；专科词典则需要设置好各分支学科的收词比例，还有纯术语、一般术语、准术语的收录原则。再比如综合性语文词典与综合性百科词典的区别就在于百科词收录比例，大约以 40%—50% 为界。

传统词典选词一般是利用资料勾乙的方法。勾乙分为普勾和选勾。勾乙不只是勾词，还要勾出词的特殊用法或例句。在工作流中，普

① 王丽英，王东海．图书馆古籍数字资料库建设与质量评价新论——以资料库建设与语文词典编纂的结合为例[J]．图书馆理论与实践，2011(1)．

勾的方式可以用语料库分词标注与词频统计的方法来进行量化确定。这一过程全部由计算机完成，速度快，是传统手工勾乙的方法无法比拟的。另外，有了计算机的词语索引聚类技术，还可为是否收录该词提供通用度、分布度等方面的数据参考。

但计算机词频统计是基于一个既定词表，存在先入为主的弊端，而对于大量未登录词无法处理，所以不可能仅靠这一种方法就确定一部词典的收词范围，计算机提供的词表和词频表、分布表等数据只是选词收词的重要参考，但利用计算机的操作可以解决至少 90% 的选词问题，大约还有 10% 的选词工作需要依靠主编和编者的个人主观经验和积累来进行完善补充和调整，资料分析员可将词表及自己不确定的词进行标红勾乙，提交主编和编者删减、修改、补充，资料分析员不拥有词表词目的遴选权，只有推荐权。

资料员在语料库中进行勾乙操作时，还要注意词的形、音、义、用等方面的用例，如异体字、异形词、儿化形式、重叠形式、不同词类功能用法等，特别要关注词的同一性（同形词）、兼类及活用的情况，为词的立目提供尽可能多的参考信息。

本环节的最终工作成果是词目初表和词形资料表（含词频、分布度、异形、儿化等信息）。这些成果需要基于资料分析员的资料准备工作，由主编和编者共同完成。这些选词词目数据是从语境使用实态中提取的，反映了词语使用频率和分布的客观情况，这些信息又可反过来修正词典中一些靠主观经验厘定的内容，进行更精确化的校正。

词目勾乙完成后，资料分析员还要进行材料勾乙，即词条的用法勾乙。早期的手工资料勾乙需要先将一篇语料复印多份，然后使用不同颜色的符号进行勾选，如例句和特殊用法等。在语料库中，分析员可先将各词在语料库中的用例批量提取，形成最小应用语境集。这一环节的工作成果会形成一个相对完整的词语用例库，具有复用性，不但是本词典编者编纂的重要参考，以后编纂其他类型的词典也可反复使用，对其中的资料各取所需。

对于例句中有特殊用法的词，如同义连用、反义对举等，应该在工作流中采用高亮标注的功能，同时要注意同一词目勾乙材料的关联性，如同一词不同词类的用法、词语词义的活用、常用共现搭配关联等，这些将为编者释义提供重要帮助。选勾时所用的颜色、下划线、括注等符号必须有统一的规定，同一套符号可使资料员与编者之间的书面交流更加顺畅。

被检索词如果是常用词，其出现的例句将是海量的，资料员要进行初步的筛选工作。首先是查重处理，有些经典的例句可能因为引用等原因出现于不同语篇，计算机自动检索时都会呈现出来，可以采用完全匹配和词汇串匹配的方式进行去重。完全匹配是整句匹配，一般由前后标点符号作为界标，词汇串匹配即限定一个较高的检索跨距值，如“8”，代表8个字符连用形成的语串，如果相同，则进行去重。计算机自动去重还可根据语篇典型性属性标注，自动去掉影响因子小的重复词串。这些方式都可以在一定程度上实现检索结果的有针对性的呈现。

如果词典使用书证以及基于书证改造的自编例，从语料库中初次提取的例证后都要标注该语句书名、语体、作者、出版社、出版时间、版次、勾乙者、整理者、勾乙建议等信息。这些信息往往是编者使用这些例句的重要依据。另外，要注意资料中的表格与图片的搜集。表格、图片等数据由于其形象性和直观性，越来越适合“读图一代”用户的使用心理，现代词典越来越重视这些释义要素，如果缺少这些材料，词典难以紧跟市场需求形势的变化。但目前的语料库多为纯文本，不支持多媒体信息，这项工作可由资料员处理，采用扫描、拍照等方式将图形和表格导入工作流资源子系统中。

四、编写中心

编者承担具体词条的编写工作。编写中心的最终工作成果是定稿排版的词典清样。

编者核心工作可分解如下：确定立目条目，判断同形词与多义词以决定所立词目的数量，从分析员对材料的初归类中判断义项的分设与合并，选择义项的描写方式（释义方式），界定兼类以供各义项词类标注，选择合适的释义先导词，界定义项的顺序，确定书证或整理语例，标注语体语域属性等。这些工作需要编者具有专业的语言文字学知识或相应专科知识，具有较强的分析和概括归纳能力。具体编写过程中可以适当参考其他已有辞书，但为避免先入为主，建议先基于生语料进行归纳，再参考其他辞书进行完善和修正，这样可以避免释义时陷入借鉴过多的旧套路，从而既体现一定的创新性，又可以吸收原有成果，提高释义水平。主编也需要承担词条编写任务，因为只有进入具体的编写环节，才能及时发现问题，调整编纂思路。主编所承担的词条应该是词典收词各级分类中有代表性的，如普通词与方言词、古语词、专科词等词汇类聚中的典型代表。

主编为编者建立账户，编者获得相应权限后，登录系统可以看到主编分配的词条编写任务及分析员传送的初步整理的各种知识材料。编者享有语料库的访问权，随时可以在语料库中补充测查相关材料或验证自己的释义，并要与资料员保持密切的信息沟通，可以提出资料要求，直接以任务的方式传送到资料员工作台上，无须经过主编审核。编者可以享有浏览其他编者编纂的相关词目内容的权利，但不具有编辑修改权。这方便根据词汇和词义之间的语义场关系进行关联释义，避免出现释义体例不统一、释义内容互补性差甚至矛盾的情况。

编写环节是整个工作流的核心环节，在做好上述工作的基础上，还要突出以下几个工作重点。

1. 知识元语义关系与关联释义

每一个词条及其释义都是一个相对独立的小知识元，但它们之间有着紧密的关联，体现着严密的系统性。释义时要有系统意识，一部词典收录的词条是一个系统，可将词条按照常用的同义、反义、类义、上下义、整体与部分等语义关系建立知识本体系统。

在工作流中，要实现关联释义，还要做好三方面工作：

一是主编分配工作时不宜按音序的方式分配，而应根据已经系联成小系统的同语义场的词进行分配，这样便于提高释义的准确性和系统性。关于语义场的系联可参考已有的类义词词典，如《同义词词林》（梅家驹等主编）、《现代汉语分类词典》（董大年主编）等。

二是在释当前词条时，由计算机自动从工作流中提取同场其他词的释义，列于当前词条的右边，方便参照释义。

三是根据字词的属性关系建好属性关联，自动标注参见系统，并提取相关词的释义进行实时参照，一些多音词、同名异指词或异名同指词之间的参见关联可以基于这个关联标注来进行。可见，对字词属性进行关联标注本身就是词典中观参见系统建构的过程。

2. 内容审校、统稿

已分配的词条编辑完成后须由小组长或主编进行审核，审核通过后进入备用库。在编者完成全部词条的编写后，所有词条将汇集到主编或外聘专家工作台上进行统稿。修改意见会及时反馈到编者手中。修改稿统一后由主编进行精确的统稿操作，主编主要审核释义的难易程度、辞书语体语言表达风格、释义的各个细节的准确度和合体度等，同时要尽量保持词典体例、风格的一致性。统稿环节是至关重要的，主编一人无法承担，需要一个群体，例如民国时的《中国大辞典》虽未完成，但统稿已经聘用了21位专家。主编为统稿组织者，编者适度参与，必要的时候需要外聘专家。统稿后将进入严格的编校环节。要坚持三审三校制度。最后由主编初定稿。

内容的审核还包括行政审批平台。词典由主编传送给责编，责编通过后再发给总编，总编通过后即完成行政审批程序，进入公开征求意见阶段。

3. 征求意见与定稿

征求意见是重要环节，对很多错误或不妥之处，编写组的人员可能身处其中无法察觉，外部专家站在旁观者和专家的角度会发现很多问题。征求意见分为内部意见征求与外部意见征求。在工作流中对内外部专家开放浏览权和注释权，供专家在线进行审核。对于一些使用网络不方便的专家可使用纸质本。意见的征求要细致，要落实到词条，时间不宜太短，要给专家仔细阅读的时间，从宏观结构、中观（参见）结构、微观结构中的每一个细致成分探寻其中的编纂问题。

专家库应该实时更新并区分层次，聘请一些有真知灼见、高水平且负责任的专家进入核心专家层次，不同水平及对词典有不同贡献的专家享有不同的酬劳。对于出版社来讲，应该有专门的专家 ERP 管理部门，统一管理专家的研究特长、工作量、报酬、贡献度等信息。

专家意见反馈后，要及时登记到工作流讨论栏，具体意见附在相应的词条旁，加审阅注释，然后由编写组进行逐条讨论，对词典内容进行再次修改调整。此过程要做好督办和催办工作，要发挥工作流的审阅追踪优势，采用工作流内短信催促或工作流外电话催促等方式。修改后还要经过主编再审和专业人员的再校，完成后主编定稿，转入工作流的专业排版系统。

五、排版输出中心

定稿后的词典进入工作流系统中排版输出模块。此模块可在线调用 Word、方正书版、Adobe InDesign 等专业软件进行编辑排版，最后发布国际通用的 PDF 格式样本，再进入清样校订、签字付型。而印刷装订、出版发行等环节由于参与人员和工作性质发生根本改变，已经不属于本工作流环节。也就是说，词典编纂工作流到输出专业排版的词典清样就已经完成。

六、词典编纂工作流的附加功能设置

1. 数据修改痕迹及相关资料的永久保存

一部词典在这个工作流系统中作为一个项目存在，和该项目相关的所有信息及所有材料都会封闭在项目文件目录下，基于计算机的强大功能，有些词条内容的修改轨迹也可保存，以方便回溯，每次修改都会自动生成版本，需要时可以回溯到任何历史版本。这些宝贵的资料极大方便了词典的后期修订以及词典系列化工作，也有利于学术研究。如《现代汉语词典五十年》（商务印书馆，2005）就汇集了现代汉语词典从1956年到第五版修订的主要材料，清晰地勾勒出整个词典编纂和修订的流程，为辞书学史等方面的学术研究提供了大量宝贵的资料。

2. 为词典修订和评论预留接口

词典编纂一般都工程浩大，难免不同程度地存在错讹之处，一部词典编纂完成，该词典编纂室的工作并没有结束，还要长期动态监控和发现词典中的问题，如体例不统一、释义矛盾疏漏、可进一步提高质量之处等，还要关注学术界相关评论中提出的修改意见，以便修订时参考。这方面工作主要由资料分析员承担，要将其作为一个例行工作来做。

要为词典评论预留接口，负责任的词典评论一方面会帮助发现词典中的问题，另一方面可以归纳词典的优点，对于词典的营销至关重要。这些评论性的资料也要由资料员搜集，对其中有价值的问题要进行整理，定期形成专题报告，上报主编。

3. 为词典系列化（含电子词典）预留接口

要对已经编成词典的实用价值和经济价值进行全方位挖掘，其中重要的方法是系列化。如词典的大型本主要是用于满足用户的查全需要，还可根据用户需求进行细化定位，组合开发小型本满足用户查检快捷性和便携性的需要，而中型本可在查全与便捷之间达成平衡。系列化工作最主要的是词目、语例、义项数及每个义项释义丰度的调整。因此词典编纂工作流要为这种系列化工作做好前期准备。

首先要对字目、词目、字词属性信息、释义、例证等进行字段化标记，这样可以保证每个标记点都能封闭为相对独立的知识单元，进行自由组合，以实现数据复用。将词条进行多维度标记，还可以帮助生成不同类型的专项词典，如根据《现代汉语词典》就可以生成方言词小词典、雅词小词典、同音词典、三音词词典、联绵词词典、繁简字对应词典、义类词典、成语(惯用语)小词典、语素构词词典、逆序词典等。这些词典的形成,依赖于工作流中对词条相关内容的详细属性标注,标注越详细,越易利用计算机信息组合形成子类词典的雏形,越有利于词典系列化工作。

电子词典是近些年流行的词典类型,它的智能性、便携性及多媒体化体现着比传统纸媒词典显著的优越性。而电子词典的核心要依据工作流中的词典文本及词条属性标注工作,详细的属性标注是电子词典多条件检索的基础工作。有了这些属性标注,词典的检索就不会只是停留在关键词检索阶段,而是可以进行复杂的布尔表达式检索、阈值区段检索、多条件组合检索、追加检索等操作。

七、小结

我们拟把词典的编纂作为一个大型的知识工程,构建一个由出版社为主导的基于网络的词典编纂工作流系统,对工作中的资源、任务、过程环节、权限进行有序、有效的控制,从而提高工作效率,真正体现编纂团队的高效协作。

第五节　个案5:开放式辞书编纂与共享模式研究

近些年,国内的辞书策划、编纂、出版、使用呈现高速发展的繁荣景象,但这并不等同于高质量发展,辞书运作主要集中于出版部门,体现的是自上而下的、单一的专家模式(图12—10)。从某种角度来说,目前国内辞书的质量和发展方向完全依赖于专家的智慧和思路,多元化程度不够。随着计算机、网络技术的发展,大众在工作学习中使用辞书需求高涨,需要更加多元化的运作模式,特别是以专家为主导,以大众参与为主要形式的开放式辞书编纂与共享模式(以下简称“开放式模式”)。这一模式可以作为专家模式的重要补充,起到互相借鉴、互相促进的作用。

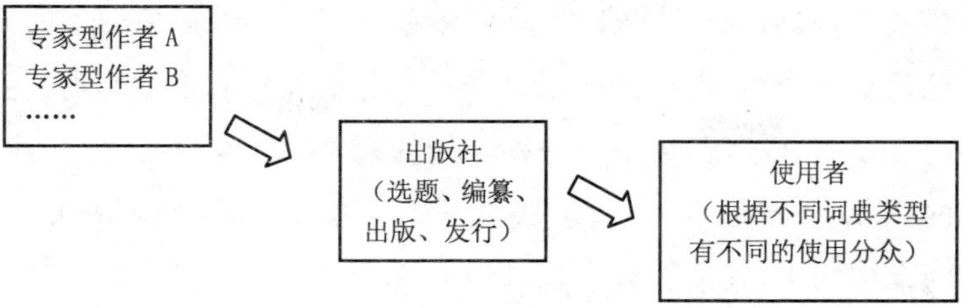

图 12—10

一、开放式的界定

本模式将辞书看作是重要的语言资源、文化资源，采用网络电子词典的运作方式，编纂过程最大限度地由专家、大众交互参与，形成的辞书资源由社会高度共享。这一模式体现了三个“开放”理念[①]：一是观念开放，体现网络互助、文化互助的精神；二是资源开放，将辞书编纂的每个局部资源完全开放，共享精神贯穿辞书编纂的每一环节，体现在资源共享上大公无私的魄力和彻底的开放精神；三是编者开放，将文化话语权由精英层面部分下放到平民层面，技术操作上由专家作者层面变成以专家为主导，以大众为主体的开放式编者群，体现对平等精神的尊重。

二、开放式的尝试

开放式是随着计算机网络的发展而逐渐受到重视的。在辞书学界，有几次重要的尝试是不容忽视的。

近几年，辞书的网络编纂平台建设相继在各大辞书出版社受到重视，如商务印书馆采用自建的方式，外语教学与研究出版社采用引进的方式，都在尝试将辞书编纂由个人离散行为向集约化的协作行为平台迁移。但这些平台主要采用本部门内部局域网方式，依然是专家模式。

2003 年，《新华新词语词典》（商务印书馆）的出版标志着开放式模式正式纳入辞书编辑出版的视野。它采用由权威出版社面向全国征求

---

① 这三个“开放”的观点来自于李宇明先生面授，特此注明。

新词语条目,然后由专家进行定词的编纂方式。这种征集词条的方式,虽然还只是一个尝试,但这些词典条目来源于大众活生生的语言生活,不再由专家完全控制,体现了一种全新的理念。时至今日,反观词典中择定的2200条新词语,绝大多数是经受住考验了的,大多成为当前生活中的常用词语,很多进入了基础词汇、全民词汇。这说明开放式征集词目的模式是可靠的。但这种方式是半开放式的,前半程的征词操作属于开放式,后半程的定词、释义等环节还是属于专家模式。

2005年,针对互联网上语言文字的不规范现象,"光明网"开设了《咬文嚼字》栏目,后改名为《网友问字》。先由大众提问,然后由网站组织专家解答,再将答案在网上公布。2006年,出版社采用类似百科辞书的编纂方式,提取了365个问答编纂出版了纸媒书籍《网友问字》,这也是开放式辞书编纂的一个重要尝试。不过其在开放性上并没有形成突破,依然属于"半开放"模式。

2007年,国家语委下属的"中国语言文字网"设置了由网友共同编纂的"现代汉语网络词典"板块,规定了词条的编纂格式。这迈出了开放式辞书编纂的坚实一步,但其探索性、实验性的目的比较明确,互动活动都是后台操作,大众在前台只有提交内容的操作,所以离真正的开放性还有一段距离。但作为政府主管部门下辖的一个专业网站,这个功能板块释放出很多信息,说明政府已经关注这种开放模式了。

近些年,一些采用完全开放模式的网络辞书功能模块不断推出,如国外的"维基百科",国内"百度"的"百度知道"、"新浪"的"爱问知识人"、"雅虎"的"雅虎知识堂"等。它们都是百科辞书性质的,但编纂模式是一致的:在网络环境下,基于网友的提问,由其他网友进行全面解释,很多网友还会提供词条的原始语例、词源信息、释义依据和其他参考材料,解答方式和角度呈现多元化,体现出对一个词条或问题的多样性理解,是真正的平民化、非专家化辞书编纂模式。这种方式不仅做到集思广益,而且针对性更强,信息量更大,在网络界影响很大。平民化并不代表低质化,平民中有专家,特别是随着语文生活的百科化,所谓专家和平民已经没有绝对的界限,有很多参与解答者可能就是辞书专家或语言文字专家，有些可能是各行各业的专家，他们对某些词语特别是专科词语的解释可能比语言学家更全面、更准确。

例如2007年，“拐点”一词的使用频率很高，在“百度知道”等栏目中，有很多提问者想了解“拐点”的确切含义，其中很多解答都非常专业，如有数学专家解释“拐点”原是一个数学术语，后来移植到经济领域。但在经济领域究竟什么样的发展趋势是“拐点”的准确特征？有经济界、房地产界的专家发表了对“拐点”内涵的看法。这种集思广益的编纂思路体现了对“拐点”词义细节的最接近的理解，可以补语言专家知识面之不足。

以上这些开放式编纂和共享方式给我们提供了很好的启发：如果我们的辞书编纂与共享采用这种方式，将在编纂理念探索、辞书应用实践、让大众共享语言及文化资源成果方面体现出很大的优势。

三、开放模式的网络电子词典载体

随着计算机和网络的发展，电子化已经成为辞书的重要载体形式，虽然还无法取代纸媒辞书的地位，但无疑是重要补充形式。电子词典的应用在国外已经进入蓬勃、全面的发展期，国内由于受技术和盗版等因素的影响，进展缓慢。但电子词典最能体现辞书的工具性、实用性、方便性和高效性，代表着辞书载体未来的发展趋势。

目前比较成熟的电子词典主要有传统型、机器翻译型、研究型三种。传统型电子词典主要用于学习者进行普通的词汇查检，是纸媒单语或双语词典的电子化，只是增加了如图片、动画、音频、视频等多媒体信息，增强了词典的形象性和直观性；另外在检索方面大多有初级和高级查询、检索功能，有的甚至提供了可在词项及其释义中的全文检索功能，这是传统型电子词典相对于纸媒词典的优势所在。机器翻译型电子词典主要用于专业的机器翻译系统，为机器翻译提供原语词典、目标语词典、规则词典等，其编纂主要受制于机器翻译要求。研究型电子词典虽然具有一定的探索性质，但却体现着电子词典编纂思路相较于传统词典的根本性转变，它将词汇语义理论的最新成果和计算机信息处理的最新技术应用于词典编纂，开创性地提出了许多编纂体例，代表了电子词典的未来发展趋势。

以上这三种类型的电子词典，大多是单机版的，不利于共享。开放辞书资源的建设与共享宜采用新兴的电子词典方式——网络电子词典。网络电子词典不是简单地将纸媒辞书电子化上网，或将单机版电子词典由单机检索变成网络检索，它的优越性体现在以下几方面：

1. 打破时空限制

网络电子词典运作方式基于 B/S 模式（客户浏览器/服务器模式），任何一个联网终端通过浏览器都可随时获取词典内容，包括利用手机、PSP 游戏机、GPS 导航器等通信终端电子设备，极大地提高了使用的方便性和普及性。

2. 实现了词典内容和功能的随机扩展

鉴于词典词条的内容容量有限，不可能将所关注的检索目标的全部信息展现出来，当当前检索结果提供的信息不足时，随时可以调用网络上其他搜索引擎进行补充检索，包括相关图片、视频等多媒体信息的检索，网络环境提供了满足此需求的无限扩展空间。

3. 体现高度的安全性

网络电子词典可最大限度防止盗版，能比单机版电子词典更好地保护知识产权。首先，网络版词典不能被整体下载复制，《古汉语词典》及《汉语大词典》的网络版运行良好，使用者只能靠合法账户和密码登录使用，无法下载后台数据库，但《汉语大词典》的单机版却在网络上被大量非法下载；其次，单机方式无法防止软件被快速破解，网络方式可以较好保证后台数据库的安全，即使能采用黑客等极端方式获取后台数据库，还需要在单机上搭建专业的 ASP、JSP、PHP 等服务器环境，否则，网络电子词典根本无法运行，这并不是每个普通用户都能做到的。

4. 动态更新性强

传统纸媒和单机版电子辞书的印刷、光盘制作、发行、销售等环节的周期都较长，所以一些修订内容很难及时与大众见面。而网络词典却可以实时更新，通过网站内容更新管理系统，快速使修改和补充内容在最短时间内与读者见面。

5. 体现开放式的词典运作理念

网络电子词典相对于纸媒词典和单机电子词典，最能反映辞书编纂、反馈和共享机制的根本转化，体现最大的全民参与、交互建设特点，最能体现资源的开放式建设和共享思路。

四、开放模式的基本运行机制

由于开放模式是服务性、公益性的，主要服务对象是大众，而非专家和研究者，所以定位应该是普及层面，采用语文词典的编纂思路。可以分别做共时描写式词典、字典，英汉双语词典，同义反义词典，成语词典，新词语词典，学习词典各一部，基本可以覆盖应用层面的语文词典的各个类型。在探索阶段，可以先以一部语文词典做试点。在具体操作过程中，辞书编纂与共享应坚持集中性和开放性、权威性和群众性、专业性和社会性结合的编纂原则。

开放式模式目前处于实验阶段，不宜采用“维基百科”式的无限制开放模式，应该选择有限制的开放。针对建设和谐语言生活、规范语言文字使用、监测语言资源这三大目标，开放式辞书编纂与共享的实现要基于以下五个基本点：

1. 追求共享内容的权威性、规范性

重视辞书服务于语言文字标准规范的职能，就应该保证共享辞书内容的权威性与规范性。开放辞书资源不但要重视全民参与建设，更要将已有部分辞书资源向大众共享。应该给大众提供一部中型权威的网络词典，在网络页面上设置固定板块区，和大众参与的交互板块置于同一页面，在固定板块给出每个词目的形、音、义等信息，这些信息应该尽量保证权威性、规范性，义项不宜过细，一般不反映有争议的学术问题，不对一些问题进行过细过深的探讨。这一板块可以保证大众部分地享受已有权威辞书资源，最主要的是当大众从其他辞书中发现注音、释义等方面的分歧，可以在这里找到规范、标准的解释。

2. 以交互性与社会参与性为模式运作核心

辞书是语言文字资源的集成载体，语言文字具有社会性、群众性的特点，开放式模式要落实这一特点，应保证交互性与广泛的社会参与性。

在网页界面的固定板块区下方设置交互板块区，采用语文性描写词典与学习词典相结合的方式，在设置基本的形、音、义讨论内容后，整合进字形辨正、字音辨正、构词分析、词源追溯、同义辨析、同类类聚、反义系联、语法功能、语用提示、文化解释等学习词典的要素，设置专门类目，由大众进行交互添加，添加结果实时反馈，这种全方面、全角度、全层次的开放模式可以搜集到关于一个词的全面、详尽的信息，对一个词的认识会更全面、更深入，也在理论上体现认知语言学的将语言本体知识与个人感受、生活经验、百科知识相结合的研究思路。

另外，大众在此板块可就一些有疑问的信息进行理性的争鸣，这种自组织的、有益的学术小讨论，会营造一种基于原生态的、活生生的语言研究气氛，对词汇学与辞书学的研究也大有帮助。

因为定位于大众参与、使用，一定要保证交互项目的实用性，不应设置过于前沿的语言学项目，如让大众提供一个动词的框架元素或语义格等，否则会因为过于专业化和实验性，拉开与大众的距离，从而丧失其“开放性”的本质特点。

另外，交互板块和固定板块是互通的。固定板块的权威词条和释义是大众参与的基础，可以在此基础上进行补充、质疑、出新及辩论，一些在交互板块中有价值的观点和结论都被累积起来，经过专家辨析后，直接进入固定板块的修订环节，保证权威内容的及时更新。

以上交互性运作模式的实现基于大众的积极参与。网络运行的最重要保证是大众的广泛参与，否则开放模式无从谈起，甚至网络都不会存在。要全面调动大众的积极性，基于对知识产权的尊重，除了发动和宣传以外，开放模式应充分尊重大众的网络署名权。不管是网络载体，还是根据网络内容出版的纸媒版本，采用大众的信息或依据大众的信息都应该在相应词条后用一定的方式注明，这不仅可将辞书资源建设维持下去，还有利于实现辞书编纂与共享的实名制，维护这一编纂机制的严肃性与公平性。

3. 由专家监控与引导做保证

由于语言文字工作具有与国家政治、经济、文化等的紧密结合性和基础工具性特点，所以不能处于完全的自组织状态。我国的历朝历代，大都在中央政府设立专门部门对语言文字使用进行统一规范和管理。语言文字管理工作具有集约性特点，所以开放式模式不能无限制地开放，在充分尊重大众参与权的基础上，组织专家团队，全程监控和管理大众参与内容，对交互板块中大众提供的信息做提取、加工、升华等工作，对大众评论进行积极引导，过滤一些消极、反动的信息，对固定板块内容进行修订、汇总、整改，这样可以保证辞书建设与共享的健康发展，不至于失序和失范，防止有人将语言问题低俗化、政治化，维护语言环境的和谐稳定。

4. 把监控语言资源发展实态作为运作的最重要附带目标

如果说共建与共享一个全面、实用的网络电子词典是开放式模式运作的直接目标，监测语言资源实态则是开放式模式运作机制要实现的最重要的附带目标。

当代社会，语言文字生活的发展日新月异。语言作为一种重要的文化资源甚至是战略资源，对其发展实态进行监测是摆在国家相关主管部门面前的紧迫任务。目前的语言资源监测主要是以行政方式集中专家组成课题组进行研究，较少有大众的参与。一个知识再全面的专家的大脑，也抵不上千万个大脑提供的信息的汇集。

例如，新词语是语言资源监测的重要内容，在新词语监测、计算机自动提取新词语等技术并不成熟的情况下，大量的新词语获取还需要靠人工干预。如果在开放模式中设置新词语交互板块，大众不但会尽量穷尽性地提供年度新词语条目，还会提供释义、语例、用法、词源等方面的丰富信息，也可提供旧词语的新义项、新用法，这里面聚拢的海量信息是其他途径无法获得的。再如新词语监测工作有时需要判断某新词语是否为当年度产生的新词，虽然我们可以从语料库中查询、印证，但再大的语料库，其规模及覆盖面也是有限的，无法集成所有语料资源，因此有些词语很难界定是否是年度新出现的。作为语料库测查的补充方式，可以在网络新词语板块中设置“最早语例”项目，由大众提供相关信息，再由专家甄别，尽量保证其准确性。以上这些操作便于相关部门全面掌握新词语的面貌，全方位地关照新词语资源，与专家监测组的工作形成互补。

5. 建构全方位的安全保障体系

开放式模式基于网络，就和所有的网络应用一样面临盗版、黑客等安全威胁。开放式模式的运作要有可靠的安全保障，可以主要从以下两方面着手：首先是技术保证，要对网络电子词典的后台数据库文件进行专业的、高强度的加密，对数据库内容进行高频的例行自动备份，配置专业的软、硬件网络防火墙等，通过这些操作最大限度保证共享与交互数据的安全；二是制度先行，为防止抄袭共享辞书资源、乱攒辞书的问题发生，在进行开放辞书建设与共享之前，要建立健全的辞书资源使用、引用措施和相关规定。大众的意见一旦在开放模块中发表，其知识产权归相关部门所有，其他人使用必须注明出处，在商业中大量使用必须取得授权。

五、小结

开放式辞书编纂与共享模式采用网络电子词典的运作方式，编纂过程最大限度地由专家、大众交互参与，形成的辞书资源由社会高度共享。网络电子词典有五种优越性。开放式模式的运作机制有五个基本点。这一编纂与共享模式是词典未来发展的核心方向之一，应予以高度重视。

第十三章　出版热点：作为知识产品的汉语辞书核心竞争力研究

辞书编纂工作涉及辞书规划、人员组织、人员管理、资料管理、知识共享、知识组织、知识检索、出版、重印、再版、修订、评论等诸多环节。辞书编纂过程是一个管理流程，需要采纳先进的管理学理论与方法来进行，以形成辞书的核心竞争力。

本章主要从知识管理视角，把辞书作为一种知识产品，探讨辞书本体知识的特点、编者知识结构的构成、两类知识转化模型，进而从六个方面探讨培养辞书知识产品核心竞争力的途径。

一、知识产品视角的辞书编纂

辞书团队的协作编纂是对整体知识系统的先分解后整合式的加工。要加强辞书编纂团队的管理，须全面了解辞书知识集的特点。

（一）数据、信息、知识与辞书

在辞书知识集的编纂中，数据、信息、知识是三个层次的概念。

数据代表特定意义的文本、数字以及音频、动画、视频等多媒体。数据可作为辞书编纂的备用材料，例如辞书编纂时制作的大量文本卡片，语料库中存储的语料，为编写图解词典及电子词典所搜集的图片、音频、视频，甚至制作的虚拟现实（VR）积件等。数据是生成辞书知识的基础。

“信息是经过条理化、格式化等的数据”[1]。获取信息的过程是围

---

① 储节旺等．知识管理概论［M］．北京：清华大学出版社、北京交通大学出版社，2006：31.

绕一个明确的目的对原始数据进行专门信息提取的过程。例如围绕一个词条勾乙的所有例句材料,在语料库中根据关键词检索类聚出来的例句库等,更高一级的信息还包括用信息处理软件标注后提取的、围绕待释词形成的常用搭配集、语块集、句型、句模等,还包括计算机统计的字频、词频信息等。这些信息是语言原生数据和辞书知识文本之间的中介和过渡。

知识是从信息中提炼、概括和总结出来的有价值的信息,这一价值往往体现在知识储存与检索(理解型词典)、辅助教学(学习词典)、辅助语言文字规范(规范/规定词典)、辅助表达(类义词典)等方面。如果编纂团队拥有关于一个词目的大量语言或专科信息,但并没有从这些信息中概括、描写出语义义项以及语用、语法、文化等方面的规则,这些信息就不是知识。

辞书知识集是专家知识的组合,是典型的富有严整结构性的规范知识集。规范知识所依据的规范规则(细则、凡例、样条等)又为吸纳新的词条提供架构,编纂时需要严格按照细则和凡例进行知识组合。辞书知识集具有清晰的条目性(以字头或词头条目为相对封闭的知识元)、丰富而严谨的联系性(既能像上古字表《急就篇》那样"分别部居不杂厕",又能通过参见系统或语义场进行显性和隐性的联系,体现着系统性特点)、方便的检索性(音序、形序、义序等)。

辞书中的知识是编纂工作的静态成果,辞书知识集的形成与编者的编纂技能是分不开的,技能包括对数据和信息的经验判断、分析、概括三大核心能力,是知识的动态生成过程。所以广义的知识是把技能包含在内的,在此我们不再区分。

本章的辞书知识分为两类:一类是已有辞书本体知识,体现在既成辞书的分部索引、选词立目、释义(用法)、设例等内容上;另一类是编者知识,体现在辞书编纂过程中,离散分布于编纂团队或编者个体中,且具无形性。辞书编纂就是要把个体的编者知识整合成辞书本体知识。一个编者不可能精通所有领域的知识或同一领域的所有知识,在专业分工高度发达的今天尤其如此,因此,辞书协作编纂的核心是个体知识的共享、获取与整合的过程。

（二）编者知识

辞书编者的知识一部分来自自己积累的辞书编纂经验，另一部分来自对外部知识的系统学习和择取。编者所拥有的知识从领属关系看，包括个人知识与集体知识、公众知识；从形态上看，包括显性知识和隐性知识。

1. 个人知识、集体知识、公众知识的转化

个人知识与集体知识关系比较简单。根据新一代嵌套知识域理论(Nested-Knowledge Domains)[①]，我们认为，辞书知识体现在两个层面：一是作为编者个体拥有的知识，他们通过系统学习与实践摸索，拥有知识技能和经验，并将这些知识用于辞书编纂；二是个人组成的团体拥有的知识。作为团队中的一员，编者同时掌握着整体与部分的集体知识。团队知识包括三方面：辞书编纂中形成的共同编纂细则，团队搜集的语料资源，所有编者共享的个人知识总和。个人知识嵌套在集体知识中，能因编者个体的不同而保证相对的独立性，但同时个人知识又是集体知识的组成部分。辞书编纂团队要成功协作，必须将个人知识共享与转化为集体知识。

个人知识只有通过征集、交流等方式共享出来，并被其他编者所接受和掌握，才能成为编纂团队的集体知识。编纂团队需要提供交流平台，采用最多的方式是建立内部网知识社区，既可采用微博、论坛公告形式，也可采用在线通信终端软件沟通方式，自由发布辞书编纂中的一些创新思路和思想火花，以引起广泛的讨论。在讨论过程中，个人知识就逐渐转变为集体知识。

团队的集体知识经过组合、整编和再加工、再创新，就成为辞书中

---

① 储节旺等.知识管理概论[M].北京：清华大学出版社、北京交通大学出版社，2006：26.

的本体知识。辞书出版后为用户所用，就会共享为公众知识，并产生社会效益和经济效益。因此，从知识领属的角度看，辞书编纂的过程就是个人知识—集体知识—公众知识的转化。

个人知识—集体知识—公众知识的转化过程是可逆的：面向公众的辞书知识可成为团队以及编者个人参编新辞书的预备知识。三类知识之间正向的转化过程体现的是层层共享性，而逆向的过程体现的则是层层回馈性——已有辞书知识回馈新辞书团队，新辞书团队将获取的知识再回馈给编者。前者实现的方法是交流（个人知识共享与融合）和出版（辞书知识产品打包共享），后者实现的方法则是学习与习得。

2. 显性知识、隐性知识的复杂转化

如果说个人知识—集体知识—公众知识的二级转化的思路是清晰和双向线性的，那么显性隐性知识的获取、表达和二级转化则是一个复杂的非线性系统。

（1）显性知识

编者的显性知识可以是见诸各种媒体（如书本、电视、网络、口耳相传等）的系统知识。语言文字学知识、百科知识、文献学知识、辞书学本体知识等都是辞书编者显性知识的典型代表，一些已出版辞书也是显性知识。显性知识多以成系统的编码的方式存在，而且可以方便地共享为集体知识，但要转化为辞书知识，还需要进行整合、加工。

显性知识大多可以被规范化、格式化。如辞书的微观结构——词条释义中的形、音、义、用、例、标签、词性等信息，在整部辞书中都是严格按编写条例规定的格式进行存储，甚至可以被存储在二维关系的计算机数据库中。这种情况在已出版辞书中最为典型，因此这种显性知识受到辞书编纂者的高度重视，编纂团队会对其进行数据库化和语料库化处理，然后利用计算机数据挖掘工具，发现各种隐含的语言文字信息关联，为新编纂辞书的知识创新做好材料基础。

（2）隐性知识

根据知识管理理论，隐性知识也称隐含知识、个性化知识、潜在知识、内隐知识，是一种主观的、基于长期经验积累的、存在于人脑的知识，包括特殊技艺、思维模式、经验、想法、判断、文化、习惯及潜能等，是高度个人化的知识，难以规范化且不易传递①。简而言之，隐性知识是一种技能和经验。

在辞书编纂团队中，隐性知识技能体现为语感的敏锐性、材料收集能力、语境类型概括能力、义项归纳描写能力、例证设置能力、附加义或语体标签判断能力、辞书体例的宏观把握能力、结构化文本编码能力等。

近些年，有专家提出研究词典的自动生成，这一倡议只能说具有很强的实验性，其实是有违辞书编纂本体特点的。辞书编纂基于客观材料，但其编纂技能是主观的、经验性的，任何辞书都离不开隐性知识技能，特别是语感。编者要有高度敏感性，善于从一些细小的、残缺不全的、相关的语境及词义词用信息中获取一个词语较完整的语言文字属性。这种语言敏感性能较容易地触及词义中最难把握和表达的因素，具有一定的联想和触类旁通的能力，是一名优秀编者应该具有的基本技能。

例如根据不同语境类型提取的义项的分合一直是辞书编纂的难题，义项间存在着相似和区别程度的问题，导致编者很难确定不同语境类型中的义点是立一个义项，还是分立多个义项？这些义项是属于同一个多义词，还是属于多个同形同音词？如：会^1：会面；会见。会^2：熟悉；通晓。会^3：付账。立为三个词比较容易把握。但“乘法”的“乘”和“乘船”的“乘”，《现代汉语词典》和《新华词典》的处理原则就不同，前者立为两个词，后者立为一个词。这些操作需要丰富的经验、敏锐的语言感觉以及准确的判断力。

编者的隐性知识技能主要体现在善于将自己的判断和感受结果进行抽象、升华、归纳、总结，将其用简洁的辞书体语言表达出来。例如不

---

① 储节旺等.知识管理概论[M].北京：清华大学出版社、北京交通大学出版社，2006：31.

同的编者面对同一批语料数据的归纳结果是不同的,体现着较大的差别。一个隐性知识技能丰富的人,能够综合自己的主观判断力、知识储备以及语料库等材料处理技术,将这些语料进行去芜存菁的工作,将同一用法或意义显现的相似语境类聚成同一语境类型,对同一语境类型中词的义点进行归纳抽象,将义项和用法提取出来,还有能力从语境中归纳词的附属陪义、使用范围、语体色彩等信息,特别是常用语义搭配及语法搭配模式,然后在括注和例证中体现出来。

对隐性知识技能要求更高的是释义的系统性。词义之间很多都具有同义、反义、整体—部分(包括材料—成品等关系)、属种、平行等关系,其词的释义必须互相参照,这需要有相当强的宏观把握能力。

隐性知识技能在义项描写方面,要求具有简练、准确地表达思想的能力,要把尽量多的语义信息通过最简洁、最得体的对释词语或语句给以表现(对释或定义)。例如对于一些常用词的释义,能敏锐地发现其根本性的必需语义特征,使其释义既不释易为繁、为难,又能体现该义项和用法的常用性、丰富性和复杂性。这需要编者具有将芜杂的、非规范或半规范的意义和用法信息编写成结构化的知识表示代码的能力,而结构化的自然语言代码能够体现辞书释义的最大简明性。

最后,编者所拥有的显性知识中的理论知识在辞书编纂中多具有后台性,多能转化为隐性知识。例如词汇学中不同词的类聚方式(可针对词典的选词立目),词汇语义学的语义场、义素分析、原型范畴等理论(可针对义项分立、义项描写、同义词辨析、参见系统设置等),功能语言语域、变体、语码等理论(可针对语体标签标注),一些新兴的如格语法、框架语义学、俄罗斯的文本—意思语义学等理论(可针对特定词——如动词的释义方法的改进),文献学和语料库语言学(可针对词典的例证勾辑、义项归纳操作)等,这些理论知识虽然在编者习得时是系统的显性知识,但在辞书编纂中就转换为隐性知识,是创新性辞书编纂的推动力。

(3)显性知识与隐性知识的转化

辞书编纂是一种创造性的脑力劳动,核心工作是处理好显性知识与隐性知识的转化。

显性知识是以规范化、有序化方式编码的，易于在个人间建立沟通和共享。但隐性知识具有个人化、无形化的特点，技能和经验即使能够说出来，也不一定能让团队其他成员掌握，因此共享效果差。波兰尼认为[①]，人们可以从教科书中学习各种显性知识，但却无法把它们连贯起来形成隐性知识，这一步只能在具体的实践尤其是失败中获得，要通过试验、犯错、纠正的循环往复而形成个人风格。

但编者隐性知识技能如果得不到有效利用和控制，也会给编纂团队协作带来影响。一些具有语言文字学家身份的编者，拥有丰富的隐性知识技能，往往也是最有学术见解的人，如果一个队伍中这种类型的编者占比高，有时会使辞书内容趋深、趋专、趋个性。而另一方面，有的编者显性知识丰富，或者利用显性知识的手段比较多，能很快从材料中找到例证等信息，但缺少足够的隐性知识技能，如意义分析能力、语言敏锐性、义项归纳能力，如果这种类型的编者占比高，往往会使辞书缺乏创新性，有时因循守旧，甚至走向照抄别人的道路。一个团队中两类知识优势的编者都要有，关键在于团队能否使他们紧密协作，使前者学会妥协，将自己的编纂理念和技能平易化，对后者加强激励，使其乐于创新。

编纂团队的知识协作就是促使编者个体的显性知识有效转化为隐性知识，再用隐性知识整合显性知识，最后在辞书中表达为面向公众的更高层面、更系统的显性知识。“知识是通过隐性知识和显性知识之间互相的社会作用来进行创造和传播的。二者转化就是知识转化，知识创造就来源于二者的不断对话”[②]。根据野中郁次郎(Ikujiro Nonaka)的理论[③]，知识转化分为四个阶段，如果演绎到辞书编纂中，具体体现

---

① 转引自储节旺等.知识管理概论[M].北京:清华大学出版社、北京交通大学出版社，2006:31.

② 储节旺等.知识管理概论[M].北京:清华大学出版社、北京交通大学出版社，2006:80.

③ 转引自邹国庆.论知识管理与构造企业竞争优势[J].经济纵横，2003(4).

如下：

A. 社会化——从隐性到隐性。辞书编者用辞书编纂的基本隐性知识技能(如语感、概括归纳能力等)，对辞书及语言文字知识进行各种学习、实践，进而积累形成新认识的方法和经验，从而形成各种新的隐性知识技能。这一过程均依靠自己先天的、基本的隐性技能在社会化语境中进行操作。

B. 外在化。外在化有两个过程：一是从隐性到显性。辞书的重要任务就是将人类对世界的认识和经验进行显性化，编码为显性的知识，成为人类文明的载体。例如在《说文解字》中，从汉字的造意和本义上可以了解上古人们的世界观、方法论及社会经验、社会知识，从《尔雅》等雅书的义类分部和《说文解字》的 540 部文字学意义部首中，我们可以了解到古人对世界的分类观和基本的哲学观。二是显性到显性。两个“显性”内涵不同，前者是外部离散知识，后者是通过个人捕捉再共享到组织中、经过初步整理的显性知识。

辞书编者的外部知识源除了零散分布在各类资料和文档中的显性知识，以及借助知识智能挖掘技术得到的如词频等语言材料信息，还有一个重要源——外部专家知识。外部专家非编纂团队成员，不亲自参与编写工作，因此无法获取其隐性知识技能，只能获得基于自己丰富的显性和隐性知识基础上形成的主观性建议和解决方案，可通过建立专家目录的方式，采用咨询、研讨等方式，将其经验性知识共享。

C. 组合化——从显性到显性。组合化过程就是辞书知识内容的组织——编者将显性知识严格按团队组织给定的细则和体例进行系统化、条理化、有序化处理，形成辞书的宏观结构(检索体例)、微观体例(如词条释文结构)、中观结构(参见系统等)，形成新的面向公众的显性知识。这一过程的核心是建好结构资本，结构资本是辞书编纂团队及出版社在组织运作一部辞书时的辞书本体结构、管理制度、工作规范等法典性文件，为辞书编纂提供了所有编者共同遵守的工作守则和工作范例。这些法典化文件一旦形成，就是一部辞书的巨大财富和灵魂。例如《现代汉语词典》编纂时，就事先撰有《现代汉语词典编纂计划纲要》、《现代汉语词典编写细则》、《现代汉语词典凡例和样稿》、《现代汉语词典注音连写、大写、隔音暂用条例》等规范性文件。有了这些规范性文件，隐性和显性知识就容易在一个框架中进行规范化编码，最后显化为辞书的内容，后续辞书的编纂以及旧辞书的修订也都可在这些法典框架内进行工作。

D.内化——从显性到隐性。首先，内化体现在辞书的显性知识的加工和表达过程中，显性的知识又会转化为编者知识结构中新的隐性知识技能，如编纂经验的积累，材料加工能力、逻辑思维能力、概括能力、表达能力的提升等，人类就在这个知识螺旋中不断积累和创新。其次，内化还体现为辞书显性知识加工过程中，整个团队产生新的隐性知识群，如《国语辞典》完成后，形成了这部辞典的各种共享知识经验和技能，而后来台湾地区的《重修国语辞典》、《重编国语辞典》的编纂，虽然团队的成员都已经发生了根本性变化，但团队的隐性知识技能却仍然存在，整个辞典的重修工作都很好地继承和发挥了集体隐性技能这种组织财富。大陆的《现代汉语词典》团队的集体隐性知识经过吕叔湘、丁声树为核心的团队的营造，一直在后续版本中得到稳定的传承。以上两种在由旧辞书显性知识完成过程中转化来的隐性知识技能，在新的辞书编纂以及旧辞书的修订中仍是灵魂。

以上四个步骤也是可逆的闭环结构，通过这些步骤，完成了显性和隐性知识的复杂的、多重性转化，在这个过程中，显性知识转换是基础，是交流共享的前提；显性知识向隐性知识的转换是关键，隐性知识之间的整合是核心，是激发创造力的原动力，最终形成知识生长与创新螺旋，大而言之，知识螺旋是保证辞书编纂不断创新的动力源泉。

二、作为知识产品的辞书核心竞争力

知识经济的本质特征是深度化竞争，作为知识产品的辞书的编纂出版在国外已经进入了充分竞争化状态，如英语词典基本形成了以牛津、剑桥、朗文、柯林斯、韦伯斯特、麦克米伦六大出版社为核心的六大词典家族,这六大家族的词典类型多样化,数量和质量都走在世界辞书产业的前列。六大家族之间的竞争异常激烈,特别是同一类型、同一定位的辞书。但经过充分竞争后,这些同类辞书却成功地规避了恶性竞争,体现出一定的差别化优势,共存且互补分布,形成了良性的竞争,推动了辞书编纂理论与方法的发展。

大陆的辞书市场经过两次辞书规划已经被成功激活,呈现空前繁荣的景象,但同时存在着一个复杂的局面。一方面基本形成了以出版规范性语文词典为特色的商务印书馆、以出版百科专科类词典为核心的上海辞书出版社、以出版外语类或多语类词典为核心的外语教学与研究出版社为主的三大辞书出版家族,体现了基本的互补分布。这是值得肯定的方面。但另一方面,也存在着一个最大的问题,那就是同一类型的辞书产品的竞争还没有充分展开。这是因为经典辞书的影响力和权威性大,后出产品的智力投放很难超越积累多代人智慧的经典辞书(如《现代汉语词典》、《新华字典》等),所以很难在短时间内与之比肩,过大的差距是形不成竞争的;另外,国外六大词典家族实力相当,而国内出版社之间实力差别较大,大多出版社无力经营一部与已经存在的经典辞书相抗衡的产品;最后,大型出版社因核心产品缺少相匹敌竞争对象,也缺乏竞争和创新的动力。以上三种不平衡性如不改变,将会制约我国辞书产业的健康发展。

形成良性竞争的局面,改变我国目前辞书产业的三大不平衡状态,需要相关部门通过政策倾斜,有意识地培养权威辞书的竞争对象,刺激各出版社形成自己具有核心竞争力的产品。

核心竞争力理论最早由美国经济学家普拉哈拉德(C. K. Prahalad)和米歇尔·哈默(Michael Hammer)于1990年提出。简单地说,就是组织在经营过程中形成的不易被竞争对象效仿的,能够带来超额利润的独特的能力[①]。可见其核心是差别化优势,可以和竞争对手呈

① 转引自储节旺等.知识管理概论[M].北京:清华大学出版社、北京交通大学出版社,2006:6.

现互补分布而不是叠位分布,形成多赢局面,无差别化经营必将形成辞书市场的零和博弈,造成垄断或多输局面。

三、构建辞书产品核心竞争力的做法

知识产品的核心竞争力包括知识内容、知识品牌、知识更新、知识技术、知识整合、用户资本六大方面,辞书作为一种重要的知识产品,要拥有自己的核心竞争力,编纂团队必须从这六个方面进行弥补和改进。

1. 在知识内容方面,出版社应该拥有对同类知识内容进行区别化处理的手段

核心竞争力是一种比较能力。辞书的核心竞争力是在古今中外的同类型辞书相比较中得以体现的。

(1)对辞书知识内容的处理思路和处理方法要体现区别化

例如六大英语词典家族都有同类型的辞书,但各有自己的区别化竞争优势。《牛津英语词典》古今兼收、源流并举,这得益于英式英语作为英语母体与正体,与美式英语、澳式英语等英语地域变体相比较而体现出的优势;韦伯斯特出版社的《韦氏三版新国际英语词典》依托其对美式英语"大、洋、全"的共时描述而形成竞争优势;柯林斯出版社的辞书一向以庞大的英语语料库为基础,撷取真实地道的英语语料来进行编纂,这些来自现实生活及媒体中常见常用的英语,使柯林斯的词典释义和例证拉开了与其他出版社同类型词典的区别度……这些区别化运作使这些公司都拥有具有核心竞争力的大型查考型辞书。

在大型查考型辞书具有核心竞争力后,这些出版社衍生或新编的其他类型的词典也会延续或传承这种核心竞争力,而且良性竞争也刺激了同类型辞书的创新,从而在同一子类型辞书的竞争中体现出各自的区别化优势。

例如在国内刚刚得到重视的积极型学习型词典,在国外随 ESL(英语作为第二语言的教学)的推广已经经过了几轮深度竞争,各大出

版社都拥有了自己的当家产品。同为英英学习词典,Oxford Advanced Learner's Dictionary(《牛津高阶英语词典》)、Longman Dictionary of Contemporary English(《朗文当代高级英语词典》)、Cambridge Advanced Learner's Dictionary(《剑桥高阶英语词典》)、Collins Cobuild Advanced Learner's English Dictionary(《柯林斯 Cobuild 高阶英语词典》)、Macmillan English Dictionary For Advanced Learners(《麦克米伦高阶英语词典》)等词典各有所长,有的采用整句义释义原则,有的采用义项索引(义项菜单、语义指路标)等意义检索方式,有的采用两三千词的释义元语言来解释十几万个义项等,有的采用随机附送多媒体信息丰富的电子词典的方式……这些英英学习词典各自拥有独特的体例及辞书内容的处理方式,体现出鲜明的差别化特点。不同的用户对不同的体例各有选择,所以这些辞书都拥有不同的庞大用户群,各自获得令人满意的市场和利润。

(2)共性语言文字知识的处理要力求差别化

语言文字知识具有共性,例如核心词汇、通用词汇、一般词汇,新词语、方言词、行业词、古语词,成语、惯用语、歇后语,同形字、同音字、同义词、反义词等,这些不同角度形成的词汇类聚对同一类型语文辞书选词立目的影响具有一致性,如《现代汉语词典》、《现代汉语规范词典》、《新华词典》都是针对普通话词汇的,而且都具有一定的规范性、规定性性质,词种主体部分差别不大,但关注点却有差别,如:《现代汉语词典》比较关注对普通话词汇系统收词的平衡性与全面性,对一些词的类聚(如新词语、字母词、外来词)处理比较谨慎;《新华词典》侧重关注百科词;《现代汉语规范词典》侧重关注异读词、异形词等社会语用存在争议的词语,关注点不同,就会体现不同的处理优势,用户会根据这些优势进行选择。

即使对于同一词目,不同辞书的处理也会体现差别化,例如义项设置的多寡、义项的分合、同形同音词的分合等,再如同一义项语义细节的选择、例证的安排、用法的介绍等,都会有不同程度的差别。这与辞书的细分类型也有关系。如同为共时汉语字典,同为面向普通中等文化程度的用户，《新华字典》与《新华多功能字典》对同一汉字的释文体例差别就很大，前者偏重查考型，后者偏重学习型、详解型，前者是一个汉字的基本语言文字属性描写，后者是汉字的用法信息的全面描写，这样，《新华多功能字典》获得了不同于《新华字典》的差别化优势，也就有了自己的存在价值。

(3)在辞书类型上探寻填补空白的新类型辞书，以形成差别化优势

新类型辞书代表着辞书知识内容新的处理整合模式，不同的辞书类型体现着词汇和词义不同类聚方式上的创新。以语文性词典为例，国外的二级、三级子类型，如拼写词典、分音节词典、逆序词典、发音词典、同源词典、同义词词典、反义词词典、宝库(类义词词典)、图解词典、搭配词典、习语词典、方言词典、俚语词典、外来词词典、新词词典等，非常全面，国内经过20世纪70年代以来的两次辞书规划，在辞书类型分布上也比较全面，但在辞书编纂细分市场、细分用户带来的细分辞书类型的形势面前，辞书类型的层次性和细致性还有不少差距，这些空白对于出版社来讲，恰恰也是一个机会。

例如学习词典，在国外已经发展了上百年，经历了几代的努力，非常成熟，而国内却刚起步，各大出版社都在一个起跑线上。随着汉语作为第二语言的教学在全球的兴起，面向对外汉语教学的学习词典和用法词典的出版将成为辞书的新增长点。北京语言大学出版社近些年在辞书出版领域的蓬勃发展就得益于对对外汉语学习词典的集中出版。而面向母语的学习词典的编纂目前不尽如人意，其中商务印书馆的面向母语的《现代汉语学习词典》(再版前为《应用汉语词典》)和面向对外汉语教学的《商务馆学汉语词典》是比较典型的代表，在体例和释义上都有所创新，但与经典《现代汉语词典》的区别度还有待进一步提高。在积极型用法详解词典方面，我们还缺少一部能与吕叔湘先生的《现代汉语八百词》相配套的经典实词用法词典。

其他类型的词典虽都有所发展，但与牛津出版的词典对比：我们目前还没有一部大型的图解词典，牛津则有《牛津互动式图解字典》(*Oxford Picture Dictionary Interactive*)等一系列图解词典；我国还没有一

部大型的 Thesaurus 宝库（类义词典），目前的《同义词词林》（梅家驹等主编）、《现代汉语分类词典》（董大年等主编）等仅仅是一个词库和词表，而牛津的《牛津同义词词典》（*Oxford Learner's Thesaurus*），不但兼有同义词辨析、同类词系联等功能，而且还采纳了很多学习词典的编纂思路和方法；国内还缺少一部权威的大型短语词典及搭配词典，而牛津则有《牛津高阶及搭配词典》（*Oxford Phrase Builder Genie*）等一系列搭配词典……另外，牛津的一些新型应用类词典也非常有价值，如《牛津对话词典》（*Oxford Talking Dictionary*）等。从对比中可以看出，国内的出版社在辞书类型拓展方面还有很大的成长和发展空间，谁在类型创新与空白填补方面起步早，走得快，谁就会尽早形成自己的差别优势。

当然辞书新类型的推出还要基于广泛的市场调研与用户需求分析，一个新类型需要被广泛接受才能体现核心竞争力。

2. 在知识品牌方面，要倾力打造三级辞书品牌

品牌是核心竞争的重要标志。辞书的品牌分为三级：

第一级是著名辞书出版社本身的品牌价值，如六大英语词典家族，国内的商务印书馆等。例如在学习词典方面，汉语语文辞书的百年老店商务印书馆就推出了《商务馆学汉语词典》，主打“商务馆”的品牌，迈出了可喜的一步。近些年，另一家老牌出版社——中华书局推出了“中华”系列词典、字典，这说明大家越来越重视出版社的品牌价值。

第二级是出版社编纂的辞书系列形成的总品牌，如商务印书馆的“新华”品牌，上海辞书出版社的“辞海”品牌、外语教学与研究出版社的“新时代”品牌都形成了二级品牌效应。特别是“新华”品牌，目前已经形成了以《新华字典》、《新华词典》、《新华同义词词典》、《新华反义词词典》、《新华多功能字典》、《新华新词语词典》等十几部辞书在内的系列辞书，影响很大。系列中的几部辞书带动了同系列普通词典的销售，形成了集团营销优势，这是未来辞书出版的趋势。要形成这种品牌需要以下三点保证：一是数量保证——同一品牌的辞书出版要成系列化，系列中要有多部经典辞书做支撑；二是时间保证——辞书系列要有连续多年的编纂出版、修订历史；三是声誉保证——同一品牌的辞书要有广泛的用户认可度和权威性，美誉度高。

第三级是单部辞书形成的单体品牌。如汉语语文辞书方面的《现代汉语词典》、《新华字典》、《汉语大字典》、《汉语大词典》、《辞源》等。在英汉双语词典方面，上海译文出版社《新英汉词典》（陆谷孙主编）出版 30 余年，历经 4 次全面修订，累计发行量超过 1200 万册，成为当代中国极具影响力的英汉词典。这些都可以称为单体品牌。

但仅靠单体品牌的策略并不能适应辞书出版的需要，未来要发掘单体品牌的最大价值：先培育出经典的单体品牌，然后拆分、组合其他辞书，提升为如"新华系列"的二级系列品牌。例如《现代汉语词典》已经开发出面向学生的《现代汉语小词典》、汉英版《现代汉语词典》、正在编写（已完成初稿）的《现代汉语大词典》等，但由于前者无法拉开与《新华字典》的区别度，后者受到其他权威汉英词典的竞争，所以其影响力受到削弱。其实，外国留学生非常愿意使用汉语版的《现代汉语词典》，但由于没有英文对照，很多解释无法理解，如果能推出英汉、汉英双向《现代汉语词典》，不但能填补我国此类词典的空白，而且能极大满足这部分用户群体的需求。未来还可依托《现代汉语词典》单体品牌的美誉度，形成《现代汉语同音词词典》、《现代汉语古语词词典》、《现代汉语方言词词典》、《现代汉语新词语词典》等子类词典，最后将整个基于"现汉"的词典群升级成"现汉"系列二级品牌。

3. 在知识更新方面，要以足够的修订、再版频率保持辞书的核心竞争力

核心竞争力是一种不断发展的能力。辞书的语言文字知识和百科知识具有较强的新陈代谢功能，辞书的修订跟不上，必将丧失差别化优势，被其他辞书同化。要保证核心竞争力的先进性、有效性和持久性，必须随外界知识环境的变化而不断更新辞书的内容知识，最直接有效的方法就是辞书的修订与再版。

“一本词典的出版之日,就是它开始过时之时,因为英语语言不是停留在该词典出版之时的状态,而是继续发展变化着”[①]。这已在英语辞书编纂领域达成共识。国外的品牌辞书修订再版多达十几次、几十次,甚至更多。如《牛津英语词典》大修、中修、小修达到上百次。而美国大学的通用词典《韦氏大学生词典》(*Merriam Webster's 11th Collegiate Dictionary*)目前已发展到第 11 版……在国内,《现代汉语词典》的 6 次广义修订工作(试印本、试用本、1978 版、1983 版、1996 版、2005 版、2012 版)以及《新华字典》的 10 次修订(当前为第 11 版),《辞海》的 5 次修订,都传为佳话,正是这些修订工作使这些辞书在出版以来的几十年内,处于无可替代的地位。

语言文字内容是修订的主要对象之一。随时间的发展,语言文字内容虽有变化,但总体还是具有相对的稳定性以及自我调整性的,因此保证修订的实时性的同时,也要保证稳妥性和一定的滞后性。例如,词汇是语言系统中变化最剧烈的,每年产生的新词语、字母词、产生后而又迅速消隐的偶发词、原词汇系统中退居边缘而消失的历史性词汇等数量比较大,《现代汉语词典》在 2002 增补本采用谨慎的方式,将新词新义列为附录,观察一个修订周期后,才在新修订本中将使用比较稳定的新词语列入正式词目。再如,由于语文词典中收录的词存在兼类、活用以及多义词义项主观区分等复杂问题,词性标注一直是编纂汉语语文词典的难题。《现代汉语词典》在这方面一直非常谨慎,虽然首任主编吕叔湘早就定下词性标注的意愿,而且编纂团队已经做了大量的工作,但前三次修订一直没有加上词性。进入 21 世纪后,一些同类型语文辞书标注了词性(如《现代汉语规范词典》),《现代汉语词典》编纂团队果断将研究多年的词性标注成果作为一种显性知识体现在 2005 年的第五版中,提高了与同类产品的竞争力。

这是一个知识更新的实时性与稳妥性相结合的成功范例。

---

① Preface Words: A Supplement to Webster. Third New International Dictionary. Springfield, Massachusetts: G. & C. Merriam Co. Publishers, 1976: 5a.

4. 在知识技术方面，要拥有信息化的、创新的编纂技术

知识技术主要是指辞书的编纂技术。现代的编纂技术在辞书所需要的知识整合及辞书编纂所生成的新的知识表达方面体现着鲜明的先进性，和传统手工编纂模式相比，具有明显的区别化竞争优势。现代辞书编纂最主要的技术主要有语料库技术，基于知识本体、数据仓库与知识挖掘的语义网络技术，采用虚拟现实等多媒体信息的电子词典技术，采用互动与共享的网络词典技术[①]四种。我们在此主要讨论在辞书编纂中相对成熟和普及的语料库技术。

传统的辞书编纂中资料处理技术多是基于文献勾乙。这一手工操作存在两个问题：一是知识资源不全，从制作的有限卡片的语料中归纳的义项及词的用法有时会存在以偏概全的问题，有时则会遗漏义项及用法，释义不全面。二是成本高，在卡片勾乙时代，李开认为"一张卡片要在版本、原书体例、标点、上下文义、所见词目的词典义等方面下功夫"，"往往需要追本溯源才能获得正确的核对与处理，费时很多，不能计日程功"，"经验表明，核对一张卡片的时间往往要超过所定释义的几倍甚至几十倍、几百倍"[②]。这些都证明传统勾乙技术的时间成本、精力成本、财务成本都是很高的。

传统的手工资料处理在国外早已被语料库技术全面替代，如前面介绍过柯林斯词典的编纂完全依托语料库，其收词释义、义项分立、语用归纳以及例证安排都来自原生态的语言资料，更加贴近应用，所以体现出与传统内省法或基于不完全材料编纂而成的辞书相区别的优势，很快就拥有强大的市场号召力。

国内辞书编纂的资料处理也已经或正在转到语料库技术上。例如商务印书馆很早就建立了自己的语料库资源，其中最具优势的语料是该馆已经出版的经典辞书的电子文本资源，这部分文本研究价值很高，结合中文信息处理技术对其进行分析，其结果对辞书修订及新辞书的

① 王东海等．开放式辞书编纂与共享模式初探[J]．语言文字应用，2008(3)．

② 李开．现代词典学教程[M]．南京：南京大学出版社，1990：141．

编纂都具有重要的支撑作用,这是出版社独有的优势,普通编者不可能拥有这部分语料。

但目前国内各出版社所用的语料库还存在一些问题,针对这些问题,应采取相应的措施。

一是语料来源芜杂,多复制自网络,这使语料库的作用大打折扣,网络上文献的文本化具有民间性、个人性,所以错讹之处非常多,只能起到线索和参考作用,有一些语料错误还会对义项归纳描写产生误导。因此从语料库中引用例证时,必须仔细核对书面文献。

二是语料类型比较单一,有的编者主要依靠网络资源,如“人民日报”、“光明日报”网络版等,以及网络小说网站的小说文本,有的则自己建设以文学语体为主的语料库,语料库最核心的要求——平衡性差距比较大。即使利用所谓的“平衡语料库”,也只能做到相对平衡,并不能解决所有辞书编纂对语料的需求。例如编写面向儿童的字词典,就无法利用现有的面向成人为主的语料库,需要单独建设儿童专用语料库。关于平衡性的问题,我们提出库中的语篇要做到内容的主题类别(语域)、成书年代属性、语篇典型性、语体色彩、难易度等五个方面的平衡①,以期解决这一问题。

三是缺少一个大型权威的而又能保持实时更新的语料库,类似柯林斯所依据的“The Bank of English”语料库,这需要在政府层面,由相关部门协调出版社来进行建设和维护,不要搞重复建设。

理论上讲,语料库的资源越丰富越好,因为语料资源体现着社会知识文化的积累,知识具有连续性,必须代代相传加强累积,才能让后人站在前人的肩膀上,看得更高更远。辞书编纂依据的语料库规模越大,编纂的立足点就会越高。黎锦熙提“例不十,法不立”,王力认为“例外不十,法不破”,均是强调材料要有量的保证,才能形成准确可信的结论,或推翻一些既成观点。

---

① 王丽英,王东海.图书馆古籍数字资料库建设与质量评价新论——以资料库建设与语文词典编纂的结合为例[J].图书馆理论与实践,2011(1).

另外，要建设大型的语料库，除了资料的广泛搜集外，还要对库中原有的知识进行实时的更新和升级，用新知代替旧知，用更先进的代替过时的，始终保持语料库文本的时代特征与辞书编纂所面临的外部环境的适应性。例如针对法律文本语料，要考虑用新发布的法律法规替代已经失效的法律法规，已失效的法律并不反映当前的主流语用，如果从中提取例证，其时代性和典型性要受到质疑。因此要考虑清楚新语料的引进和添加的基本机制和原则，保证辞书中的语言文字知识能反映语言文字实态。对于共时性辞书，这一更新要求最为迫切。

5. 在知识整合方面，要把个人知识风格整合成统一的集体知识风格

要用科学的知识管理机制将编纂团队的个人知识和编纂技能整合成整个团队的组织知识和操作经验，最后由辞书体现出来。如果没有科学的管理体制，整合会出现两个结果：一是编者编纂时无法全身心投入，辞书的质量无法保证，只能做低水平的重复，近些年出现的辞书抄袭现象也有一部分原因源于此；二是辞书知识过于芜杂，过多体现编者个性，仅是个人知识的拼凑，形不成统一的团队知识风格。

因此，从某种角度来讲，一部辞书的核心竞争力往往体现在团队对个人知识的整合管理水平上。这需要打破传统辞书编纂的项目管理模式，用知识管理的原则和方法，基于知识流的环节特点及计算机的项目管理技术，整合资源，整合个人思路，建构高效的辞书工作流。

6. 在用户资本方面，辞书要培养自己对品牌忠诚度高的用户群体

用户资本指辞书的营销渠道、用户忠诚度、出版社组织信誉等资产。每部经典辞书都有自己忠诚的用户群体。例如商务印书馆依托民国时的《辞源》、《新字典》、《国语辞典》以及新中国成立后的《现代汉语词典》、“新华”系列辞书，在海内外拥有庞大的语文辞书用户资本；上海辞书出版社前身为中华书局辞海编辑所，依托民国时的经典百科辞书《辞海》逐渐拥有了综合性、专科性、百科性辞书用户资本；四川辞书出版社、湖北辞书出版社(现“崇文书局”)依托《汉语大字典》拥有古汉语字典用户资本;中国大百科全书出版社、汉语大词典出版社(现合并到上海新世纪出版集团)等也分别拥有了百科全书、大型历时词典方面的用户资本。

一部辞书要想将自己的用户资本最大化,需要注意以下几个问题:

一是辞书的查全率。辞书是工具,用户使用辞书的核心目的还是要查询所需要的信息,如果查不到,必然会形成知识寻求上的不满足,这种不满足心理产生的负面评价慢慢就会迁移到对整部辞书,甚至整个系列、整个出版社所有辞书的评价上。

查全率是一个相对的概念,不同文化水平的用户对查全率有不同层次的要求。例如面向中小学生用户,《新华字典》的汉字查全率和《现代汉语词典》的现代汉语普通话词汇及义项的查全率是能满足需求的;而面对高层次和专业用户,或有特殊检索需求的用户,这两部字、词典则无法满足需要,此时《汉语大字典》、《汉语大词典》的高查全率优势就体现出来了;但如果要查找百科词汇,《辞海》的查全率最高。有时辞书的查全率还受查询目的的影响,如用户有新词语的查询需要,上述辞书都无法满足,就需要查询大型的新词语类辞书,随着未来网络辞书模式的推行,一些搜索引擎,还有类似“新浪爱问知识人”、“百度知道”等在线提问,可能会解决所有已出辞书都无法满足的一些个性的查询需求。但这种模式不会取代传统的辞书编纂,因为其收词立目、释义设例等操作均非系统性,具有偶发性和不确定性。但传统辞书的修订需要紧跟这些网络知识集,及时吸收新词、新义、新用,这也是提高自己辞书查全率的一个重要途径。

二是用户资本的增长要基于良好的口碑。口碑的形成主要受制于以下三个要素:首先是辞书评论。辞书评论多由专家撰写,专家权威度越高,评论的正值效应就越大,这种强力的推荐力量会促使一部辞书的用户资本成倍增加。当前出版社均重视辞书评论,不但广邀专家写作,而且将评论发表于各类报纸杂志,甚至依照国外的做法,将一些名人、专家、权威的评论摘要印上辞书封面,起到广泛宣传作用。但目前我国的辞书评论还存在原则不明、方法不当等问题，特别是吹捧、拔高之风尤盛。这些都应引起我们的重视。其次，良好的口碑来自于辞书使用报告。如果说辞书评论是评论者从理论角度对辞书进行评价，辞书的使用实态则是从实践角度对一部辞书知识的有效性进行最直接的验证，二者相辅相成，是形成良好口碑的必要条件。好的辞书要能为用户创造更多的应用价值，如辅助教学知识的掌握，提升语言学习成绩，在书面表达和口语表达中提供词汇选择库，在新生儿、店铺、地名等命名方面提供文化意义及象征意义选择，在术语命名中提供科学的词素义选择等。在国内，这方面的使用调研还未得到全面开展，仅有的一些研究主要体现在英语教学领域，如有的研究者采用实验的方法探讨了英语词典在英语学习中的使用实态，形成了一些调研材料。辞书的使用效果是形成用户资本的重要手段之一，但不能靠口耳相传，公开发表的辞书使用调研报告具有广泛的宣传力和权威性，因此出版社应该从市场的角度，大力资助一些辞书使用方面的调研课题研究。最后，辞书作为研究对象进入专家学者的研究领域，得到学术领域的肯定，是形成良好口碑的重要保证。《现代汉语词典》编纂、出版、使用的几十年历程中，不但在辞书学研究中被当作核心对象进行剖析，而且成功地成为现代汉语词汇、中文信息处理等学科科研的封闭材料，在这些学科的研究中被广泛引用，影响很大，甚至有人建议在辞书学中成立"《现汉》学"子学科。另外，《辞源》、《汉语大词典》、《汉语大字典》等在汉语史的研究中，《辞海》、《中国大百科全书》在术语学的研究中都被作为材料广泛引用，这种专家层面的肯定带有权威示范性，是最好的宣传和推广。

四、小结

知识经济时代，辞书编纂要以辞书核心竞争力的培养为核心目标，在编纂过程中，把知识内容、知识品牌、知识更新、知识技术、知识整合、用户资本作为知识流管理的重心，建立高效的现代辞书编纂项目管理体制。

第十四章　管理热点：辞书的资源功能与语言文字工作的词典转向

辞书具有资源元功能，具体表现为资源积贮、整理、存储三大功能。侧重以语言资源存储为目的的理解型辞书是资源型辞书。

我国的大型辞书很少有侧重常用、普通字词的生成型辞书，多是收字、收词、收义、收书证务尽、务全的资源型辞书，典型的如古代的《说文解字》、《康熙字典》，民国的《中华大字典》、《辞源》、《辞海》，现当代的《汉语大字典》、《汉语大词典》等。

古代收字量最多的资源型辞书是金代学者王与秘编写，后经韩孝严及其次子道昭两次重编的《四声篇海》。但《四声篇海》的编纂并无政府背景，没有像《康熙字典》一样上升为一个国家知识工程，反而因收俗字多，受到学术界的忽视。其实现当代《汉语大字典》的编修，《中华字海》以及国际IRG组织的Unicode大字符集编码等工作都离不开对这部辞书的参考，它为保存中国汉字文化做出了重要贡献。

卢兹（Rùz）（1984）提出了影响语言规划的三种取向：语言作为问题（language as problem），语言作为权利（language as right），语言作为资源（language as resource）[①]。当前的语言文字工作规范、管理、服务三位一体，而服务功能主要体现在向社会和民众提供可检索的语言资源。语言资源建设是当前语言文字工作的三大核心之一。应该承认，我国在古代以及新中国成立后相当长一段时间内，语言文字工作是缺乏语言资源意识的。近些年已经充分认识到这一点，李宇明就反复

---

① Rùz, R. Orientations in Language Planning [J]. NABE Journal, 1984, 8(2): 15-34.

呼吁重视语言资源建设①,并将其作为新时期语言规划的重要内容之一,同时启动了语言资源调查和有声数据库建设。

在辞书的资源功能方面,汉语辞书界的研究和实践还很薄弱。当代辞书资源功能的发挥,除了从历史上继承已有的工作方法和传统,主要应从海外借鉴相关经验和方法。本章我们在介绍西方做法的同时,提出语言文字工作与辞书资源功能结合的四点做法。

一、海外以辞书为中心的语言资源建设经验及对我们的启示

西方的语言生活包括政策和资源两个层面。海外语言政策多结合自己的国情进行规定,出台的刚性政策少,主要是语言地位政策,目的是维护社会各种交际关系,并解决语言推广以及语言的民族问题等需要。在操作层面上,多以各类词典为载体,重视规范性语言资源、文化语言资源、教学性语言资源建设,可以说整个社会语言工作都是由词典为主要载体来完成的。其具体做法可概括为以下几方面。

(一)采用语言规划理论来指导语言文字工作,核心是词典载体

根据周庆生②的介绍,"语言规划"这个术语是在 20 世纪 50 年代后期由美国语言学家豪根(Haugen)引入学术界的③,该术语是指为了改变某一语言社区的语言行为,而从事的所有有意识的尝试活动,"从提出一个新术语到推行一种新语言"④都可以纳入语言规划之中。海

---

① 李宇明.珍爱中华语言资源[N].文汇报.2008-01-13(第8版).

② 周庆生.国外语言规划理论流派和思想[J],世界民族,2005(4).

③ Haugen, E. (1959), Planning for a Standard Language in Modern Norway, Anthropological Linguistics, 8-21.

④ Haugen, E. (1987), "Language Planning", in U. Ammon, N. Dittmer and J. K. Mattheier (eds.), Sociolinguistics: An International Handbook of the Science of Language and Society, vo. II, pp. 626-637. Berlin and New York: de Gruyter.

因茨·克洛斯(Heinz Kloss)[①]进一步划分出:语言本体规划,即关注语言本身或语言内部结构的规划;语言地位规划,指某一特定社会中,为了改变一种语言或语言变体的使用和功能而付出的种种努力。

从这个界定中,我们可以看出语言规划其实就是将语言工作分为本体和社会应用两部分,后者同时属于社会语言学的社区方言规范,这与我国的语言文字工作的边界是相似的。但也有不同:海外的语言规划更多是将二者统一到一个具体的可操作性过程中,从语言规划的实施过程看,包括"选择"、"编典"(codification)、"实施"和"细化"(elaboration)这四大阶段。其中最核心的还是编典阶段,编典主要包括文字化、语法化和词汇化三个部分,而最终的工作成果必然体现为词典载体。词典是物质基础,舍此,语言规划的宗旨、定位、选择、实施、细化等环节都无从谈起。我们目前还缺少这方面的具体的操作性理论和实践经验。理论研究上的疏缺,影响了我们在这方面管理工作的目的性和针对性。

(二)细化语言资源类型,用不同类型的词典进行收纳、承载

海外的语言资源建设主要包括以下三大类:

1. 以国家语言资源工程建设为己任的大型词典

国家词典的建设目的是为一个国家、一个民族的语言建立资源库,是典型的查考型资源。历史最悠久、最典型的国家词典是《牛津英语词典》。这一词典编纂维护修订前后历经两个世纪,一直被作为英国的国家语言资源而存在,它收集信息全面,既关注到词源等方面的历史信息,又考虑到音义引申等历时信息,同时照顾到共时的使用信息,且各种信息经历了时间考验、专家权威审核、社会应用检验,吸收词典评论

① Kloss, Heinz(1967),"'Abstand Languages' and 'Ausbau Languages'", in Anthropological Linguistics, 9 (7),pp.29-41.

方面的意见，修订持续、及时，所以资源的全面性、准确性和权威性都得到了保证。用户可以在这样全面的国家语言资源词典中检索到自己关注的信息，查全率高。

还有一类国家词典是以保护自己国家语言的独特个性而存在的。澳大利亚的国家词典中心（Australian National Dictionary Center）一直以编纂和维护修订《澳大利亚国家词典》为核心任务，除了具有同《牛津英语词典》一样的资源建设功能外，还在保存澳大利亚英语的独特个性方面做了大量工作，把有地域色彩标记的词汇作为收录重点。这是利用词典对语言发展和语言变化结果进行忠实记载的资源存储功能。

有的国家词典的资源建设与市场化运作相结合，更有活力，而且减轻国家的负担。美国是一个高度市场化的国家，政府尽量减少对词典编纂出版的相关具体业务的干预，一切交由市场运作，而国家的主要任务是进行严密的立法进行保障，所以美国并没有明确的国家词典的概念，但却有大型出版集团出版的相类似的大型词典，本质上也起到了国家词典资源建设的任务，如 Collins、Webster、Macmillan 等出版社都有相应的完全版大型资源词典，与《牛津英语词典》相类。这些词典大多注重收集和反映美国英语变体的词汇、词义和用法。这种由市场进行国家语言资源建设的最大好处，就是引入竞争机制，体现词典编纂的创新和多样化特色。这几大家族的大型词典内容较少冲突和重复，为获得相应的市场和用户，它们会以认知语言学、结构语言学、功能语言学、形式语言学等不同的理论为指导，将语词的各种属性值采用不同表达方式、表达侧重以及不同的编排体例描写出来，体现出很强的创新性。

在使用上，海外的大型资源类词典大多具有公益性、服务性。这些大型的国家词典主要体现为理解型词典，由于卷帙浩繁，个人购买者少，靠这样一部词典去获取大量经济利益是不现实的。所以，很多出版社将这类词典作为公益品牌来打造，尽量通过电子化、网络化实现共享，体现服务性，例如《牛津英语词典》就出了电子光盘版和网络版，和《大不列颠百科全书》网络版、光盘版一样，成为体现辞书服务意识的典型代表。这些大型词典资源的公益性特点，真正体现出语言文字工作的服务于社会、服务于民众的意识。

这些出版社将大型词典资源视为公关形象工程，视为相关组织或出版社的具有核心竞争力的知识品牌，并在社会树立语言权威资源形象，在这个良好形象的带动下，从这些词典中离析出各种类型、各种系列的专门性词典或中小型词典，如满足市场需求的规范型词典、描写型词典或学习型词典，这些词典直接面向广大的普通用户群，销售量大，可以保证利润增长，从而有经费继续建设和维护原有的大型词典。

2. 重视各语域的语言资源，推出系列以学习型为代表的词典

海外语言规划中的“实施”是将“该标准语言引入新的语用领域，特别是引入教育体制领域”[①]。而在语用领域特别是教育领域要推行标准语言可采用的最主要的方法，还是用各种类型的中小型词典发挥“轻骑兵”的作用，迅速地服务于各语用领域的需求，在服务的过程中起到规范和引导语言文字的正确使用的作用。例如，国外多重视俚语及新词语词典的编纂，这类词典多为描写型词典，如《美国文化词典》(*Cultural Dictionary*)，就收录了当前在办公室白领间流行的最新俚语、双关语、成语等[②]。

学习型词典是教育领域推广标准语言最重要的工具，英美的牛津、剑桥、朗文、柯林斯、韦伯斯特、麦克米伦等六大词典出版公司都拥有自己的有创新性标志、区别度明显的学习型词典，如著名的《柯林斯高级英语学习词典》(*Collins Cobuild Advanced Learner's English Dictionary*)。这些学习词典在编纂理论的创新性方面做出了很多探索，将用户使用词典的需要、爱好、使用方法、习惯等研究得非常深入，并基于认知心理学原理，采用了整句释义、释义词汇控制、义项索引等创新性的释义和编排方式，体现了编纂理论的创新性。

---

① 周庆生. 国外语言规划理论流派和思想[M]，世界民族，2005(4).

② 《文化词典》揭秘流行趋势[N]. http://paper.i21st.cn/story/53098.html. 2011 年 11 月 16 日查询.

3. 重视语言资源变化的监测与记录，用词典迅速反映语言变化实态

欧美词典不论是由政府层面还是出版社层面组织编纂，都建有巨型的动态平衡语料库，并且能保证语料的动态、实时、足量更新，这使欧美词典对词汇资源发展变化的把握更客观、更准确，其基于语料库词频、义频的统计进行的释义和义项分立操作，都可得到量化的学理上的有力支持，而且词典的修订周期也因此大大缩短。巨型语料库的建设有些由国家负担，但在英美等国，则多由出版社负担。

动态更新的巨型语料库可以对语言变化实态及趋势实时把握表现在以下几方面：

(1)对语词总量变化进行监控。例如，根据美国的全球语言监测机构 GLM 的调查，目前每天大约有 14.7 个英语新词产生①。这些词反映出语言中新质的产生，其数量是惊人的，不同程度地影响了全国各阶层、各领域人们的语言交际。而这种对词汇总量的精确把握和对词汇变化的准确捕捉，极大地提高了词典资源的建设与更新的效率。

(2)语词资源监测领域越来越细化。海外多根据细化的使用领域，采集与动态捕捉各领域词语的细微变化。例如：英国智库"政策研究中心"汇编的 2008 年 Lexicon 辞典收录了 100 多条"政治语言"，这些词语逐渐被用来表达一些非常不同甚至完全相反的意思②。这项工作意味着词典编纂者需要付出更多的努力，因为其背后的语料库需要及时细化和深化。

(3)对语言中即将消失和复活的现象予以高度关注。澳大利亚国家词典中心发现单词 dag 在 20 世纪 80 年代末 90 年代初曾被美语词

---

① Web2.0 当选第一百万英文词[N]. http://paper.i21st.cn/story/52856.html. 2011 年 11 月 16 日查询.

② 英国出版"官话"辞典[N]. http://paper.i21st.cn/story/38831.html. 2011 年 11 月 16 日查询.

nerd(令人讨厌的人)替代,这个词最近又复活了[1]。这些词汇的运动轨迹无一不被国家词典中心所捕捉,并在词典中记录下来。

我国也有类似的研究,最突出的就是《新华字典》、《现代汉语词典》在每次修订时,会有对新旧词语的处理,但这种处理还多属于辞书修订性质,较少有语言资源监控性质。上海远东出版社曾出版过蒋蓝的《正在消失的词语》,以图文并茂的方式列出30年内消失的100个词,将这些词的来龙去脉进行了交代。但我们这方面的工作还缺少系统规划,研究成果稀少而分散。

4. 资源建设和监测方法上,更重视尊重民意共识,重视语言调查与实证,为词典的准确选词立目奠定了基础

海外语言规划理论中,泰格奈尔(Tegnér. E.)[2]主张语言是一堆符号,只有"最易于传递、最易于理解"的符号才是最佳符号,而最易于理解和传递的符号必须是全民大多数所公认的标准和内容。这一点陈原也认可:"语言规范就是一个语言群体在一个特定时期一个特定空间,经语言群体多数成员所公认的标准表达形式,这个形式是根据(个人的或集体的)交际环境,包括所处的社会生活习惯,以及思维方式而自然形成或有意识地制订的,其作用是调节语言的社会功能。"[3]从这里可以看出,语言文字工作刚性政策推广的基础是民意共识。这一点欧美国家把握得很好,主要表现在对新词语资源的认定上。

海外一些重要词汇现象的认定与取舍多由民意决定,并在词典中及时反映。

我们对于语言中自然隐退和淘汰的字词,有时采用强制规范的措施,如《第一批异体字整理表》、《第一批异形词整理表》等就规定了异体

---

① 澳大利亚英语词汇处"危险时代"[N]. http://paper.i21st.cn/story/52648.html. 2011年11月16日查询.

② Tegnér, E. (1874),"Sprak och Nationalitet", in Svensk Tidskrift, pp. 10-145. Reprinted in his Ur sprakens varld, 1.97-164(Stockholm, 1922).

③ 陈原.辞书与语言规范化问题[M].北京:商务印书馆,2001:194.

字、异形词的强制取消，这种强制性规定的出台主要集中在专家层面，并没有经过社会民意的广泛的调查与支持，很多被列入的异体字被证明在民众用字中使用频率还较高（如人名用字），严格的异体字是少之又少的。这种缺乏足够民意的手段进行的采集与了解，产生很多问题，我们在后续规范中不得不再出补充规定。例如，根据《通用规范汉字表》研制组的统计，《第一批异体字整理表》发布后，先后有多个文件和字表对该表进行过调整，包括《修正〈第一批异体字整理表〉内"阪""挫"二字的通知》（1956 年）、《简化字总表》（1964 年、1986 年）、《现代汉语通用字表》（1988 年）、《关于"镕"字使用问题的批复》（1993 年）等，将二十多个异体字重新调整为规范字，涉及"挫、愣、邱、彷、诃、诓、桉、凋、菰、溷、骼、徼、澹、薰、黏、刬、於、哔、晖、詟、鲙、镕、蒴"等。

海外对待这类语言现象的处理比较尊重民意。主要表现为以下几方面。

(1)对于新词语是否进入词典，我们采用的方法多为由编者主观认定或判断。海外多采用征集民意的做法。

全球语言监测机构、美国方言协会（American Dialect Society）、韦氏在线词典都例行性公布年度词汇[①]，采用的方法都是在网站公布候选词汇，然后由民众投票选举。这些词语往往具有广泛性和代表性。

我国这方面的工作多由专家或相关政府部门委托的资源监控中心来做。近些年也有通过网络投票选年度流行语和年度新词语的尝试，但此项工作开展得尚不彻底。这一点完全可以借鉴西方的做法将此工作设置在词典出版社及门户网站，国家相关部门只起组织、引导作用。

(2)海外多利用先进的计算机和网络技术，采用定量和定性分析相结合的方法，调查和评估语言的新发展变化，并在词典中及时反映。

在西方的语言规划流派中，有一个理性选择学派，他们认为语言规划的决策程序包括五个步骤：辨识语言问题，开展语言调查；制定规划

---

① 美国网站评选 2006 年流行词汇[N]. http://paper.i21st.cn/story/27996.html. 2011 年 11 月 16 日查询.

目标；提供多种可能的解决办法，理性选择其中一种；实施这种办法；评估，将预期目标与实际结果进行比较①。这一理论中对语言调查的重视是值得我们借鉴的。

在当前的电子和网络时代，对新语言现象的调查与评估主要采用定量和定性分析的方法。

在定量分析方面，欧美词典多结合语料库和网络。海外特别重视语料库的建设和更新。例如《牛津英语词典》编撰和收录新词主要依据拥有一亿多词汇的"英国国家语料库"(the British National Corpus)，这一语料库保持着频繁的动态更新，而且《牛津英语词典》还拥有以每年近500万词汇递增的"牛津世界阅读课题"(Oxford World Reading Programme，现4800万词汇)。

语料库提供词频、义频的客观数据，而网络搜索引擎在记录语言发展方面起到了不可低估的作用，数据来自于民众查询实态，因此更为客观，更能反映民意。例如，在Google公司公布的2006年最流行搜索词汇中，每个单词的搜索点击量均超过了10亿次②。这些词汇的排序是根据用户的搜索量来确定的，由计算机自动完成，因此具有相当高的公正性。"可见，搜索引擎不仅起到了记录语言的作用，它自己也成为了语言的一部分，这正表明语言是在生活中被创造并发展的"③。

在新语言现象的认定上，定性分析标准科学严谨。新的语言现象要进入词典也必须有足够的科学依据，客观的定量统计只是新语言现象认定的辅助手段，必要时还需要进行定性认定。例如一个外来词要进入《牛津英语词典》需要12位语言学家的认定；《韦氏词典》的选词标准是"在特定时间段内，某一词汇被人们广泛使用，并被多家出版物所

---

① Jernudd, B. H. and J. J. Das Gupta (1971), "Towards a Theory of Language Planning", in Rubin and Jernudd (eds.), Can Language Be Planned? Sociolinguistic Theory and Practice for Developing Nations, pp. 195－215. Honolulu: University Press of Hawaii.

② Google公布英网民2006年搜索热点词[N]. http://paper.i21st.cn/story/28272.html.2011年11月16日查询.

③ 搜索引擎记录英语语言发展[N]. http://paper.i21st.cn/story/33505.html.2011年11月16日查询.

引用"[1]。而编辑们的例行工作是采用"阅读并标注"寻找新词、新用法，这些工作都是发挥词典编纂者主观经验性特点的表现，与客观定量分析配合使用。

(3)多采用在线网络词典更新新词语的方式。如《韦氏大词典》、《牛津英语词典》这些国家级词典的网络在线版频频纳入新词。而英国的词典编纂者打造了一个名为"Gran Slang"的在线征集俚语词典[2]。这些做法不仅对在线词典建设有帮助，而且对传统词典的修订也起到积极作用。

(4)能比较宽容地对待语言中的新变异和新质的出现。很多国家都有保持自己语言纯洁性的要求。例如法国的《拉鲁斯词典》为规定性词典，其目的是为保护法语的纯洁性，所以不允许有对语言的混乱使用或不合适的夹杂，其规定性的特色非常明显。但欧美英语词典对待外来词语的态度比较宽容，这也成就了英语成为一种复杂的、全球性的语言的胸怀与魄力。

其实，语言的纯洁观是语言规划中的一种比较落后的观点，法国的词典拉鲁斯一直坚持要纯洁法语，但现在的法语及其词典也充斥着大量词源是英语等其他语言的词汇。外族词汇的渗透往往不是侵略，而是民众在自由交际中的自主选择，最后形成一种语言使用共识，语言共识一旦形成，就是约定俗成，语言文字在进行规范时一定要谨慎，首要是看其是否真正危害到语言的母体。王力对此持开放的态度，认为"语言的本质是语法构造和基本词汇，而基本词汇具有不可渗透性，基本词汇保存了，一般词汇大大扩张了，汉语的发展就是这样正常而健康的"。[3]另外，汉语有自己独立的文字系统，只要不废除汉字，而且普通话仍是国家的共同语，就不必过于担心外来词。但如果这些外来词汇或新创

---

① 权威英语词典彰显时代烙印[N]. http://paper.i21st.cn/story/41142.html. 2011年11月16日查询.

② 权威英语词典彰显时代烙印[N]. http://paper.i21st.cn/story/41142.html. 2011年11月16日查询.

③ 王力. 汉语史稿[M]. 北京：中华书局. 2004：612.

词汇的使用影响到社会用字、用词的秩序性，则必须采取规范措施。

二、辞书资源功能与语言文字管理工作的结合

当前的语言文字管理工作要实现资源转向，建立以辞书资源建设为中心的模式，正在开展的第三次辞书规划也要体现资源转向。眼下可从以下四个方面着手：

（一）建设中型规范性词典资源，为民众语言文字应用中的困惑提供权威规范的解决方案

西方语言规划中有一派为语言治理派，认为语言规划是语言治理的过程。“在语言治理过程中，授予特定人员某种权限，以便他们能够发现其所在社区成员潜在的或实际遇到的种种语言问题，并能提出系统、严谨的解决办法”①。所以，语言治理的中心问题就是要面向广大基层群众，解决大众语言运用中遇到或可能遇到的问题。

作为以辞书资源为中心的语言文字管理工作首先要建好一部公益性的规范性词典。这部词典的编纂宗旨应该直接服务于语言文字规范，服务社会语言文字应用，帮助民众解决语言文字应用的困惑，正字、正音、正用，引导释义。它不是简单地贯彻语言文字现有的规范，更重要的是要在法定语言文字规范没有覆盖的地方，提供共识性的语言属性值，起到模范引导作用。

这部规范词典应该是字典与词典的合一，建议以经过历史考验的经典的《新华字典》和《现代汉语词典》为蓝本，只进行最基本的形、音、义、用属性的规定，特别是对有争议的语言文字属性，必须给出权威的或推荐性的答案，但支持罗列异说。如同古代的正字之书，出正体字形后，胪列或、俗、简、异等字体。所立字头以一万左右为宜，收词以《现代

---

① Jernudd, B.H. and J. V. Neustupn (1991), “Multi-Disciplined Language Planning”, in D. F. Marshall (ed.), Language Planning: Festschrift in Honor of Joshua A. Fishman, p. 34. Amsterdam and Philadelphia: John Benjamins.

汉语通用词表(草案)》的五万词为宜,保证规定性或推荐性内容的覆盖面。另外,释文不应过多、过细,规定性内容越详细就越易引起争议,只提供常用义项,采用自编例方式提供最典型的例证,但建议列出与其他华语圈的对应词汇,加强沟通。释义不出语用标记,但字头释文要提供正音和正字形、构词编码、笔顺、笔画、偏旁、部首等规定性内容。

其实,民国时的国语运动中,已经出版了一部类似的规范性词典——《标准语大辞典》①,收词三万多,只进行最简单的释义。虽然这部词典提供的语言文字属性信息相对较少、比较单薄,但其编纂理念、编纂思路体现着一个很好的开始。

(二) 建设理解型资源词典,关注语言资源建设与监测

这种资源库的建设应该包括以下几个方面。

1. 国家资源型大型共时词典

20 世纪 80 年代后,我们出版有历时性的《汉语大字典》、《汉语大词典》等大型语词资源辞书,这些辞书的出版大多是在政府相关部门两次辞书规划中安排编纂的,体现了一定的政府行为特点。它们均为古今兼收型辞书,侧重在古今资源的收集上,而且修订进度缓慢,跟不上时代发展的需要,与海外大型词典几年推出一个修订版以及在线实时更新的做法相比,差距还很大。《现代汉语词典》是中型语文词典,虽修订比较及时,但其定位在推广普通话和国家语言文字规范,资源功能不是其核心编纂追求。我们目前还缺少一部国家语言资源库式的大型共时词典,也缺少一个大型的能保证实时、适量、例行更新的大型语料库。要设立专门的机构、聘请专门团队,专职从事此项工作。没有这个大型语料库,国家资源型共时词典永远不可能实现。

2. 语言实态资源监测词典

每个新词语的产生往往代表着国家相关领域的热点现象。语言发

---

① 全国国语教育促进会:标准语大辞典[Z].北平:商务印书馆,1935.

展实态的监测是国家相关部门重要的工作职责。国家语委建立了十几个中心,分别关注媒体语言、教材语言、有声语言等方面的语言实态,监控每年产生的新词、流行语以及教材语言文字方面的变化,每年发布语言生活状况报告绿皮书,向社会报告年度语言生活状况,这是一个很好的资源化工作思路。

但绿皮书绝不可取代辞书资源建设。绿皮书是调研报告集,不可能具体、完整、全面地反映词语的年度变化。比较可行的方法是编纂监测型词典。现在已经尝试推出小型年度本词典,如年度新词语词典、年度流行语词典等。

3. 华语圈词汇资源词典

华语圈同文同语,但由于地域的差异形成了事实上的汉字地域变体以及语言地域变体,表现出不同程度的差异。汉字的差异主要体现为繁简字、正异体字的区别,因为文字的稳定性,这种差异是有规律可循、可把握的。语法的稳定性强,差异较少。语音基本都是以民国时审定的国音为基础,差别也不大。但词汇的差异比较大,除了异称词、文言与口语之别,这些年各地在译介引进外来词方面以及产生的新词语方面都有很大差异。因此编纂一部大型华语词典迫在眉睫。目前已经出版的李宇明主编的《全球华语词典》(商务印书馆)是一个很好的尝试和探索。

(三)建设学习型词典资源,把教育领域作为语言文字工作的主阵地之一

中小学是一个人规范的语言文字观养成的黄金时期,因此基础教育中的语文教学是语言文字规范意识培养的重要阵地。相关主管部门应该组织专家编写面向母语、面向各少数民族、面向海外的学习词典,将国家的语言文字规范内容和意识贯穿其中。编纂时应该注意解决以下几个问题:

一是处理好与教材的关系。教材也是语言文字准规范的一种,是

教师教学和学生学习的蓝本。目前各地方的教材不太一致,这就迫切需要先制订一份教学字表、词表,然后有针对性地编纂相应的学习词典。词典释义应该以释教材用义为核心再行扩展,用例也应该以改编自教材用例的自编例为主。

二是重视与推荐性规范——行业教学手册的关系。海外有教师语言手册、教学语法手册等行业资料集,我国也有《暂拟汉语教学语法系统》和《中学教学语法系统提要(试用)》等语法手册。围绕对外汉语的等级考试,相关部门在词汇规范的研究方面做了不少工作,发布了《汉语水平词汇与汉字等级大纲》,这为中小学汉语教学词表的建设提供了借鉴,但目前还没有研制出《普通话基本词汇表》。语音方面,虽然目前的法定规范也比较全面,但还没有针对语文教学需要的《普通话标准音节表》、《普通话轻声词表》、《普通话儿化词表》等手册。

应该组织相关专家研究有权威性的文字教学手册、语音教学手册、词汇教学手册、语法教学手册、修辞教学手册、表达手册等,将一些有争议的问题进行统一界定,明确推荐性的解决方案,方便教师教学和学生习得。但行业教学手册毕竟不同于词典,只能与学习词典互相支撑,互相补充。

三是加强与语言教学研究的联系。要将最新的语言教学研究成果和方法体现在学习词典的编纂中,获取整合效应。

四是与语言文字测试结合,编纂应试型词典。应试型词典也是一种特殊的学习词典。海外出版过多部高级应试词典,如《朗文考试词典》(*Longman Exams Dictionary*),内容整合了《朗文当代高级英语辞典》(第四版)、《朗文英语联想辞典》(第二版)、托业/托福/雅思/CAE/FCE 等考试指南及模拟试题、语法手册、写作手册等内容,非常适合学习英语以及参加各种英语考试时参考备查。

用编纂应试词典的方法来推广语言文字规范更具推动力。相关部门要重点研究测试标准、测试内容等,开发测试大纲。已有的测试大纲如《普通话水平测试等级标准》(1997)、《汉语水平词汇与汉字等级大纲》(1992)以及《汉字应用水平等级及测试大纲》(2006)等推行得都很好。辞书界要根据这些大纲,组织编写有针对性的应试词典。目前对外汉语领域已经有多部针对 HSK 词表的详解词典,但尚无应试词典的出版,面向母语的应试词典更没有见到。

(四)建设以辅助表达功能为中心的、服务社会需求的分语域词典资源,体现政府服务社会的职能

辞书具有辅助表达的元功能。社会对语言文字的运用主要体现在各种表达和交际中。表达与交际可分为多种类型,如艺术表达和应用表达、私人表达与公务表达、对内表达与涉外表达等。立足"表达与交际"这个辞书的应用中心,为各个领域编纂建设相关的表达词典资源,可间接地将语言文字规范推广到社会各应用领域。

例如,西方各语域中比较流行的办公室语言词典、政治语言词典、少儿俚语词典、司法语言词典、刑侦语言词典等,在我国的编纂大多是空白,相关的资源没有得到集中和整合,远未满足社会的需求,如刑侦语言对黑话、隐语资源词典的需求就非常大,而全面辑录这些资源的词典很少。

政府相关部门不能参与这类词典资源的具体编纂,但可细化满足不同语域需求的资源词典体系,规划选题,然后由出版社组织专家编纂,最后向各领域的语言文字应用者推荐,以调动出版社、编者的积极性。这项工作全面推广后,政府将成为分语域词典资源集群的规划者,体现语言文字工作服务民众、服务社会的政府职能。

三、小结

本章基于汉语辞书的资源元功能,对国外的以辞书资源建设为中心的语言规划工作进行了全面的介绍,在此基础上,提出了我国语言文字管理工作的资源转向,提出四条以辞书资源建设为中心的转向思路,同时也为第三次辞书规划提供了资源视角。

第十五章　应用热点：表达词典辅助学生语言能力提升研究

2012年11月13日，教育部在澳门举行了“公民语言能力研究学术研讨会”，公民语言能力问题成为一个新兴的研究热点。我们一直认为：母语基础教育是公民语言能力系统化、规范化、具体化培养的最重要的阶段。中小学语文教学是承担这一重任的主阵地、核心舞台。

语文课程具有工具性和人文性两个特点，与之相关，语文教学的核心就应该是语言能力（听说读写、文本理解与赏析能力等）的提升、人文素养的培养。中小学生的语言能力分为语言读解（阅读与理解）能力和语言交际能力，后者又体现在两个层面，基础层面要求能准确规范使用语言文字，高级层面要求能创新、得体地使用语言文字。中小学生人文素养培养工作的核心是文化传承与文化传播。

章熊[①]强调语文教学中的语言训练问题，提出语言能力包括三个层面——“模仿—类推—创造”，体现了从基础性到创造性的线性提高过程，也就是我们所说的由基础要求向高层要求的提升。我们尝试建构教学词典辅助法，以此建构词典辅助语文教学中语言能力、人文素养提升的教学改革模式，以期能从一个新的角度提升语文教学绩效。

本章只研究生成型语文词典中表达词典辅助学生语言能力提升的原理和应用方法。

在语言能力提升的基础要求方面，语言生成的准确性、逻辑性、严谨性主要依靠学习词典介绍的常用词的用法来保证。在高层要求方面，语言生成的创新性、得体性，则主要依靠表达词典。其教学应用主

---

① 章熊，张彬福，王本华．中学生言语能力发展的轨迹(1)[J]．中学语文教学，2004(1)．

要体现在以下几方面。

一、传统的利用方式
——对辞藻的借鉴、模仿、化用

普通词典收录的词语多是比较严格的“语法词”(按语法标准界定的词,不能扩展),而表达词典收录的语词除语法词外,还有很多有丰富表达色彩的词汇串、语块或称短语搭配,在古代称为“辞藻”。如民国类书的殿军《分类辞源》(世界书局,1926)中描写云的形态中的“流彩”、“舒卷”,指称虹的词语“竟天”等辞藻。

作者可以采用引用的方式,借用这些辞藻,置于自己的表达中。如拟人化的辞藻“雨脚”,取自杜牧诗“云急山高雨脚长”,在现代文章表达时引用,会产生明显的艺术形象感。另外,“雨脚”的典源中还体现出与“云急”、“山高”之间的关联、映衬关系,可由词典用户针对这一名句进行感悟,当自己文章中涉及局部表达环境、情景、心情及主题方向与杜诗句一致时,就可以引用“雨脚”一词为自己的写作增色,甚至可以将“云急”、“山高”等连带意象也引入自己的文章。

历史上对表达词典提供的辞藻的使用,都高度提倡化典,而不是借用照搬。例如戴望舒《雨巷》的诗句:“撑着油纸伞,独自/彷徨在悠长、悠长/又寂寥的雨巷,/我希望逢着/一个丁香一样地/结着愁怨的姑娘。”这样优美的诗句的灵感化自李煜的名句“青鸟不传云外信,丁香空结雨中愁”。其中“丁香”与“愁怨”之间的关系通过一个动词“结”活化出来,意境隽永,让人回味无穷。而戴望舒诗句化典的得当主要根源于两者意境功能的一致性。

化用表达词典的辞藻是一种正确发挥词典辅助表达功能的方法,运用不当会陷入为人诟病的“堆砌辞藻”的泥沼中,表达词典的辅助表达功能就会走向它的反面。但表达词典在表达时作为重要的参考,学界对其在不同词汇类聚中进行词汇选择的机制的探讨还不到位,这也涉及表达词典编纂体例的细化和创新,这些都有待深入研究。

二、词汇集的集合优势辅助拓展表达思路，提升语言能力

不管是书面表达还是口头表达，最大的问题往往是无话可说，根源在于“思路阻遏”，即没有思路，或者思路中断，无法继续。这方面也可以借助表达词典的辅助表达功能得到一定程度的突破。

表达词典辅助拓展思路的主要方式是在西方被称为“打环扣”①的自由写作思维拓展方式。它可以由一个主题词为源头，一环扣一环地向下自由联想，形成思路的拓展，最后选择最有价值的环扣进行深入思考。而表达词典可以提供一个个潜在的环扣连接点，一些关联度高的词被整理到一条条线上，形成多样的思路，再将所有思路进行对比，从而确定一个有价值的清晰思路。这种方法会消除传统写作学中讲到“写作灵感”时所持有的那种“只可意会不可言传”的虚无性。

例如在写作一篇关于“理想”的文章时，如果没有思路，可以查考类义词典《同义词词林》中关于“理想”的词集。在词典中，下分“理想、幻想、泡影、梦幻”四个小类为平行层次，其中“梦幻”词群与“理想”较远，可排除，余下的三个词群可以为写作此文提供拓展思路的环扣和思维锚点。如：

理想——志向 志（有～竟成） 抱负（～不凡） 心胸 雄心 壮志 雄心壮志 豪情壮志 远志 笃志 壮心

幻想——空想 玄想 痴想 妄想 白日梦 美梦 大梦 春梦 痴心妄想

泡影——梦幻泡影 黄粱梦 南柯[一]梦

从正面看，可系联“理想”词群——“理想”是一种“志向”，一种远大的“抱负”，要立“壮志”，立“远志”，立“笃志”——这样就可以有至少四

---

① 祁寿华．西方写作理论、教学与实践[M]．上海：上海外语教育出版社，2000：106－110．

个分论点来从不同侧面剖析“理想”的内涵。

从反面看，可系联“幻想”词群——“理想”不等于“空想”、“玄想”，也不能“妄想”，要脚踏实地，要切合实际。

从反面角度所产生的后果看，可使用“泡影”词群中的“梦幻泡影”、“黄粱梦”。

通过这一系列的思维拓展，可以观察到类义词典如何为一个主题提供拓展思路的联想点、环扣，而作者只需要把这些联想点根据不同的写作目的和中心论点联结起来，一条清晰的写作思路就基本呈现出来了，在此基础上，再加以调整、修改、完善，不难形成一篇有内容、有深度的议论文。

三、化用类义词典的词汇集，形成连贯内容，提升语言能力

张德禄在介绍功能文体学的理论体系中，译介了韩礼德等专家的观点。这一理论提倡词汇搭配、衔接，这种搭配并不是语法与语用上的搭配，而是一个词汇集中的词汇项目“根据不同语义关系，从而确定在语言表达中的出现次序及联系，形成的一个内容上的紧密衔接”。[①] 利用表达词典提供的义类词汇集，可以从以下两个方面辅助语言能力的提升。

1. 词汇搭配形成词汇衔接，提升言语表达的严谨性与逻辑性

凡是具有搭配关系的一组词构成一个词汇集。词汇集是类义等表达类词典的一个个子集。有效利用辅助表达类类义词典，利用词汇项目之间的语义（同义、反义、上下义、属种、相关等）关系，选择恰当的词汇项目布置于不同的小句和分句中，各个小句或分句之间就会靠词汇项目之间的语义关系形成衔接与连贯，有助于学生语言表达的严谨性

① 张德禄．功能文体学［M］．济南：山东教育出版社，1998：9．

与准确性的提升，例如：

重复：时间就是生命，时间就是速度，时间就是力量。（重复出现的“时间”分别体现着时间内涵的三个侧面——生命、速度、力量，三个分句形成衔接）

同义：蚕的灰白色的身体完全露出来，连成一个平面，在那里波动。……它从木架上往下爬，恨不得赶紧离开，脚的移动就加快……它觉着尾巴那儿一阵痛，身体不由自主地扭动一下……接着就仰起头，摇动着腿，跳起舞来……（叶圣陶《蚕和蚂蚁》，同义、近义词的词义大同小异，在语篇中共同出现时是互补分布，“大同”保证了语篇内容的衔接连贯，“小异”保证了不同情境的区别度，避免重复、笼统）

反义：宣传廉洁奉献光荣，遵纪守法光荣，贪污受贿可耻，走私盗窃可耻，反对坏人坏事光荣，包庇坏人坏事可耻。（四个反义词对举：光荣——可耻、廉洁奉献——贪污受贿、遵纪守法——走私盗窃、反对——包庇等，构成了正反对比的衔接效果）

整体与部分：大海波涛汹涌，巨浪摔在岩石上，裂成片片巨型水花，水沫四溢。（大海与波涛巨浪、水花、水沫形成了整体与部分的上下义关系，巨浪与水花形成次级上下义关系，形成连贯）

属种：植物园内花繁叶茂，梨花如雪，桃花如火……（花与梨花、桃花等靠属种上下义关系形成连贯）

流程：坚持一切从实际出发，使这一激励制度在我们学校生根、开花、结果。（生根、开花、结果构成一个时间、环节上有先后相承关系的流程词汇集，与政策的落实、推广、收效流程词汇集形成隐喻关系，构成双线连贯）

相关：企业争相开辟新线，淘汰、更新、增加车辆。（淘汰、更新、增加三个动词围绕车辆调整这个中心，词义高度相关，最后形成了一个针对具体语境的临时词汇集，构成语境连贯）

以上用例的各个分句是通过加底线的词语形成的搭配构成了语言表达分句之间紧密的逻辑联系。

2. 词汇集的交叉混用形成创新修辞，提升言语表达的创新性、得体性

利用词汇集理论，还可以形成言语表达突出的修辞效果，形成表达亮点，提升语言表达的感染力，满足学生语言能力提升的创新性、得体性要求。根据功能文体学理论，这主要要依靠词汇失衡与失协的手段来体现；最终产生词汇突出的语体效果。

词汇失衡突出模式指“同一词汇集的词汇的超规则排列或高频率出现”[①]，主要包括词汇对偶、排比、重复、渐升、渐降、词汇系列、词汇集等。在类义词典的利用上，只需要将同一类义分支的词汇项目按照一定的规律进行选择排列，就会产生相应的创新性表达效果。例如根据语义程度可以采用词汇集词汇渐降的方式，例如：

产品的品种、等级、质量（词汇系列），有国家标准的，按国家标准执行；无国家标准而有部颁标准的，按部颁标准执行；无国家标准和部颁标准的，按地区标准执行；无上述标准的，由当事人双方协商确定。（《农副产品购销合同条例》）

这里的国家（标准）、部颁（标准）、地区（标准）体现了标准的三个层级，通过词汇集的渐降排列，将各分句紧密联系，而且表意清晰，不易引起歧义，且易于传达，成为说明性应用文本中的既专业又得体的表达亮点。

词汇失协指的是“不同词汇集的词汇的相互混合和交叉所形成的突出手段，在同一情景中运用一般是出现在不同情景中的词汇或词汇集”[②]，常采用明喻、隐喻、拟人（ personification ）、象征（symbolism）、情感谬误（pathetic fallacy）等手段。

利用词汇失衡和失协的方式，可以形成以形象性、创新性为特色的语言表达。例如：

---

① 张德禄.功能文体学[M].济南：山东教育出版社，1998：128.

② 张德禄.功能文体学[M].济南：山东教育出版社，1998：135.

从小门一跨进车间，就立即投身到一个声音的海洋中：马达的嗡嗡声，皮带的滑动声，各种刀子切割、刨削、钻镗金属的声音，刀子和砂轮接触的声音，金属撞击的声音，吊车来往的隆隆声，压缩空气的嗤嗤声，各种齿轮咬接传动的轧轧声；尖厉的，粗钝的，浑厚的，洪亮的，短促的，间歇的，持续的，突然迸发的……各种各样的声音，一齐向你涌来，把你淹没。（焦祖尧《总工程师和他的女儿》）

这个语言片段用了复杂的词汇集搭配手段，才产生了这样绘声绘影的生动语言表达效果。

片段中有两个主题词汇集：核心设备部分成员词汇集（马达、皮带、刀子、砂轮、齿轮）与工具集（吊车、压缩空气）；三个功能词汇集：设备动词词汇集（滑动、切割、刨削、钻镗、接触、撞击、咬接、传动）、拟声词词汇集（嗡嗡、隆隆、嗤嗤）、形容词词汇集（尖厉、粗钝、浑厚、洪亮、短促、间歇、持续、迸发[的]）。

片段首先体现的是"词汇集"应用这种词汇失衡手段。片段中把指称车间设备、工具的词汇集成员在各分句中进行合理分布，形成了本词汇集之内的行为主体搭配衔接；表示动作和拟声（部分替代动作词语）词汇集与"声音"搭配，体现为"修饰、分类成分＋声音"的词汇集汇合模式，进而以领属助词"的"与表示设备、工具的名词词汇集成员形成更高层、嵌套模式偏正结构，最终体现为"N＋（V＋声音）"的名词短语排比格式，表示各种不同类型的声音，保证了整个片段主题集中，描述清晰。与后文的"各种各样的声音"形成呼应衔接，体现出严密的连贯性。

片段最后用形容词词汇集综合声音的各种属性特征，体现出各种声音的区别度与独特性，同时这里采用了词汇失衡模式中的"词汇系列"方式，营造出声音繁多的气势，再次与后面小句中的"各种各样的声音"相衔接，形成小句的扩展和连贯。

同时，拟声词词汇集的使用既可以替代一些动词词汇集成员（用"嗡嗡"代替"转动"），同时这些拟声词又起到了绘声的作用（用"嗡嗡"比用"转动声"更能体现形象感），进而让读者可以通过联想间接起到绘影的作用，增强了本段语言的表现力。

这个片段中还能体现出“词汇失协”这种词汇突出的模式。

例如:片段中谈到了各种各样“声音”的词汇集,而片段中还有一个“海洋”的词汇集——“海洋”、“涌”、“淹没”,分别位于片段的开头和结尾,这本身是首尾呼应衔接。但海洋词汇集的词汇项目通常不应出现在车间生产的情景中,出现在这里,必然形成“词汇失协”突出效果。

片段最后一个小句将“海洋”与“声音”两个词汇集交叉在一起,主语使用的是“声音”,谓语使用了“海洋”词汇集的“涌”、“淹没”——海洋的巨大、气势不可阻挡的特征转移给车间的声音群,这种转移是通过海洋词汇集与声音词汇集的交叉搭配而形成的,词汇集中的每个单位都承担了该词汇集的一个分支特征,词汇集特征的转移依靠的是成员之间逐个转移的完成,最终使声音和海洋词汇集发生了整体上的意义的互相转移,形象、简洁地烘托出整个车间的氛围。这种转移依靠的是两个词汇集之间带有规约性的意义相似性,构成了修辞上的隐喻手段。

另外,这一段文字也使用了“情感谬误”的词汇失协突出手段。例如“一齐向你涌来,把你淹没”——海洋词汇集是无生命的,但因为有人称“你”的主观叙述视角,所以海洋、声音的动作就成为能动、主观的动作,无生命的海洋、声音被赋予了人性、生命及情感,同时体现了这种气势感带给叙述者和阅读者的震撼。

从这一片段的分析能看出词汇集在学生语言表达能力提升中的作用和价值。一些百科性的类义词典(特别是图解式的类义词典)往往会把同主题的词汇类集起来,学生只需根据自己的交际目的(功能语言学的“语旨”—Tenor[①])、交际内容(“语场”—Field),依据词汇集中各词汇项目之间的语义关系,创造性地选择整合不同词汇集中的词汇项目,形成既有逻辑的连贯又有变异创新的语言形式(“语式”—Mode)。学生可以经常进行这种词汇集之间的混合训练,摸清词汇集成员的超常规搭配的规律,形成因“词汇失衡”、“词汇失协”而产生的“词汇突出”的

---

① Halliday,M. A. K:An introduction to functional grammar[M]. London: Edward Arnold,1985.

表达效果。

围绕这一问题，目前类义词典的编纂体例有待进一步创新：类义词典存在的最大价值是辅助表达，但目前的类义词典多是提供了主题词内容相关的词汇集，无法提供细化的、在语言表达中更有价值的词汇子集，如程度序列、层次序列、顺序序列、整体—部分序列、属种序列等，这些序列体现的是丰富的语义关系，是形成各种“词汇突出”表达效果的基础。

四、活用电子型表达词典的智能技术，提升语言能力

随着中文信息处理领域的语义信息库以及电子词典形式的发展，表达词典也逐渐进入智能化领域，在锻造语言表达亮点和创新点、更有效地拓展语言表达思路方面，提供了新的选择。

1. 利用智能检索技术，提供多种词汇互补组合的可能性，打造语言表达亮点

在一个词量足够的类义词群或词汇集中，很多成员有构词语素上的同素性，同根语素的复合词成员在一起组合搭配，往往会形成新的语言创新点。另外，这些同根词往往是互补的，反映了一个写作主题锚点的不同的语义侧面，可以辅助形成对一个主题锚点内涵的全面理解与表达。

例如要检索由一个语素构成的同根词群，传统的类义词典一般提供的是主题分类检索，偶有辅助性的音序索引。但传统的类义词典多为正序词典，音序索引中所查检到的词是以该语素为第一构词语素的词。在辅助学生语言表达的词汇选择时多有不便，现代的电子类义词典可以很好地弥补这一不足。

例如，在图 15－1 所示的电子词典中，提供了构词语素在词首、词尾、词中的同根词检索方式，以“俗”为检索语素，根据“俗”构词的后定

位特点，用“词尾”选项，可方便地检索出媚俗、庸俗、低俗、恶俗、傲（自傲）俗、卑（低劣）俗、丑俗、蠢俗、粗俗、腐俗等300多个复音词（除明显不合适的，至少可有二三十个词进入备选范围），这些词靠构词伙伴语素反映出“俗”的不同语义内涵和多个语义侧面，形成了关于“俗”语义内涵的最全面的互补分布，如果用数据的方式归纳概括起来，就形成了反对“三俗”（近些年文化界提出“反三俗”的口号）或“五俗”等传播性好的词汇化的表达亮点。再如用这种方式可以形成类似“农业增产、增收、增效”这种带有“词汇系列”特点的“同素”修辞亮点。

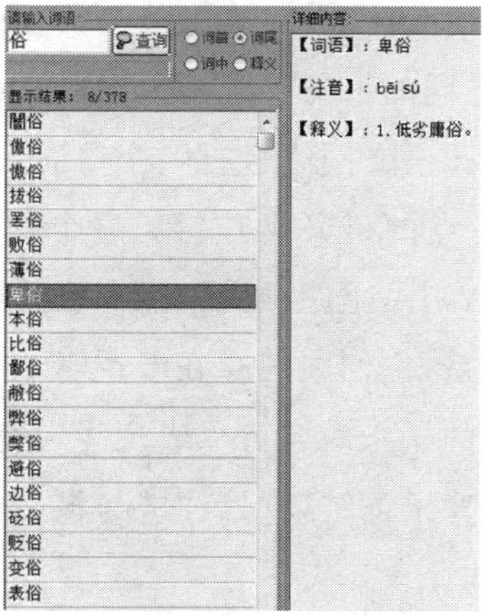

图15—1

通过这种检索方式，学生有能力在语言表达中从不同侧面展开论述，或拓展出更多的思路，形成自己原创性的表达亮点，使自己的口头和书面语言表达更丰富和深刻。但这种电子类义词典的检索方式还属于比较初级的词库选择模式，检索方式线性，并没有与学生在表达时以词汇为节点的扩展联想方式有机结合起来，要实现这一点，需要采用下面介绍的可视化语义网络的方式。

2. 采用可视化语义网技术，打造关键词词汇链，高效突破思路阻遏

前文提到，思路阻遏是语言表达中的核心难题，具体表现为没有可延展的交际方向，没有将语言交际进一步向深度和广度扩展的源动力。学生在语言表达时，基本采用以词语作为推理、联想节点，层层扩展、层层深入的方式，以突破这种语言表达上的瓶颈。这是一种网络型的心理活动。一个拥有海量词汇及能体现丰富语义关系的表达类电子词典，能以关键词为锚点，可视化地系联起学生的语言思维网络，并通过词义联系不断扩展锚点网络，从而在某种程度上辅助解决思路阻遏问题。

语言学界近几十年一直致力于这种模仿人脑工作图式的语义网络(Semantic Web)的建构。比如著名的词网(WordNet)系统 、知网(HowNet)系统、FrameNet 系统、MindNet 系统以及北京大学的“中文概念词典”(CCD)系统等。

在这些可视化的语义网中，如果以每个词在语义网络中的节点为中心，通过纵横方向不同的语义关系产生的语义路径可以联起大量的语义场词语。如果将此语义网络进行一个单向式词链追踪的话，理论上会形成一个没有终点的语义操作链。这个操作链我们称之为“词链”，用于学生的写作，则是主题词链。语言表达中所有的词汇都与主题有着或远或近的关系，它们之间存在着逻辑上的联系。学生表达生成的口头或书面语篇的核心内容可以表现为一个核心主题词链，背景性的词汇构成了一个背景词链，背景词链与核心词链发生着非线性的联系，形成网络化结构。

目前这方面已经有普及性的产品，可以用于辅助学生个人的语言表达。例如以扩展启动网络为理论基础，以“词网”为知识库的商业化学习词典 Thinkmap Visual Dictionary 中，我们可以看到 Hurt(伤害)的语义局部网谱(图 15－2)。

在这个以“hurt”为核心词的语义网络中，所有和 Hurt 有语义关系的词位都会系联进来，各种不同的线型分别代表着 types、a type of、a part of、synonyms、derive from 等显性语义关系。不同颜色圆点代表 hurt 的不同义位，而终端词位都代表在此义项上与 hurt 有这样或那样语义关系的词语。如果说这样体现的还是一部分简单语义关系的层次网络的话，那么点击每一个相应的终端词位，就会进入另外一个以此词位为中心的一个语义局部网络，从而使整个词汇语义系统成为一个紧密联系的语义网络，既有规则系统的特点，又有不可预测的非线性特

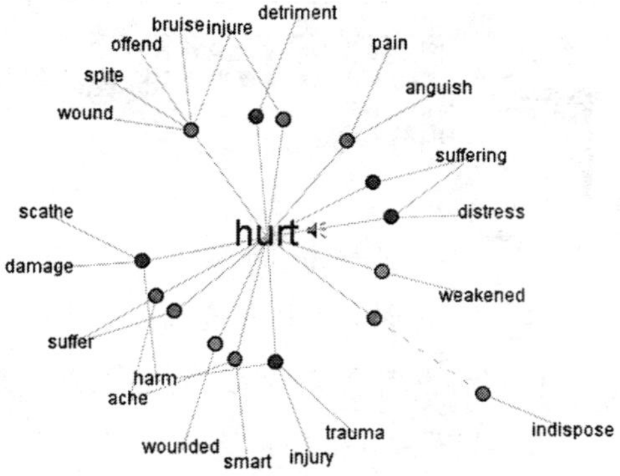

图 15—2

点,无法确定单一语义路径的终点。

这个网络还可以根据义项来系联主题词位。例如可以就“Any physical damage to the body caused by violence or accident or fracture etc”义项,进入同义词“harm”的局部语义网,通过其“Cause or do harm to”义项,根据“Is a type of”显性语义关系词链,进入围绕义项“Cause injuries or bodily harm to”形成的同义词群,进入“injure”局部子语义网,根据其“Hurt the feelings of”进入相关的 bruise,offend,hurt,spite,wound 的词位的局部语义网络……这样就形成了一个隐性的操作路径(图 15-3)。

Hurt 同义 harm Is a type of injure 同义 bruise,hurt 等……

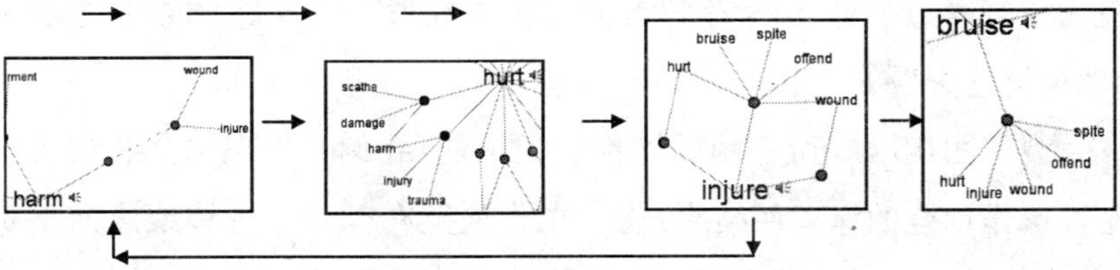

图 15—3

汉语中类似的电子类义知识库的开发与建设近些年也广受重视。它们大多数是基于梅家驹等编纂的《同义词词林》提供的分类词库。目前虽然较少看到成熟的可视化系统,但一些雏形的系统已经可以在学生语言表达中有所利用了。如图 15-4:

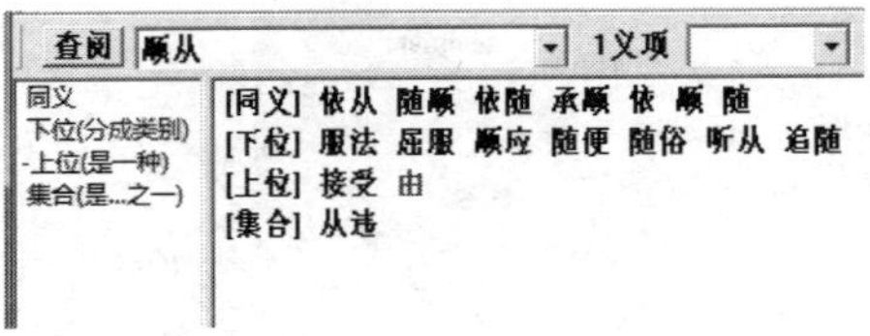

图 15—4

当拓展“顺从”这一话题时，可由下位概念扩展出互补的屈服、顺应、随俗、听从（追随）四种互补的表现，从而起到打开思路的目的。如果担心扩展不够深入，可以点击相关词进入相关词的局部网络进行二次扩展，例如点击“顺从”中的“屈服”表现形式，可以得出“屈服”的各种状态（图 15－5）——变节、称臣、就范、屈从、屈打成招、投降等。经过几层深入挖掘，就可以最大程度加深对“顺从”这个写作总主题的认识。这一点与前文介绍的通过手工查找《同义词词林》拓展“理想”主题的方法相比更快捷，体现出思维网络的同步性和直观化，效果更好。

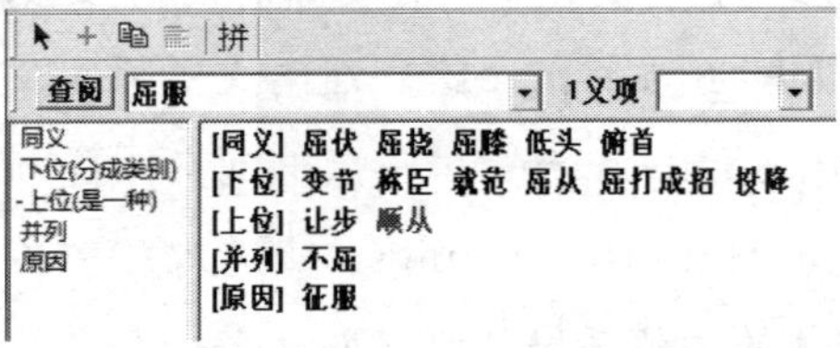

图 15—5

但此类电子词典的网络式操作在无限扩展学生的内容主题关联、极大拓宽联想视野、给学生语言能力提高带来巨大革新的同时，也会带来“词链迷失”①的危险。

观察图 15－3 所介绍的隐性操作词链，我们会发现语义相似度随隐性操作词链的深入而缩小，这个操作词链在循一个查询线索向下扩展的同时，两个局部语义网络之间总是有共同的词位或义项相联系，但越深入就会离起点词的语义越远，语义距离越大，到一定的深度后，起点词就会在随后出现的局部语义网络中消失，这就使操作者背离了原始的操作意图，很容易造成“词链迷失”的后果。例如，在“bruise”局部

① 王东海等．电子词典编纂中的语义网与义链研究[J]．长江学术，2007(4)．

义网上,从“hurt the feeling of ”义项可以进入“offend”局部义网,在“strike with disgust of revulsion”义项可以进入“shock”局部义网,此时我们在“shock”局部义网上已经找不到起点词“hurt”了,两个义项之间的语义相似性已经非常小,甚至很难确定。至此原查询目的已经被解构消亡或转移了。如果此时不实时止住操作行为,时间浪费就会越来越多。

词链迷失也给学生利用此类电子词典辅助语言生成与表达带来困扰,使操作者淹没在义海或词海里,从而占用大量时间,语言交际的目的和语言表达的中心逐渐模糊甚至解构、消失,变成了类似在网络上的漫无目的的漫游,这是超文本、超链接技术本身的不足。如果不加以限制和收缩,可能直接导致语言表达中的“走题”或“转换主题”的结果。这需要操作者能适当控制自己的操作路径,适时而止。因此,有的可视化类义词典根据操作者的知识层次和应用需求,设定不同词量和义项量的几个子集,由操作者自由设定词网的规模,对解决这一问题有一定的效果。

五、小结

我们认为词典在辅助学生语言能力提升方面具有重要的辅助作用。学生语言能力的提升分为基础性要求(规范\准确)和高级性要求(创新\得体)。我们重点讨论了生成型词典中表达词典的特点,以及在辅助学生语言能力提升方面的做法——创新性化典、用典;利用词汇库、词汇集拓展表达思路;利用词汇衔接、词汇失衡、词汇失协等词汇突出手段形成严谨的词汇搭配与内容连贯;利用电子型表达词典的智能技术提升词典辅助语言能力提高的效果。

总之,语文词典在辅助语言能力提升进而改善语文教学实效的思路方面是大有可为的,但不能扩大词典在学生语言能力提升中的功能和作用。语言能力提升的主体因素在学生本身对表达内容的感悟、语言素养的积累以及必要的语言训练和语言实践,词典辅助的思路更多的是提供分类词库、词汇选择规则库,它永远是辅助性、参考性的。

第十六章　人才热点：辞书队伍建设研究

辞书目前已经成为重要的支柱文化产业，在海外已形成规模经济，以六大家族为核心的英语词典出版社借 ESL（英语作为第二语言教学）推广之势，在全球抢占市场（牛津的英汉双语词典甚至在中国内地占统治地位），规模迅速壮大，很多词典出版社已经成为上市公司。

辞书是一个朝阳文化产业，近些年我们也认识到其重要性，自上而下地重视起来。我们延续了重视辞书编纂、出版的传统，在辞书数量方面，继续保持着大国的位置。但也存在一些制度化、结构化的问题，如：很多时候我们并没有把辞书上升到文化产业的高度，而仅将其当成普通出版物来对待，对辞书产业未来的发展方向和布局缺少超前认识，缺少有针对性的辞书规划；辞书编纂出版现状还存在某种无序性，很多编者和出版者在做低层次的重复工作，相应的辞书政策有所滞后及缺位；我们对辞书编纂出版的具体管理有时也不太到位，多是跟在辞书编纂出版实践的后面，出现问题解决问题，缺少预先干预机制，比较被动；在辞书研究方面，我们还多停留在对传统经验的继承，缺乏推出满足现代用户使用需求的创新性操作理论的能力……

这些问题在我国目前的辞书产业中不同程度地存在，已引起高度关注。国家新闻出版广电总局正针对辞书出版问题进行第三次辞书规划；教育部、国家语委针对辞书编纂及语言文字内容规划的管理，专门成立“汉语辞书研究中心”，在成立大会上，李宇明针对上述问题提出促进辞书研究与管理的新思路①。另外，王铁琨也在多年前就提出“辞书

① 李宇明．努力发展我国的辞书事业——在汉语辞书研究中心揭牌仪式上的讲话[J]．鲁东大学学报，2008(2)．

强国梦”[①]，张志毅先生在《人民日报》撰文呼吁“建设辞书强国”，并就辞书理论创新问题提出建议[②]。

问题的症结在哪里？如果把上述具体问题归到相关行政部门解决，这只是治标的行为。辞书毕竟不只是一项产品和商品，其编修研究都体现着典型的专业性，专业的问题需要专业人士去解决，这样才能找到治本之法。

在研究中，我们关注到影响辞书产业发展的根本因素之一——辞书队伍建设。辞书产业中各项工作的推进、各个问题的解决，都需要有特定素质和能力的人员，因此从辞书人才、辞书队伍建设的角度加强辞书产业研究至关重要。但我国目前辞书队伍的现状、结构究竟是什么状态？目前还缺少这方面的研究，仅见汪耀楠先生的一篇倡议性文章[③]，让我们充分认识到辞书队伍建设的必要性和紧迫性，但还缺少实态的描写、问题的分析与解决方法的设计。

鉴于此，“汉语辞书研究中心”专门立项对我国汉语辞书队伍的情况进行专项研究：在服务于辞书规划、辞书政策的目标下，调查分析辞书相关从业人员的基本情况和素质，描写辞书队伍的结构及存在的问题，探讨辞书人才建设在辞书规划、编纂、出版、管理、研究等方面的作用，进一步提出辞书人才队伍建设的原则与方法，以促进我国辞书产业的健康快速发展。

为形成全面、有创见的结论，我们建设了基于网络的“辞书队伍资源库及信息挖掘系统”（以下简称“队伍库”或“辞书队伍库”），全面收集队伍成员丰富的学术、社会属性资料，并基于语义网络和信息挖掘技术，以个体为基本细胞单元，动态展示他们之间复杂的线性和非线性联系，发现其中的规律，以期让我国的辞书队伍从目前的自组织状态走向

---

① 王铁琨．规范化、现代化与辞书强国——中国辞书事业发展的思考．辞书研究[J]，2007(1)．

② 张志毅．“辞书强国”究竟有多远[N]．人民日报，2010年10月12日．

③ 汪耀楠．我国辞书学队伍的现状与建设——为《辞书研究》出版百期作[J]．辞书研究，1996(6)．

一种有引导、有组织的整合状态，最后为辞书规划和辞书政策提供理论和实态支持。

一、队伍库建设的“2＋2”服务目标

队伍库的建设要基于全面的需求分析，服务对象及应用目标决定了库信息结构及数据利用模型的建立。队伍库的建设不宜求全求大，而应以国家的辞书规划与辞书政策为首要服务目标，兼顾辞书编纂出版与辞书研究两大次要服务目标，我们称之为“2＋2”服务目标。

（一）辞书规划与辞书队伍

辞书产业的发展要有明确的规划与布局。辞书规划是根据辞书研究、编纂、出版、发行、营销、使用、管理等方面的发展现状，在继承传统，借鉴海外经验的基础上，深入研究辞书类型分布，找准辞书产业核心重点及发展盲点，制定一个在较长时间段内重点攻关的辞书编修以及出版任务。成功的规划必须植根于成熟的辞书功能学、类型学理论以及编纂工艺。这些都对辞书队伍提出了很高的要求。

新中国成立后，我们非常成功地实施了两次辞书规划。1975 年，中外语文词典编写出版规划座谈会在广州召开，会议讨论拟定了 1975～1985 年编写出版 160 种中外语文词典的规划（草案），获批准后马上进入具体实施。这次辞书规划非常成功，在十年时间内，集中出版了《汉语大字典》、《汉语大词典》等古今兼收的语文辞书中的扛鼎之作，还有一大批填补类型空白的语文辞书，成功实现了经典辞书的更新换代，满足了广大群众利用辞书学习文化知识的需要，一改我国“辞书荒漠”的局面。

从辞书队伍建设的角度看，这次辞书规划的成功之处在于相关部门充分发挥四方面的力量：一是专家力量，大范围动员全国大多知名语言文字学家和辞书学家参与辞书的编纂与修订；二是出版社力量，调动了全国各大有辞书出版实力的出版界的所有资源，出版了大量的辞书，

甚至成立了专门针对某一部辞书的出版社（如“汉语大词典出版社”）；三是辞书管理部门力量，这次辞书规划的成功也在于政府的切实参与，自国家领导人到具体管理部门，全力投入，以国家行政力的权威性、刚性、强制性主导了本次规划；四是蓬勃兴起的辞书研究热潮为辞书规划提供了理论支持，辞书学的两个主研究阵地《辞书研究》以及《词典研究丛刊》就在这段时间创刊与蓬勃发展。事实证明，在特殊情况下，只有政府有能力主导辞书规划，整合辞书队伍，在短时间内编修一些大型的服务于民众而又传世的经典之作。因此，“盛世修典”是以政府的强有力支持与引导为保障的。

1988 年，新闻出版管理部门在成都召开了第二次全国辞书编纂出版规划会议。这次辞书规划以专科（社会学专科辞典、科技辞典）和少数民族词典为主，兼顾中外语文辞书、百科全书，编纂了大量新类型的辞书。这次规划的成功之处在于相关部门对出版社力量的整合：本次规划协调了全国一百多家出版社提交的 2500 多个辞书出版选题，抓重点、调结构，力避重复出版同类型的辞书。没有政府力量的强势介入，出版社各自为政，必定会出现大量质量低下的辞书，而真正需要填补空白的辞书却无法保障质量。事实证明，这一次辞书规划成果显著，成功地完善了汉语辞书的类型布局。

进入 21 世纪，辞书业的发展日新月异，同时也出现了很多前两次辞书规划没有出现和没有关注的现象与问题，相应的规划必须马上跟上。目前，相关部门正开展第三次辞书规划。

辞书规划要依靠各层次、各类型的人员来完成，辞书产业的健康发展需要做规划时“量力而行”，这个“力”就是人力资本，人力支持达不到的，可以先小后大，甚至可暂时搁置，留待以后规划。所以，辞书规划要先摸清近几年我国辞书队伍的家底，对人力资本的情况有全面了解，从而保证制订的规划是切实可行的，时间安排、步骤进度都能根据人力资本做好计划。我们的队伍库可为相关部门的辞书规划提供人力信息报告。要实现这一目标，应围绕七个在当前和未来辞书发展中的热点问题（辞书理论创新、学习词典编纂、电子词典、辞书知识产权、辞书编纂现代化、辞书评论与使用研究、辞书队伍建设)展开有针对性的研究。

要完成这方面的工作,要求队伍库能提供以下基本信息:目前我国辞书研究队伍支持最多的辞书类型地图;各种辞书类型研究和编纂的一线、二线专家地图;出版社掌握的合作专家地图;辞书队伍后备力量调研报告;出版社责编人员情况报告;辞书用户情报报告。

(二) 辞书政策与辞书队伍

在我们的研究中,辞书规划是对辞书发展蓝图的宏观勾勒,辞书政策则是解决中长期辞书产业发展具体问题的对策和规定。广义的辞书规划包括辞书政策。必要的辞书政策是政府对辞书产业实施有效管理的手段。

辞书政策体现在国家的法律、法规及政策规定层面。法律法规的最大作用是面向全国,而且具有刚性、权威性和贯彻性。但我国目前的辞书政策的制定还不是很全面,除了宏观支持鼓励,在很多具体问题上缺少具体的政策。

我们在新中国成立以后中央到地方的各类法规库①中进行检索,关于辞书管理的文件(文件正文内提及"辞书"或"词典"、"工具书"等概念)数量很少。从文件标题上看,仅发现一份文件是与工具书相关的——《关于对工具类图书进行质量检查的通知》(新闻出版署 1997 年 3 月 20 日),而其他在正文内容中与辞书相关的文件不超过 20 份,多是涉及图书评奖、知识产权、用字规定、出版物开本、盗版、稿酬等细节问题。在这些文件中,辞书多与其他出版物并列提及,很少获得单独的规定,能为辞书单独立条加以规定的仅见四例,涉及辞书中的异形词(教育部等部门关于在新闻出版、广播影视系统和信息产业、广告业试行《第一批异形词整理表》的通知)、蒙古语辞书(国务院关于八省、自治区蒙古语文工作协作会议情况报告的批复)、稿酬(国家版权局关于颁

① 北大法宝——中国法律检索系统[Z]. http://www.chinalawinfo.com/bdfb/Lib_02.asp,2011 年 2 月 27 日查询.

发《出版文字作品报酬规定》的通知)以及推荐常备工具书(关于印发《常备图书目录》(第一批)及《关于常备图书出版、印刷、发行管理的暂行规定》的通知)。从以上条目可以看出,我们国家法律政策管理中对辞书的相关规定相对薄弱。

制定辞书政策的核心问题是什么?是以管理为本,而管理的对象则是辞书队伍。从已有研究成果库、已出版辞书库的相关评论报道等信息中进行全面的知识挖掘与数据类聚,队伍库建设至少能为制定辞书政策提供以下信息:目前辞书研究、编修、出版、市场四大方面存在的核心问题是什么?已有的针对辞书发展中存在问题的可行建议是什么?辞书评奖、辞书质量监测、辞书基金项目这三大政府工作的措施、效果如何?作为辞书政策制定者的管理部门的素质结构、能力结构是什么?制定者如何避免"外行领导内行"的弊端?……只有掌握这些核心信息,我们的辞书政策建设才会系列化和常态化。

(三) 辞书编纂出版与辞书队伍

辞书出版基于一个强有力的编纂队伍。在汉语辞书编纂历史上,已经成功实现了编纂队伍由个体向团队的过渡。但目前我们还没有对辞书编者个体、辞书编纂团队的相关研究和了解。特别是以下几个核心问题:辞书团队中的编者个体需要什么样的学术背景;需要什么样的能力结构和知识结构;辞书团队如何组织编者进行有效的工作,才能将编者个人的知识共享为编纂团队组织的知识,再固化为全社会共享的词典知识等。

另外,辞书产业的健康发展还要关注辞书编纂出版人才的培训提高以及后备人才的培养。未来的辞书编纂出版管理需要专业的辞书人才。但目前仅有新闻出版部门每年举办一次辞书编辑培训班,培训对象主要为出版社辞书编辑、拟申请辞书出版业务的图书出版单位的编辑人员、具有辞书出版业务的图书出版单位未接受过辞书编辑专项培训的编辑出版人员,培训重点是学习党和国家的出版方针政策、法律法规,辞书出版规划,辞书编撰与修订业务,辞书质量控制,语言学、词汇学以及数字辞书等知识。这种培训只是针对出版队伍，缺少对编者队伍的系统培训，远远适应不了辞书发展的需要。

人才培养必须是有计划、有针对性的，利用我们的队伍库可研究目前高校及各辞书研究中心的辞书后备人才培养工作经验及教训，同时探讨高校、辞书研究中心和基地、出版社如何联动培养后备人才的问题。

（四）辞书研究与辞书队伍

汉语辞书的经验总结与理论创新都依靠辞书研究。首先要求能从队伍库中捕捉辞书研究人员的全面情况，清楚展示从事辞书研究人员的数量、层次、研究方向、研究背景，根据不同的信息属性进行类聚，建立研究者人际网络系统，发现其中的隐含规律和联系（如学术背景与学术经历对辞书研究的影响等）。

其次，通过对辞书研究者的学术成果的知识挖掘，抓住当前辞书研究中的倾向性问题，分清辞书领域的强势研究与弱势研究，类聚共同研究观点、研究方法或研究思路，最终形成辞书研究的小流派。

再次，还要利用队伍库对以下几个核心问题做出集中的研究：如何继承传统的辞书编纂理论和经验？如何借鉴西方先进的编纂理念与技术？如何创新我国的辞书学理论？通过对已有成果的挖掘，找出辞书研究中这三个根本问题的研究进展、研究差距，并对其进行客观描写与分析。

例如，从库中可挖掘目前辞书编纂前沿的语料库技术、语义网络技术，新的辞书编排体例，创新性的释义操作理论如释义元语言、义项索引、整句释义等在我国的研究情况，已经引进了哪些先进的技术与理论，有哪些在辞书编纂中进行了应用，有哪些结合我们的实际情况进行了改造，有哪些属于汉语辞书独创的理论等。摸清了这些信息，对引导学者的辞书学研究方向有很大的帮助，为辞书研究者提供一个标明研究方向中的优势点、重复点以及弱点、盲点、空白点的主题知识地图，引导研究者更有针对性地选择自己的辞书研究方向，确定具体的研究选题。

最后，队伍库还要能提供辞书研究与辞书编纂之间的关系信息，回答以下几个问题：辞书编纂与辞书研究的关系，如何互相促进、互相支撑？有过编纂实践的人的辞书研究特点是什么？有过辞书本体理论研究的人的编纂特点是什么？有过相关学科交叉研究的人的辞书编纂行为有什么特点？

总之，队伍库在服务于辞书研究方面要能做到对辞书研究队伍分流派、分方向，对当前辞书研究找问题、明不足、立优势，达到服务辞书研究的目的。

二、辞书队伍的二级构成

根据我们的研究，把辞书队伍分为生成性二级结构，底层是能关联所有个人信息的个体锚点，个体锚点又可关联生成二级结构——团队锚点和组织锚点。

（一）个体锚点

汪耀楠认为辞书学需要三种个体人才：一是规划、组织、编辑人才；二是编纂人才；三是理论研究人才。这三者有联系也有区别①。根据当前分工细化的特点，我们的队伍库应包括以下五种个体人才：

1. 研究者

高校、研究中心、科研院所、学会、民间研究团体和研究个体。研究者个体是队伍库的核心成员、原型成员，是我们关注的焦点。属性群主要分为：

基本属性群：自然属性，如年龄属性、性别属性等，主要用于描写辞

---

① 汪耀楠.我国辞书学队伍的现状与建设——为《辞书研究》出版百期作[M].辞书研究，1996(6).

书队伍的年龄梯队和性别结构；社会属性中的民族属性，主要用于描写民族语言辞书与研究者民族身份的关系；地域属性用于描写研究队伍的地域分布特征；工作属性群中主要用于描写辞书队伍的工作单位分布，以便于相关部门设立研究机构以及进行课题投放。

学术属性群：考察研究者个体成员的知识背景与辞书工作的关系。学历名称、学位名称、导师、硕博论文、访学经历、留学经历、研究背景、研究领域、研究方向等属性，主要看研究者所学专业、学术经历与辞书研究的关系。研究方向和领域是核心属性。

2. 编纂者

编者个体、编纂团队（固定团队和临时团队）。

编纂者个体很多时候与研究者个体身份兼属，具备这两方面属性信息的，当为理论与实践兼具的全才型人才。而编纂者个体更多以其编纂的辞书为核心，设置辞书名称、出版社、用户反响、获奖、再版与修订等编纂方面的属性。

3. 出版者

负责出版规划的出版社总编、负责单部辞书的责编以及发行营销人员、用户调查人员等。

出版社个体成员是辞书工作中的中介、桥梁，其工作包括市场调研、选题、编纂外稿、责编、出版印刷、修订、再版等工作的管理，既是辞书研究者与辞书应用交流的枢纽，又是辞书与用户沟通的界面。出版社个体的属性群的设置主要包括责编辞书、辞书选题、辞书市场、用户调查等方面的信息。

4. 管理者

把辞书作为出版物管理的管理部门人员、把辞书作为语言文字准规范进行管理的语言文字管理部门人员。

管理者个体既是辞书队伍的一员，同时也是辞书队伍的管理者，队伍库主要依据其工作性质设置属性，包括学历背景、学术背景、研究背景、分管工作、工作绩效等。

5. 后备人才

从事辞书研究与编纂的在校研究生，兼及编辑、出版专业的本科生。

学生个体是后备人才的主体，主要属性设置包括学习经历、学术经历、辞书相关课程、培训，并追踪其学习经历与日后参与辞书工作的相关度。

（二）团队锚点

个体锚点可类聚成团队锚点。团队可分为领军人物、团队成员，队伍库主要设置团队的研究方向、研究成果等属性。个体成员可以根据不同的属性类聚成不同类型的团队。

1. 研究团队

一个研究成果突出、研究方向集中、研究方法互相支持的团队的形成往往意味着一个研究流派的相对成型，形成研究流派是辞书学研究成熟化的重要标志。研究团队和流派中的领军人物及代表人物在某种程度上决定了一个辞书团队在国内外的影响力；团队研究成果的水平标志着一个研究团队所能达到的高度；团队成员的研究方向是否一致，决定了是否具备在短时间内集中攻关的能力，以及承担某些重大辞书研究、编纂、调研等任务的能力。目前采用的衡量研究高度的核心权重指标主要是“三高”成果（高引用率论文、高层次项目支持、高档次获奖），这些在队伍库的成果分库中体现得非常清楚。这方面的研究团队主要集中在高校、科研院所、出版社等有组织的部门，人员相对稳定、集中。

研究团队还包括围绕学术期刊等研究阵地而形成的松散的团体，这些团队是自组织类聚的，其研究方向和特色往往与学术期刊等研究阵地的宗旨与追求相关。例如:20 世纪 80 年代以来,汉语辞书研究主要有两个阵地:一是《词典研究丛刊》阵地,出版 12 期后停刊,但在其中发表文章的作者大都成长为目前重要的汉语辞书理论研究者和辞书编纂者;二是《辞书研究》阵地,自 1978 年创刊后,已经被打造成中国辞书学科的最重要的科研平台以及辞书队伍的最重要的培养平台,三十多年来,文章作者汇聚成一个宏大的辞书研究团队。另外,其他相关的重要刊物也会类聚一些松散的团体,如《中国语文》等核心期刊也都有自己的辞书研究队伍,其研究特色主要是把辞书和语言文字研究结合,很多有分量的辞书学本体研究的论文都出自这些期刊(特别是在《辞书研究》创刊前),这些论文在我国辞书理论的发展过程中起到了重要的奠基作用。

2. 编纂团队

目前的辞书编纂已经实现了由个人编纂行为向团队编纂的转型。编纂团队分为三种情况:

一是自组织型团队。编者多为专家,多凭兴趣在主编的召集和领导下共同编纂一部辞书,带有一定的民间行为的特点。

二是出版社编纂团队。商务印书馆、上海辞书出版社等以辞书出版为特色,一些老牌出版社,如人民教育出版社、高等教育出版社、中华书局都设有或准备设置专门的辞书室。辞书编辑们一方面责编外来辞书稿件,另外还多以团队合作的方式亲自编纂辞书,编纂的辞书更加严谨和规范,且多能抓住市场脉搏,反响不错。

三是有组织的专家团队。这类团队以编纂辞书为主要工作内容,组合稳定,编纂行为持久。这些团队带有科研院所背景,其中以中国社会科学院词典室的团队为代表,这是一个历史悠久、经验丰富的编纂团队,背后有强大的语言文字研究力量支持,其代表作《现代汉语词典》公认为是国内最权威的规范性语文词典。

(三) 组织锚点

组织与团队不同。团队多是专业性、业务性的,有时具有民间性和自由性,团队成员有时会因为研究方向和编纂方向的不同随机组合变化,而组织有相应的规章制度和严格的行政管理体制,带有行政性、管理性,人员相对稳定。辞书组织主要分为以下三种:

1. 辞书学会

“中国辞书学会”挂靠在教育部语信司,其学术活动等的开展固定、有序,且受国家相关部门的统一管理。辞书学会组织成员来源多样,有高校科研院所的研究者、出版社人员、政府部门管理者等,也有印刷厂、书店等和辞书工作相关的人员。辞书学会服务于成员成果发表和交流,设有语文辞书委员会、双语辞书委员会、专科辞书委员会等九个分委会,方便会员进行有针对性的集中交流与沟通,学术活动非常活跃。这种集中交流也易于类聚不同的专业队伍,集中承担某项专业辞书任务,或集中突破某项科研难关。

2. 管理部门

相关部门设有和辞书相关的管理组织。从辞书产业的角度看,主要分为语言文字内容管理组织(国家语委)、出版管理组织(国家新闻出版广电总局)、知识产权管理组织(工信部)等。

3. 出版社

辞书出版社有正规的建制,直接受新闻出版部门的行政管理。出版社的辞书工作主要是对辞书的市场调研、选题、编纂外稿、责编、出版印刷、修订、再版等工作的管理,出版社组织主要构成人员是编辑。出版社既要打造研究者、编者、管理者沟通的平台,又要打造与辞书用户沟通的平台,是辞书队伍各类成员沟通的组织焦点,因此其枢纽地位非常突出。

组织和团队之间是紧密联系的。例如:各大辞书出版社要体现自己的竞争优势,体现差别化经营的理念,多拥有与本社辞书业务相关的、分类明晰的专家咨询团队,如商务印书馆的语文辞书专家团队、上海辞书出版社的辞书研究专家团队以及专科辞书专家团队,外语教学与研究出版社的双语辞书专家团队等。这些组织中的专家团队是直接针对本出版社辞书工作中的具体问题而组织类聚的,因此研究力、见解力、执行力、解决问题能力都很强。如果国家层面的辞书规划和辞书政策能将其整合,就可汇总为能切实为国家辞书产业出谋划策的真正的权威咨询团队。

总之,在了解辞书队伍二级结构的基础上,以个体锚点的信息建构为基础工作,利用计算机数据挖掘技术类聚不同的团队和组织,将使我们对整个辞书队伍现状把握得更全面、更准确。

三、辞书队伍的复杂性及语义网建库技术的选择

辞书学科的交叉性带来辞书队伍成员身份兼属的复杂性,其中辞书队伍与语言学研究队伍的关联最深。辞书学是一门非常特殊的学科,传统认为辞书学只是一门工艺,由于其收录对象主要为词语,解释的也是词义、词用,所以一直被系于语言学的词汇学门下,古今兼收词典的编纂和研究有时也被系于训诂学门下,例如,对《汉语大词典》选词、释义的纠误研究,既可以看作是训诂学、词汇史的研究,也可看作是辞书修订的研究。随着社会科学各子学科研究的细化和丰化,辞书学凭借独特的编纂理论获得与词汇学相并肩的地位,辞书界一直呼吁辞书学为一门独立的学科,但词汇学的各种研究还一直把辞书看作是词汇存储、词义描写和词汇应用,属于应用词汇学的范畴。这导致目前语言学研究队伍与辞书学队伍的严重交叉重合,队伍库中有95%左右的成员都具有语言学研究背景。

这种交叉又有其优势所在。例如黎锦熙、吕叔湘等语言文字、语言

理论、词典学等方面的权威专家,他们主持编写的《国语辞典》、《现代汉语词典》分别成为代表民国和新中国词典最高水平的辞书,主编、编者的学科身份交叉兼属是重要的条件,这是辞书的语言文字内容本体决定的。因此,在辞书学后备人才的培养中,语言学课程应该占有相当的比重,单纯从编辑、出版专业的角度培养人才是难见成效的。

另外,辞书队伍中还存在着管理人员、研究人员与编纂人员,编纂人员与管理人员、出版人员的身份兼属等情况,其个体属性之间必然会发生复杂的非线性联系,这给辞书队伍库的建设提出了难题,但这种复杂混沌的状态却最具研究价值,可探讨左右辞书产业的隐含因素。例如,身份交叉必然会发生互动影响,以辞书研究队伍为例:纯理论派的研究,多体现的是与语言学的交叉性,对西方理论的借鉴、译介特点,以及内省、构拟的编纂方法;有编纂经验的人员的辞书研究,更多出于经验,但可能存在不同程度轻视交叉理论的情况;出版人员对辞书的关注点更能体现市场性与可行性,体现与用户需求的妥协与折中,能更好地反映市场当前热点或预见即将出现的热点;辞书管理者的辞书研究更多理性,着眼于辞书的各种研究如何与语言文字规范一致,与辞书规划、辞书政策的制定相一致。所以,当这些人员的身份出现兼属时,意味着具有了复合型的全学科知识与经验,其研究更具高度和前瞻性,提出的理论既具新颖性,又具现实性与可行性。未来汉语辞书的创新式发展需要越来越多的身份兼属者来从事深度辞书研究。因此,辞书队伍库的建构要正视和重视这一复杂难题,从技术上加以解决。

从队伍库建设的角度,要提高队伍库的价值,必须从辞书本体、语言学、出版学、文献学、编辑学、教育学、图书情报学、管理学等学科采集队伍信息和研究成果,否则很难反映辞书学的研究全貌以及辞书队伍的概况。当每个成员作为一个锚点入库后,附着其上的将是全面的个人学术经历、科研经历、成果等二十多种属性信息,而身份的兼属又使这些信息呈现复杂的非线性联系。为充分利用这种复杂性的价值,我们采用语义网络技术来主导队伍库的建设,动态展示这一人际非线性联系,最大限度发现其中的规律性结论。

四、辞书队伍库语义网络及三级数据挖掘模式

传统的信息管理系统基于二维数据表模式，用线性的、逻辑的方式将一条记录的所有属性信息录入相应字段，形成的数据是规范数据，使用时利用关键词检索方式进行同字段的精确或模糊检索，各字段之间的数据联系只能通过布尔运算方式进行组合检索，体现出最初级的相关性，也就是说这是一种有预设的检索，需要数据库使用者对整个数据库的数据有一定程度的预先了解。这种技术无法满足复杂的非线性数据挖掘。

第二代信息管理系统基于语义网技术。这是一种语义裂变网络，最适合于非规范数据或半规范数据的检索与挖掘。例如，互联网上的信息有图片、文本、音频、视频等不同类型，形态各异，即使同是文本数据，其在网页上的存在方式也没有统一的格式，无规律可言，要高效利用这样的数据，唯一的办法是在文本内容之间建立起网络状的语义联系，由计算机自动发现它们之间的关联，并将关联结果推送到用户桌面。

这种语义网技术不同于语料库全文检索技术，它可大大提高检索与系联的准确率和效率，避免传统全文检索过程中经常出现的海量冗余信息。另外与传统二维数据库技术相比，基于语义网的数据系联与挖掘不需要用户对数据库内容有预先的了解，系联是通过计算机通过语义推理而动态、自动生成的。

目前语义网挖掘技术在 Google、百度的搜索引擎，在“新浪”新闻频道的影视明星关系自动生成方面得到了较好的应用。与我们的队伍库开发思路相类似的工程是“人立方”网站[①]。人立方关系搜索是微软亚洲研究院发布的一款新型社会化搜索引擎，它能够从超过十亿的中文网页中自动抽取出人名、地名、机构名以及中文短语等，并根据搜索

① 人立方关系搜索.http://renlifang.msra.cn/,2011 年 2 月 27 日查询.

关键词和与其相关的人名之间的关联度强弱，自动地计算每一个人名与关键词直接的距离、数据大小以及具体的摆放位置等，并通过一条标明了人际关系的细线连接他们并使其发生社会化关系[①]。简单说，就是在所有的海量网页中找到相同的姓名，然后系联文本上下文中同现的其他人的姓名，根据文本内容判断人物之间的社会关系，动态生成一个人际关系网络图。这是一种裂变语义网络，网络图上的任何一个节点都可以以自己为中心进行扩展。

但“人立方”等网站的应用因为是面向整个无定网络，面对的是随机变化的不可控的数据，所以挖掘难度大，准确度低，特别是存在的同名不同人问题难以解决。

我们的队伍库采用的语义网信息挖掘技术，要将内容的有定性和无定性相结合，这样既能保证数据挖掘的智能性，又能保证挖掘结果的准确度。目前“百度百科”和“互动百科”的一些做法可以借鉴，这些网站设置了一些人物百科平台，由网友大规模创建人物词条，进而进行详细的属性信息标注，对同姓名的人，则厘清职业界限。这种大范围发动网民建立人物库的方式，是一种先进的互动思路，我们曾经讨论过辞书编纂的网络共享与互动模式[②]，与此相类。借鉴此种互动百科的方式建设和扩充我们的队伍库基本信息，则可解决库中同名人的系联错误问题。

根据有定、无定数据相结合的思路，我们的队伍库建设建立了三级挖掘体系：

一级挖掘的对象是规则数据库。在基础数据的建构方面，虽然辞书队伍人员经常调整，数据有更新，研究成果也有发展，但基本属于规则的关系数据库范畴。规则数据库是有定的，是二级、三级挖掘的基础和核心，后续的挖掘都要依靠它提供的基本信息来计算语义相似度，没有这一数据库，动态网络无法生成。

---

① 互动百科·人立方. http://www.hudong.com/wiki/%E4%BA%BA%E7%AB%8B%E6%96%B9,2011年2月27日查询.

② 王东海,王丽英. 开放式辞书编纂与共享模式初探[J]. 语言文字应用,2008(4).

二级挖掘对象是有定辞书成果文本库，这是数据挖掘的重点。对辞书成果的数据挖掘可以系联目前主要研究方向、研究课题、研究优势、研究空白甚至研究流派等数据束，进而在这些主题下类聚出不同的成员个体组合。这些挖掘操作中发现的新现象、新情况将极大提高我们对辞书队伍情况的认识，为辞书政策和规划提供活生生的数据。

三级挖掘是面向无定开放网络的挖掘。队伍库支持面向无定网络信息的系联，主要目的是信息补遗和信息校验。当有定规则数据和全文本辞书成果数据提供初步结论后，通过预留的网络挖掘接口进行校验，同类型的网络信息将为结论提供更多支持，而矛盾的信息将提供置疑点。通过这一挖掘模块，可最大限度保证队伍库的扩展性能。

五、队伍库信息挖掘的基本方法

（一）规范信息挖掘

我们从语言学人名辞典、出版辞典、文献学辞典、工具书辞典等类型的辞书中提取人名、辞书名、出版社等关键信息，又从辞书研究文献中建构有六千多条记录的研究者数据库，再加上网络在线注册的各类型的辞书成员，共同构成了辞书队伍库的基础锚点集，然后扩展标注完整的基本信息集，构成队伍库的核心规范内容。规范信息的利用主要针对个体锚点，使用关键词检索技术进行定向类聚，可以检索到个人记录，也可以根据不同学历、不同研究方向、不同期刊等属性类聚成不同的成员组合。

（二）非规范或半规范信息的挖掘

“知网”以及人大复印资料中心也曾开发过针对学科研究成果进行知识挖掘的系统，但因其要面对的学科太多，目前还缺少一套具有普适性的学科知识本体与推理机制，所以效能不明显。辞书队伍挖掘基于一个小型学科，具有一定的封闭性，知识本体的规模小，语义推理机制明确性高，挖掘结论的可靠性也相应得到提高。

要做好非规范信息的数据挖掘，先依据三类基本文献建立一个辞书学科本体(ontology)：已出版的辞书学词典(西方惠特曼的《词典学词典》[①])及相关语言学词典；各种研究文献的关键词；国家标准——辞书编纂基本术语(GB/T 15238—2000)、辞书编纂常用汉语缩略语(GB/T 15933—1995)、辞书编纂符号(GB/T 11617—2000)，这三类文献中提取的术语或学科词汇构成了辞书本体的核心词汇集。

在核心词集的基础上，还要继续补充完善辞书本体。我们对研究文献及相关辞书报道进行分词标注，提取文献词表，剔除行文表述词汇后，再筛选出名词表。这些名词多能在一定程度上表示辞书概念，指称辞书领域的事物。但这种依据分词提词的方式仅是搜集本体词汇的参考，因为已有的分词标注系统主要是依据自己所带的适合全语域的停分词表，并不完全适合某一学科，常出现把整体术语进行二次切分、消解术语的独立性为普通词的问题，从而出现遗漏。例如"整句释义"是一个辞书释义专业术语，但往往被切词系统切成"整句"和"释义"两个词，"整句"是没有资格进入本体的，被强制过滤掉，但"整句释义"也同时被遗漏了。这方面需要用语块和新词发现技术软件扩展测查文献中的常用搭配和字符串，配合手工干预，以补充完善辞书本体。

有了辞书本体词表，第二步要对词表中的词语进行定域、定词、定层、定关系的四定操作[②]，进而形成主题分类知识树的拓扑结构，这是生成语义推理机制的基础工作之一。进行下一步辞书本体知识树建构，我们利用支持中文编码的本体制作软件 protégé，将辞书本体规范化、形式化，形成学科——子学科——方向——子方向——类问题——具体问题——研究对象——研究角度的金字塔层次图，然后将不同的研究人员像叶子一样挂在本体树的"枝丫"上，再根据语义关系建立基

---

① R. R. K. Hartmann and Gregory James. Dictionary of Lexicography. London: Taylor & Francis Limited, 1998.

② 王东海.古代法律词汇语义系统研究[M].北京：中国社会科学出版社，2007：197－216.

本的推理机制。通过以上这些工作流程，就可完成最重要的辞书本体建设。

辞书本体和推理机制建设完成后，即可建设对辞书研究文本进行全面的封闭式数据挖掘的模型，然后由计算机根据不同属性的语义相似度、语义推理机制串联起人际网络，并采用动态结构图的方式进行展示。如果研究文本的挖掘方式与规范数据的系联方式结合起来，就会生成更具准确性与针对性的动态系联网络，从中可以看出以人员个体为出发点的辞书队伍在辞书研究、编纂、管理、出版等方面的显性和隐性联系。这种网络上的每一个人名节点都可以打开，从而进入以其为中心的另一个局部网络域，网络中的每个节点的扩展不是点对点、点对面，而是裂变式的广泛延展，随着个体节点的增删调整，整个网络也在动态变化。理论上，这是一个没有终点的网络。

（三）开放式挖掘（面向因特网）

数据内容的全面性和实时更新性是衡量一个资源库价值的重要标准。队伍库预留了面向无定网络的挖掘接口。为提高挖掘数据的集中性，我们对因特网资源建有一个网站优先序列列表，把个人简介、人物百科等网页列为最高优先级，对于分散的网页信息则建立辞书工作者身份鉴别机制，排除同名的情况，然后进行有针对性的提取与采集。

我们把因特网上采集的动态信息根据时间属性类聚在每一个个体锚点之下，然后将其与库中旧内容进行比对、审核，最后，新信息将入库覆盖替换旧有信息，保证库中信息的实时更新。

六、辞书队伍库的附加利用——知识社区

队伍库以人员管理为核心，人是社会性的，辞书工作离不开深度的交流，只有交流才能实现知识共享。队伍库除了资源管理及数据挖掘功能，还倾力打造一个开放的知识交流社区，提供了必要的沟通方式，在线人员可通过电邮、微博、BBS 论坛、QQ、MSN 等方式沟通。成员在

这个知识社区中可以发表最新看法,讨论相关具体问题,还可招募课题研究团队等;出版社也可就辞书选题在社区中调研,可招募辞书编纂团队;管理者可就辞书规划及辞书政策在社区内全面征求意见,或进行广泛宣传,最大限度获得专家层面的支持。

队伍库提供的知识社区也是辞书队伍个体成员自我宣传和获得机会的平台与阵地。个体一方面在社区交流中,可随时推介自己的研究成果,便于提升成果的认可度;另一方面有机会参与各种高层次交流,参与政府的辞书咨询工作,还可与其他研究者展开广泛的合作,方便地获得科研与辞书编纂的机会。

知识社区的这些功能对队伍库的建设与完善也有帮助,这些辅助功能可极大吸引辞书工作者积极注册入库,提供信息,更新信息,减少队伍库的维护成本。随着信息量的不断增加,也会大大提高数据挖掘的价值,为国家辞书规划与辞书政策提供的实态报告也将更真实、更完善、更深入。

七、小结

本章提出建构"我国汉语辞书队伍库及信息挖掘系统"的课题,其"2+2"服务对象是辞书规划、辞书政策和辞书编纂出版、辞书研究。队伍库分为个体锚点和团队、组织锚点二级结构。成员身份兼属的复杂性促使我们选择基于语义网的数据挖掘技术来建构队伍库。我们建立了辞书知识本体,并进行基于个体信息的有定规范数据、科研文本的有定半规范信息、因特网的无定非规范信息的三级挖掘。最后队伍库提供了一个知识社区,以服务于辞书工作者的自我宣传与交流合作。本章的研究希望能为辞书规划和辞书政策提供人才培养和队伍建设方面的理论与实态支持。

结　　语

本书主要研究的问题和研究结论如下：

一、提出新的汉语辞书理论史的分期理论

我们按辞书理论发展的特点来确定断代标志，对汉语辞书理论发展史做出分期。有别于辞书编纂史的按朝代分期的模式，最终分出了辞书理论的萌芽奠定期（下限为两汉）、发展完善期（下限为《马氏文通》的出版）、转型期（下限为1975年全国第一次辞书规划、1978年《现代汉语词典》出版）、成熟期（主要时间段为改革开放30年）、二次转型期（当前期及未来发展期）。

在此分期的基础上，我们梳理了辞书本体中的收录内容、宏观体例与排检体例、立目、参见、释义、义项处理、例证七大要素在五个时期的发展演变概况，以此来验证这一分期的可靠性，进一步完善分期依据。

二、建构新的汉语辞书的类型学理论，梳理各类型辞书编纂理论的发展

我们探讨汉语辞书的五大元功能及新的辞书分类模式，并梳理其发展演变。归纳出汉语辞书的查考、规范、教学、辅助表达、资源五大元功能，先将汉语辞书在一级分类上分为字典与词典，二级分类上则坚持基于元功能辞书类型三分原则：理解型（侧重查考功能、资源功能）、生成型（侧重教学功能、辅助表达功能）、规范型（侧重规范功能）。这一分类既符合汉语汉字、汉语辞书的本土化特点，又不致过于繁复，体现辞书的工具性和应用性特点。

我们进而探讨三大类型汉语辞书的特点，并分别梳理生成型辞书

中的教学型辞书、表达型辞书以及规范型辞书在辞书理论史的五大时期的发展演变。

在教学型辞书的梳理中，我们还对《幼学琼林》进行了个案分析。我们首次对表达型辞书做出界定，重点探讨了主题义类与词汇库体例在辅助词汇选择方面功能的发挥；在规范型辞书中我们重点探讨了建构辞书规范体系的问题，并全面讨论了辞书规范体例中的六种反规范性干扰因素，并讨论其解决方法。

三、建构五层次汉语辞书意义观

意义是辞书的核心，目前辞书理论界还没有完整的汉语辞书意义观研究。我们在吸收中国古代语言哲学、训诂学理论以及现代词汇学、词汇语义学理论，在借鉴西方语言哲学、认知语义学、功能语言学等学科中的意义观理论的基础上，建构起五层次的汉语辞书意义观模型：

1.在意义观的理论基础方面，根据哲学语义学、语言语义学的理论，建立了词典释义的普通语文性义项、学科义项以及语文/学科二值变体义项三分的理论基点，特别是二值变体义项，这是语文性词典释义未来发展的方向。

2.在词义与语境的关系方面，继承词典义与语境文意二分的传统思路；在辞书理论二次转型期的用法中心词典中，建议将普通义项转型为语境类型义；归纳语境类型义，必须在语境文意与词义之间抓取语境类型中的过渡性概念；词典的释义也要降低归纳概括的高度，适度还原语境信息，适度具体化。

3.在辞书义项的类型方面，坚持发生学视角的历时义序和语用学视角的共时义序。历时义序中，意义类型、义项设立和义序的确定，材料上要基于书证的时间属性，方法上要坚持将训诂学的引申义列与西方词汇语义学的词义谱理论相结合，并同时为义项分合、同形词分立两大难题提供解决思路。共时义序要分清词汇意义、语法意义、语用意义三个平面，理解型、规范型和生成型词典要采用不同的义序模式。

4.在义项的构成分析方面，要坚持语义实体与语义功能的二分，以与词义与语境文意二分的思路相对应，语义功能很多时候会转化为语义实体，而语义实体的信息也要转化为语义功能才能体现其交际价值。语义实体可分解为概念义（分内涵义与外延义）、聚合义、理据义、功能义、附加义五类，语义功能可分为搭配功能、指称功能和动态修辞功能。了解义项二分的结构模式及构成成分，可以针对不同类型的辞书进行更加精确和到位的释义。

5.梳理汉语辞书释义理论的发展

在释义方面，理清了由传统“意义中心”的训诂学训释方法向结构语言学的成分分析、关系分析方法的转变，以及再次向现当代“用法中心”的释义模式转化的脉络。

我们在梳理影响汉语辞书释义方法相关学科理论的基础上，得出以下结论：A.在古代辞书理论的奠定和发展完善期，汉语语文词典的释义以训诂学训释方式为核心，二者具有一致性，另外，汉语史的研究方法直承小学的朴学研究思路，也是释义方法的重要支撑；B.在现代辞书理论的转型期、成熟期，释义方式主要是借鉴词汇学、语义学中比较成熟的成分分析和关系分析思路，对传统释义方式进行改善、增补和深化，如基于训诂学发展的“二分的义素分析法”等；C.在辞书理论的二次转型期，认知语言学指导下的结合学习特点的释义方法得到了重视，如词汇控制、释义元语言、整句释义、百科释义等。但从古至今，成分分析方法和关系分析法在辞书释义方法中保持着基本的稳定性和中心地位。

四、探讨当前辞书理论研究中的五个热点

1. 技术热点：辞书编纂现代化

（1）电子词典发展的迷局与破局。当前辞书载体出现了革命性变化。我们描写了目前我国电子词典编纂、出版方面的迷局，同时，采用多学科交叉的研究思路，探讨迷局成因，从政府主管部门、出版社、编纂者、用户四个角度提出变局与破局的建议。

（2）语料库语言学与辞书编纂的结合。我们以古籍数字资料库建

设与历史性或历时语文词典编纂的结合为例进行探讨，对服务于辞书编纂的数字资料库的建设提出了有针对性的八个建议和评测标准。

(3)现代语言文字知识工程的开发与词典编纂的互动。我们采用封闭实验的方式，建构了大型的汉字属性整理与展示平台——“字网”，并基于数据仓库、语义网技术探讨这种汉字属性关系系联的方式，探讨其与大型辞书的编纂与修订的关系。

(4)基于网络的出版社词典编纂工作流模式。这一工作流整合语料库资源及编者人力资源，分解任务，将工作流分为规划中心、资料中心、勾乙中心、编写中心、排版输出中心五大环节，采用任务驱动模型，建立计算机辅助词典编纂系统，全面提升词典编纂的效率。本书同时探讨了工作流的三大附加功能。

(5)辞书网络编纂模式探讨。当代辞书编纂已经走向了网络协作、网络共享、网络互动的编纂模式，我们重点探讨了基于网络的辞书编纂与共享模式的建构，提出开放性模式的基本运行机制。

2. 出版热点：知识管理视角的辞书核心竞争力理论

本书从知识产品的角度探讨汉语辞书的特点，并从个人知识和团队知识、显性知识和隐性知识之间互动转化的角度探讨辞书编纂的新思路、新规律，最后从知识内容、知识品牌、知识更新、知识技术、知识整合、用户资本六个方面探讨打造汉语辞书的核心竞争力的方法。

3. 管理热点：辞书资源功能理论与语言文字工作的转向

资源积贮、服务功能是汉语辞书的元功能。当前语言文字工作要从管理向资源建设与服务转型。第三次辞书规划要高度关注辞书资源的建设与资源功能的发挥。我们在全面介绍西方以辞书资源为中心的语言规划理论的基础上，提出我国目前辞书资源建设的四个措施。

4. 应用热点：辞书表达功能与公民语言能力的提升

词典在辅助公民语言能力提升方面具有重要的辅助作用。我们以基础教育学生语言能力的提升为封闭域，研究词典在辅助提升方面的价值和运用机制。学生语言能力的提升分为基础要求（规范、准确）和高级要求（创新、得体）。我们重点讨论了生成型词典中表达词典的特点，以及在辅助学生语言能力提升方面的做法——创新性化典、用典；利用词汇库、词汇集实现"打环扣"，消除"思路阻遏"；利用词汇衔接、词汇失衡、词汇失协等词汇突出手段形成严谨的词汇搭配与内容连贯；利用电子型表达词典的智慧技术提升词典辅助语言能力提高的效果。但不能扩大词典在学生语言能力提升中的功能和作用，它永远是辅助性、参考性的。

5. 人才热点：辞书队伍建设研究

为了解汉语辞书队伍的现状、建构原则，我们对汉语辞书队伍进行了摸查、调研，提出建构"我国汉语辞书队伍库及信息挖掘系统"的研究思路。

参考文献

说明：在此仅列出英文文献、专著、论文集等参考文献；期刊论文以及直引文献采用脚注方式标注在正文页下；古籍、古今中外各类工具书采用随正文括注的方式标注，或者作为脚注标注。

[1] Buker, P. A. Hardie & Mcenery, T. A glossary of corpus linguistics, Edinburgh University Press, 2006.

[2] Clear, J. Overview of the role of computing in COBUILD, in Looking UP—An account of the COBUILD project, Sinclair (ed). HaperCollins Publishers, 1987.

[3] Corder, S. The significance of learners' errors [J]. International Review of Applied Linguistics 1967(5).

[4] Cowie, A. P. EFL dictionaries: Past achievements and present needs. Exeter' 83 Proceedings: Paper from the international conference on lexicography at Exeter. R. R. K. Hartmann (eds). Tubingen: Niemeyer, 1984: 155—164.

[5] Douglas, B. S. Conrad & R. Reppen. Corpus linguistics investigating language and structure and use. Cambridge: Cambridge University Press, 1998.

[6] Hartmann, R. R. K. Teaching and researching lexicography[M]. Harlow: Pearson Education Limited, 2001.

[7] Hill, J. Revising priorities: from grammatical failure to collocational success, in Teaching collocation: Further developments in the lexical approach, Lewis, M. (ed), London: LTP, 2000.

[8] James, C. Contrastive Analysis. Harlow Essex: Longman, 1980.

[9] Kennedy, G. Amplifier Collocations in the British National Corpus: Implications for English Language Teaching[J]. TESOL Quarterly 37 (3).

[10] Lado, R. Linguistics across cultures: applied linguistics for language teachers. Ann Arbor: University of Michigan Press, 1957.

[11] Mey, J. L. Concise encyclopedia of pragmatics. Elsevier, 1998.

[12] Osselton, N. E. The history of academic dictionary criticism with reference

to major dictionaries. In Hausmann F. J. et al. Dictionaries: An International Encyclopedia of Lexicography. de Gruyter, Berlin—NewYork, 1989.

[13] Partington, A. Patterns and Meanings: Using Corpora for English Language Research and Teaching[M]. Amsterdam: John Benjamins, 1998.

[14] Putnam, H. Mind, language and reality. Cambridge: Cambridge University Press, 1975.

[15] Renouf, A. J. Sinclair. Collocational frameworks in English. In Aijmer, Karin & Altenberg, Bengt (eds) English corpus linguistics: Studies in Honor of Jan Svartvik. London: Longman, 1991.

[16] Selinker, L. Interlanguage. International review of applied linguistics, 1972 (10).

[17] Sinclair, J. & R., Carter. Trust the text language, corpus and discourse. London: Routledge, 2004.

[18] Sinclair, J. Corpus, Concordance, Collocation. Oxford: Oxford University Press, 1991.

[19] Sinclair, J. New evidence, new principles, new attitudes. In Sinclair J. How to use corpora in language Teaching. Amsterdam: John Benjamins, 2004.

[20] Sridhar, S. Contrastive analysis, error analysis and interlanguage in Fiskak (ed), 1981.

[21] Sidney I. Landad 著,章宜华、夏立新译.词典编纂的艺术与技巧[M].北京:商务印书馆,2005.

[22] 阿普列相著,杜桂枝译.语言整合性描写与体系性词典学[M].北京:北京大学出版社,2011.

[23] 拉迪斯拉夫·兹古斯塔主编,林书武等译,胡明扬校.词典学概论[M].北京:商务印书馆,1983.

[1]安华林等.汉语释义元语言理论与应用研究[M].上海:学林出版社,2009.

[2]曹先擢,杨润陆.古代词书讲话[M].上海:上海教育出版社,1990.

[3]陈炳迢.辞书编纂学概论[M].上海:复旦大学出版社,1991.

[4]陈平原,米列娜主编.近代中国的百科辞书[M].北京:北京大学出版社,2007.

[5]陈原.辞书和信息[M].上海:上海辞书出版社,1985.

[6]陈原.语言和人[M].上海:上海教育出版社,1994.

[7]《词汇学理论与应用》编委会.词汇学理论与应用(四)[C].北京:商务印书馆,2008.

[8]戴昭铭.规范语言学探索[M].上海:上海三联书店,1998.

[9]窦秀艳.中国雅学史[M].济南:齐鲁书社,2004.

[10]范可育等.楷字规范史略[M].上海:华东师范大学出版社,2000.

[11]符淮青.词义的分析与描写[M].北京:语文出版社,1996.
[12]符淮青.汉语词汇学史[M].合肥:安徽教育出版社[M],1996.
[13]高更生.现行汉字规范问题[M].北京:商务印书馆,2002.
[14]高小方.中国语言文字学史料学[M].南京:南京大学出版社,2005.
[15]郭良夫.词汇与词典[M].北京:商务印书馆,1990 .
[16]韩敬体.《现代汉语词典》编纂学术论文集[C].北京:商务印书馆,2004.
[17]何九盈.中国现代语言学史[M].广州:广东教育出版社,2005.
[18]何九盈.中国古代语言学史(新增订本)[M].北京:北京大学出版社,2006.
[19]胡明扬等.词典学概论[M].北京:中国人民大学出版社,1982.
[20]胡朴安.中国训诂学史[M].北京:商务印书馆,1937.
[21]黄建华等.英俄德法西日语文词典研究[M].北京:商务印书馆,1992.
[22]黄建华.词典论[M].上海:上海辞书出版社,2001.
[23]黄建华,陈楚祥.双语词典学导论(修订本)[M] .北京:商务印书馆,2001.
[24]黄俊贵,倪波.汉字与汉字排检方法[M].北京:书目文献出版社,1990.
[25]贾彦德.汉语语义学[M].北京:北京大学出版社,1999.
[26]金常政.百科全书学[M].北京:中国大百科全书出版社,2000.
[27]李尔钢.现代辞典学导论[M].上海:汉语大词典出版社,2002.
[28]李尔钢.词义与辞典释义[M].上海:上海辞书出版社,2006.
[29]李建国.汉语规范史略[M].北京:语文出版社,2003.
[30]李开.现代词典学教程[M].南京:南京大学出版社,1990.
[31]李明,周敬华.双语词典编纂[M].上海:上海外语教育出版社,2001.
[32]李恕豪.中国古代语言学简史[M].成都:巴蜀书社,2003.
[33]李学勤.中华汉语工具书书库(100 卷)[M].合肥:安徽教育出版社,2002.
[34]李运富.汉字汉语论稿[M].北京:北京学苑出版社,2008.
[35]林玉山.中国辞书编纂史略[M].郑州:中州古籍出版社,1992.
[36]林玉山.辞书学概论[M].福州:海峡文艺出版社,1995.
[37]林玉山主编.工具书学概论[M].广州:广东教育出版社,2004.
[38]林玉山.中国辞书排检史[M].呼和浩特:远方出版社,2000.
[39]刘美霞.《汉语大字典·异体字表》研究[D].福建师范大学博士论文,2009.
[40]刘庆隆.辞书编纂工艺导论[M].武汉:崇文书局,2008.
[41]刘叶秋.中国字典史略[M].北京:中华书局,2003.
[42]刘元春.唐代字样学研究[D].华东师范大学博士学位论文,2009.
[43]刘中富.《干禄字书》字类研究[M].济南:齐鲁书社,2004.
[44]陆宗达.说文解字通论[M].北京:人民出版社,1981.
[45]罗思明.词典学新论[M] .合肥:安徽教育出版社,2008.
[46]吕冀平,戴昭铭.当前我国语言文字的规范化问题[M].上海:上海教育出版社.2000.

[47]吕叔湘,胡绳等.现代汉语词典学术讨论会论文集[C].北京:商务印书馆,1996.
[48]吕叔湘.吕叔湘全集第十二卷·语文散论[M].沈阳:辽宁教育出版社,2002.
[49]潘钧.日本辞书研究[M].上海:上海人民出版社,2008.
[50]启功.古代字体论稿[M].北京:文物出版社,1964.
[51]钱剑夫.中国古代字典辞典概论[M].北京:商务印书馆,1986.
[52]商务印书馆辞书研究中心.辞书的修订与创新[C].北京:商务印书馆,2003.
[53]上海辞书学会辞书研究编辑部.辞书编纂经验荟萃[C].上海:上海辞书出版社,1992.
[54]苏宝荣.词义研究与辞书释义[M].北京:商务印书馆,2000.
[55]苏培成.现代汉字学纲要[M].北京:北京大学出版社,2001.
[56]苏新春.汉语词义学[M].广东:广州教育出版社.1992.
[57]苏新春.汉语释义元语言研究[M].上海:上海教育出版社,2005.
[58]唐兰.中国文字学[M].开明书店 1949.上海:上海古籍书店,1978.
[59]陶原珂.词位与释义[M].北京:高等教育出版社,2004.
[60]王东海.古代法律词汇语义系统研究——以《唐律疏议》为例[M].北京:中国社会出版社,2007.
[61]王凤阳.汉字学[M].长春:吉林人民出版社,1989.
[62]王馥芳.当代语言学与词典创新[M].上海:上海辞书出版社,2004.
[63]王力.康熙字典音读订误[M].北京:中华书局,1988.
[64]王力.中国语言学史[M].上海:复旦大学出版社,2006.
[65]王宁.训诂学原理[M].北京:中国国际广播出版社,1997.
[66]王宁.汉字构形学讲座(增补本)[M].台北:三民书局,2013.
[67]王宁.训诂学[M].北京:高等教育出版社,2004.
[68]文军.英语词典学概论[M].北京:北京大学出版社,2006.
[69]吴文琪,张世禄.中国历代语言学论文选注[M].上海:上海教育出版社,1986.
[70]伍谦光.语义学导论[M].长沙:湖南教育出版社,1988.
[71]向熹.简明汉语史[M].北京:高等教育出版社,1993.
[72]徐超.中国传统语言文字学[M].济南:山东大学出版社,1996.
[73]徐烈炯.语义学[M].北京:语文出版社,1995.
[74]杨文全.近百年的中国汉语语文辞书[M].成都:巴蜀书社,2000.
[75]杨文秀.英汉学习词典中的语用信息研究[M].上海:上海译文出版社,2005.
[76]杨正业.语文词典编纂史[M].北京:中国文联出版社,2006.
[77]杨祖希,徐庆凯.专科辞典学[M].成都:四川辞书出版社,1991.
[78]姚孝遂.许慎与说文解字[M].北京:中华书局,1983.
[79]雍和明等.中国辞典史论[M].北京:中华书局,2006.
[80]雍和明.交际词典学[M].上海:上海外语教育出版社,2003.

[81]于屏方.动作义位释义的框架模式研究[M].北京:中国社会科学出版社,2007.
[82]于屏方,杜家利.汉英学习词典对比研究[M].北京:中国社会科学出版社,2010.
[83]张斌,许威汉.中国古代语言学资料汇纂——文字学分册[M].福州:福建人民出版社,1993.
[84]张明华.中国字典词典史话[M].北京:商务印书馆,1998.
[85]张其昀.《说文学》源流考略[M].贵阳:贵州人民出版社,1998.
[86]章琼.现代汉语通用字对应异体字整理[M].成都:巴蜀书社,2004.
[87]章宜华.语义学与词典释义[M].上海:上海辞书出版社,2002.
[88]章宜华.计算词典学与新型词典[M].上海:上海辞书出版社,2004.
[89]章宜华,雍和明.当代词典学[M].北京:商务印书馆,2007.
[90]章宜华.语义认知释义[M].上海:上海外语教育出版社,2009.
[91]张志毅,张庆云.词和词典[M].北京:中国广播电视出版社,1994.
[92]张志毅,张庆云.词汇语义学[M].北京:商务印书馆,2005.
[93]张志毅,张庆云.词汇语义学与词典编纂[M].北京:外语教学与研究出版社,2007.
[94]赵诚.中国古代韵书[M].北京:中华书局,2003.
[95]赵彦春.认知词典学探索[M].上海:上海外语教育出版社,2003.
[96]赵振铎.古代辞书史话[M].成都:四川人民出版社,1986.
[97]赵振铎.辞书学纲要[M].成都:四川辞书出版社,1987.
[98]赵振铎.字典论[M].上海:上海辞书出版社,2001.
[99]赵振铎.辞书学论文集[C].北京:商务印书馆,2006.
[100]中国辞书学会学术委员会.中国辞书学文集[C].北京:外语教学与研究出版社,1997.
[101]周斌武.汉语音韵学史略[M].合肥:安徽教育出版社,1987.
[102]周荐.汉语词汇研究百年史[M].北京:外语教学与研究出版社,2006.
[103]曾东京.双语语文词典批评研究[M].上海:上海大学出版社,2009.
[104]邹酆.中国辞书学史概略[M].武汉:湖北人民出版社,2006.